KB091399

셰이더 코딩 입문

Korean edition copyright © 2020 by acorn publishing Co., All rights reserved.

First published in English under the title Practical Shader Development;
Vertex and Fragment Shaders for Game Developers by Kyle Halladay, edition: 1
Copyright © 2019 by Kyle Halladay
This edition has been translated and published under licence from APress Media, LLC, part of Springer Nature.
APress Media, LLC, part of Springer Nature takes no responsibility
and shall not be made liable for the accuracy of the translation.

이 책은 APress Media, LLC와 에이콘출판㈜가 정식 계약하여 번역한 책이므로
이 책의 일부나 전체 내용을 무단으로 복사, 복제, 전재하는 것은 저작권법에 저촉됩니다.

셰이더 코딩 입문

셰이더 코딩의 기초에서 유니티와 언리얼 셰이더까지

카일 할러데이 지음 조형재 옮김

ili
에이콘

카일 할러데이 Kyle Halladay

시카고에 거주하는 게임 프로그래머다. 셰이더 프로그래밍을 비롯해 게임과 건축 시각화와 관련된 그래픽 기술 개발 분야에서 7년 이상 종사해왔다.

벤 가니 Ben Garney

The Engine Company라는 기술 컨설팅 업체의 창립자다. 이 회사는 아키텍처 설계, 제품구현, 개발, 파트타임 CTO와 같은 서비스를 제공한다. 그는 The Engine Company의 공동 창립자이자 핵심 멤버로 일해왔다.

그는 다양한 분야에서 활동했는데, 그의 작업은 테드 프라임TED Prime에 소개됐고, 우주 로봇 연구에 활용되기도 했다. 또한 『Video Game Optimization』(Cengage Learning PTR, 2010)을 공동 집필했으며, 여러 책의 기술 감수를 맡았다. 전문 분야는 인터넷 비디오, AR/VR, 게임 엔진, 엔지니어링 팀 리더십이다. 블로그 주소는 http://bengarney.com/이고 트위터 계정은 @bengarney이다.

감사의 글

이 책을 쓰는 동안 지지를 보내준 부인 사라에게 가장 먼저 감사의 말을 하고 싶다. 그녀는 책의 앞부분 초고를 검토했고, 명료하게 내용을 전달해야 할 부분을 조언해 줬다. 뿐만 아니라 수주 동안 컴퓨터 앞에만 웅크리고 앉아서 아침의 첫 대화를 책 얘기로 시작했던 나를 참아줬다. 그녀가 보여준 사랑과 지지에 진심으로 감사한다.

기술 감수를 맡아준 벤 가니 또한 특별한 감사를 받아 마땅하다. 그는 나와 잘 알지도 못하는 상황에서 기술 감수를 맡아줬다. 책 내용에 관한 소중한 피드백을 줬고, 자신의 기술서 저술 경험에서 우러난 현명한 조언을 아끼지 않았다. 그가 없었다면 이 책의 완성도와 정확성은 결코 지금 수준에 이르지 못했을 것이다.

이 책을 쓸 수 있는 기회를 준 에이프레스^{Apress}출판사에 감사한다. 피드백을 주고, 스케줄을 지키도록 관리해 주고, 이 책이 나오도록 나를 이끌어준 노고에 감사의 마음을 전한다.

조형재(drzovil@naver.com)

서울대학교 미술대학을 졸업했고, KAIST 문화기술대학원에서 게임 내러티브 연구로 석사 학위를 취득했다. 2000년 이후부터 주로 게임 개발사에서 근무했는데, 구체적인 약력은 개인 홈페이지 (www.zorotoss.com)에서 확인할 수 있다. 현재는 모바일 게임 개발사에서 근무하고 있다. 경희대학교, 가천대학교에서 게임 엔진과 관련된 강의를 했으며, 역서로는 에이콘 출판사의 『Unity 3D Game Development by Example 한국어판』(2011), 『유니티 3D 모바일 게임 아트』(2011), 『Unity 3 Blueprint 한국어판』(2011), 『Unity 3.x Game Development Essentials 한국어판』(2012), 『Unity 3 Game Development Hotshot 한국어판』(2012), 『유니티와 iOS 모바일 게임 개발 프로젝트』(2013), 『유니티 NGUI 게임 개발』(2014)이 있다.

애니메이션, 영화, 건축, 제품 같은 컴퓨터 그래픽 분야는 일찍부터 셰이더의 중요성을 인식했다. 셰이더는 이미지나 영상의 품질을 좌우하는 핵심 요소였고, 스튜디오의 기술력을 보여주는 척도였다. 반면 게임에서 셰이더는 오랫동안 관심 밖의 초라한 존재였다. 기능 자체도 형편 없었지만, 최적화 단계에서 일순위로 버림받기 일쑤였다.

그러던 셰이더의 지위에 변화가 생겼다. PBR^Physically-Based Rendering이 폴리곤이나 텍스처만큼이나 흔한 말이 됐다. 모바일 게임에 헤어 셰이더와 피부 셰이더가 사용되고, UI 아티스트가 연출을 위해 직접 셰이더를 만드는 모습도 어렵지 않게 볼 수 있다. 굴욕의 시간을 버틴 주인공이 결국은 사문의 복수를 하고 무림의 일인자가 되듯, 셰이더는 어느새 게임의 때깔을 좌우하는 위치로 인정받기 시작했다.

더 강력한 하드웨어, 주요 엔진이 제공하는 직관적인 셰이더 개발 도구, 사용자의 높아진 기대치에 부합하기 위한 그래픽 경쟁 등의 요인이 맞물려 셰이더가 부각되는 추세는 더욱 강화될 것이다. 특히 앞으로 다가올 게임 스트리밍 서비스는 오프라인 렌더링과 리얼타임 렌더링 간의 마지막 남은 경계마저 허물어 버리는 계기가 될지도 모른다. 게임에서 셰이더의 역할이 어느 때보다 높게 평가 받는 시기다. 이제 게임 개발자, 특히 게임 아트와 관련된 개발자에게 셰이더는 반드시 이해해야 하는 대상인 동시에 개인의 역량을 드러낼 수 있는 기회의 영역이라고 할 수 있다.

이 책은 셰이더의 개념과 원리를 코딩으로 직접 경험할 수 있는 기회를 제공한다. 코드에서 버텍스와 메쉬를 생성하는 것에서 출발한다. 라이팅, 노말 매핑, 큐브 맵과 같은 현대 게임 그래픽의 근간이 되는 주요 개념을 자세히 설명하고, 코딩으로 직접 구현한다.

마지막으로 유니티와 언리얼에서 이 책에서 설명한 내용과의 접점을 확인한다. 당장 쓸 수 있는 화려한 최신 기법을 소개하기보다는 실제 코딩을 통해 리얼타임 컴퓨터 그래픽과 셰이더의 기본 개념을 설명한다.

독자에 따라서는 일부 그래픽과 수학 개념이 다소 어렵게 느껴질 수 있다. 최대한 친절하게 전달하려 했지만 개념 자체가 생소한 독자에게는 어렵게 느껴질 것이다. 그러나 설령 한 두 부분을 이해하지 못하고 넘어간다 해도 크게 문제가 되지는 않는다. 이 책을 읽은 것만으로도 셰이더 사용과 게임 엔진의 셰이더 개발 도구를 활용하는 데 큰 도움이 될 것이다.

이 책의 번역이 독자 제현諸賢의 학습과 실무에 도움이 될 수 있기를 진심으로 기원한다.

2019년 11월
한적한 겨울 바닷가에서 조형재 드림

 에이콘출판의 기틀을 마련하신 故 정완재 선생님 (1935-2004)

차 례

들어가며

셰이더 실전 개발의 세계에 온 것을 환영한다. 게임 개발에 필요한 셰이더 작성의 이론과 실습을 최대한 친절하게 소개하려는 의도로 이 책을 집필했다. 셰이더 작성은 매우 큰 주제라고 할 수 있다. 나 역시 처음 이 주제를 접했을 때 매우 당황스러웠다. 이 책의 내용을 학습함으로써 독자가 그런 당황스러움에서 벗어나고, 게임 그래픽이라는 방대한 세상에 빨리 그리고 자신감 있게 첫발을 내딛게 하는 것이 나의 바람이다.

이 책은 '목수가 연장을 만드는 법까지 알 필요는 없다.'라는 기본 철학을 가지고 집필했다. 셰이더로 아름다운 시각 효과를 연출하기 위해 렌더링 엔진을 만드는 방법까지 알 필요는 없다고 생각한다. 특히 이 일을 처음 시작할 때는 더욱 그렇다. 이 책은 독자가 창의적으로 다양한 시도를 하고, 멋진 것을 만들고, 나아가 그 과정에서 재미를 느끼게 해주는 데 주력한다. 그러한 목적에 집중할 수 있도록 그래픽 프로그래머가 되는 방법을 안내하거나 체계적인 수학 교육을 시도하지는 않는다(다양한 주제를 다루는 과정에서 약간의 수학을 다루기는 한다). 대신 아주 기초적인 부분에서 출발해 현대 게임이 어떻게 화면에 대상을 그리는지 설명한다. 그 다음 원하는 화면을 그리기 위한 셰이더 작성 실습으로 들어간다. 이 과정에서 수많은 예시 코드와 참고 그림을 볼 수 있다. 이 책을 마칠 때쯤이면 현재 가장 인기 있는 게임에서 볼 수 있는 라이팅 환경과 셰이더를 직접 재현할 수 있다.

이 책을 마치고 그래픽 프로그래밍을 더 공부하고자 결심하거나, 자신만의 렌더링 엔진을 만들거나, 좀 더 고급스러운 셰이더 테크닉을 원할 경우, 이 책에서 배운 내용이 탄탄한 기초가 될 것이다.

이 책의 대상 독자

게임이나 다른 리얼타임 애플리케이션에 사용할 셰이더 코드를 공부하려는 이들을 대상으로 한다. 독자는 간단한 C++ 코드를 작성할 수 있는 사전 지식을 갖췄다고 가정한다. 그 정도가 이 책이 요구하는 전부다. 이 과정에서 필요한 모든 수학적 내용은 책에서 설명할 것이다(실제로 수학적 지식이 얼마나 덜 필요한지 알게 되면 놀랄 것이다). 또한 3D 메쉬가 무엇인지부터 시작해 다양한 그래픽 테크닉을 자세히 분석할 것이다. 설령 C++ 실력이 시원치 않아도 큰 문제가 되지는 않는다. 이 책은 셰이더 개발을 주로 다루기 때문에 C++를 깊이 다룰 일은 없다. 그나마 작성할 코드도 아주 단순한 수준이다.

이 책의 구성

이 책은 크게 세 부분으로 나눠져 있다. 1장부터 12장까지는 셰이더 테크닉을 가르치고 중요한 그래픽 개념을 소개한다. 만약 이 분야의 완전 초보라면 1장부터 시작해서 모든 내용을 순서대로 읽어 나가길 권장한다. 각 장은 이전 장에서 다뤘던 내용에 기반하고 있기 때문에 너무 급하게 건너뛰면 내용을 따라가지 못할 수도 있다.

이미 어느 정도 셰이더 개발 관련 지식이 있다면 아는 내용은 건너뛰고 모르는 내용부터 공부하는 것도 나쁘지 않다. 중간에 이해할 수 없는 개념이 나온다면 책 뒤에 있는 인덱스에서 찾을 수 있으며 해당 페이지에서 관련 내용을 파악할 수 있다.

13장부터 15장까지는 셰이더 코드의 디버깅과 최적화를 설명한다. 지금 개발 중인 프로젝트가 초당 10 프레임으로 실행되고, 그 문제를 고쳐야 하는 상황이라면 앞부분을 읽기 전에 13장-15장을 학습하면서 당면한 문제의 해법을 찾을 수도 있다. 그런 상황에 있는 독자라면 초반부의 느긋한 진행에 다소 실망할 수도 있다.

16장부터 18장까지는 오늘날 가장 인기 있는 세 개의 게임 엔진인 유니티, 언리얼, 고도^{Godot}에서 이 책에서 배운 개념을 실제로 활용하는 방법을 설명한다. 이 부분은 이 책에서 배운 주요 개념을 프로젝트에 적용할 준비가 완료된 후에 학습하길 바란다. 부록에는 이 책의 프로젝트에 필요한 주요 코드가 수록돼 있다. 이 코드들은 셰이더 코드가 아니기 때문에 자세히 설명하지는 않는다.

인터넷에 접속할 수 없는 상황에서 이 책을 보고 있다면, 나중에 각 장의 실습 프로젝트를 진행할 때 온라인 소스코드가 필요할 것이다. 각 장에서는 언제 온라인 소스코드가 필요한지 알려준다. 초반에는 실습이 필요 없기 때문에 당장 걱정할 필요는 없다.

편집 규약

이 책은 많은 예시를 다룬다. 코드를 쉽게 설명하기 위해 다음과 같은 숫자 기호를 사용한다.

```
int main(){
return 0; ❶
}
```

위 예시에서 ❶은 0을 반환하는 코드행을 가리킨다.

준비 사항

이 책은 오픈프레임웍스^{openFrameworks}라는 오픈 소스 코딩 프레임워크를 사용한다. 이 프레임워크는 기본적으로 C++14를 사용하기 때문에 C++14를 지원하는 컴파일러가 있다면 학습이 한결 수월하다. 이 책에서는 직접적으로 C++14의 특정 기능을 필요로 하지는 않는다. 단지 오픈프레임웍스가 내부적으로 그 버전을 필요로 할 뿐이다. 한편 오픈프레임웍스가 지원하는 IDE를 사용하는 것도 학습에 큰 도움이 된다. 다행히 오픈프레임웍스는 다양한 IDE를 지원한다. 학습할 준비를 마쳤다면 원하는 것을 고르면 된다.

마지막으로 이 책에는 셰이더를 실행하기 위해 OpenGL을 사용한다. OpenGL은 일종의 렌더링 API다. 렌더링 API란 말이 어렵게 들리는데, 그래픽 카드^{GPU}와 정보를 주고 받는 일군의 함수를 지칭하는 용어다. OpenGL 외에도 선택 가능한 여러 렌더링 API가 있다. 그러나 가장 폭 넓은 하드웨어 지원과 오픈프레임웍스와의 통합이라는 측면에서 OpenGL은 비교 우위를 갖는다. 이 책은 OpenGL 4.1을 전제한다. 따라서 GPU가 최소한 4.1 버전을 지원하는지 확인하길 바란다. OS X High Sierra에서부터 애플은 데스크톱 PC에서 실행할 수 있는 OpenGL을 더 이상 지원하지 않는다. 따라서 맥에서 이 책을 학습할 경우, 예시 코드가 실행되지 않을 수 있다.

예제 코드 다운로드

예제 코드는 에이콘출판사의 도서정보 페이지인 http://www.acornpub.co.kr/book/practical-shader-develop에서 다운로드할 수 있다.

또한 원서 홈페이지 https://www.apress.com/gp/book/9781484244562에 있는 Download Source Code 버튼을 클릭해 동일한 예제 코드를 다운로드할 수 있다.

정오표

한국어판의 정오표는 에이콘출판사의 도서정보 페이지 http://www.acornpub. co.kr/book/practical-shader-develop에서 확인할 수 있다.

질문

이 책과 관련해 질문이 있다면 이 책의 옮긴이나 에이콘출판사 편집 팀(editor@ acornpub.co.kr)으로 문의해주길 바란다.

1장

게임 그래픽

셰이더 코드를 작성하기 전에 게임이 화면에 대상을 그리는 방법에 관한 기본적인 내용과 그 과정에서 사용되는 기초 수학 개념을 다루려 한다. 1장에서는 렌더링의 개념과 게임이 프레임을 렌더링하는 방법을 조망한다. 그 다음에는 셰이더가 무엇이며, 앞서 배운 렌더링 과정의 어느 부분에 필요한 것인지 설명한다. 마지막으로 벡터를 간단히 소개하면서 1장을 마무리하며, 이를 통해 셰이더 작성을 시작하는 데 필요한 정보를 제공한다.

렌더링

컴퓨터 그래픽에서 렌더링이란 2D 또는 3D 메쉬^{mesh}, 광원의 위치, 게임 카메라의 앵글 같은 씬^{scene} 정보로부터 이미지를 만드는 과정을 가리킨다. 렌더링에서 만든 이미지는 렌더^{render} 또는 프레임^{frame}이라고도 부른다. 이 이미지는 컴퓨터 모니터를 통해 1초에도 수 차례 사용자에게 전달된다. 실제로 대부분의 게임이 초당 30번 또는 60번씩 새로운 프레임을 렌더링한다.

많은 렌더링 용어는 사실 영화에서 왔다. 컴퓨터 그래픽과 영화의 주요 개념 중 상당 부분이 매우 유사하기 때문이다. 앞서 렌더링을 정의하면서 게임 카메라라는 말을 했는데, 이 역시 영화에서 빌려온 용어 중 하나다. 영화에서 카메라의 위치와 방향은 화면에 무엇을 담을 것인지를 결정한다. 게임 카메라는 씬을 어떤 시점에서 볼 것인가에 대한 정보를 담은 데이터 구조다. 근본적으로 영화에서의 카메라와 의미하는 바가 같다. 가장 기본적인 수준에서 게임 카메라는 위치와 방향으로 정의할 수 있다. 이 정보를 바탕으로 현재 어떤 대상이 화면에 보이며, 어떤 대상을 렌더링할지 결정한다.

게임을 구성하는 코드 중에서 렌더링을 담당하는 부분을 렌더링 엔진이라고 한다. 유니티, 언리얼, 고도 같은 엔진을 사용한 경험이 있다면, 그때는 몰랐다 하더라도 이미 렌더링 엔진을 경험한 것이다. 렌더링 엔진이 메쉬를 새로운 프레임으로 만드는 일련의 과정을 렌더링 파이프라인rendering pipeline(또는 그래픽 파이프라인)이라고 하며, 잠시 뒤에 설명할 것이다. 우선 렌더링 파이프라인이 다루는 대상이 되는 메쉬를 살펴보자.

메쉬

메쉬는 컴퓨터가 이해할 수 있는 형식으로 대상의 형태를 정의하는 방법 중 하나다. 한 번이라도 게임을 플레이했거나 3D 애니메이션을 봤다면, 이미 엄청나게 많은 메쉬를 봤다고 말해도 무방하다. 메쉬는 형태를 정의하기 위해서 버텍스vertices와 에지edges와 페이스faces라는 세 가지 정보를 저장한다.

버텍스는 3D 공간에 있는 점을 가리킨다. 메쉬의 버텍스는 그림 1-1의 왼쪽에 있는 모습과 같다. 에지는 이들 버텍스를 연결한 선을 가리킨다. 형태를 만들기 위해 에지는 버텍스가 어떻게 연결되는지 정의한다. 그림 1-1의 가운데 이미지에서 메쉬의 에지를 볼 수 있다. 마지막으로 페이스는 세 개 또는 그 이상의 에지로 구성된 2D 형태를 말한다. 에지로 둘러 쌓인 공간이라고 생각해도 좋다. 그림 1-1을 보면 오른쪽의 구는 꽉 찬 모습을 보인다. 메쉬를 구성하는 모든 페이스가 채워졌기 때문이다. 사실 어떠한 2D 형태도 페이스가 될 수 있다. 그러나 처리 속도와 간결함을 위해, 많은 게임 엔진은 삼각형 형태의 페이스로 구성된 메쉬를 요구한다.

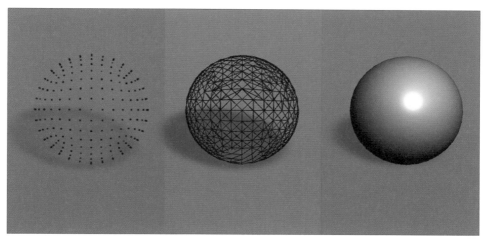

▲ 그림 1-1 메쉬를 구성하는 각 요소: 왼쪽부터 버텍스, 에지, 페이스

메쉬가 컴퓨터 그래픽에서 널리 사용되는 이유 중 하나는 코드에서 매우 쉽게 정의할 수 있기 때문이다. 메쉬는 오직 버텍스만을 메모리에 저장한다. 에지와 페이스는 버텍스 순서^{vertex ordering}를 간접적으로 정의한다. 메쉬 데이터에 버텍스가 저장되는 순서에 따라 그냥 단순히 버텍스 순서를 결정하는 경우가 있다. 반면 인텍스 버퍼^{index buffer}라는 데이터 구조를 통해 버텍스 순서를 정의하는 경우도 있다. 인텍스 버퍼는 나중에 따로 살펴보기로 한다.

버텍스 순서가 중요한 또 다른 이유가 있다. 왜냐하면 이 순서가 2D 형태인 페이스의 앞면을 결정하기 때문이다. 이 책에 사용된 모든 예시에서 버텍스는 페이스의 중심을 기준으로 반시계 방향으로 순서가 결정되고, 그에 따라서 앞면이 결정된다. 여기서 반시계 방향은 절대적인 것은 아니다. 얼마든지 시계 방향을 선택한 게임 엔진도 있을 수 있다. 이렇게 선택한 방향을 메쉬의 와인딩 순서^{winding order}라고 한다.

그림 1-2에 있는 삼각형 페이스를 정의한다고 생각해 보자. 우리가 바라보는 방향이 페이스의 앞면이 되려면 (200, 200), (400, 100), (400, 300) 순으로 버텍스를 저장한다. 앞으로 계속해서 메쉬를 다루므로 당장은 다소 추상적으로 느껴지더라도 걱정할 필요는 없다. 바로 2장에서 직접 메쉬를 생성하는 부분이 있기 때문에 곧 생생한 경험을 하게 될 것이다.

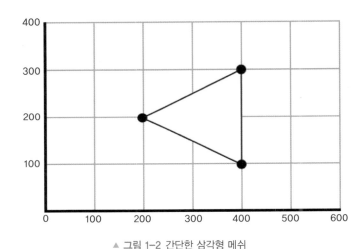

▲ 그림 1-2 간단한 삼각형 메쉬

페이스의 어느 쪽이 앞면인지는 중요한 사안이다. 많은 게임이 페이스의 뒷면을 렌더링하지 않기 때문이다. 이것이 많은 게임이 사용하고 있는 백페이스 컬링^{backface culling}이라고 불리는 최적화 테크닉이다. 복잡한 씬을 다루다 보면 백페이스 컬링을 비활성화해야 하는 경우가 종종 있다. 그러나 대부분은 이 기능을 사용한다. 이 책에서는 간략한 설명을 위해 백페이스 컬링을 사용하지 않을 것이다. 그러나 각자의 프로젝트에서 사용할 경우를 대비해서 숙지하고 있어야 한다.

여기서 하나 기억할 점은 메쉬의 버텍스는 **벡터**를 사용해서 정의한다는 점이다. 세이더 코드에서 가장 기본이 되는 데이터 타입 중 하나이기 때문에, 벡터는 꼭 알아야 하는 매우 중요한 수학 개념이다(그 중요성 때문에 셰이더 작성에 사용하는 프로그래밍 언어들은 벡터 타입을 기본으로 제공한다). 당장 벡터를 깊이 다루지는 않지만 셰이더라는 토끼굴로 깊이 들어가기 전에 기본적인 내용은 알아야 한다.

벡터

많은 이들은 수학 시간을 통해 처음 벡터를 접한다. 그리고 다음과 같은 설명을 듣는다. '벡터는 크기^{magnitude}와 방향^{direction}을 가지는 양^{quantity}이다.' 기술적으로 맞는 말이겠지만 쉽게 와 닿지는 않는다. 벡터를 자동차 여행의 경로라고 생각해 보자. 우리는 다음 주유소에 들르기 위해 북쪽으로 3마일을 가야 한다. 이것은 방향이 북쪽이고 크기 또는 길이는 3마일인 벡터로 나타낼 수 있다. 그림 1-3은 이 벡터를 표현하는 두 가지 경우를 보여준다.

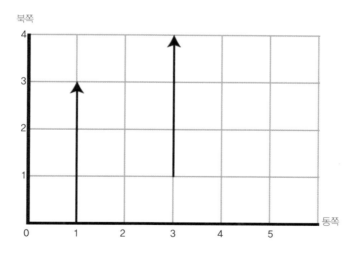

▲ 그림 1-3 서로 다른 위치에 표시된 동일한 벡터

여기서 주목할 점은 두 벡터가 방향과 크기는 같지만 서로 다른 곳에 위치한다는 사실이다. 이것이 가능한 이유는 벡터에는 위치 정보가 없기 때문이다. 벡터가 공간적으로 의미를 갖기 위해서는 기준점이 필요하다. 그림 1-3에서 차가 (1,0) 또는 (3,1)에 위치하는가에 따라서 경로 벡터는 각각 A와 B가 된다. 이 기준점을 시작점initial point이라고 하고, 벡터의 마지막 점을 끝점terminal point이라고 한다. 일반적으로 벡터를 특정 지점에서 다른 지점으로의 움직임으로 생각하는데, 벡터라는 이름은 사실 여기서 유래했다. 벡터는 나르다carry라는 뜻을 갖고 있는 라틴어 vehere에서 왔다. 그러므로 벡터를 무언가를 어느 지점에서 다른 지점으로 나르는 것으로 이해해도 무방하다.

벡터 자체에는 위치 정보가 없지만 벡터를 이용해서 위치를 정의하는 것은 매우 일반적이다. 벡터가 어떤 대상의 위치를 나타낼 때 그 출발점은 그 벡터가 있는 좌표계의 영점으로 가정한다. 2D 공간이라면 이 영점은 (0, 0)이고 3D 공간이라면 (0, 0, 0)이 된다. 이 영점은 원점origin이라고도 불린다. 예를 들어 어떤 대상이 (2, 1)에 위치한다고 하자. 원점에서 출발해서 X 방향으로 2만큼, Y 방향으로 1만큼 이동하면 그 대상에 다다를 수 있다. 그림 1-4에 있는 두 점은 원점에서 시작한 두 벡터의 끝점이다. 이 도표에 화살표를 더하면 그림 1-5의 모습이 된다.

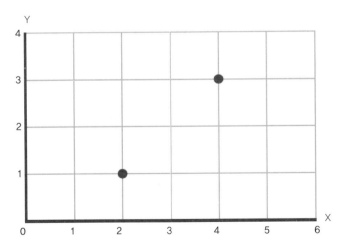

▲ 그림 1-4 공간 안의 두 위치. 이런 위치는 대개 벡터를 통해 나타낸다.

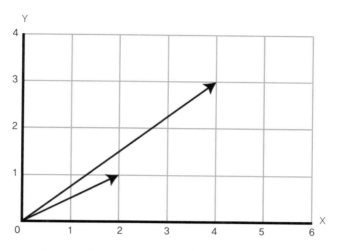

▲ 그림 1-5   그림 1-4의 두 위치에 벡터를 나타내는 선을 그려 넣었다.

벡터는 (1, 2, 3)처럼 괄호 속에 들어있는 일련의 숫자로 나타낸다. 이 숫자들을 각 각 벡터의 **컴포넌트**^{component}라고 하며, 벡터가 가진 컴포넌트의 개수가 벡터의 차원을 결정한다. 1차원 벡터는 한 개의 컴포넌트를 갖고, 3차원 벡터는 3개의 컴포넌트를 갖는다. 사실 벡터의 차원에는 제약이 없다. 그러나 컴퓨터 그래픽에서는 일반적으로 4차원 벡터까지 사용한다.

3차원 벡터까지는 그래프 축의 이름으로 통용되는 X, Y, Z를 따서 각 컴포넌트를 지칭하는 것이 보통이다. 그러나 4차원 벡터를 다룰 때 네 번째 컴포넌트는 W라고 부른다. 즉 4차원 벡터의 컴포넌트는 각각 X, Y, Z, W라는 이름을 갖는다. 차원 대신 컴포넌트 개수로 벡터를 부르는 경우도 종종 볼 수 있다. 둘 다 같은 의미이다. 따라서 4차원 벡터가 아니라 4 컴포넌트 벡터라고 얘기하더라도 당황할 필요는 없다. 나중에 보겠지만 셰이더 코드 역시 벡터를 컴포넌트 개수로 부른다. 많은 예시 코드에서 vec2, vec3, vec4 같은 용어를 사용할 텐데, 각각 2, 3, 4 컴포넌트 벡터를 의미한다.

벡터로 처리할 수 있는 일들은 정말 다양하다. 그러나 시작하는 단계에서 알아야 할 연산은 친숙한 더하기, 빼기, 곱하기, 나누기 뿐이다. 이중에서 직관적으로 이해하기 쉬운 더하기와 빼기부터 설명하기로 한다. 자동차 여행의 비유로 돌아간다. 벡터를 여행의 과정에서 거쳐야 하는 경로(예를 들어 북쪽으로 3마일)라고 했다. 그러나 여행이 그렇게 단순할 리 없다. 최종 목적지에 도달하려면 여러 경로를 거쳐야 한다. 벡터의 더하기는 어떤 의미에서 그것과 같다. 벡터를 더하면 각 벡터를 하나하나 따라서 최종적으로 도달하게 되는 지점을 직선으로 가리키는 벡터를 얻게 된다. 시각적으로 표현하자면 그림 1-6과 같다.

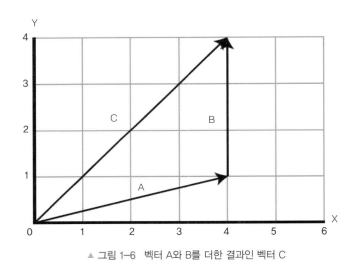

▲ 그림 1-6 벡터 A와 B를 더한 결과인 벡터 C

그림 1-6을 보면 A, B 두 개의 벡터가 있다. 그리고 A의 끝점이 B의 시작점이 된다. 그리고 두 벡터의 합이 벡터 C이다. 순서대로 A와 B를 따라가든, 그냥 C를 따르든 동일한 지점에 다다른다. 이것이 바로 벡터의 더하기와 빼기가 작동하는 방식이다.

두 벡터의 합을 구하려면 각 벡터에 있는 같은 컴포넌트끼리 더한다. 즉 각 벡터의 X 컴포넌트 합이 최종 벡터의 X 컴포넌트가 되고, Y 컴포넌트의 합이 최종 벡터의 Y 컴포넌트가 된다. 빼기도 같은 방식이다. 실제 수식을 보면 이해가 좀 더 쉬울 것이다.

$$(200, 200) + (200, 100) = (200+200, 200+100) = (400, 300)$$

$$(200, 200) - (200, 100) = (200-200, 200-100) = (0, 100)$$

벡터로 할 수 있는 또 다른 중요한 연산은 벡터를 하나의 숫자, 즉 **스칼라**^{scalar}로 곱하는 것이다. 앞선 경로 벡터에 5를 곱한다면 이렇게 되는 셈이다. '북쪽으로 3마일 간다. 다섯 번 거듭해서.' 그 결과 북쪽으로 15마일을 가게 된다. 수식으로 표현하면 다음과 같다.

$$(0, 3)*5 = (0*5, 3*5) = (0, 15)$$

단위 벡터^{unit vector}라고 불리는 특별한 벡터가 있다. 길이가 1인 벡터를 지칭하는데, 단위 벡터를 어떤 수로 곱하면, 그 곱한 숫자만큼의 길이를 지닌 벡터를 만들 수 있다. 방향을 유지하면서 원하는 길이를 쉽게 나타낼 수 있다는 점에서 중요하다. 그림 1-7에는 두 벡터가 있다. 하나는 단위 벡터이고, 다른 하나는 단위 벡터에 2.5를 곱한 벡터다. 곱하기의 결과는 정확히 길이가 2.5인 벡터다.

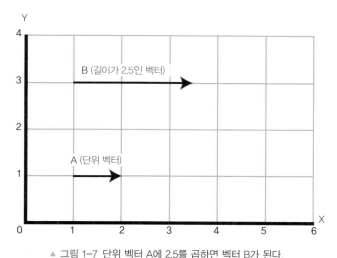

▲ 그림 1-7 단위 벡터 A에 2.5를 곱하면 벡터 B가 된다.

벡터에 스칼라를 곱하는 건 더하기나 빼기와 매우 비슷하다. 각각의 컴포넌트를 별도로 생각하면 되기 때문이다. 그림 1-7을 수식으로 표현하면 다음과 같다.

$$(1, 0)*2.5 = (1*2.5, 0*2.5) = (2.5, 0)$$

단위 벡터가 아닌 벡터를 단위 벡터를 만드는 과정을 **정규화**^{normalization}라고 하는데, 벡터의 각 컴포넌트를 길이로 나누면 된다. 예를 들어 그림 1-7의 벡터 B는 단위 벡터에 2.5를 곱한 결과이기 때문에 그 길이가 2.5다. (2.5, 0)인 벡터 B의 각 컴포넌트를 길이인 2.5로 나누면 간단히 정규화할 수 있다. 그 결과는 벡터 A인 (1, 0)이 된다. 정규화를 처리해주는 셰이더 함수가 있기 때문에, 사실 정규화 과정에 대해서 따로 암기할 필요는 없지만 알아두면 유용하다. 여기서 기억해야 할 가장 중요한 내용은 단위 벡터가 무엇이며, 방향 정보를 저장할 때 왜 단위 벡터가 유용한지 이해하는 것이다.

벡터를 스칼라로 나누는 방식은 스칼라로 곱하는 것과 같다. 컴포넌트를 각각 나눠주면 된다.

$$(1, 2, 3)/5 = (1/5, 2/5, 3/5) = (0.2, 0.4, 0.6)$$

셰이더 코드로 들어가기 전에 살펴볼 벡터와 관련된 마지막 내용은 벡터를 다른 벡터로 곱하거나 나누는 연산이다. 벡터를 스칼라로 곱했던 것과 마찬가지로 이 연산도 컴포넌트 단위로 이뤄진다. 이 연산은 벡터가 공간에 관한 값을 나타낼 경우에는 보통 사용하지 않는다. 따라서 그래프 대신 바로 수식으로 설명하겠다.

$$(1, 2, 3)*(4, 5, 6) = (1*4, 2*5, 3*6) = (4, 10, 18)$$
$$(1, 2, 3)/(4, 5, 6) = (1/4, 2/5, 3/6) = (0.25, 0.4, 0.5)$$

컴퓨터 그래픽이 아닌 다른 분야에서 벡터를 공부했다면 위 수식이 다소 혼란스러울 것이다. 왜냐하면 표준 벡터 연산이 아니기 때문이다. 이런 연산을 사용하는 이유는 다음과 같다. 수학과 물리학 영역에서 벡터는 엄격한 정의를 갖는다. 그러나 코딩 영역에서 벡터는 단지 일련의 숫자일 뿐이고, 다루는 데이터에 따라서는 위와 같은 연산이 의미를 갖거나 편리할 수 있다. 그런 사례 중의 하나가 위치나 방향 대신 벡터에 색상을 저장하는 경우다. 위 수식처럼 두 개의 색상을 곱할 수 있다면 매우 편리하다. 그 이유는 3장에서 설명하겠다. 당장은 벡터끼리 곱하고 나누는 연산이 그래픽 코딩에서는 위의 수식처럼 이뤄진다는 사실만 알면 된다. 비록 정규 벡터 수학에는 존재하지 않더라도 말이다.

앞서 벡터로 색상을 저장한다고 얘기했다. 그런데 프로그램 경험에 따라 벡터가 색상을 저장하는 방식을 잘 모를 수도 있다. 다음으로 그래픽 코드가 일반적으로 어떻게 색상을 다루는지 살펴보기로 한다.

색상

대부분의 프로그래밍에서 색상은 세 개의 값으로 나타낸다. 하나는 빨간색 값, 또 하나는 녹색 값, 마지막 하나는 파란색 값이다. 이 값들을 컬러 채널color channel이라고 부르는 것을 들어 봤을 것이다. 각 채널의 값은 정수integer(색이 없다는 의미인 0에서 255까지) 또는 실수float 또는 16진법 코드hexadecimal code로 나타낼 수 있다. 그림 1-8은 색상과 숫자를 통한 표기법을 보여준다.

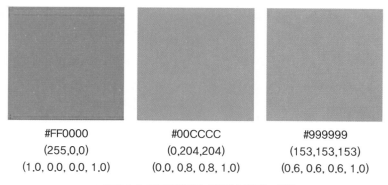

#FF0000
(255,0,0)
(1.0, 0.0, 0.0, 1.0)

#00CCCC
(0,204,204)
(0.0, 0.8, 0.8, 1.0)

#999999
(153,153,153)
(0.6, 0.6, 0.6, 1.0)

▲ 그림 1-8 프로그래머가 색상을 나타내는 방식

셰이더 프로그래밍에서는 주로 실수로 색상을 표시한다. 단, 이때 하나의 채널을 더 사용한다. 이 마지막 채널은 색상의 알파alpha 값을 나타낸다. 컴퓨터 그래픽에서 알파는 색상의 불투명한 정도를 나타낸다. 빨강색 상자가 있고 알파가 1이라면, 그 안에 무엇이 있는지 볼 수 없다. 그런데 알파가 0.8이 되면 상자 내부와 상자 뒤의 모습을 볼 수 있다. 그림 1-9처럼 마치 상자를 빨강색 유리로 만든 것과 같다.

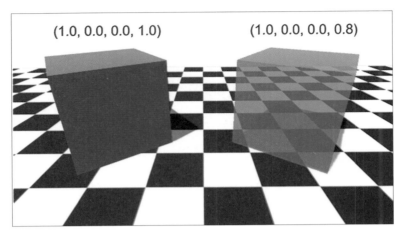

(1.0, 0.0, 0.0, 1.0)   (1.0, 0.0, 0.0, 0.8)

▲ 그림 1-9 알파가 1인 왼쪽의 불투명한 상자. 알파가 0.8인 오른쪽 상자

컴퓨터 그래픽에서는 4-컴포넌트 벡터(vec4)를 이용해서 색상 데이터를 저장하는 경우가 매우 흔하다. 이때 X, Y, Z 컴포넌트는 각각 색상에서 빨강색(R), 녹색(G), 파랑색(B)을 가리키고, W 컴포넌트는 알파(A)를 나타낸다. 알파가 항상 1인 경우는 알파채널을 빼고 vec3로 색상을 표시하는 경우도 있다. 한편 벡터를 이용해서 색상 데이터를 저장할 경우 X, Y, Z, W 대신 R, G, B, A라는 채널 이름으로 컴포넌트를 부를 수 있다. 나중에 직접 셰이더 코드를 작성할 때 알겠지만, 두 채널의 이름을 모두 사용할 수 있다.

렌더링 파이프라인

메쉬를 화면의 이미지로 만들기 위해 그래픽 카드(GPU)가 처리하는 일련의 과정을 **렌더링 파이프라인**이라고 앞서 정의했었다. 이 책 전체에서 렌더링 파이프라인은 매우 중요한 의미를 갖는다. 셰이더가 바로 이 파이프라인 안에서 어떤 역할을 수행하기 때문이다. 나중에 몇 페이지를 할애해서 셰이더가 무엇인지 집중적으로 설명할 것이다. 그전까지는 렌더링 파이프라인의 일부 단계에서 어떤 결과를 만들기 위해 실행되는 작은 프로그램이라고 이해하면 충분하다.

셰이더를 본격적으로 얘기하기에 앞서 렌더링 파이프라인의 단계를 어느 정도 알아야 한다. 모든 단계를 길게 설명하지는 않겠다(아주 많은 단계가 있다. 그러나 당장은 대부분 크게 신경 쓰지 않아도 괜찮다). 이 책에서 다루게 될 수준에서 렌더링 파이프라인의 단계를 정리하면 그림 1-10과 같다.

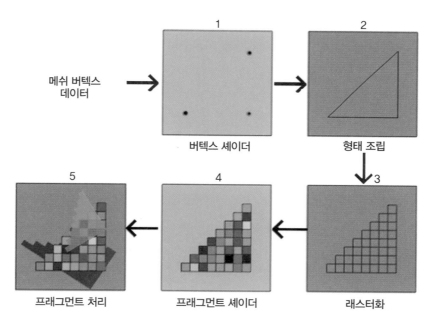

▲ 그림 1-10 간략하게 정리한 그래픽 파이프라인. 순서는 번호와 화살표로 표시했다.

특정 프레임을 렌더링할 때 그 안에 포함돼야 하는 메쉬를 GPU에게 알려준다. 파이프라인은 이렇게 알려준 모든 메쉬에서 실행된다. 그리고 모든 메쉬가 파이프라인을 거치면 비로소 프레임이 완성된다. 파이프라인은 전적으로 GPU에서 처리된다. 게임에서 그래픽 카드가 그토록 중요한 이유는 그래픽 카드가 이 파이프라인을 최대한 빨리 처리하도록 만들어진 장치이기 때문이다.

간략하게 정리한 그래픽 파이프라인을 보면 첫 단계는 버텍스 셰이더다. 버텍스 셰이더는 현재 처리하는 메쉬의 버텍스를 화면 어디에 그려야 하는지를 계산한다. 앞에서 본 버텍스만으로 이뤄진 구형 메쉬의 모습을 기억할 것이다. 버텍스 셰이더는 그런 버텍스 하나하나를 화면 어디에 배치할지를 계산한다. 게임 속에서 어떤 물체가 움직인다고 하자. 그 물체의 위치 정보는 버텍스 셰이더로 전달된다. 그 정보는 카메라 위치나 방향 같은 다른 정보와 같이 합쳐져서 물체의 메쉬를 구성하는 모든 버텍스의 화면 상의 위치를 결정한다.

버텍스 셰이더에서 메쉬의 모든 버텍스를 처리하면, 여기서 나온 데이터는 파이프라인의 다음 단계인 형태 조립 단계로 넘어간다. 이 단계는 앞서 처리한 버텍스를 선으로 연결하는 역할을 담당한다. 기본적으로 화면에 메쉬의 에지를 배치하는 단계라고 할 수 있다.

그 다음은 래스터화 단계다. 이 단계에서 GPU는 앞서 처리한 메쉬가 화면에서 차지할 가능성이 있는 픽셀을 계산한다. 그리고 픽셀 후보 하나하나에 대해 프래그먼트를 만든다. 프래그먼트는 화면에 픽셀을 그리기 위해 필요한 모든 정보를 담은 데이터 구조를 가리킨다. 프래그먼트를 잠재적인 픽셀이라고 생각해도 좋다. 왜냐하면 모든 프래그먼트가 화면 위의 픽셀이 되는 것은 아니기 때문이다.

래스터화 단계에서는 메쉬의 표면이 어떤 모습일지 알 수 없다. 각 프래그먼트의 색상 정보는 프래그먼트 셰이더가 채워주기 때문이다. 이제 그 정보를 구하기 위해 모든 프래그먼트는 파이프라인의 다음 단계인 프래그먼트 셰이더로 보내진다. 프래그먼트 셰이더가 앞선 형태 조립 단계에서 선들이 만든 빈 칸에 색을 칠해준다고 생각해도 좋다.

이제 화면에 이미지를 그리기까지, 프래그먼트 처리 단계가 하나 남아있다. 이 단계는 크게 프래그먼트 테스팅과 브랜딩 연산이라는 두 역할을 담당한다. 프래그먼트 테스팅은 어떤 프래그먼트를 화면에 그리고, 어떤 프래그먼트를 버릴 것인지 판단하는 과정이다. 메쉬의 프래그먼트를 생성할 때 전체 씬에 대한 정보는 고려하지 않는다. 그래서 GPU는 화면에 실제로 그릴 픽셀보다 훨씬 많은 프래그먼트를 생성한다. 예를 들어 플레이어가 벽을 바라보는데, 그 벽 뒤에 스포츠카가 있다고 하자. GPU는 벽을 그리기 위한 픽셀의 프래그먼트를 만들 뿐 아니라, 벽 뒤에 있는 스포츠카를 그리기 위해 필요한 픽셀의 프래그먼트까지 같이 생성한다. 프래그먼트 처리 단계에 이르러서야 화면에 그릴 것과 버릴 것을 구별한다. 한편 프래그먼트 블렌딩은 그림 1-9에서 본 반투명한 상자가 자신의 색상과 뒤에 비치는 바닥의 프래그먼트를 섞을 수 있게 해준다. 블렌딩은 매우 유용한 기능이다. 나중에 블렌딩만을 별도의 장에서 다룰 것이기 때문에 여기서는 더 이상 깊게 설명하지 않겠다.

프래그먼트 처리 단계까지 끝나면, 화면에 프레임을 그릴 준비를 마치게 된다. 여기서 살펴본 과정은 셰이더 작성을 시작하기 위한 수준에서 정리한 렌더링 파이프라인임을 기억하자. 실제 렌더링 파이프라인에는 훨씬 복잡한 과정이 들어있다. 그러나 지금 단계에서 그것까지 걱정할 필요는 없다.

셰이더

앞서 셰이더에 대해 간단히 설명했다. 이제는 셰이더를 본격적으로 정의하기 위한 충분한 배경 지식을 갖췄다. 기본적으로 셰이더는 그래픽 카드에서 실행되는 프로그램이다. 그러나 CPU에서 실행되는 대부분의 일반 프로그램과는 다른 점이 있다. 일반 프로그램이 할 수 없는 무언가를 셰이더는 처리할 수 있기 때문이다. 셰이더만 할 수 있는 일 중에 가장 중요한 것은 렌더링 파이프라인을 제어하는 것이다. 렌더링 파이프라인의 많은 부분은 렌더링하는 대상과 무관하게 그대로 유지된다. 예를 들어 GPU는 항상 같은 방식으로 버텍스로부터 형태를 만든다. 그러나 셰이더를 통해 파이프라인의 주요 공정을 제어함으로써 게임이나 기타 애플리케이션에서 원하는 모습을 만들 수 있다.

셰이더는 파이프라인에서 그것이 작동하는 단계에 따라서 각각 다른 이름으로 불린다. 그림 1-10을 통해 이미 파악했을 수도 있지만, 우리가 집중할 대상은 **버텍스 셰이더**와 **프래그먼트 셰이더**다. 이 두 셰이더는 렌더링 파이프라인을 통해 무언가를 화면에 그리기 위한 최소 요건이고, 따라서 가장 널리 사용되는 셰이더라고 할 수 있다. 파이프라인 각 단계가 처리하는 일이 서로 다른 만큼, 두 셰이더 역시 서로 다른 역할을 담당한다. 예를 들어 버텍스 셰이더에게 프래그먼트 처리를 맡길 수는 없다. 셰이더가 일종의 프로그램이라는 말에 크게 신경 쓰지 않았으면 좋겠다. 엄밀한 의미에서 틀린 말은 아니지만 초보자에게는 오해를 불러일으킬 소지가 있다. GPU를 제어하는 간단한 코드로 생각하면 충분하다. 용어를 두고 필요 이상으로 고민할 필요는 없다.

셰이더는 **셰이딩 언어**^{shading languages}라는 특별한 프로그래밍 언어로 작성한다. 많은 셰이딩 언어가 있는데, 실제로는 서로 매우 유사한 형태를 띄고 있다. 그래서 한 언어에 익숙해지면 다른 언어도 쉽게 익힐 수 있다. 이 책은 OpenGL을 사용하기 때문에 OpenGL 셰이딩 언어^{OpenGL Shading Language}를 뜻하는 **GLSL**을 사용한다. GLSL은 C와 매우 비슷하기 때문에 문법을 익히기 위해 따로 시간을 들이지 않고도 쉽게 적응할 수 있다. C 또는 C++에 약간의 경험이 있다면 매우 익숙한 모습일 것이다.

1장에서는 아주 많은 이론을 설명했다. 직접 셰이더를 작성하기 위한 모든 준비를 마쳤다.

요약

1장에서 다뤘던 내용을 간략히 정리하면 다음과 같다.

- 메쉬는 버텍스 위치 정보의 집합으로 3D 게임이나 애플리케이션에서 3차원

의 형태를 정의할 때 사용한다.

- 벡터는 두 개 또는 그 이상의 실수로 구성된 데이터 구조다. 위치, 방향, 색상 등의 데이터를 저장할 때 사용한다.
- 색상은 보통 4 컴포넌트 벡터로 나타낸다. 여기서 마지막 컴포넌트는 불투명한 정도를 나타내는 알파값을 저장한다.
- 벡터 간에는 사칙연산이 가능하다. 이때 모든 연산은 컴포넌트 단위로 이뤄진다.
- GPU는 렌더링 파이프라인이라는 일련의 단계를 통해 화면에 이미지를 그린다. 각 단계의 세부적인 내용을 살펴봤는데, 이 내용은 이 책에서 중요한 의미를 지닌다.
- 셰이더는 렌더링 파이프라인의 일부 단계에서 실행되면서 그 단계들을 제어하는 프로그램이다.

2장

셰이더 작성

이제 무언가를 직접 만들어볼 시간이 왔다. 책 소개에서 밝혔듯이, 이 책은 백지상태에서 렌더링 엔진을 개발하는 코드를 설명하지는 않는다. 대부분 이미 게임 엔진이 제공하는 렌더링 엔진이라는 사치를 누리고 있기 때문이다. 그렇다고 이 책이 특정 게임 엔진을 고려하고 쓰여진 것은 아니다. 따라서 유니티, 언리얼, 고도 같은 엔진보다는 창의적인 작업에 적합한 범용 코딩 환경인 오픈프레임웍스를 사용한다. 오픈프레임웍스는 완전한 게임 엔진처럼 복잡하지 않으면서 셰이더에 집중하기 좋을 만큼의 최소한의 환경을 제공한다. MIT 라이선스를 따르는 완전한 오픈 소스이며, 모든 주요 운영체제에서 작동한다. 어떤 플랫폼에서 이 책을 공부하든 또는 어떤 이유에서 셰이더를 공부하든, 오픈프레임웍스는 그 역할을 다할 것이다.

우선 http://openframeworks.cc/download/에서 프로그램을 내려받는다. 이 책은 0.10.0 버전을 기준으로 작성됐기 때문에 설명하는 내용을 순조롭게 따라오려면 가급적 해당 버전을 사용하기를 권장한다. 오픈프레임웍스는 소스만 제공한다. 프레임워크를 빌드하는 방식이나 프로젝트를 생성하는 방식은 사용하는 운영체제나 IDE에 따라서 다를 수 있다. 그러나 대부분의 독자는 윈도우^{Windows} 운영체제에서 비주얼 스튜디오^{Visual Studio}를 사용할 것으로 예상하기 때문에 이 경우를 중심으로 설명할 것이다. 이 책에서 특정 플랫폼을 중심으로 설명하는 몇 안되는 예외이기 때문에 다른 플랫폼을 사용하더라도 크게 걱정할 필요는 없다. 윈도우 환경이 아니라면 오픈프레임웍스가 제공하는 별도의 설치 가이드를 참고하면 된다. 내려받기 페이지로 가면 운영체제별로 설치 가이드가 있다. 여기서 자신의 환경에 맞는 설치 안내를 찾아서 그 내용을 따라 설치한다. 윈도우와 비주얼 스튜디오를 사용하는 독자는 다음의 내용을 따라서 설치한다.

윈도우 개발환경 준비

비주얼 스튜디오에서 통상적으로 프로젝트를 생성할 때와 오픈프레임웍스를 사용할 때는 큰 차이점이 하나 있다. 오픈프레임웍스에서는 전용 프로그램을 이용해서 프로젝트를 생성한다는 점이다. 이 작은 프로그램은 오픈프레임웍스와 연결된 새로운 비주얼 스튜디오 프로젝트를 생성하고, 실행창을 만들기 위한 기본 코드를 제공한다. 다른 서드 파티 코드를 사용할 때보다 훨씬 수월하게 준비를 마칠 수 있다. 준비를 위한 절차는 다음과 같다.

1. 하드 드라이브에서 오픈프레임웍스를 설치하려는 곳에 내려받은 파일의 압축을 푼다.
2. 압축이 풀린 폴더 안에서 projectGenerator-vs 폴더를 찾는다. 그 안에 있는 projectGenerator.exe 파일을 실행한다. 프로젝트 이름과 경로같은 세부 사항을 묻는 창이 뜬다.
3. 원하는 경로와 프로젝트 이름을 입력한 후 Generate 버튼을 클릭한다.
4. **Open in IDE**라는 버튼이 있는 새로운 창이 뜬다. 그 버튼을 클릭하면 두 개의 프로젝트가 들어있는 비주얼 스튜디오 솔루션이 열린다. 하나는 오픈프레임웍스 라이브러리이고, 다른 하나는 우리가 만들 프로젝트다.

5. 프로젝트 솔루션을 빌드한 후 실행한다(자동적으로 오픈프레임웍스도 빌드된다). 아무 것도 없이 회색 화면을 보여주는 실행창이 열린다. 이 실행창을 봤다면 모든 준비를 순조롭게 마친 것이다.

프로젝트 세팅

여기부터는 실제로 오픈프레임웍스 프로젝트를 생성했고, 직접 코드를 작성하면서 설명하는 내용을 따라온다고 가정하겠다. 오픈프레임웍스 프로젝트를 만들면 그 안에는 기본적으로 main.cpp와 ofApp.h와 ofApp.cpp라는 세 개의 소스코드 파일이 들어있다. main.cpp에는 우리 프로그램의 main() 함수가 들어있다. 이 함수는 OfApp 타입의 객체^{object}를 생성한다. 객체가 생성되면 그때부터는 생성된 객체가 본격적인 일을 맡는다. main() 함수를 수정하지 않고 사용하면 OpenGL 2.0 버전을 사용하도록 설정된 OfApp 객체가 생성된다. OpenGL은 일종의 렌더링 API다. 렌더링 API는 GPU와 정보를 주고받기 위해 사용하는 일군의 함수를 가리킨다. OpenGL 외에도 선택할 수 있는 여러 렌더링 API가 있다. 그러나 가장 폭 넓은 하드웨어 지원과 오픈프레임웍스와의 통합이라는 점에서 OpenGL이 비교 우위를 지닌다. 이 책에서는 OpenGL 2.0보다는 좀 더 최신 버전을 사용할 것이다. main() 함수를 수정해서 필요한 OpenGL 버전을 구체적으로 지정한다. 처음 main() 함수의 모습은 코드 2-1과 같을 것이다.

코드 2-1 main() 함수의 기본 모습

```
#include "ofMain.h"
#include "ofApp.h"

int main( ){
  ofSetupOpenGL(1024,768,OF_WINDOW); ❶
  ofRunApp(new ofApp());
}
```

기본으로 main() 안에는 두 개의 함수 호출이 들어있다. 첫 번째(❶)는 OpenGL
을 세팅하고 프로그램이 그린 프레임을 보여줄 실행창을 생성한다. 두 번째
ofRunApp()은 ofApp 객체를 생성해서 본격적인 처리를 맡긴다. 오픈프레임웍스가
제공하는 함수는 모두 'of'로 시작한다는 점을 기억하길 바란다. 나중에 작성할 코드
와 쉽게 구별할 수 있다.

지금 main()은 매우 깔끔하게 최소한의 내용만 담고 있다. 아쉽게도 우리가 원하는
OpenGL 버전을 사용하려면 코드를 조금 고쳐야 한다. 코드 ❶을 코드 2-2에 있는
코드로 교체한다.

코드 2-2 OpenGL 4.1을 사용하기 위한 설정

```
ofGLWindowSettings glSettings;
glSettings.setSize(1024, 768);
glSettings.windowMode = OF_WINDOW;
glSettings.setGLVersion(4, 1);
ofCreateWindow(glSettings);
```

세팅을 위해 main()에서 수정해야 하는 부분은 이것이 전부다. 앞으로는 기본으로
생성된 나머지 두 파일인 ofApp.h와 ofApp.cpp에서 대부분의 시간을 보내게 된
다. 기본 ofApp 파일에는 오픈프레임웍스 이벤트에 응답할 목적으로 베이스 클래스
(ofBaseApp)에서 오버로드^{overload}한 함수들이 들어있다. 이 오버로드 함수는 지금은
아무런 내용도 담고 있지 않다. 그러나 예시를 거듭함에 따라서 점점 복잡한 내용을
담게 된다.

가장 먼저 ofApp.cpp에 있는 setup() 함수를 살펴보자. 이 함수는 ofApp 객체를 생
성할 때 호출된다. 따라서 리소스를 불러오거나 프로그램에서 렌더링할 대상을 생성
하기에 좋은 곳이다. 앞에서 셰이더가 렌더링 파이프라인의 단계를 제어하고, 렌더
링 파이프라인은 메쉬를 대상으로 작동한다는 사실을 배웠다. 따라서 setup() 함수
에 가장 먼저 추가할 내용은 메쉬를 생성하는 코드다.

메쉬 생성

오픈프레임웍스에서 메쉬 클래스는 ofMesh라고 한다. ofMseh를 만들고 버텍스를 추가하는 과정은 아주 간단하다. 기본 생성자[constructor]를 이용해서 ofMesh 객체를 생성하고, 그 객체의 addVertex() 함수에 3-컴포넌트 벡터로 된 버텍스 위치 정보를 전달하면 된다. 오픈프레임웍스는 GLM이라는 수학 라이브러리를 통해서 벡터 연산을 처리한다. 그래서 vec3 데이터 타입은 glm 네임스페이스[namespace]를 사용한다.

코드 2-3 삼각형 메쉬 생성하기

```
void ofApp::setup()
{
  ofMesh triangle;
  triangle.addVertex(glm::vec3(0.0, 0.0, 0.0));
  triangle.addVertex(glm::vec3(0.0, 768.0, 0.0));
  triangle.addVertex(glm::vec3(1024.0, 768.0, 0.0));
}
```

첫 메쉬를 만들기 위한 코드는 이것이 전부다. 그러나 화면에서 메쉬를 확인하기에는 아직 부족하다. 그러려면 ofApp의 draw() 함수를 고쳐야 한다. 이 함수는 프레임당 한 번씩 호출되며, 렌더링 파이프라인에서 GPU가 수행하게 되는 일련의 명령을 담는다.

혼란스러울 수도 있지만 ofMesh 클래스에도 draw() 함수가 있다. 이 함수는 GPU로 하여금 특정 프레임에 그 메쉬를 그리도록 지시할 때 사용한다. 가장 간편한 방법은 삼각형의 선언을 헤더[header]인 ofApp.h로 옮기고, ofApp의 draw()에서 메쉬의 draw()를 호출하는 것이다. 이렇게 하면 코드 2-4와 같은 모습이 된다.

코드 2-4 삼각형 메쉬 그리기

```
void ofApp::draw()
```

```
{
  triangle.draw();
}
```

별도로 셰이더를 지정하지 않을 경우, 오픈프레임웍스는 기본 버텍스 셰이더와 프래그먼트 셰이더를 메쉬에 적용한다. 이 기본 셰이더는 버텍스 좌표를 스크린 픽셀 좌표screen pixel coordinates로 읽어 들이고, 메쉬를 하얀색으로 렌더링한다. 지금 프로그램을 실행하면 그림 2-1과 같이 화면의 반을 덮고 있는 하얀 삼각형을 볼 수 있다.

▲ 그림 2-1 화면의 반을 덮는 하얀 삼각형

위에서 Y 좌표가 768인 버텍스를 두 개 만들었다. 두 버텍스가 화면 하단에 위치한다는 사실에 의아해했을 수 있다. OpenGL에서 스크린 픽셀 좌표는 화면의 좌측 상단에서 시작한다. 즉 Y 좌표가 커질수록 화면 하단으로 내려간다. 예를 들어 화면의 우측 상단 꼭짓점에 버텍스를 배치하려면 좌표는 (1024.0, 0.0)이 된다. 이 좌표계가 다소 낯설 수 있다. 프로그램을 약간 수정해서 스크린 픽셀 좌표를 테스트할 수 있는 방법을 만들어 보자.

키보드 입력에 따라서 삼각형의 버텍스 중 하나를 움직일 수 있는 keyPressed() 함수를 작성한다. 코드 2-5의 코드를 ofApp.cpp 파일에 추가한다.

코드 2-5 키보드 입력으로 삼각형 움직이기

```
void ofApp::keyPressed(int key)
{
  glm::vec3 curPos = triangle.getVertex(2);
  triangle.setVertex(2, curPos + glm::vec3(0, -20, 0));
}
```

이 코드는 키보드를 한 번 누를 때마다 삼각형의 우측 하단 버텍스가 20픽셀만큼 위로 올라가게 만든다. 코드가 잘 작동한다면 이번에는 버텍스가 위로 올라가는 대신 좌측 하단의 버텍스 쪽으로 움직이도록 코드에서 버텍스 좌표 부분을 바꿔보자.

셰이더를 작성하다 보면 여러 좌표계를 사용한다. 여기서도 곧 새로운 좌표계를 만나게 될 것이다. 잠시 시간을 내서 스크린 픽셀 좌표가 실제 화면에서의 위치와 어떻게 연결되는지 충분히 이해하고 넘어가기 바란다. 다음에는 우리가 만든 버텍스와 프래그먼트 셰이더로 오픈프레임웍스의 기본 셰이더를 교체할 것이다. 지금까지 살펴본 예시를 이해하는 데 어려움이 없다면 이제 첫 셰이더를 작성할 시간이다.

버텍스 셰이더

셰이더 코드는 보통 C++ 코드가 아닌 별도의 파일에 저장한다. GLSL에서 버텍스 셰이더는 관례적으로 .vert라는 확장자를 사용하고, 코드가 있는 곳이 아니라 메쉬나 이미지 같은 애셋들이 있는 디렉터리에 저장한다. 셰이더도 다른 애셋과 마찬가지로 런타임에서 불러오기 때문이다. 오픈프레임웍스 프로그램에서 애셋 디렉터리는 bin/data 폴더를 사용한다. 폴더에 first_vertex.vert란 파일을 만들고 그 파일을 연다.

새로운 코드 문법을 익히는 좋은 방법은 예시 코드를 차근차근 살펴보는 것이라고 생각한다. 가장 간단한 형태의 버텍스 셰이더를 보면서 한 줄씩 내용을 파악해 보자. 먼저 코드 2-6에 있는 코드를 복사해서 앞서 생성한 버텍스 셰이더 파일에 붙여 넣는다.

코드 2-6 첫 버텍스 셰이더

```
#version 410  ①
in vec3 position;  ②

void main()
{
  gl_Position = vec4(position, 1.0);  ③
}
```

곧 이 코드를 하나하나 설명할 것이다. 그런데 구체적인 내용으로 파고들기 전에 셰이더에서 벌어지는 일을 개괄적으로 설명하면 도움이 될 것 같다. 버텍스 셰이더는 뒤이을 파이프라인에게 메쉬의 각 버텍스가 화면상 어디에 위치하는지 알려준다. 버텍스 셰이더는 한 번에 하나의 버텍스를 처리한다. 그리고 직접 데이터를 주지 않는 이상, 다른 버텍스에 대한 정보를 갖고 있지 않다. 예시의 버텍스 셰이더는 각 버텍스의 위치를 그대로 파이프라인의 다음 단계로 전달한다. 이 사실을 기억한 상태에서 어떻게 셰이더가 작동하는지 살펴보기로 한다.

버전 선언

셰이더는 GLSL 버전을 선언하며 시작한다(①). 이 책에서는 OpenGL 4.1을 사용하기 때문에 항상 #version 410이라는 버전 사전처리기 지시어^{preprocessor directive}를 사용한다. 나중에 새로운 GLSL 버전이 제공하는 기능이 필요할 경우, 이 부분을 수정해서 원하는 버전을 사용한다. 이 책에 등장하는 모든 셰이더의 첫 줄은 이 코드를 사용한다.

in 키워드

코드 ❷는 버텍스 셰이더가 사용하게 될 메쉬 정보를 선언하는 곳이다. 우리 메쉬는 위치 데이터만 갖고 있기 때문에 비교적 단순하다. 현재 메쉬의 버텍스는 3-컴포넌트 벡터로 된 위치 데이터를 갖고 있다. 따라서 3-컴포넌트 벡터(GLSL에서는 vec3이라고 한다)로 된 위치 데이터를 예상한다고 구체적으로 밝힌다. 셰이더 코드를 처음 접한다면 in 키워드와 변수의 데이터 타입, 이 두 부분이 특히 낯설게 느껴질 것이다.

in은 GLSL만의 독특한 키워드다. 이 키워드는 셰이더가 렌더링 파이프라인의 앞 단계로부터 전달받게 될 데이터가 무엇인지 구체적으로 명시할 때 사용한다. 버텍스 셰이더의 앞 단계에서는 GPU가 메쉬 데이터를 버텍스 셰이더를 비롯한 이후 파이프라인에서 읽을 수 있는 포맷으로 변환한다. ❷의 코드가 의미하는 바를 풀어서 설명하면 다음과 같다. 이 버텍스 셰이더는 3-컴포넌트 벡터 타입의 데이터를 가진 버텍스를 처리한다. vec3 데이터를 받아서 position이라는 변수에 담을 것이다.

이쯤에서 추측했겠지만 GLSL에는 out 키워드도 있다. 이 키워드는 렌더링 파이프라인의 다음 단계로 전달할 변수를 선언할 때 사용한다. out 키워드는 프래그먼트 셰이더를 다룰 때 자세히 설명하기로 한다.

vec 데이터 타입

위치를 저장할 때 사용할 데이터 타입을 좀 더 살펴본다. C++ 코드와 달리 GLSL에서는 벡터를 담을 데이터 타입을 사용하기 위해 GLM 같은 별도의 수학 라이브러리를 고민할 필요가 없다. 벡터는 셰이더 코드에서 필수적인 부분이기 때문에 GLSL에 기본 데이터 타입으로 들어있다. C++ 코드의 GLM vec3와 마찬가지로 GLSL의 vec3도 x, y, z라고 불리는 세 개의 실수로 구성된다. GLSL은 이 밖에도 vec2와

vec4(❸에서 그 사례를 볼 수 있다)를 제공한다.

셰이더 코드의 상당 부분은 벡터를 다룬다. 상황이 이렇다 보니 GLSL이 제공하는 편의 기능이 있다. 그중 하나가 ❸처럼 작은 벡터를 더 큰 벡터의 생성자 일부로 사용하는 기능이다. 예시에서 vec4의 생성자에 position이라는 vec3을 전달했다. 이렇게 함으로써 vec4는 vec3의 x, y, z 컴포넌트를 그대로 사용하고, w 컴포넌트만 별도로 지정한다. 참고로 위치 데이터의 경우, w 컴포넌트는 늘 1.0이다. 위치 데이터에 vec4를 사용하는 수학적인 이유가 있지만 거기까지 깊게 들어가지는 않겠다. 배워야 할 셰이더 코드만으로도 이미 충분하다. 여기에 수학 공부까지 더할 필요는 없을 것 같다.

gl_Position

GLSL이 out 키워드를 이용해서 렌더링 파이프라인의 다음 단계로 전달할 데이터를 정의한다고 설명했다. 그런데 이것이 셰이더가 정보를 내보내는 유일한 방법은 아니다. GLSL은 몇몇 특수한 변수를 기본으로 제공한다. gl_Position 변수가 그 중 하나인데, 버텍스 셰이더에서 이후 파이프라인으로 전달할 위치 데이터를 저장한다. 앞으로 작성할 모든 버텍스 셰이더에는 gl_Position에 vec4 데이터를 저장하는 부분이 들어간다.

정규화 장치 좌표

첫 버텍스 셰이더의 모든 코드에 대해서 설명을 마쳤다. 그런데 지금 상태로 버텍스 셰이더를 적용해서 실행하면 그 결과는 예상과 다른 모습이 될 것이다. 앞에서 봤던 오픈프레임웍스 기본 셰이더에는 버텍스 좌표를 스크린 픽셀 좌표에 맞추기 위한 별도의 처리가 들어있기 때문이다. 일반적으로 버텍스 셰이더는 이런 처리를 하지 않는다. 대신 버텍스 셰이더는 NDC^{Normalized Device Coordinates}(**정규화 장치 좌표계**)를 기준으로 위치 데이터를 출력한다.

2장의 앞부분에서 스크린 픽셀 좌표계를 언급했다. 스크린 픽셀 좌표계에서 (0, 0)은 화면 좌측 상단 꼭짓점, (1024, 768)은 우측 하단 꼭짓점이 된다. 이 좌표계의 가장 큰 문제점은 화면 해상도에 영향을 받는다는 점이다. 만약 실행창의 해상도가 가로 800픽셀, 세로 400픽셀이면, 화면의 우측 하단 꼭짓점은 (1027, 768)이 아닌 (800, 400)이 된다. 바꿔 말하면 동일한 픽셀 좌표를 가진 버텍스가 화면 또는 실행창의 크기에 따라서 다르게 보인다는 얘기다. NDC는 다양한 화면을 하나의 공통 좌표계에 매핑mapping함으로써 문제를 해결한다. NDC가 표시된 격자 이미지를 화면 위에 얹는 다면 그림 2-2와 같은 모습이 될 것이다. 그림 2-2는 OpenGL이 NDC를 다루는 방식이다. 렌더링 API에 따라서는 좌표 처리가 다를 수 있다.

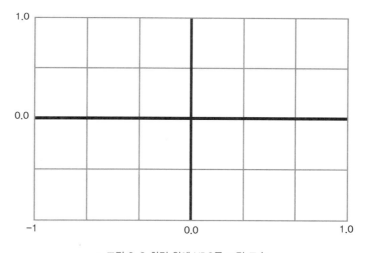

▲ 그림 2-2 화면 위에 NDC를 그린 모습

NDC는 앞서 얘기한 스크린 픽셀 좌표의 문제점을 해결한다. 화면 크기에 상관없이 동일하게 유지되기 때문이다. 예를 들어 화면의 모양이나 크기를 모르는 상태에서도 버텍스가 화면의 중앙에 위치하기 위해서는 좌표가 (0, 0)이어야 한다는 사실을 미리 알 수 있다. 우리가 만든 버텍스 셰이더는 앞서 봤던 것과 같이 각 꼭짓점이 화면의 세 꼭짓점에 위치하는 삼각형을 그려야 한다. 코드 2-7 setup() 함수의 내용을 수정해서 각 버텍스의 위치를 NDC 기준으로 정의한다.

코드 2-7 NDC에 따라 지정한 버텍스 위치

```
void ofApp::setup(){
  triangle.addVertex(glm::vec3(-1.0f, 1.0f, 0.0f));
  triangle.addVertex(glm::vec3(-1.0f, -1.0f, 0.0f));
  triangle.addVertex(glm::vec3(1.0f, -1.0f, 0.0f));
}
```

Y 컴포넌트의 부호를 모두 바꿨는데, 그 이유는 스크린 픽셀 좌표계와 NDC가 Y축 방향이 서로 반대이기 때문이다.

화면 해상도와 상관 없이 버텍스의 위치를 유지는 계산을 버텍스 셰이더에서 처리하는 방법도 가능하다. 오픈프레임웍스의 기본 셰이더가 버텍스 위치를 스크린 픽셀 좌표에서 NDC로 변환하는 방식으로 계산하면 된다. 코드 2-8처럼 간단한 계산이다. 여기서는 빠른 확인을 위해 화면 크기를 (1024, 768)로 하드코딩했다. 그러나 큰 규모의 프로젝트라면 C++ 코드에서 셰이더로 해상도를 전달해서 다양한 해상도를 지원할 수 있게 대비하는 것이 좋다.

코드 2-8 버텍스 셰이더에서 스크린 픽셀 좌표를 NDC로 변환하는 방법

```
void main()
{
  float x = (position.x / 1024.0) * 2.0 - 1.0;
  float y = (position.y / 768.0) * 2.0 - 1.0;
  gl_Position = vec4(x, y, 0.0, 1.0);
}
```

코드 2-8과 같은 방법도 문제는 없다. 그러나 메쉬가 스크린 픽셀 좌표보다는 NDC를 사용하는 것이 훨씬 일반적이다. 여기서는 셰이더 코드에서 스크린 픽셀 좌표를 변환하기보다는 처음부터 NDC에서 버텍스 위치를 지정하기로 한다.

이것으로 첫 버텍스 셰이더를 모두 살펴봤다. 그러나 화면에서 무언가를 확인하기에는 여전히 부족한 부분이 있다. 이제 프래그먼트 셰이더로 넘어갈 시간이다.

프래그먼트 셰이더

버텍스 셰이더와 마찬가지로 프래그먼트 셰이더 역시 메쉬의 모든 프래그먼트를 동시에 처리하지는 않는다. 한 번에 하나의 프래그먼트만 처리하며, 주된 역할은 각 프래그먼트의 색상을 결정하는 것이다. 다시 한 번 상기하자면 프래그먼트는 화면의 특정 픽셀을 채우기 위해 필요한 정보를 가리킨다.

첫 프래그먼트 셰이더는 삼각형 메쉬가 생성한 모든 프래그먼트를 빨강색으로 만들 것이다. 이번에도 셰이더 코드 전체를 먼저 보여주고, 뒤에 하나하나 설명하겠다. 프래그먼트 셰이더는 .frag라는 확장자를 가진 파일로 저장하는 것이 보통이다. 예시를 따라서 학습하고 있다면, 프로젝트의 bin/data 폴더에 first_fragment.frag라는 새로운 파일을 만든다. 그 다음 파일을 열고 코드 2-9의 코드를 복사해서 붙여 넣는다.

코드 2-9 빨강색을 출력하는 프래그먼트 셰이더

```
#version 410
out vec4 outColor;

void main(){
  outColor = vec4(1.0, 0.0, 0.0, 1.0);
}
```

이미 버텍스 셰이더를 경험했기 때문에 어느 정도 익숙해 보일 것이다. 버텍스 셰이더와 가장 큰 차이점은 데이터를 저장할 기본 변수가 없어서 직접 변수를 만들어야 한다는 점이다. out 키워드를 사용해서 변수를 선언한다. 앞에서 간단히 설명했던 키워드를 이제 자세히 살펴보기로 한다.

out 키워드

렌더링 파이프라인의 이전 단계로부터 전달받은 정보를 담을 변수를 선언할 때 in 키워드를 사용한다고 설명했었다. out 키워드는 그 반대라고 할 수 있다. 셰이더는 out 한정자^{qualifier}와 함께 선언한 변수에 정보를 담고, 그 정보를 파이프라인의 다음 단계로 전달한다. 코드 2-9에서 우리는 out 변수를 이용해서 각 프래그먼트의 색상을 파이프라인의 다음 단계로 전달하고, 최종적으로 색상을 화면에 나타낸다.

버텍스 셰이더에는 나가는 정보를 담기 위한 기본 변수가 있었다. 그런데 프래그먼트 셰이더에서는 out 변수를 직접 선언해야 한다는 사실이 이상하게 느껴질 수 있다. OpenGL 구버전에서 프래그먼트 셰이더에 기본 변수를 제공한 적이 있었다. 그러나 API가 진화함에 따라서 셰이더 개발자에게 더 많은 유연성을 주려는 차원에서 변수를 제거했다. 우리가 작성하고 있는 프래그먼트 셰이더는 언제나 한 가지 색상만을 출력한다. 그러나 많은 최신 게임에서는 여러 색을 출력하거나 또는 어떤 색도 출력하지 않는 프래그먼트 셰이더를 사용하기도 한다.

셰이더 바인딩

색상을 출력하기 위한 out 변수 사용에 대해 설명했다. 여기까지 왔으면 공식적으로 첫 셰이더 세트의 작성을 마친 셈이다. 이제 셰이더를 프로그램으로 불러와서 실제로 적용할 시간이다. 오픈프레임웍스에서 셰이더 코드를 저장하고 제어하는 클래스는 ofShader다. ofApp.h로 가서 ofShader 타입의 멤버 변수^{member variable}를 선언한다. 이제 헤더 파일에는 코드 2-10과 같이 메쉬와 셰이더를 위한 두 개의 멤버 변수가 있을 것이다.

코드 2-10 메쉬와 셰이더를 담기 위한 멤버 변수

```
ofMesh triangle;
ofShader shader;
```

ofApp.cpp에서는 ofShader 객체에게 우리가 작성한 셰이더를 사용하도록 지시한다. 내 조언을 받아들여서 두 셰이더를 프로젝트의 **bin/data** 폴더에 저장했다면 그것들을 손쉽게 불러올 수 있다. 이제 코드 2-11과 같은 모습이 된다.

코드 2-11 ofShader 객체로 셰이더 불러오기

```
void ofApp::setup(){
  triangle.addVertex(glm::vec3(-1.0f, 1.0f, 0.0f));
  triangle.addVertex(glm::vec3(-1.0f, -1.0f, 0.0f));
  triangle.addVertex(glm::vec3(1.0f, -1.0f, 0.0f));
  shader.load("first_vertex.vert", "first_fragment.frag"); ❶
}
```

GPU에게 메쉬를 렌더링하도록 지시할 때, 먼저 어떤 셰이더를 사용할 것인지 특정해야 한다. 버텍스와 프래그먼트 셰이더 모두를 하나의 객체에 담고, 한 번의 호출로 적용하는 것이 좋을 것이다. ofShader 객체에서 그것을 할 수 있다. 먼저 ofShader 변수로 셰이더 파일을 불러오는 방법은 ❶에 있다. ofShader의 load() 함수에 전달하는 파일 경로는 프로젝트의 bin/data 디렉터리를 기준으로 한 상대 경로다. 셰이더 파일을 그곳에 넣어뒀다면 예시처럼 파일명만으로 쉽게 참조할 수 있다.

셰이더를 불러왔으면, 이제 프로그램이 삼각형을 렌더링할 때 이 셰이더를 사용하도록 지시한다. 이를 위해서는 앞서 작성한 draw() 함수를 코드 2-12처럼 손본다.

코드 2-12 draw( ) 함수에서 셰이더 사용하기

```
void ofApp::draw(){
  shader.begin();  ❶
  triangle.draw();
  shader.end();  ❷
}
```

ofMesh의 draw( ) 함수를 호출할 때마다 GPU는 다음 프레임에 그 메쉬를 그리라는 지시를 받는다. 이 말은 메쉬 데이터를 렌더링 파이프라인으로 보낸다는 의미다. 이렇게 GPU로 하여금 특정 대상을 그리게 하는 명령을 그래픽 용어로 **드로우콜**^{draw call}이라고 한다.

특정 셰이더를 사용해서 메쉬를 렌더링하려면, 그 메쉬의 드로우콜을 보내기 전에 어떤 셰이더를 사용하는지 알려줘야 한다. 이 과정을 셰이더 바인딩^{binding}이라고 한다. 오픈프레임웍스에서는 ❶처럼 begin( ) 함수로 바인딩을 시작한다. 사용하려는 셰이더의 바인딩이 끝나면 이제 그 셰이더를 사용하는 모든 메쉬에 대해 draw( )를 호출할 수 있다. 그리기가 다 끝나거나, 셰이더를 바꿔야 하면 GPU에게 현재 바인딩된 셰이더의 사용을 중지하라고 지시한다. ❷에서 사용한 end( ) 함수가 그 역할을 한다.

지금까지 설명한 내용을 다 반영했다면 프로그램을 실행한다. 화면의 반을 덮고 있는 빨강색 삼각형을 볼 수 있을 것이다. 첫 번째 셰이더의 작성과 적용을 성공적으로 끝낸 것이다. 그러나 하나의 색상만 보여주는 것은 그다지 흥미롭지 않다. 이 삼각형을 좀 더 꾸며서 다채로운 색상을 보여주게 바꾸면 더 좋을 것 같다. 결과는 그림 2-3과 같은 모습이 될 것이다.

▲ 그림 2-3 무지개 삼각형

버텍스 속성

메쉬의 버텍스 각각에 빨강색, 파랑색, 녹색을 지정해서 다채로운 색상을 보여주는 삼각형을 만들 것이다. 프래그먼트 셰이더는 어떤 프래그먼트가 각 버텍스로부터 얼마나 멀리 있는가에 따라서 세 색상을 섞을 수 있다. 프래그먼트가 어떤 버텍스에 가까울수록 그 버텍스의 색상을 더 많이 띠게 되는데, 이런 방식으로 그림 2-3과 같은 삼각형을 만들 수 있다.

C++ 코드에서 렌더링 파이프라인으로 정보를 전달하는 몇 가지 방법이 있다. 그런데 그 정보가 버텍스에 따라서 달라지는 정보라면 메쉬의 버텍스 데이터를 이용하는게 유일한 방법이다. 현재 삼각형 메쉬의 버텍스에는 위치 정보만 들어 있다. 그런데 이것이 버텍스에 담을 수 있는 정보의 전부는 아니다. 메쉬의 모든 버텍스가 같은 종류의 데이터를 갖는다는 전제 하에 버텍스에는 숫자로 된 어떤 데이터도 담을 수 있다. 버텍스에 색상을 저장하는 것은 전형적인 사례인데, 오픈프레임웍스에서 간단히

처리할 수 있다. 이처럼 버텍스에 어떤 데이터를 저장하는 것을 그래픽 용어로는 메쉬에 **버텍스 속성**^{vetex attribute}을 추가한다고 표현한다. ofApp.cpp로 돌아가서 메쉬를 생성하는 로직에 몇 줄의 코드를 추가한다. 추가된 내용은 코드 2-13과 같다.

코드 2-13 메쉬에 버텍스 색상 추가하기

```
void ofApp::setup(){
  triangle.addVertex(glm::vec3(-1.0f, 1.0f, 0.0f));
  triangle.addVertex(glm::vec3(-1.0f, -1.0f, 0.0f)); ❶
  triangle.addVertex(glm::vec3(1.0f, -1.0f, 0.0f);
  triangle.addColor(ofFloatColor(1.0f, 0.0f, 0.0f, 1.0f));
  triangle.addColor(ofFloatColor(0.0f, 1.0f, 0.0f, 1.0f)); ❷
  triangle.addColor(ofFloatColor(0.0f, 0.0f, 1.0f, 1.0f));
  shader.load("first_vertex.vert", "first_fragment.frag");
}
```

메쉬에 색상 데이터를 넣는 함수는 addColor()다. 함수를 호출하는 순서는 바로 위에서 버텍스를 정의한 순서와 일치해야 한다. 예를 들어 두 번째 버텍스(❶)가 녹색 버텍스가 되려면, 메쉬에 지정하는 두 번째 색상이 녹색이어야 한다(❷). addColor() 함수를 이용하면 색상을 쉽게 지정할 수 있지만, 한편으로는 버텍스의 색상 데이터가 위치 데이터와는 근본적으로 다르다는 인상을 줄 수 있다. OpenGL에서 메쉬는 숫자 데이터의 집합에 불과하다. GPU 입장에서는 무엇이 위치이고, 무엇이 색상인지 알지 못한다. 셰이더에서 어떤 데이터를 위치로 사용할지 아니면 색상으로 사용할지는 우리의 선택이다.

이제 메쉬에는 복수의 버텍스 속성이 있기 때문에 각 속성을 구분하고 있어야 엉뚱한 데이터를 가져오는 실수를 피할 수 있다. 위치 데이터를 색상으로 읽어 오는 것처럼 말이다. 버텍스 속성의 순서는 오픈프레임웍스가 정하기 때문에 OpenGL에게 어떻게 알려줄지 고민할 필요는 없다(이 역시 오픈프레임웍스가 해준다). 대신 전달받은 데이터를 해석할 수 있게 버텍스 셰이더를 고쳐야 한다. 이 과정에서 GLSL의 layout 한정자가 등장한다. layout은 셰이더에게 버텍스 데이터가 저장된 순서를 알려주는 역할을 한다. 셰이더는 코드 2-14와 같은 모습이 된다.

코드 2-14 버텍스 색상을 읽어서 프래그먼트 셰이더로 보내기

```
#version 410
layout ( location = 0 ) in vec3 pos; ❶
layout ( location = 1 ) in vec4 color;

out vec4 fragCol; ❷

void main(){
  gl_Position = vec4(pos, 1.0);
  fragCol = color;
}
```

layout을 사용해서 버텍스가 위치 속성을 먼저 저장하고(❶), 그 다음에 색상 속성을 저장하고 있음을 밝힌다. 이것은 메쉬를 정의할 때 저장한 버텍스 데이터와 일치하기 때문에 셰이더는 복잡해진 버텍스 정보를 정확히 읽어낼 수 있다.

코드 2-14에서 버텍스 셰이더가 처음으로 out 변수를 사용했다. 지금까지 버텍스 셰이더가 출력하는 것은 gl_Position 변수가 유일했다. 여기서는 프래그먼트 셰이더가 사용할 또 다른 데이터를 내보내기 때문에 손수 그 대상을 특정해야 한다(❷).

이제 프래그먼트 셰이더에서도 새로운 변수가 필요하다. 렌더링 파이프라인에서 버텍스 셰이더는 프래그먼트 셰이더의 앞 단계에 있다. 따라서 여기서 출력된 데이터를 받는 프래그먼트 셰이더의 변수에는 in이 붙는다. 이때 in 변수는 버텍스 셰이더의 out 변수와 반드시 같은 이름을 가져야 한다. 그렇지 않을 경우 GPU가 둘을 연결하지 못한다. 새로운 변수가 추가된 프래그먼트 셰이더는 코드 2-15와 같다.

코드 2-15 버텍스 셰이더에서 색상 데이터를 받아서 출력하기

```
#version 410
```

```
in vec4 fragCol;
out vec4 outColor;

void main()
{
  outColor = fragCol;
}
```

코드 2-14와 코드 2-15의 수정된 셰이더를 반영하고 프로그램을 실행하면 무지개 삼각형을 볼 수 있다. 우리가 한 것은 세 개의 버텍스에 서로 다른 색상을 지정한 것이 전부다. 그런데 어떻게 다양한 색상이 그려졌는지 의아할 수 있다. 이런 일이 가능한 것은 바로 프래그먼트 보간이라는 과정 때문이다.

프래그먼트 보간

예시에 사용한 메쉬에는 고작 세 개의 버텍스가 있다. 이 말은 버텍스 셰이더가 삼각형의 꼭짓점에 해당하는 세 버텍스의 위치 데이터만을 GPU로 보낸다는 의미다. GPU는 세 점을 이용해서 화면에서 삼각형을 렌더링할 때 필요한 모든 프래그먼트를 생성한다. 프래그먼트들은 버텍스 사이에 위치하기 때문에 GPU는 어떤 버텍스의 데이터를 어떤 프래그먼트에 사용할지 결정해야 한다. 이때 GPU는 특정 버텍스를 하나 선택하는 대신, 그 페이스를 구성하는 모든 버텍스로부터 데이터를 받아서 그 값을 블렌딩한다. 블렌딩은 페이스 상에서 선형적linear으로 이뤄진다. 그리고 한 번에 한 페이스에서만 이뤄지기 때문에 다른 페이스의 버텍스나 프래그먼트 정보를 이용하지 않는다. 블렌딩을 컴퓨터 그래픽 용어로 **프래그먼트 보간**fragment Interpolation이라고 한다. 그림 2-4에서 예를 볼 수 있다.

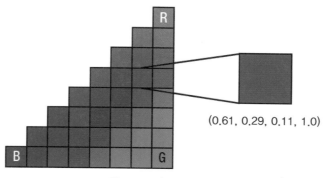

(0.61, 0.29, 0.11, 1.0)

▲ 그림 2-4 프래그먼트 보간의 예

그림 2-4에서 각 버텍스가 R, G, B로 표시된 프래그먼트의 중앙에 정확히 위치한다고 가정한다. 버텍스 사이에서 생성된 프래그먼트들이 각 버텍스의 색상을 어떻게 반영하는지 그림을 통해 이해할 수 있을 것이다. 그림 2-4에서 확대된 프래그먼트는 페이스 정중앙에 있지 않고, R 버텍스 쪽으로 약간 치우쳐 있다. 그렇기 때문에 R 버텍스의 붉은 색상을 좀 더 반영하고 있다. 모든 프래그먼트 셰이더의 in 변수는 이런 방식으로 버텍스 데이터를 보간한 값을 갖는다.

버텍스 또는 프래그먼트마다 그 값이 다를 수 있는 데이터의 경우, 보간은 매우 효율적인 데이터 처리 방법이다. 그런데 달라질 필요가 없는 데이터는 어떻게 처리하는 것이 좋을까? 예를 들어 모든 버텍스에 동일한 색상을 담을 경우, 버텍스 하나하나에 색상 정보를 넣어주는 것은 낭비일 것이다. 이런 이유에서 모든 버텍스 또는 프래그먼트에서 동일하게 유지되는 데이터는 다른 방식으로 취급하게 된다. 2장을 마무리하기 전에 그 방법을 살펴보기로 한다.

유니폼 변수

버텍스 속성을 이용해서 렌더링 파이프라인으로 데이터를 보내는 방법에 대해서 많은 얘기를 했다. 그러나 버텍스 데이터를 변경하는 것은 상대적으로 느린 공정이기 때문에 매 프레임 반복하는 것은 바람직하지 않다. 예를 들어 플레이어와 상호작용할 때마다 메쉬의 색깔이 바뀌는 경우를 생각해보자. 버텍스 색상으로 처리하기는 매우 번거로울 것이다. 이런 경우를 대비해서 C++ 코드에서 파이프라인으로 데이터를 보낼 수 있는 또 다른 방법이 마련돼 있다. **유니폼 변수**^{uniform variable}가 바로 그것이다. 유니폼 변수는 버텍스 데이터를 거치지 않고 C++ 코드에서 바로 값을 지정한다. 메쉬를 렌더링할 때 데이터를 훨씬 쉽고 빠르게 지정할 수 있는 대안이다. 엔진이나 그래픽 API에 따라서는 유니폼 변수를 셰이더 상수, 셰이더 속성, 셰이더 파라미터 등의 이름으로 부르기도 한다.

유니폼 변수는 메쉬의 모든 버텍스와 프래그먼트에서 동일하게 유지된다. 앞서 경험한 in 변수 또는 out 변수는 파이프라인의 이전 단계에 전달된 데이터에 따라서 값이 바뀐다. 그러나 유니폼 변수는 파이프라인의 어디에 있든 값이 변하지 않고, 보간도 거치지 않는다. 따라서 무지개 삼각형을 만들 때는 유니폼 변수를 사용할 수 없다. 그러나 한 가지 색상을 골라서 삼각형 전체에 적용할 경우, 유니폼 변수는 완벽한 선택이라고 할 수 있다.

이는 다음 예시에서 확인할 수 있다. 코드 2-16은 하나의 색상으로 렌더링하기 위해서 유니폼 변수를 사용한 프래그먼트 셰이더의 모습이다.

코드 2-16 유니폼 변수를 사용한 프래그먼트 셰이더

```
#version 410

uniform vec4 fragCol; ❶
out vec4 outColor;

void main(){
  outColor = fragCol;
}
```

무지개 삼각형에 사용한 셰이더와 이 셰이더의 유일한 차이점은 fragCol 변수의 타입이다(❶). uniform 키워드를 사용함으로써 변수의 값이 모든 프래그먼트에서 동

일하며, 값은 렌더링 파이프라인 밖에서 지정할 것임을 GPU에게 알려준다. 따라서 더 이상은 버텍스 셰이더가 프래그먼트 셰이더에게 색상 데이터를 전달할 필요가 없다. 버텍스 셰이더로 돌아가서 코드 2-17과 같이 수정한다.

코드 2-17 수정된 버텍스 셰이더

```
#version 410

layout ( location = 0 ) in vec3 pos;

void main()
{
  gl_Position = vec4(pos, 1.0);
}
```

로케이션^{location} 0에 있는 버텍스 속성만 사용하기 때문에 굳이 layout을 사용할 필요는 없다. 그러나 사용하지 않더라도 버텍스 색상 정보가 여전히 남아있고, 셰이더가 예상하는 데이터를 구체적으로 명시해서 나쁠 것은 없다.

C++에서 유니폼 변수로 값을 보내는 것은 아주 간단하다. 코드 2-18처럼 ofApp.cpp의 draw()에 코드 한 줄만 추가하면 된다.

코드 2-18 draw() 함수에서 유니폼 변수의 값 지정하기

```
void ofApp::draw(){
  shader.begin();
  shader.setUniform4f("fragCol", glm::vec4(0, 1, 1, 1)); ❶
  triangle.draw();
  shader.end();
}
```

setUniform() 함수 이름 뒤에는 **4f**라는 글자가 붙어있다. 값을 담으려는 변수가 네 개의 실수로 구성된 vec4 타입이기 때문이다. 셰이더 코드로 전달하는 데이터 타입에 따라서 각각 다른 setUniform() 함수를 사용한다. 예를 들어 vec3 타입의 값을

담으려면 setUniform3f(), 정수로 이뤄진 vec3 값을 담으려면 setUniform3i()를 사용한다. 앞으로 다양한 버전의 setUniform()이 등장하지만 당장 모든 버전을 알고 있을 필요는 없다. 마지막으로 코드 2-18에서 알아야 할 중요 내용은 setUniform() 호출이 shader.begin() 뒤에 있어야 한다는 사실이다. 그렇지 않을 경우 GPU는 어떤 셰이더로 데이터를 보내는지 알 방법이 없다.

이제 셰이더를 다시 작성하지 않고도 원하는 색상으로 삼각형을 바꿀 수 있다. 나아가 키보드 입력이나 다른 이벤트에 따라서 색상을 바꾸는 것도 가능하다. 코드 2-18에서 색상을 하드 코딩한 ❶ 부분을 vec4 변수로 바꾸면 된다. 여기서 방법까지 하나하나 설명하지는 않겠다. 그러나 3장으로 넘어가기 전에 직접 해볼 것을 권유한다. 유니폼 변수는 앞으로 이 책에서 자주 접하게 된다. 여기서 개념을 제대로 이해하는 넘어가도록 한다.

요약

- 오픈프레임웍스는 창의적 작업에 적합한 코딩 프레임워크다. 이 책의 예시 대부분은 오픈프레임웍스에서 이뤄진다. 2장에서는 새로운 프로젝트를 생성하는 방법을 단계별로 살펴봤다.

- 오픈프레임웍스에서는 ofMesh 클래스를 이용해서 메쉬를 생성한다. 클래스를 이용해서 위치와 색상 데이터를 모두 가진 삼각형 메쉬를 만들었다.

- 다양한 스크린 사이즈와 해상도에 대응하기 위해서 NDC를 사용한다. 버텍스 셰이더에서 스크린 픽셀 좌표를 NDC로 변환하는 방법을 설명했다.

- GLSL의 in과 out 키워드는 렌더링 파이프라인의 서로 다른 단계에서 데이터를 주고받을 수 있게 해준다. 하얀 삼각형과 무지개 삼각형을 만들 때 이 키워드를 사용했다.

- 유니폼 변수는 파이프라인의 모든 단계에서 동일하게 유지된다. C++에서 삼각형의 색상을 바꿀 수 있는 셰이더를 작성할 때 유니폼 변수를 사용했다.

3장

텍스처

앞에서 만들었던 삼각형처럼 버텍스 색상만 사용하는 아트 애셋으로 게임을 만드는 것도 가능하다. 그러나 그런 방식으로 그림 3-1의 앵무새 사진처럼 정교한 이미지를 렌더링하려면 적어도 수백 만 개의 버텍스가 필요할 것이다. 이미지를 그리기 위해서 매우 복잡한 메쉬가 필요할 뿐 아니라, 나중에 이미지를 교체하는 과정도 매우 어려워진다. 이런 이유에서 대부분의 게임은 대상의 표면의 자세한 모습을 렌더링할 때 버텍스 색상을 사용하지 않는다. 대신 프래그먼트 단위로 달라질 수 있는 정보를 제공하기 위해 이미지 파일을 사용한다. 컴퓨터 그래픽에서는 이렇게 사용되는 이미지 파일을 **텍스처**texture라고 한다. 3장에서는 텍스처 활용에 필요한 기본적인 내용을 소개한다.

그림 3-1에서 두 개의 텍스처를 볼 수 있다. 왼쪽은 3D 통에 입히기 위해 아티스트가 만든 텍스처이고, 오른쪽은 평면에 사용할 의도로 만든 텍스처이다. 왼쪽 텍스처는 나중에 그것이 사용될 3D 메쉬의 형태와 많은 차이가 있다. 다행히도 텍스처를 어떤 메쉬에 적용하든 셰이더 코드는 다르지 않다.

텍스처를 메쉬에 적용하기 위해서는 텍스처(보통 2D 형태를 띤다)를 3D 메쉬에 입히는

텍스처 매핑texture mapping 과정을 거친다. 텍스처 매핑을 위해서는 메쉬 버텍스에 **텍스처 좌표**texture coordinates 또는 **UV 좌표**UV coordinates가 있어야 한다. 이들 좌표는 앞에서 다뤘던 버텍스 색상처럼 버텍스 단위로 지정된 다음 메쉬의 페이스 위에서 보간된다. 즉 메쉬 프래그먼트 각각의 텍스처 좌표는 메쉬를 구성하는 버텍스의 텍스처 좌표들이 보간된 값에서 얻는 것이다. 이 좌표는 텍스처 상의 특정 위치로 매핑되고, 프래그먼트 셰이더가 이 좌표를 이용해서 그 위치의 색상 값을 가져온다. 이렇게 텍스처에서 특정 좌표의 색상 값을 찾는 과정을 **텍스처 샘플링**texture sampling이라고 한다.

지금까지 너무 추상적인 얘기만 했다. 이제 본격적으로 구체적인 내용을 살펴보기로 한다. 첫 번째로 할 일은 앞에서 만든 볼품없는 삼각형을 좀 더 유용한 2D 평면으로 업그레이드하는 것이다. 2D 평면 메쉬를 생성하고, 그것을 이용해서 텍스처를 보여줄 것이다. 혼자서 이 책을 학습하고 있다면, 그림 3-1의 앵무새 텍스처는 온라인 소스코드 3장에 있는 Assets 폴더에서 내려받을 수 있다[1]. 일단 앵무새를 화면에 띄운 뒤에는 셰이더를 이용해서 밝기와 색조를 조절하고, 화면을 스크롤하는 방법도 살펴볼 것이다.

▲ 그림 3-1 왼쪽 텍스처는 3D 메쉬, 오른쪽 텍스처는 2D 평면에서 사용하기 위해 제작됐다.

---

1   원서가 제공하는 프로젝트의 예시 코드와 애셋은 다음 주소에 있다. https://github.com/Apress/practical-shader-dev – 옮긴이

쿼드

앵무새 텍스처를 사용할 2D 메쉬가 필요하다. 이를 위해 ofApp.cpp의 setup()으로 돌아가서 두 개의 삼각형으로 이뤄진 사각형 또는 정사각형을 의미하는 **쿼드**^{quad}를 만든다. 쿼드는 그림 3-2와 같은 모습이다.

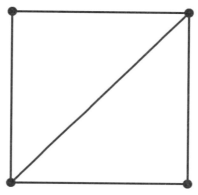

▲ 그림 3-2 두 개의 삼각형으로 이뤄진 쿼드

대부분의 게임 엔진은 오직 삼각형 페이스만으로 구성된 메쉬를 요구한다. 사각형 메쉬가 필요하면 두 개의 삼각형 메쉬를 합쳐서 만들어야 한다. 우리가 만들 쿼드도 하나가 아닌 두 개의 페이스로 구성된다. 따라서 기존에 있던 삼각형에 이은 두 번째 삼각형을 추가한다. 이 상황에서 두 가지 선택이 가능하다. 하나는 새로운 버텍스 세 개를 추가해서 두 번째 삼각형을 만드는 것이다. 이럴 경우 기존 버텍스 중 두 개와 같은 위치에 중복해서 버텍스를 추가하게 된다. 다른 하나는 버텍스를 하나만 추가하고 기존 버텍스를 재사용하는 방식이다. 명백히 후자가 훨씬 효율적이다. 최신 게임에서 볼 수 있는 놀라운 수준의 캐릭터와 배경을 만드는 극도로 복잡한 메쉬도 이 방식을 사용한다. 우리도 이 방식을 사용하기로 한다.

가장 먼저 메쉬에 버텍스를 추가한다. 네 개의 버텍스가 준비되면 이들 버텍스가 삼각형을 구성하는 순서를 GPU에게 알려준다. 이때 인덱스 버퍼라는 데이터 구조를 이용해서 순서를 지정할 수 있다. 인덱스 버퍼는 특정 메쉬의 버텍스 순서를 정의하는 정수의 배열이다. addIndices() 함수를 사용하면 ofMesh 객체의 인덱스 버퍼를 생성할 수 있다. 지금까지의 설명이 코드 3-1에 있다. 예시에서는 메쉬 이름을 quad로 바꿨다. 네 개의 버텍스를 가진 상태에서 더 이상 triangle이란 이름이 어울리지 않기 때문이다.

코드 3-1 인덱스 버퍼를 이용해서 쿼드 만들기

```
void ofApp::setup()
{
  quad.addVertex(glm::vec3(-1, -1, 0));
  quad.addVertex(glm::vec3(-1, 1, 0));
  quad.addVertex(glm::vec3(1, 1, 0));
  quad.addVertex(glm::vec3(1, -1, 0));

  quad.addColor(ofDefaultColorType(1, 0, 0, 1)); // 빨강색
  quad.addColor(ofDefaultColorType(0, 1, 0, 1)); // 녹색
  quad.addColor(ofDefaultColorType(0, 0, 1, 1)); // 파랑색
  quad.addColor(ofDefaultColorType(1, 1, 1, 1)); // 흰색

  ofIndexType indices[6] = { 0,1,2,2,3,0 };
  quad.addIndices(indices, 6);
}
```

addIndices()는 정수 배열을 받아서 ofMesh의 인덱스 버퍼로 지정한다. 코드 3-1을 보면 버텍스 중 두 개를 두 번 사용하고 있는데, 두 번째 삼각형이 새로 추가한 버텍스 외에 기존 버텍스 두 개를 재사용하기 때문이다. 인덱스 버퍼에 있는 숫자들이 무엇인지 이해를 돕기 위해 그림 3-3을 준비했다. 예시 코드에 맞춰서 각 버텍스에 인덱스를 표시했다.

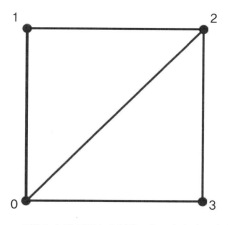

▲ 그림 3-3 각 버텍스에 인덱스가 표시된 쿼드 메쉬

오픈프레임웍스 API는 색상과 위치 데이터를 구별함에도 불구하고, 인덱스 버퍼가 버텍스를 참조할 때는 모든 버텍스 속성을 참조한다. 예시의 경우, 인덱스 버퍼의 첫 요소element는 첫 버텍스의 위치 속성과 색상 속성을 같이 참조한다는 의미다. 따라서 위치가 같더라도 다른 색상 속성이 필요할 경우에는 새로운 버텍스를 만들어야 한다.

앞에서 만든 셰이더로 코드 3-1을 실행하면 삼각형에서 봤던 무지개 색상으로 가득 찬 화면을 볼 수 있다. 너무 오래 같은 삼각형만 봤기 때문에 새롭게 화면을 꽉 채우고 있는 모습이 생각보다는 괜찮다. 그러나 우리의 목표는 버텍스 색상을 사용하는 것이 아니다. 이제 메쉬에 UV 좌표를 추가하는 방법을 살펴보기로 한다.

UV 좌표

텍스처 좌표 또는 UV 좌표를 이용해서 프래그먼트 셰이더가 텍스처에서 색상을 찾아낸다고 3장의 첫 부분에서 간략하게 소개했다. UV라는 이상한 이름에 놀랄 필요는 없다. UV 좌표는 그냥 2D 좌표일 뿐이다. 이 좌표를 XY 좌표라고 부르지 않는 이유는 XY라는 용어를 이미 위치 데이터가 사용하기 때문이다. 같은 용어로 텍스처 좌표까지 표시하면 혼선이 생길 여지가 있기 때문에 관례적으로 텍스처 좌표의 X축은 U로, Y축은 V라고 부른다. 그림 3-4에서 UV 좌표를 얹은 앵무새 텍스처를 볼 수 있다.

▲ 그림 3-4 UV 좌표를 얹은 앵무새 텍스처

UV 좌표는 이미지의 좌측 하단에서 시작해서 우측 상단을 향해 진행한다. 프래그먼트에 앵무새의 깃털 색깔을 사용하기 위해 화면의 우측 하단 부근에서 색상을 가져온다면, 이때 UV 좌표는 대략 (0.8, 0.3) 정도가 된다. 3장의 첫 셰이더는 화면을 앵무새 텍스처로 가득 채울 수 있게 쿼드의 모든 프래그먼트에 UV 좌표를 부여한다. 그 다음 이 좌표를 색상으로 출력한다. 이렇게 하면 화면 좌측 상단 꼭짓점은 녹색이 될 것이다. 그 지점의 UV 좌표가 (0.0, 1.0)이므로 색상으로 (0.0, 1.0, 0.0, 1.0)을 출력하기 때문이다. UV 좌표가 (1.0, 0.0)인 우측 하단 꼭짓점은 같은 이유에서 빨강색이 된다.

메쉬에 UV 좌표를 추가하는 것은 색상 정보를 추가하는 것과 매우 비슷하다.

addColor() 대신 addTexCoord()라는 함수를 사용하는 것이 다를 뿐이다. 단 화면 상단으로 갈수록 텍스처 좌표의 V 값이 커진다는 사실을 기억한다. 코드 3-2의 순서 대로 텍스처 좌표를 정한다.

코드 3-2 쿼드에 UV 좌표 추가하기

```
quad.addTexCoord(glm::vec2(0, 0));
quad.addTexCoord(glm::vec2(0, 1));
quad.addTexCoord(glm::vec2(1, 1));
quad.addTexCoord(glm::vec2(1, 0));
```

텍스처 좌표를 추가했기 때문에 이제 UV를 색상으로 출력하는 셰이더를 작성한 다. 프로젝트에 새로운 버텍스와 프래그먼트 셰이더 파일을 만든다. 버텍스 셰이 더는 단순히 UV 좌표를 전달하는 역할만 하므로 uv_passthrough.vert, 프래그먼 트 셰이더는 UV 좌표를 직접 볼 수 있게 색상으로 출력하므로 uv_vis.frag라고 이 름 붙였다.

버텍스 셰이더는 앞에서 버텍스 색상을 프래그먼트 셰이더로 전달했던 셰이더와 매 우 비슷하다. 그때는 vec4 타입의 색상 데이터를 보냈다면, 이번에는 코드 3-3처럼 vec2 타입으로 저장된 UV 좌표를 보낸다는 점이 다를 뿐이다.

코드 3-3 uv_passthrough.vert: UV를 프래그먼트 셰이더로 보내는 셰이더

```
#version 410

layout (location = 0) in vec3 pos;
layout (location = 3) in vec2 uv;

out vec2 fragUV;

void main()
{
  gl_Position = vec4(pos, 1.0);
  fragUV = uv;
```

```
}
```

layout을 이용해서 버텍스 속성을 로케이션에 연결하는 것은 이번이 두 번째다. 이 쯤에서 잠시 시간을 내서 오픈프레임웍스가 버텍스 데이터를 저장하는 방식을 살펴보기로 한다. 설명을 듣고 나면 각 버텍스 속성의 로케이션을 어떻게 선택했는지 이해할 수 있을 것이다. 기본적으로 오픈프레임웍스는 다음 로케이션에 각 버텍스 속성을 저장한다.

0. 위치
1. 색상
2. 노말^{normal}
3. UV 좌표

만약 로케이션 순서를 바꾸거나 위에 없는 버텍스 정보를 저장하려면 수동으로 처리할 수도 있다. 그러나 지금은 기본 로케이션만으로도 충분하기 때문에 오픈프레임웍스가 설정해준 그대로 사용한다. 엔진에 따라서는 버텍스 정보를 저장하는 방식이 조금씩 다를 수 있는데, 정답이 있는 것은 아니다. 원하는 이미지를 화면에 띄울 수 있다면 충분하다.

버텍스 속성의 로케이션 부분을 빼면 이전 버텍스 셰이더와 크게 다를 게 없다. 앞으로 이 책에 나오는 버텍스 셰이더도 크게 다르지 않다. 버텍스 셰이더의 주된 역할은 프래그먼트 셰이더가 필요로 하는 데이터를 보간할 수 있도록, 파이프라인에 적절한 형태의 데이터를 제공하는 것이다.

프래그먼트 셰이더 역시 크게 복잡하지는 않다. UV 좌표를 프래그먼트 색상의 R과 G 채널로 출력하면 된다. 게임 개발 과정에서 텍스처에 문제가 발생하면 이런 셰이더로 디버깅하는 경우가 흔히 있다. 생각대로 진행된다면, 꼭짓점이 각각 빨강색, 녹색, 노랑색(빨강색과 녹색이 모두 100%인 꼭짓점), 검정색인 화면을 보게 될 것이다. 앞서 봤던 것처럼 색상들은 꼭짓점 사이에서 서로 블렌딩된다. 프래그먼트 셰이더의 모습은 코드 3-4와 같다.

코드 3-4 uv_vis.frag: UV 좌표를 색상으로 출력하는 프래그먼트 셰이더

```
#version 410

in vec2 fragUV;
out vec4 outCol;

void main()
{
  outCol = vec4(fragUV, 0.0f, 1.0f);
}
```

앞에서 사용한 프래그먼트 셰이더와 거의 같은 모습이다. 그럴 만한 이유가 있다. 색상이든 텍스처 좌표든, 셰이더에서는 모두 벡터(실수의 집합)로 취급한다. 그러므로 둘을 다르게 다뤄야 할 이유가 없다. 이 셰이더를 적용해서 실행하면 그림 3-5처럼 앞서 예상한 모습과 같은 화면을 볼 수 있다.

▲ 그림 3-5 쿼드의 UV를 색상으로 나타내기

실행창의 모습이 그림 3-5와 같다면 UV 좌표를 성공적으로 추가한 것이다. 상상하는 것처럼 단순한 쿼드가 아닌 복잡한 메쉬에서는 UV 좌표를 추가하는 작업이 상당히 까다로워질 수 있다. 사실 대부분의 UV 좌표 설정은 코드에서 처리하지 않는다. 보통은 강력한 전문 소프트웨어를 다루는 아티스트가 담당한다. 그러므로 이 책에서 C++로 삼각형이나 쿼드보다 복잡한 메쉬의 UV 좌표를 지정하는 일은 없을 것이다. 그림 3-5와 같은 결과를 얻지 못했다면, 온라인 소스코드 3장에 있는 UV Quad 프로젝트를 참고하기 바란다.

텍스처 사용

쿼드가 적절한 UV 좌표를 가졌기 때문에, 이제 그 위에 앵무새 텍스처를 그릴 차례다. 셰이더에서 텍스처를 다룰 때 가장 어려운 부분은 C++ 코드에서 GPU로 텍스처를 보내는 것이다. 이 부분부터 시작하기로 한다. 오픈프레임웍스는 파일에서 이미지를 불러오는 첫 과정을 매우 간단하게 처리한다. 먼저 코드 3-5와 같이 ofApp.h 파일에서 ofImage 객체를 선언한다. 곧이어 ofImage 객체를 이용해서 ofTexture 객체를 생성하게 된다.

코드 3-5 ofapp.h 파일에 추가해야 하는 변수들

```
class ofApp : public ofBaseApp{
  public:
  // 지면상의 이유로 코드를 생략함.
  ofMesh quad;
  ofShader shader;
  ofImage img;
};
```

변수 선언을 마쳤으면 ofImage 클래스의 load() 함수를 이용해서 디스크로부터 이미지 파일을 불러오는 코드를 추가한다. 그 다음 우리 셰이더에서는 사용하지 않는

오픈프레임웍스의 추가 기능을 비활성화한다. 오픈프레임웍스는 레거시^{legacy} 지원 차원에서 UV 좌표 대신 스크린 픽셀 좌표를 사용하는 텍스처 유형을 기본으로 사용한다. 우리는 좀 더 표준에 가까운 텍스처 타입을 원하기 때문에 레거시 기능은 비활성화한다. 레거시 기능을 비활성화는 부분과 이미지를 ofImage 객체로 불러오는 부분은 코드 3-6에서 볼 수 있다.

코드 3-6 오픈프레임웍스에서 이미지 불러오기

```
void ofApp::setup()
{
    // 지면상의 이유로 코드를 생략함.
    ofDisableArbTex();
    img.load("parrot.png");
}
```

ofShader 객체와 마찬가지로, ofImage의 load() 함수는 프로젝트의 bin/data 폴더를 기준으로 한 상대 경로를 사용한다. 순조로운 진행을 위해 이미지를 폴더에 저장하기를 권장한다. 그렇게 하면 파일 이름만으로 손쉽게 파일을 불러올 수 있다.

이미지를 불러왔으면 셰이더에게 그 이미지에 대해 알려줘야 한다. 텍스처에서 색상을 찾기 위해 사용하는 좌표는 프래그먼트 단위로 변하지만, 텍스처 자체는 변하지 않는다. 그러므로 텍스처는 유니폼 변수에 저장한다. setUniformTexture() 함수를 이용하면 ofImage 객체를 셰이더의 유니폼 변수로 불러올 수 있다. setUniformTexture()는 draw()에서 호출하는데, 여기서도 shader.begin() 뒤에 위치한다는 점에 주의한다. setUniformTexture()는 ofImage() 객체를 자동으로 ofTexture() 객체로 변환하기 때문에 손수 변환할 필요는 없다. setUniformTexture()를 호출하는 코드는 코드 3-7에서 볼 수 있다.

코드 3-7 유니폼 텍스처 변수(parrotTex) 설정하기

```
void ofApp::draw()
{
```

```
    shader.begin();
    shader.setUniformTexture("parrotTex", img, 0);
    quad.draw();
    shader.end();
}
```

setUniformTexture()는 세 개의 인자^{argument}를 받는다. 첫 번째는 셰이더에서 텍스처를 담을 유니폼 변수의 이름이다. 두 번째는 ofTexture로 변환할 ofImage 객체 이름이다. 마지막 세 번째는 텍스처 로케이션^{texture location}이다. 텍스처 로케이션은 셰이더가 여러 개의 텍스처를 사용할 경우에 의미가 있다. 여러 개의 텍스처 유니폼 변수를 사용할 경우, 각 텍스처를 서로 다른 텍스처 로케이션에 배정해야 한다. 아직까지는 하나의 텍스처만 사용하기 때문에 걱정할 필요는 없다.

C++에서의 코드 작업이 끝났다. 이제 셰이더로 돌아가서 마무리한다. 텍스처 좌표를 바꾼 것이 아니기 때문에 버텍스 셰이더를 수정할 필요는 없다. 그러나 프래그먼트 셰이더는 텍스처를 그릴 수 있도록 고쳐야 한다. texture.frag라는 이름의 새로운 셰이더를 만든다. 코드 3-8에 셰이더 코드가 있다. 새로운 셰이더를 불러와 쿼드에 적용하려면 ofApp.cpp의 setup() 코드를 일부 수정해야 한다는 사실을 기억하길 바란다.

코드 3-8 텍스처 데이터를 출력하는 프래그먼트 셰이더

```
#version 410

uniform sampler2D parrotTex; ❶

in vec2 fragUV;
out vec4 outCol;

void main()
{
    outCol = texture(parrotTex, fragUV); ❷
```

```
}
```

텍스처 유니폼 변수의 데이터 타입은 sampler2D이다(❶). GLSL에서는 여러 종류의 샘플러^{sampler} 타입을 지원하기 때문에 다양한 텍스처를 다룰 수 있다. 그 중 압도적으로 많이 사용하는 텍스처 타입은 2D 이미지다. 따라서 가장 많이 사용하는 샘플러 타입은 sampler2D이다.

샘플러로부터 색상 값을 가져오려면 texture() 함수가 필요하다(❷). texture()는 샘플러와 UV 좌표를 인자로 받아서, 그 UV 좌표가 가리키는 위치의 색상 값을 반환하는 GLSL에 내장된 기본 함수다. 쿼드 상의 특정 프래그먼트 위치에 해당하는 텍스처의 색상 값이 있다. 그 색상으로 프래그먼트를 채워야 하기 때문에 texture()가 반환하는 값을 그대로 출력한다.

모든 코드 작성이 끝나면 프로그램을 실행한다. 낯익은 앵무새가 실행창을 가득 채우고 있다. 그런데 안타깝게도 앵무새가 위아래로 뒤집혀 있다. 앞에서 UV 좌표를 색상으로 출력한 화면에서는 모든 것이 정상이었다. 그렇다면 무엇이 문제일까? 원인은 OpenGL의 변덕스러움이다. OpenGL은 이미지 데이터가 하단의 픽셀부터 저장된다고 가정한다. 그러나 실제 대부분의 2D 이미지 포맷은 데이터를 상단부터 저장한다. 그래픽 코드를 작성하다 보면 이미지가 위아래로 뒤집히는 경우가 자주 발생한다. 다행히 텍스처를 수직 방향으로 뒤집는 건 코드 3-9처럼 버텍스 셰이더에서 간단한 빼기 한 번이면 해결할 수 있다.

코드 3-9 버텍스 셰이더에서 수직 방향으로 텍스처 뒤집기

```
void main()
{
  gl_Position = vec4(pos, 1.0);
  fragUV = vec2(uv.x, 1.0 - uv.y); ❶
}
```

UV 좌표는 0과 1 사이에 있다. 그러므로 UV 좌표를 수직으로 반전시키기 위해서는 1에서 Y 컴포넌트 값을 빼면 된다. 이렇게 하면 Y좌표가 0이었던 이미지 하단의 Y 좌표가 1로 바뀐다. 간단한 수정으로 앵무새가 원래 모습을 되찾았다.

▲ 그림 3-6 화면 전체 쿼드에 그려진 앵무새 텍스처

다른 무언가를 보게 된다면(컴퓨터 그래픽에서 '다른 무언가'는 보통 빈 화면을 뜻한다) 온라인 소스코드 3장 Fullscreen Texture 프로젝트에 있는 코드를 참고한다. 프로그램이 사용하는 그래픽 API에 따라서는 지금처럼 이미지를 뒤집을 필요가 없을 수도 있다. 그러나 이 책에서는 OpenGL을 사용하기 때문에 꼭 필요한 설명이었다. 여기까지 잘 따라왔다면 이제 셰이더를 손봐서 좀 더 흥미로운 효과를 만들어 보자.

UV 좌표 스크롤링

셰이더를 좀 더 역동적으로 만드는 가장 간단한 방법은 무언가를 움직이는 것이다. 광고판처럼 앵무새 텍스처가 화면을 가로질러 스크롤되도록 만들어 보자. 버텍스 셰이더가 프래그먼트 셰이더로 전달하는 UV 좌표를 조정하면 이 효과를 만들 수 있다.

지금 우리 쿼드와 앵무새 텍스처의 UV 좌표는 정확히 일치한다. 그런데 UV 좌표가 항상 0과 1 사이에 있다는 얘기가 셰이더가 사용할 수 있는 좌표 값이 0과 1 사이라는 의미는 아니다. 텍스처에서 색상을 가져올 때 0과 1 범위 밖의 좌표를 사용해도 전혀 문제되지 않는다. 텍스처를 어떻게 설정하는가에 따라서 결과가 달라질 뿐이다. 0과 1 범위 밖의 UV를 사용했을 때 어떤 모습일지 확인하기 위해서, 새로운 버텍스 셰이더를 만든다. 기존의 uv_passthrough.vert를 복사해고 이름을 scrolling_uv.vert로 바꾼다. 그 다음 코드 3-10처럼 코드를 수정한다.

코드 3-10 scrolling_uv.vert 셰이더

```
void main()
{
  gl_Position = vec4(pos, 1.0);
  fragUV = vec2(uv.x, 1.0 - uv.y) + vec2(0.25, 0.0); ❶
}
```

벡터를 더하자(❶) 쿼드의 버텍스가 사용하는 UV 좌표가 텍스처의 0-1 범위 밖으로 밀려났다. 화면 좌측 버텍스가 사용하는 UV 좌표의 X 컴포넌트는 0.0이 아닌 0.25가 됐고, 화면 우측 버텍스의 X 컴포넌트는 1.25가 된다. 그 결과 실행창은 그림 3-7과 같은 모습이 된다.

▲ 그림 3-7 UV 좌표가 밀려난 앵무새 텍스처의 모습

텍스처의 오른쪽 모서리 색상은 UV 좌표의 X 컴포넌트가 1보다 큰 프래그먼트들의 색상이 반복된 것으로 보인다. 버텍스의 UV 좌표가 적절한 범위를 벗어나지 않도록 GPU가 그것을 보이지 않게 고정한 것이다. 이 말은 프래그먼트가 X 값이 1.0보다 큰 좌표에서 샘플링을 시도할 경우, 유효한 최대 텍스처 좌표인 1.0에 고정된 값을 얻는다는 의미다. 0-1이 아닌 좌표에서 텍스처를 샘플링할 때 텍스처가 대응하는 방식을 그래픽 용어로 **랩 모드**wrap mode라고 한다. 그림 3-7에서 앵무새 텍스처의 랩 모드는 **고정**clamp으로 설정된 상태이다.

현재 우리 셰이더의 목표는 광고판처럼 앵무새 텍스처를 스크롤하는 것이다. 즉, 고정 랩 모드는 우리가 원하는 것이 아니다. 0-1 범위 밖에서 텍스처를 샘플링할 때, 텍스처가 다시 반복해서 시작하는 것이 필요하다. (1.25, 0.0)인 UV 좌표가 (0.25, 0.0)으로 읽힐 수 있어야 한다. 텍스처의 랩 모드를 **반복**repeat으로 바꿔준다. 다소 생소하지만 정작 코드에서 설정하는 것은 간단하다. 코드 3-1에서 어떻게 랩 모드를 바꾸는지 확인할 수 있다.

코드 3-11 텍스처의 랩 모드 설정

```
void ofApp::setup()
{
  // 지면상의 이유로 코드를 생략함.
  img.load("parrot.png");
  img.getTexture().setTextureWrap(GL_REPEAT, GL_REPEAT); ❶
}
```

setTextureWrap() 함수는 두 개의 인자를 받아서 수직과 수평 방향으로 각각 랩 모드를 설정한다. 이번에는 둘 다 같은 랩 모드로 설정한다(❶). 만약 고정 랩 모드를 원한다면 GL_CLAMP를 사용한다. 한 가지 집고 넘어갈 사실은 처음으로 ofImage 객체에서 직접 getTexture()를 호출했다는 점이다. 앞에서는 ofImage를 바로 setUniformTexture()로 전달했고, 그 함수가 내부적으로 호출을 처리했다. 지금은 이미지에 맞게 ofTexture를 수정하기 때문에 getTexture()를 직접 호출해야 한다. 지금까지 내용을 반영해서 프로그램을 실행한다. 그림 3-8처럼 반복되는 앵무새의 모습을 볼 수 있다.

▲ 그림 3-8 반복 랩 모드를 사용한 앵무새 텍스처

이제 목표에 한결 더 가까워졌다. 그런데 앞서 시간에 따라 앵무새가 스크롤되는 기능도 필요하다고 얘기했었다. 버텍스 셰이더가 애니메이션을 지원하게끔 만들어야한다는 의미다. 코드를 코드 3-12처럼 수정한다.

코드 3-12 시간에 따라 UV 좌표가 스크롤되도록 수정된 버텍스 셰이더

```
#version 410

layout (location = 0) in vec3 pos;
layout (location = 3) in vec2 uv;

uniform float time; ❶
out vec2 fragUV;

void main()
{
  gl_Position = vec4(pos, 1.0);
  fragUV = vec2(uv.x, 1.0-uv.y) + vec2(1.0, 0.0) * time; ❷
}
```

셰이더에는 시간이라는 개념이 없다. 그러므로 C++에서 셰이더로 시간 값을 전달한다. 시간은 파이프라인의 어느 단계에서 접근하든 동일하다. 즉 유니폼 변수에 저장할 수 있다는 의미다. 변수의 이름은 time이라고 붙였다(❶). 이 변수는 우리 프로그램이 실행된 이후 경과한 시간을 초 단위로 저장한다. 잠시 뒤에 C++에서 이 값을 설정하는 법을 살펴볼 것이다. time 값을 구하면, 이제 그 값으로 UV 좌표에 더할 벡터의 크기를 제어한다. UV 좌표에 더할 벡터를 기존의 (0.25, 0.0)에서 (1.0, 0.0), 즉 정규화된 벡터로 바꿨다. 벡터를 정규화했기 때문에 (N, 0)이라는 벡터를 만들려면 간단히 N을 곱하면 된다. 우리 프로그램이 2초 동안 실행되면 기존 UV 좌표에 벡터 (2.0, 0.0)을 더한 셈이 되고, 시간에 따라 계속 이렇게 늘어난다.

여기까지 왔으면 이제 남은 내용은 코드 3-13처럼 셰이더로 시간을 전달하는 코드를 C++의 draw()에 추가하는 것이다.

코드 3-13 유니폼 변수로 시간 전달하기

```
void ofApp::draw()
{
  shader.begin();
  shader.setUniformTexture("parrot", img, 0);
  shader.setUniform1f("time", ofGetElapsedTimef());
  quad.draw();
  shader.end();
}
```

프로그램을 실행하면 시간에 따라 왼쪽으로 스크롤되는 앵무새 이미지를 볼 수 있다. 안타깝지만 책에서 움직이는 대상을 보여주기는 어렵다. 직접 프로젝트에서 확인해 봐야 한다. 예시 코드는 온라인 소스코드 3장의 Scrolling UVs 프로젝트에 있다. 중간에 막히는 부분이 있으면 코드를 참고하기 바란다.

시간에 따라 UV 좌표를 조작하는 것은 수많은 이팩트 셰이더의 기본이라고 할 수 있다. 또한 텍스처 정보를 제어할 때 사용할 수 있는 가장 기초적인 도구다. 간단한 계산만으로도 많은 것을 할 수 있다.

밝기 조정

간단한 계산에 대해 더 얘기하자면, 곱하기만으로 텍스처의 밝기를 조절할 수 있다. 이것은 현대 게임에서 널리 사용되는 테크닉이기도 하다. 예를 들어 버튼을 클릭하면(또는 비활성화하면) 버튼이 어두워지거나 상호작용할 대상을 깜빡이며 보여주거나 아니면 어떤 이미지를 좀 더 밝게 만드는 경우에 이 테크닉을 사용한다. 용도가 무엇이든 색상을 어둡거나 밝게 만드는 건 아주 간단하다. 앵무새 텍스처에서 방법을 살펴본다.

셰이더 코드에서 색상을 밝거나 어둡게 한다는 것은 색상의 RGB 채널 각각을 일률적으로 증가 또는 감소시킨다는 것이다. 달리 표현하면 채널 각각을 동일한 값으로 곱한다는 의미와 같다. 만약 앵무새 텍스처의 밝기를 두 배로 만들려면 모든 채널을 2로 곱하게끔 셰이더를 수정하면 된다. 이것을 보여주기 위해 프로젝트에 brightness.frag라는 셰이더를 새로 만들었다. 코드 3-14를 살펴보자.

코드 3-14 텍스처 밝기를 조정하는 프래그먼트 셰이더

```
#version 410

uniform sampler2D parrotTex;

in vec2 fragUV;
out vec4 outCol;

void main()
{
  vec4 tex = texture(parrotTex, fragUV);
  tex.r *= 2.0f; ❶
  tex.g *= 2.0f;
  tex.b *= 2.0f;
  tex.a *= 2.0f;
  outCol = tex;
}
```

셰이더 코드가 벡터의 컴포넌트에 접근할 때 x, y, z, w 대신 r, g, b, a를 사용한 것은 이번이 처음일 것이다. 셰이더에서는 색상 정보를 벡터에 저장하는 경우가 흔하기 때문에 GLSL이 제공하는 문법 상의 편의 기능이라고 할 수 있다. 예를 들어 ❶에서 .r 대신 .x를 사용해도 같은 결과를 얻는다. 우리가 원하는 것은 결국 vec4에 저장된 첫 번째 실수이기 때문이다.

셰이더는 잘 작동한다. 그런데 단순히 색상을 밝게 만드는 코드치고는 양이 너무 많다. texture() 함수는 벡터를 반환하다. 벡터를 스칼라로 곱하면 그 벡터의 컴포넌트 각각을 스칼라로 곱한 것과 같다는 사실을 기억할 것이다. 코드 3-14를 고쳐서 곱하기 부분을 한 줄에서 처리한다. 코드 3-15는 수정된 코드의 모습이다. 기능은 코드

3-14와 동일하다.

코드 3-15 벡터의 각 컴포넌트와 스칼라의 곱을 처리하는 더 간단한 방법

```
void main()
{
  outCol = texture(parrotTex, fragUV) * 2.0f;
}
```

이제 셰이더를 고쳐서 C++ 코드에서 설정한 밝기 배수를 사용하게 만든다. 텍스처와 마찬가지로 밝기 배수는 모든 프래그먼트에 동일하게 적용된다. 따라서 이 값은 유니폼 변수로 셰이더에 전달한다. 코드 3-16은 수정된 셰이더 코드를 보여준다.

코드 3-16 밝기 조정을 위한 유니폼 변수의 사용

```
// 지면상의 이유로 코드를 생략함.
uniform float brightness;

void main()
{
  outCol = texture(parrotTex, fragUV) * brightness;
}
```

이 유니폼 변수도 앞서 C++에서 했던 것과 같은 방식으로 값을 정한다. 우선 ofApp.h에서 brightness란 이름으로 실수 타입 변수를 선언한다. 그 다음 draw()를 수정해서 setUniform1f() 함수를 호출한 후 brightness 유니폼 변수의 값을 정하게 한다. setUniform1f()는 셰이더에 시간 정보를 알려주기 위해 사용하고 있는 그 함수다. 수정된 draw()의 모습은 코드 3-17에서 볼 수 있다.

```
void ofApp::draw()
{
  shader.begin();
  shader.setUniformTexture("parrot", img, 0);
  shader.setUniform1f("time", ofGetElapsedTimef());
  // 먼저 ofApp.h에서 실수 타입으로 brightness라는 변수를 선언해야 한다.
  shader.setUniform1f("brightness", brightness);
  quad.draw();
  shader.end();
}
```

이쯤에서 셰이더 유니폼 변수에 어떤 값도 정하지 않을 때 무슨 일이 벌어지는지 얘기해보기로 한다. 셰이더가 생성될 때 모든 유니폼 변수는 기본적으로 0이라는 초기값을 갖는다. 예를 들어 위에서 brightness 변수에 어떤 값도 정하지 않았다면 검정 화면을 보게 된다. 왜냐하면 brightness 변수의 기본값은 0이고, 0을 곱하면 모든 색상이 검정색이 되기 때문이다.

그러나 brightness에 어떤 값을 넣었다면, 이 변수를 이용해서 앵무새 텍스처의 밝기를 조정할 수 있을 것이다. 그런데 brightness 값이 1.0보다 작을 경우, 이미지를 어둡게 만들 것이라는 예상과 달리 다른 모습을 보게 된다. 그 이유는 오픈프레임워크가 알파 블렌딩^{alpha blending}을 기본으로 활성화하기 때문이다. 이 말은 프래그먼트의 알파 값이 작아질수록, 프래그먼트가 점점 투명해진다는 의미다. 텍스처가 투명해질수록 뒤에 있는 실행창의 기본 색상이 더 많이 비친다. 거기에 실행창의 기본 색상이 밝은 회색이기 때문에 더 혼란스러울 수 있다. 그림 3-9처럼 텍스처가 오히려 밝아지는 것처럼 보일 수 있기 때문이다. 알파 블렌딩은 뒤에서 다시 다룰 것이다. 당장은 setup()에서 ofDisableAlphaBlending() 함수를 호출해서 알파 블렌딩을 비활성환다.

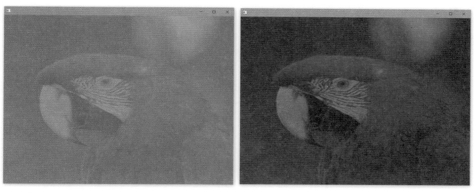

▲ 그림 3-9 왼쪽은 brightness를 0.5로 했을 때의 모습이다. 오른쪽은 여기서 알파 블렌딩을 비활성화한 모습이다.

예시에 사용된 코드는 온라인 소스코드 3장 Brightness 프로젝트에 있다. 학습하는 과정에서 어떤 문제를 마주했다면(희미하게 밝혀진 앵무새를 볼 수 없다면), 소스코드를 받아서 차이점을 확인해 보기 바란다.

단순히 밝기를 조정하는 차원에서 여러 가지 색상 기반의 조정으로 넘어가는 것은 그렇게 어렵지 않다. 다음 절에서 색상 기반 조정을 살펴본다.

색상 연산

1장에서 벡터를 더하고, 빼고, 곱하고, 나누는 방식을 설명했다. 그리고 벡터가 위치 정보를 담을 경우, 이들 연산이 어떻게 이뤄지는지 몇몇 사례를 살펴봤다. 지금 우리는 색상 정보를 다루고 있다. 벡터가 색상을 저장할 때 이들 연산이 어떤 모습이 되는지 살펴보면 도움이 될 것이다. 색상 채널 중 어느 하나라도 1.0에 가까워질수록 색상은 밝아진다. 따라서 색상의 채널 값을 크게 만드는 연산은 색을 밝게 만든다고 할 수 있다. 반대의 경우도 마찬가지다. 그림 3-10은 더하기와 빼기의 실제 사례를 보여준다.

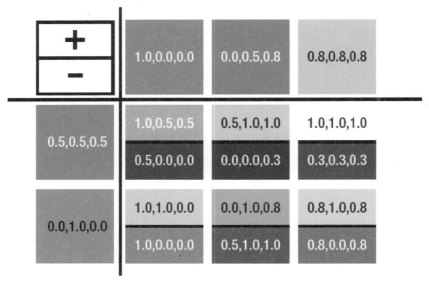

▲ 그림 3-10 **색상 더하기/빼기 표**

색상의 모든 컴포넌트를 일률적으로 조정하면, 색 전체가 밝아지거나 어두워진다. 반면 특정 채널만 조정할 경우는 완전히 새로운 색상이 될 수 있다. 그림 3-10에서 주목할 부분은 색상 채널은 1.0 이상의 값을 가질 수 없다는 점이다. 예를 들어 완전한 빨강색인 (1.0, 0.0, 0.0)에 스스로를 더해도 이전과 같은 색상이 나온다. 빼기 역시 비슷한 방식으로 이뤄진다. 색상 채널의 값을 0.0보다 작게 만들 수 없다. 몇몇 연산을 앵무새 텍스처에 적용한 결과는 그림 3-11과 같다. 왼쪽 위 이미지부터 시계 방향으로, 앵무새 텍스처의 모든 프래그먼트에 균일하게 회색(0.5, 0.5, 0.5, 1.0)을 뺀 결과, 파랑색(0.25, 0.25, 1.0, 1.0)을 더한 결과, 완전한 빨강색(1.0, 0.0, 0.0, 1.0)을 더한 결과, 회색(0.0, 0.5, 0.5, 1.0)을 더한 결과를 보여준다.

▲ 그림 3-11 앵무새 텍스처에 일률적으로 색상을 더하거나 뺀 결과

언뜻 보기에 왼쪽에 있는 이미지는 brightness 변수를 곱해서 밝기를 조정했던 결과와 비슷해 보인다. 그러나 이미지의 어두운 부분을 다룰 때 두 방식 사이에 미묘한 차이가 있음을 파악하는 것이 중요하다. 이미지에 색상을 곱할 때, 어두운 색상을 가진 픽셀은 밝은 픽셀보다 영향을 덜 받는다. 반면 더하거나 빼기를 할 때는 모든 픽셀을 일률적으로 조정한다. 이미지 밝기를 조절하다 보면 둘 중 어느 한 방식이 다른 방식에 비해 더 좋은 결과를 가져온다. 둘 간의 차이점을 알고 있는 것이 중요하다.

앞의 예시처럼 색상의 각 컴포넌트를 스칼라 값으로 곱하는 것을 밝기 조절에 사용할 수 있다. 그리고 색상을 다른 색상으로 곱하는 것은 색조 조절에 사용할 수 있다. 그림 3-12는 색상을 더하거나 빼는 대신 그림 3-11과 동일한 색상을 곱한 결과를 보여준다. 그림 3-12 좌측 위에 있는 이미지는 완전한 검정색이다. 그림 3-11에서는 (-0.5, -0.5, -0.5, -1.0)을 더했는데, 그 색상을 프래그먼트 색상과 곱했을 때 음수가 나온다. 그림 3-10에서 봤지만 음수인 값을 갖는 색상 채널은 0.0으로 값이 고정된다. 그림 3-12의 검정색 이미지는 이런 이유에서 나온 것이다.

▲ 그림 3-12 앵무새 텍스처를 그림 3-11과 같은 색상으로 곱한 경우

그림 3-12에서 나누기는 다루지 않았다. 색상을 조정하는 데 나누기가 사용되는 경우가 드물기 때문이다. 일부 GPU에서 나누기가 곱하기보다 약간 느린 이유도 있고, 대부분의 사람들에게 나누기보다는 곱하기가 결과를 예상하기 쉬운 것도 이유일 수 있다. 이유가 무엇이든 나누기를 더 선호한다면 사용해도 무방하다.

색상을 더하고, 빼고, 곱하고, 나누면서 어떤 것을 할 수 있는지 살펴봤다. 이제 이런 기본 연산을 자유롭게 조합해서 한 번에 처리할 수 있는 셰이더를 만든다. 코드 3-18에 수정된 셰이더 코드가 있다. 셰이더의 사용법은 온라인 소스코드 3장 ColorMath 프로젝트에서 확인할 수 있다.

코드 3-18 색상 연산 셰이더

```
#version 410

uniform sampler2D parrotTex;
uniform vec4 multiply;
uniform vec4 add;

in vec2 fragUV;
out vec4 outCol;

void main()
{
  outCol = texture(parrotTex, fragUV) * multiply + add; ❶
}
```

❶에서는 연산 순서가 중요하다. 곱하기를 먼저하고 더하기를 해야 한다. 셰이더 코드에서 흔히 볼 수 있는 최적화 중 하나인데, GPU가 처리하는 연산 중에 곱한 다음 더한다^{multiply, then add}를 의미하는 MAD 연산이 있다. MAD 명령어는 이 두 연산을 한 번의 GPU 명령으로 처리할 수 있게 해준다. 따라서 가급적 이 순서를 지키는 것이 좋다. 뒤에 최적화 기법을 소개할 때 다시 다루겠지만 처음 셰이더를 만들 때부터 알아두면 좋을 내용이다.

텍스처의 색상을 조정하는 것 외에도 시각적 효과를 위해 셰이더가 두 개 또는 그 이상의 텍스처를 혼합하는 경우도 흔히 볼 수 있다. 3장에서 마지막으로 다룰 두 개의 셰이더가 방법을 보여줄 것이다.

mix()

텍스처 혼합은 셰이더의 유용한 기능 중 하나인데, GLSL의 **mix** 명령어를 이용하면 쉽게 처리할 수 있다. mix() 함수는 세 개의 인자를 받는다. 첫 두 인자는 함께 섞으려는 값이다. 그것이 텍스처인 경우, 이 값은 각 텍스처 샘플러에서 가져온 색상이다.

마지막 인자는 두 값을 어떤 비율로 섞을 것인지 결정한다. 세 번째 인자가 0이면 첫 번째 인자가 100%, 두 번째 인자는 0% 반영된다. 1이면 두 번째 인자가 100%, 첫 번째 인자가 0% 반영된다.

이런 방식의 혼합을 선형 보간 linear interpolation 이라고 부르며, 일부 셰이딩 언어에서는 mix 대신 lerp라는 이름을 사용하기도 한다.

이 책에서는 선형 보간이 무엇인지 수학적 관점에서 고민할 필요는 없다. 단지 그것을 사용할 때 몇 가지 알아야 할 내용이 있다. 가장 중요한 것은 선형 보간이 정규화된 벡터를 보존하지 않는다는 사실이다. 정규화된 두 벡터를 섞기 위해 mix() 함수를 사용한다면, 결과로 나오는 벡터가 정규화된다는 보장은 없다. 또한 선형 보간이 두 값을 부드럽게 연결한다는 이유만으로 항상 보기 좋게 연결한다는 의미는 아니다. 특히 색상의 경우가 그렇다. 차이가 큰 두 색상(빨강색과 청록색 같은)을 보간할 경우, 중간을 연결하는 색상은 기대와 다를 수 있다. 그래픽 프로그래밍에서는 특정 애셋이 예상한 모습대로 나오는지 직접 테스트해 보는 것이 좋다.

이제 모든 경고를 뒤로 하고 실제 mix() 함수가 작동하는 모습을 확인하고, 텍스처를 혼합하는 셰이더를 만들어 보자. 이를 위해 두 번째 텍스처가 필요하다. 예시에서는 그림 3-13 같은 단순한 흑백 체커판 텍스처를 사용한다. 이 텍스처는 온라인 소스코드 3장의 Assets 폴더에 들어 있다.

▲ 그림 3-13 이번 예시에 사용할 체커판 텍스처

두 텍스처를 50대 50으로 혼합하는 셰이더부터 만든다. 셰이더 코드는 코드 3-19에
있다.

코드 3-19 두 개의 텍스처를 혼합한 셰이더

```
#version 410

uniform sampler2D parrotTex;
uniform sampler2D checkerboardTex;

in vec2 fragUV;
out vec4 outCol;

void main()
{
  vec4 parrot = texture(parrotTex, fragUV);
  vec4 checker = texture(checkerboardTex, fragUV);
  outCol = mix(parrot, checker, 0.5);
}
```

이미 수 차례 다뤘기 때문에 새로운 텍스처와 유니폼 변수를 설정하는 부분은 건너뛰고 시작한다. 모든 세팅을 제대로 했다면, 프로그램을 실행했을 때 그림 3-14와 같은 화면을 볼 수 있다.

▲ 그림 3-14 체커판 텍스처와 앵무새 텍스처의 50대 50 혼합

화면의 모든 프래그먼트는 그 위치에 해당하는 체커판 텍스처와 앵무새 텍스처 색상의 정확히 중간 값을 갖는다. 모든 프래그먼트가 두 텍스처를 50대 50으로 혼합한 값을 갖는 것이 크게 유용해 보이지는 않는다. 각 프래그먼트가 서로 다른 비율로 텍스처를 혼합할 수 있다면 게임에서 활용할 수 있는 방법은 무궁무진할 것이다. 예를 들어, 눈을 제외한 캐릭터의 얼굴을 텍스처에 저장하고, 사용자가 캐릭터를 커스터마이징할 때 필요한 여러 형태의 눈을 또 다른 텍스처에 저장한다. 그 다음 세 번째 텍스처의 색상 값을 mix() 함수의 세 번째 인자로 사용해서 어떤 프래그먼트가 얼굴 텍스처 색상 값을 가져올지, 어떤 프래그먼트가 눈 텍스처의 프래그먼트를 가져올지 제어할 수 있다.

텍스처를 mix() 함수의 세 번째 인자로 사용하는 방법을 실제로 사용해 보기로 한다. 예시에서는 체커판 텍스처의 검정색 부분이 앵무새 텍스처를 덮고, 나머지 부분은 앵무새 텍스처를 그대로 보여준다(흰색 부분과 앵무새 텍스처는 혼합하지 않는다). 셰이더의 한 줄만 수정하면 된다. 코드 3-20에 수정해야 할 내용이 있다.

코드 3-20 수정해야 할 코드

```
// 이 부분을
outCol = mix(parrot, checker, 0.5);

// 이렇게 고친다.
outCol = mix(checker, parrot, checker.r);
```

무슨 일이 벌어지고 있는지 자세히 살펴보자. mix()가 세 번째 인자를 바탕으로 두 입력을 혼합한다는 사실은 이미 알고 있다. 체커판의 흰색 부분을 샘플링할 때, 모든 채널의 값은 1이다(흰색은 (1.0f, 1.0f, 1.0f, 1.0f)이다). 따라서 색상 벡터의 r 컴포넌트 값도 1.0이 된다. mix()의 세 번째 인자로 1을 전달하는 것은 두 번째 인자로 들어온 값을 100% 반영한다는 의미다. 여기서 두 번째 입력은 앵무새 텍스처다. 수정된 셰이더가 적용된 결과는 그림 3-15에서 볼 수 있다. 여기까지의 과정에 문제가 있었다면 온라인 소스코드 3장 Mixing Textures 프로젝트를 참고하기 바란다.

▲ 그림 3-15 체커판 텍스처의 R 채널에 기반으로 텍스처를 혼합한 경우

3장에서 살펴본 기법은 최신 게임에서 볼 수 있는 놀라운 시각 효과를 만들기 위한 핵심 요소다. 셰이더가 텍스처를 다루는 여러 방법 중 일부를 수박 겉핥기 식으로 경험했다. 그러나 여기서 소개한 내용이 온라인에서 튜토리얼이나 기사를 찾아 읽을 때 필요한 기초를 제공해줄 것이다.

요약

- 버텍스로 메쉬 페이스를 구성할 때 인덱스 버퍼를 활용할 수 있다.
- 메쉬 위에 렌더링되는 이미지를 텍스처라고 한다.
- 텍스처의 특정 위치에서 색상 값을 구하는 것을 샘플링이라고 한다.
- 프래그먼트는 메쉬의 UV 좌표를 통해 텍스처 상의 특정 위치에서 색상을 샘플링한다.
- GLSL에서 텍스처를 저장하는 변수 타입을 샘플러라고 한다. 2D 텍스처의 경우는 sampler2D 타입을 사용한다.

- 텍스처의 랩 모드는 0-1 범위 밖의 위치를 샘플링할 때의 처리 방식을 결정한다.

- 더하기, 빼기, 곱하기만을 사용해서 다양한 방식으로 색상을 조정할 수 있다. 이 연산을 텍스처의 모든 픽셀에 적용해서 밝기와 색조 등을 조정하는 데 사용한다.

- GLSL의 mix() 함수를 이용해서 색상 값을 섞을 수 있다. 메쉬의 모든 프래그먼트에 적용하면 메쉬에 적용된 텍스처를 블렌딩하는 효과를 만들 수 있다.

4장

투명도와 깊이

1장에서 컴퓨터 그래픽에서의 색상은 일반적으로 R, G, B, A채널로 구성된다는 사실을 배웠다. 지금까지는 주로 R, G, B채널에서 할 수 있는 것들을 살펴봤기 때문에 알파 채널은 거의 잊고 있었다. 4장에서는 알파 채널을 이용해서 다양한 형태의 오브젝트가 들어있는 씬을 그리고, 외계인부터 햇빛까지 모든 대상을 렌더링하고, 캐릭터를 애니메이션하는 것으로 마무리하려 한다. 흥미진진한 내용이 될 것이다.

먼저 알파 채널을 이용해서 쿼드 메쉬에 사각형이 아닌 대상을 그리는 것으로 시작한다. 3D 게임에서는 복잡한 메쉬를 사용해서 다양한 형태를 렌더링한다. 그러나 2D 게임에서는 모든 것을 쿼드 위에 그린다. 그런데 2D 게임을 하나라도 경험했다면 2D 게임에서 화면 위를 움직이는 수많은 대상이 사각형으로는 보이지 않는다는 것을 알고 있을 것이다. 사각형이 아닌 형태를 그리기 위해서 2D 게임은 그림 4-1처럼 사용하지 않는 프래그먼트를 감춰 버린다.

텍스처 소스

▲ 그림 4-1 쿼드에서 렌더링된 2D 캐릭터. 텍스처 소스가 왼쪽에 있다. 검정색 부분은 알파 값이 0인 픽셀이다.

그림 4-1의 작은 녹색 친구는 쿼드 위에 렌더링되는 사각형 텍스처다. 앞서 사용한 앵무새 텍스처와 같다. 여기서 다른 점은 쿼드의 일부 프래그먼트가 투명하게 처리돼서 전혀 사각형으로 보이지 않는다는 사실이다. 이것이 가능한 이유는 알파 테스팅alpha testing이라는 과정 때문이다. 알파 테스팅은 4장에서 처음으로 다룰 내용이다. 본격적인 시작에 앞서 몇 가지 필요한 것들을 준비해 보자.

새 프로젝트 준비

4장을 시작하면서 새롭게 오픈프레임웍스 프로젝트를 생성할 것을 추천한다. 이전 프로젝트와 같은 방식으로 main.cpp를 고쳐서 새 프로젝트가 올바른 버전의 OpenGL을 사용하게 한다. 또한 ofApp.cpp의 setup()에서 ofDisableArbTex()를 호출하는 것을 잊지 않는다. 마지막으로 첫 예시에서는 외계인 캐릭터를 위한 ofMesh, ofShader, ofImage 객체가 필요하다. 코드 4-1은 예시에서 사용할 변수 이름과 함께 변수의 선언을 보여준다.

```
ofMesh charMesh;
ofShader charShader;
ofImage alienImg;
```

직접 코드를 작성하면서 학습하고 있다면 온라인 소스코드 4장의 Assets 폴더에서 예시에 사용할 텍스처를 내려받는다. 그리고 텍스처를 프로젝트의 bin/data 폴더에 저장한다. 여기까지 됐다면 모든 준비가 끝났다.

메쉬와 셰이더 준비

외계인을 그리기 위해 가장 먼저 할 일은 쿼드 메쉬를 수정하는 것이다. 지금까지는 화면을 꽉 채우는 쿼드를 사용했다. 캐릭터 텍스처가 화면 전체를 채우며 늘어진다 면 이상한 모습이 될 것이다. 그림 4-1의 모습을 재현하려면 메쉬를 크게 줄이고 길 쭉한 모양이 되도록 바꿔야 한다. 또한 메쉬를 화면 정중앙이 아닌 어디에 배치할 수 있어야 한다. 아직은 메쉬를 움직이는 방법을 배우지 않았기 때문에 일단은 원하는 곳에 버텍스를 생성한다.

4장에서는 다양한 쿼드를 생성한다. 이 프로젝트에서는 그림 4-2처럼 쿼드를 생성 하는 코드를 buildMesh() 함수로 옮기려 한다.

코드 4-2 쿼드를 생성하는 함수

```
void buildMesh(ofMesh& mesh, float w, float h, glm::vec3 pos)
{
  float verts[] = { -w + pos.x, -h + pos.y, pos.z,
    -w + pos.x, h + pos.y, pos.z,
    w + pos.x, h + pos.y, pos.z,
    w + pos.x, -h + pos.y, pos.z };

  float uvs[] = { 0,0, 0,1, 1,1, 1,0 };
```

```
for (int i = 0; i < 4; ++i){
  int idx = i * 3;
  int uvIdx = i * 2;
  mesh.addVertex(glm::vec3(verts[idx], verts[idx + 1], verts[idx + 2]));
  mesh.addTexCoord(glm::vec2(uvs[uvIdx], uvs[uvIdx + 1]));
}

ofIndexType indices[6] = { 0,1,2,2,3,0 };
mesh.addIndices(indices, 6);
}
```

이 함수가 있으면 외계인을 그리는 코드가 아주 간결해진다. 코드 4-3은 캐릭터 메쉬를 만드는 간결해진 코드를 보여준다. 코드에 따르면 메쉬는 수평 방향으로 화면의 사분의 일, 수직 방향으로는 절반 크기를 갖는다. 화면 전체를 채우는 쿼드보다는 훨씬 보기에 좋을 것이다.

코드 4-3 조절 가능한 크기와 위치로 쿼드 생성하기

```
buildMesh(charMesh, 0.25, 0.5, glm::vec3(0.0, 0.15, 0.0));
```

외계인을 그리려면 두 개의 셰이더가 필요하다. 버텍스 셰이더는 앞서 사용한 passthrough.vert 셰이더에서 시작한다. 코드 4-4는 셰이더 코드를 다시 보여준다.

코드 4-4 외계인에 사용할 버텍스 셰이더

```
#version 410

layout (location = 0) in vec3 pos;
layout (location = 3) in vec2 uv;

out vec2 fragUV;

void main()
{
```

```
  gl_Position = vec4(pos, 1.0);
  fragUV = vec2(uv.x, 1.0-uv.y);
}
```

프래그먼트 셰이더는 처음부터 새로 시작한다. 셰이더는 외계인 텍스처에서 알파 값이 1.0보다 작은 영역에 해당하는 프래그먼트를 쿼드에서 감춘다. 예시에서는 셰이더에 alphaTest.frag란 이름을 붙였으며, 코드 4-5에서 확인할 수 있다.

코드 4-5 alphaTest.frag 셰이더

```
#version 410
uniform sampler2D greenMan;
in vec2 fragUV;
out vec4 outCol;
void main()
{
  outCol = texture(greenMan, fragUV);
  if (outCol.a < 1.0) discard; ❶
}
```

코드 4-5에는 이전에 본적이 없는 discard 키워드가 등장한다. 알파 채널을 이용해서 외계인을 렌더링하기 위해서는 이 키워드가 필수적이다. 메쉬를 그리는 코드는 앞에서 여러 번 설명했다. 여기서는 setup()과 draw()에 대한 설명은 생략하고, 바로 코드 4-5에 대한 설명으로 들어간다. 지금까지 설명한 코드가 궁금하면 온라인 소스코드 4장 DrawCharacter 프로젝트를 참고하기 바란다.

알파 테스팅과 discard

알파 테스팅이라고 불리는 기법을 통해 텍스처의 알파 채널을 처음으로 사용해보기로 한다. 우선 알파 값의 컷오프 기준$^{cutoff\ threshold}$ 값을 정의하고, 각 프래그먼트의 알파 값을 기준 값과 비교한다. 프래그먼트의 알파가 컷오프 기준보다 크면 정상적으로 렌더링하고, 기준보다 작으면 버린다. 코드 4-5의 ❶이 이 내용에 해당한다. 예시의 컷오프 기준 값은 1.0이기 때문에 100% 불투명하지 않은 프래그먼트는 버린다. 사용하지 않는 프래그먼트를 버리는 일은 discard 키워드가 담당한다.

그래픽 파이프라인에서 프래그먼트를 제외한다는 점에서 discard 키워드는 GLSL 문법 중에서도 독특한 위치를 갖는다. 1장에서 그래픽 파이프라인을 설명한 그림 4-2를 다시 보면 도움이 될 것이다. 프래그먼트 셰이더 단계를 거친 프래그먼트 데이터는 보통 다음 단계인 프래그먼트 처리 단계로 전달된다. discard 키워드는 바로 이 과정에 개입해서 프래그먼트가 다음 단계로 넘어가는 것을 막는다.

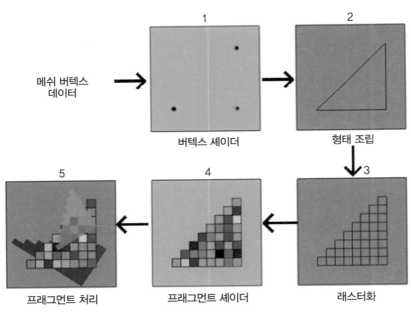

▲ 그림 4-2 간략하게 정리한 그래픽 파이프라인

4장에서 다룰 내용은 파이프라인의 프래그먼트 처리 단계에 관한 것이다. 알파나 깊이에 관련된 많은 계산이 프래그먼트 처리 단계에서 이뤄지기 때문이다. 첫 예시에서는 그 단계로 가기 전에 버려지는 프래그먼트를 봤다면, 다음 예시에서는 그 단계로 넘어간 프래그먼트를 살펴보기로 한다.

4장의 프로젝트를 세팅할 때, 앞의 예시로부터 알파 블렌딩을 비활성화하는 코드를 그대로 가져왔을 수 있다(ofDisableAlphaBlending()). 이 코드가 남아있어도 새로 만들 셰이더가 잘 작동한다는 사실이 다소 의아할 수 있다. 그 이유는 기준 값에 따라서 프래그먼트를 버리는 과정에 GPU의 알파 블렌딩이 필요하지 않기 때문이다. 알파 테스트는 GPU에게 일부 프래그먼트의 처리 중단을 명령하는 것이다. 그래픽 파이프라인의 관점에서는 알파 테스팅이 알파 브랜딩과 다르다는 점에 주목한다. 한편 앞으로는 ofDisableAlphaBlending()이 호출되면 4장의 다른 예시가 작동하지 않을 수 있다는 사실에도 주의한다.

깊이 테스팅

프로그램을 실행하면 보이지 않는 쿼드 위에 그려진 행복한 녹색 외계인을 볼 수 있다. 그림 4-1과 정확히 같은 모습일 것이다. 이것도 훌륭하지만, 외계인 뒤에 무언가를 배치해서 투명해진 프래그먼트를 통해 쿼드 뒤에 있는 것들을 볼 수 있다면 더욱 흥미로울 것이다. 이는 다음 예시에서 다룬다.

4장의 Assets 폴더에는 숲이 그려진 배경 텍스처가 들어있다. 이 텍스처를 외계인 뒤의 배경에 적용할 것이므로 배경으로 사용할 메쉬가 필요하다. 그 다음은 외계인 메쉬의 크기와 위치를 조절해서 배경과 잘 어울리게 한다. 배경 메쉬를 만들 때 처음으로 Z 좌표에 주의를 기울이게 된다. NDC에서 Z축은 우리가 컴퓨터 화면을 바라보는 방향을 향한다. 그러므로 Z 좌표 값이 작은 버텍스가 큰 버텍스 앞에 위치한다. 따라서 배경 메쉬는 반드시 0보다 큰 Z 값을 가져야 한다. 그렇지 않을 경우 프로그램 입장에서는 외계인이 배경 앞에 그려져야 한다는 사실을 알 방법이 없다. 코드 4-6은 배경 메쉬를 생성하는 코드다.

코드 4-6 캐릭터 뒤에 배경 메쉬를 생성하는 코드

```
buildMesh(backgroundMesh, 1.0, 1.0, glm::vec3(0.0, 0.0, 0.5));
```

오픈프레임웍스에서 메쉬를 생성하고, 텍스처를 불러오고, 셰이더를 적용하는 과정은 여러 번 살펴봤다. 그러므로 나머지 코드는 따로 설명하지 않고 바로 draw() 함수로 넘어간다. 여기서 설명하지 않는 부분을 확인하려면, 온라인 소스코드 4장 DepthScene 프로젝트를 참고한다. 코드 4-7에 draw() 함수가 있다.

코드 4-7 배경 메쉬 그리기

```
void ofApp::draw() {
  alphaTestShader.begin();

  alphaTestShader.setUniformTexture("tex", alienImg, 0);
  charMesh.draw();

  alphaTestShader.setUniformTexture("tex", backgroundImg, 0);
  backgroundMesh.draw(); ❶

  alphaTestShader.end();
}
```

특별한 것은 없어 보인다. 그러나 여기까지 진행한 상태에서 프로그램을 실행하면 캐릭터가 사라져 버린다. 이런저런 시도를 해본다면, 드로우콜을 보내는 순서를 바꿔서 배경을 먼저 그리고, 그 다음에 캐릭터를 그리는 방법을 통해서 이 문제를 해결할 수도 있다. 앞에서 Z좌표를 올바로 입력했음에도 왜 이런 문제가 생긴 것일까?

그 이유는 버텍스의 Z값을 비교하는 것이 기본적으로 이뤄지는 과정이 아니기 때문이다. 그래픽 파이프라인이 메쉬를 처리할 때, 기본적으로 GPU에게는 현재 프레임에 그려진 대상에 대한 정보가 없다. 이런 정보가 없는 상태에서 GPU로서는 어떤 프래그먼트를 그려진 대상의 앞에 아니면 뒤에 그려야 하는지 판단할 방법이 없다. 깊

이에 근거해서 어떤 대상을 다른 대상 뒤에 위치시키기 위해서는 **깊이 버퍼**^{depth buffer}가 필요하다. 깊이 버퍼는 GPU가 특정 프레임을 렌더링할 때 깊이 정보를 저장해두는 특수한 텍스처를 가리킨다.

이 책에서 깊이 버퍼의 작동 원리까지 전부 이해하는 것이 중요하지는 않다. 중요한 것은 깊이 버퍼를 사용하는 모든 계산이 그래픽 파이프라인 중 프래그먼트 처리 단계에서 이뤄진다는 점이다. 이 단계에 이르기 전에 특정 프래그먼트를 버릴 경우, 그 프래그먼트는 깊이 계산에서도 배제된다. 그렇지 않을 경우 보이지 않는 프래그먼트가 뒤에 있는 대상을 가리는 이상한 현상이 생기기 때문이다. 또 하나 중요한 사실은 별도로 명령하지 않는 이상, GPU가 깊이 버퍼를 만들지 않는다는 점이다. setup() 에서 ofEnableDepthTest() 함수를 호출함으로써 깊이 버퍼 생성을 지시할 수 있다. 함수 호출을 추가한 상태에서 프로그램을 실행하면 그림 4-3과 같은 모습을 볼 수 있다.

▲ 그림 4-3 지금까지 진행한 프로젝트의 모습

아직 외계인 쿼드의 크기와 위치를 조절하지 않았다면 그림 4-9처럼 귀여운 모습은 아닐 것이다(이 부분은 실습을 위해 남겨두겠다). 외계인의 크기와는 관계 없이 이 예시에는 두 가지 측면에서 의미가 있다. 첫째, 외계인이 배경 앞에 있는 것으로 봐서는 깊이 버퍼가 의도한 대로 작동하고 있다. 둘째, 외계인 쿼드의 투명한 부분을 통해서 배경을 볼 수 있다. 알파 테스팅 셰이더도 잘 작동하고 있음을 확인할 수 있다.

알파 블렌딩

프로젝트의 씬은 지금 상태로도 이미 훌륭한 모습이다. 그러나 알파가 있으면 픽셀을 버리는 것보다 훨씬 많은 것들을 할 수 있다. 책의 앞부분에서 알파를 이용해서 대상을 **반투명**translucent하게 만들 수 있다고 얘기했었다. 반투명한 대상은 100% 투명하지는 않지만, 빛이 투과할 수 있다. 반투명한 대상의 예로는 스테인드글라스나 선글라스를 들 수 있다. 반투명한 대상을 그리기 위해서는 "알파 블렌딩"이라는 과정을 거치는데, 앞선 셰이더에서 사용한 알파 테스팅과는 조금 다른 방식으로 작동한다. 알파 테스팅에서는 보이는 프래그먼트와 보이지 않는 프래그먼트, 둘 중의 하나를 선택할 수 있다. 반면 알파 블렌딩에서는 '80% 불투명한 프래그먼트' 같은 선택이 가능하다. 다음 예시에서 바로 이 같은 선택을 통해 80% 불투명도를 가진 구름을 그린다.

구름을 그릴 쿼드를 만들고, 새로운 텍스처를 입혀야 한다. 4장 Assets 폴더에 있는 cloud.png 텍스처를 사용한다. 이 텍스처에는 구름 형태를 정의하기 위한 알파 정보가 이미 들어 있다. 구름 형태 내부에 있는 픽셀은 알파 값 1을 갖는다. 그러므로 기존 알파 테스팅 셰이더를 이용해도 구름을 그릴 수 있고, 우리가 원하는 모습에 가까운 결과를 얻을 수 있다. 그러나 알파 테스팅 셰이더이기 때문에 그렇게 그린 구름은 100% 불투명할 것이다. 우리가 그릴 구름은 반투명한 구름이다.

구름의 크기나 위치를 가늠하기 위해서 임시로 알파 테스팅 셰이더로 구름을 그리는 것도 좋은 방법이다. 예를 들어 화면 넓이의 1/4, 화면 높이의 1/6에 해당하는 크기의 구름을 (-0.55, 0, 0)에 배치한다고 하자. 거기에 알파 테스팅 셰이더를 적용하면 그림 4-4와 같은 모습이 된다.

▲ 그림 4-4 알파 테스팅 셰이더로 그린 구름

구름의 크기와 위치를 확인했다. 이제 구름을 반투명하게 만들 차례다. 구름을 위한 셰이더를 새로 만든다. 예시에서 사용한 이름은 cloud.frag다. 구름의 형태를 유지하기 위해서 셰이더는 텍스처에 있는 알파 정보를 계속 유지해야 한다. 그러면서도 동시에 불투명한 프래그먼트의 투명도는 조절할 수 있어야 한다. 가장 간단한 방법은 코드 4-8처럼 알파 테스팅 셰이더에서 사용했던 조건문을 사용하는 것이다.

코드 4-8 조건문의 사용

```
// 지면상의 이유로 코드를 생략함.
void main()
```

```
{
  outCol = texture(tex, fragUV);
  if (outCol.a > 0.8) outCol.a = 0.8;
}
```

프로그램을 실행하면 그림 4-5와 같은 화면을 볼 수 있다. 만약 아직도 구름이 100% 불투명하다면, 코드 어딘가에서 ofDisableAlphaBlending()을 호출하고 있을 가능성이 크다.

▲ 그림 4-5 알파 블렌딩으로 그린 구름

min( )과 max( )

GLSL의 min()과 max() 함수는 크기에 근거해서 두 값 중 하나를 선택할 때 사용한다. 이 함수는 각각 두 개의 인자를 받아서 작거나 또는 큰 인자를 반환한다. 예를 들어 min()은 두 인자 중 작은 것을 반환한다. 코드 4-9는 셰이더에서 min()을 사용하는 두 가지 예를 담고 있다.

코드 4-9 min() 함수의 예

```
float a = 1.0;
float b = 0.0;
float c = min(a,b) // c == b ❶

vec3 a = vec3(1, 0, 0);
vec3 b = vec3(0, 1, 1);
vec3 c = min(a,b); // c == vec3(0,0,0); ❷
```

❶은 정확히 앞에서 설명한 그대로다. 두 실수가 들어가면, 작은 실수를 반환한다. min()과 max()를 실수에만 사용하는 것은 아니다. ❷의 예처럼 벡터를 인자로 사용할 수 있다. 인자가 벡터인 경우, 같은 개수의 컴포넌트를 가진 벡터를 반환한다. 그리고 이때 반환하는 벡터의 각 컴포넌트는 입력된 두 벡터 컴포넌트 각각에서 min() 또는 max()를 실행한 결과다.

max() 함수는 반대로 작동해서 큰 값을 반환한다. 코드 4-10에 사용 사례가 있다.

코드 4-10 max() 함수의 예

```
float a = 1.0;
float b = 0.0;
float c = max(a,b); // c == a

vec3 a = vec3(1, 0, 0);
vec3 b = vec3(0, 1, 1);
vec3 c = max(a,b); // c == vec3(1,1,1);
```

구름을 제대로 렌더링하기 위해서는 셰이더는 두 조건을 충족해야 한다. 프래그먼트의 알파 값은 0.8을 넘지 말아야 하고 0.8보다 작은 알파 값은 그대로 유지해야 한다. 교과서적인 min()의 사용 사례라고 할 수 있다. 코드 4-11에서 수정된 셰이더를 확인한다.

코드 4-11 min() 사용 예

```
// 지면상의 이유로 코드를 생략함.
void main()
{
  outCol = texture(tex, fragUV);
  outCol.a = min(outCol.a, 0.8);
}
```

세이더를 수정하고 프로그램을 실행한다. 이전과 동일하게 숲 속의 외계인 위로 반투명한 구름이 떠 있는 모습을 볼 수 있다. 이번 예시에는 새로운 내용이 많이 포함됐다. 구름까지 추가된 전체 씬을 렌더링하는 코드를 확인하려면 온라인 소스코드 4장의 AlphaClouds 프로젝트를 참고한다.

알파 블렌딩의 원리

예시에서 보여준 구름이 알파 블렌딩을 사소한 것처럼 여겨지게 만들었다. 80% 불투명한 구름을 원했기 때문에 일부 프래그먼트의 알파 값을 0.8에 맞췄고, 모든 것이 원하는 대로 이뤄졌다. 그런데 현실은 이것보다 좀 더 복잡하다. 우리 세이더 중 어떤 것도 기본적으로 씬에 있는 다른 대상의 정보를 갖고 있지 않다는 사실을 기억해야 한다. 실제로 씬에 대한 어떤 정보도 구름 세이더에게 제공하지 않았다. 그럼에도 불구하고 화면에서 구름이 차지하는 영역의 픽셀들은 배경 정보를 갖고 있었고, 그결과 구름 뒤로 비치는 배경을 볼 수 있었다. 이 말은 화면에 최종적으로 그려지는 픽셀의 색상을 구하기 위해서는 여러 프래그먼트의 색상을 어떻게 블렌딩할 것인지 GPU가 알고 있어야 한다는 것을 의미한다.

색상을 블렌딩하는 과정은 파이프라인에서 프래그먼트 세이더가 실행을 마친 다음 시작하는 프래그먼트 처리 단계에서 이뤄진다. 깊이 계산이 바로 이 단계에서 이뤄진다고 했는데, 알파 블렌딩 역시 여기서 이뤄진다. 프래그먼트 셰이더가 만드는 건 프래그먼트이지 화면 픽셀이 아니라는 사실을 기억해야 한다. 이 예시의 경우, 구름이 차지하는 화면의 모든 픽셀에는 복수의 프래그먼트가 생성된다. 하나는 구름이고, 다른 하나는 뒤에 있는 배경이다. 두 프래그먼트를 합쳐서 최종적으로 화면에 그려질 픽셀을 만드는 것이 프래그먼트 처리 단계에서 하는 일이다.

구름이 불투명하다면 GPU는 깊이 계산을 통해 구름이 배경보다 앞에 있다고 결정할 수 있다. 구름이 불투명하기 때문에 그 영역에 해당하는 배경의 프래그먼트를 안전하게 버리고, 구름 프래그먼트를 화면에 그리면 된다. 그런데 지금 구름은 반투명하다. 구름을 통해 비치는 배경 프래그먼트를 버릴 수 없다. 대신 화면에 그려질 픽셀의 최종 색상은 그 위치에 해당하는 두 프래그먼트를 섞은 값이다. 이때 어떻게 색을 섞을지는 GPU가 두 프래그먼트의 색상을 섞을 때 사용하는 수식인 블렌딩 공식 blend equation이 결정한다.

알파 블렌딩은 게임에서 가장 흔히 사용하는 블렌딩 공식일 것이다. 의사코드 pseudocode로 표현하면 다음과 같다.

```
vec4 finalColor = src * src.a + (1.0 - src.a) * dst;
```

src와 dst는 함께 블렌딩할 두 프래그먼트의 색상 값을 나타내는 이름이다. 그래픽 파이프라인은 각 메쉬를 개별적으로 처리한다. 화면에 그리는 첫 메쉬는, 다음 메쉬의 프래그먼트 셰이더 단계가 끝나기 전에 이미 프래그먼트 처리 단계까지 마친 상태이다. 이렇게 그래픽 파이프라인을 거친 렌더링의 결과들을 **백 버퍼**back buffer라고 불리는 곳에 저장하고, 특정 프레임의 렌더링이 모두 끝나면 그 백 버퍼를 화면에 보여준다. 블렌딩 공식에서 dst 값은 색을 섞어야 할 시점에 백 버퍼에 이미 저장된 값을 가리킨다. src는 그 시점에 백 버퍼에 저장된 값과 섞어야 하는, 새로운 프래그먼트의 색상 값을 가리킨다. scr 프래그먼트의 알파 값이 클수록, scr 프래그먼트의 색상이 dst 프래그먼트에 비해 더 많이 반영된다.

예시에서 픽셀을 처리하는 과정을 단계별로 살펴보기로 한다. 나무 잎사귀의 녹색과 그 앞에 있는 구름의 흰색을 같이 갖고 있는 픽셀을 가정한다. 픽셀의 정확한 색상을 화면에 출력하기 위해서 GPU가 거쳐야 하는 단계는 다음과 같다.

1. 배경 이미지를 화면에 그린다. 픽셀에 그릴 불투명한 녹색 프래그먼트를 그린다. 불투명한 프래그먼트는 블렌딩을 고려할 필요가 없다. 색상 그대로 백 버퍼에 저장한다(이 전에는 백 버퍼에 아무런 데이터도 없었다).

2. 구름을 그린다. 프래그먼트 셰이더가 같은 픽셀을 위한 프래그먼트를 생성한다. 단, 이 프래그먼트는 하얗고 반투명하다. 프래그먼트 셰이더 단계가 끝나면 프래그먼트 처리 단계로 넘어간다.

3. GPU는 백 버퍼에 픽셀에 해당하는 값이 이미 저장돼 있음을 확인한다. 새 프래그먼트가 반투명하기 때문에 두 프래그먼트를 섞어야 한다. 블렌딩 공식에서 구름의 프래그먼트에 있는 값을 src에, 백 버퍼에서 픽셀에 저장돼 있는 현재 값을 dst에 담는다.

4. 블렌딩 공식에 따라서 계산한다. 결과를 백 버퍼에서 픽셀이 해당하는 위치에 저장한다.

프래그먼트를 백 버퍼에 저장하는 순서가 매우 중요하다. 만약 구름 프래그먼트가 백 버퍼에 먼저 저장돼 있다면, 배경이 완전히 구름을 덮어서 구름을 전혀 볼 수 없을 것이다. 예시의 draw() 함수에서 구름을 먼저 그리도록 순서를 바꾸면 테스트해 볼 수 있다. 이런 이유에서 반투명한 대상은 씬의 다른 불투명한 대상들을 모두 렌더링한 다음에 그려야 한다. 주요 게임 엔진들은 이 부분을 알아서 잘 처리해준다. 그러나 특정 대상이 언제 화면에 그려지는지 파악해야 할 경우 유용한 지식이 될 수 있다.

일반적인 알파 블렌딩 공식이 어떻게 작동하는지 살펴봤다. 실제 게임에서는 더 다양한 블렌딩 공식이 사용된다. 이들 중 다음으로 가장 많이 사용되는 것이 가산 블렌딩이다.

가산 블렌딩

알파 블렌딩은 뒤에 있는 것을 잘 보이지 않게 하는 반투명한 대상에 적합했다. 그런데 잘 보이지 않게 하는 대신 그 부분을 더 밝게 만드는 반투명한 대상을 원한다면 어떨까? 알파 블렌딩을 사용해서 다른 것들 앞에 하얀 형태를 그릴 수 있다. 그러나 이렇게 하면 색을 탁하게 만들 뿐이다. 여기서 필요한 것은 새로운 블렌딩 공식이다.

이때 등장하는 것이 **가산 블렌딩**^{additive blending}이다. 가산 블렌딩은 게임에서 흔히 쓰이는 또 다른 블렌딩 공식의 이름이다. 앞서 사용한 알파 블렌딩보다 훨씬 단순하며 의사코드로 표현하면 다음과 같다.

```
vec4 finalColor = src + dst;
```

이름이 시사하듯, 가산 블렌딩은 두 프래그먼트를 더한다. 이 말은 가산 블렌딩으로 무언가를 어둡게 만들기는 불가능하지만 대상을 밝게 만들 때는 최적의 방법이라는 의미다. 알파 블렌딩과는 달리 가산 블렌딩 공식은 각 프래그먼트를 어떤 비중으로 섞어야 할지 계산할 때 알파를 사용하지 않는다. 그냥 각각의 100%를 더한다. 따라서 가산 블렌딩으로 아주 조금만 밝아지는 효과를 만들려면 낮은 알파 값 대신 어두운 색상이 필요하다.

가산 블렌딩 예시로서 우리 외계인 친구에게 멋진 햇살을 선사해주면 좋을 것 같다. 4장의 Assets 폴더에는 태양의 모습을 담은 또 하나의 텍스처가 들어있다. 이 텍스처는 매우 어두워 보인다. 우리가 원하는 것은 땅을 태울 듯 한 강렬한 직사광선이 아니라 은은한 햇살이기 때문이다. 더 밝은 색상을 사용하면 태양이 더 두드러질 것이다. 씬에 태양까지 추가한 모습은 그림 4-6과 같다.

▲ 그림 4-6 태양이 추가된 모습

그림 4-6과 같은 모습을 만들려면 태양 텍스처를 화면 전체 쿼드에 적용하고, 쿼드를 배경 앞에 그려야 한다. 코드 4-12는 태양 메쉬를 생성하기 위한 buildMesh() 함수 호출이다.

코드 4-12 태양을 그릴 쿼드를 위한 buildMesh() 호출

```
buildMesh(sunMesh, 1.0, 1.0, glm::vec3(0.0, 0.0, 0.4))
```

뜻밖에도 태양 메쉬를 구름과 같은 셰이더로 그릴 수 있다. 태양 셰이더의 알파 값이 매우 작아서 구름 메쉬에서 알파 값의 최대치를 고정하는 로직이 프래그먼트에 적용되지 않는다. 새로운 셰이더를 작성하는 수고를 덜었고, 중요한 개념 하나를 알게 됐다. 셰이더의 블렌딩 공식은 셰이더 코드와는 별개라는 사실이다.

구름 셰이더 어디서도 특정 블렌딩 공식을 사용한 적이 없다는 사실을 기억할 것이

다. 블렌딩 공식은 드로우콜을 보내기 전에 코드에서 설정한다. 지금까지 별다른 설정을 하지 않았던 이유는 오픈프레임웍스가 기본적으로 알파 블렌딩을 사용하기 때문이다. 이제는 다른 블렌딩 공식을 사용하려 한다. 코드를 추가해서 코드 4-13처럼 draw() 함수를 수정한다.

코드 4-13 수정된 draw() 함수

```
void ofApp::draw()
{
  ofDisableBlendMode(); ❶

  alphaTestShader.begin();
  alphaTestShader.setUniformTexture("tex", alienImg, 0);
  charMesh.draw();

  alphaTestShader.setUniformTexture("tex", backgroundImg, 0);
  backgroundMesh.draw();
  alphaTestShader.end();

  ofEnableBlendMode(ofBlendMode::OF_BLENDMODE_ALPHA); ❷

  cloudShader.begin();
  cloudShader.setUniformTexture("tex", cloudImg, 0);
  cloudMesh.draw();
  ofEnableBlendMode(ofBlendMode::OF_BLENDMODE_ADD); ❸

  cloudShader.setUniformTexture("tex", sunImg, 0);
  sunMesh.draw();
  cloudShader.end();
}
```

sunMesh에 사용할 텍스처를 정하고 드로우콜을 보내는 익숙한 코드 외에도, draw() 함수가 준비를 마치기 위해서 새로운 세 줄의 코드가 추가됐다. 코드를 뒤에서부터 설명하는 것이 이해에 도움이 될 같다. ❸부터 시작하기로 한다. 이 코드는 GPU에게 다음에 보낼 드로우콜, 즉 sunMesh.draw()가 가산 블렌딩을 사용할 것임을 알려주기 위해 추가했다. 여전히 구름에 사용한 셰이더를 사용하고 있고, 바뀐 것은 블렌딩 모드라는 점에 주목한다. ❷는 구름의 블렌딩 모드로 알파 블렌딩을 설정하는 코드다. 일단 블렌딩 모드를 정하면, 바꾸기 전까지는 GPU가 그 모드를 유지한다. 이제 복수의 블렌딩 모드를 사용하기 때문에 구름을 그리기 전에 블렌딩 모드를 명확하게 설정한 것이다.

마지막으로 ❶은 캐릭터와 배경의 블렌딩을 비활성화한다. 이전까지는 이 코드가 필요하지 않았다. 외계인과 배경 메쉬에는 완전히 불투명하거나 아니면 완전히 투명한 프래그먼트만 있기 때문에 알파 블렌딩이 렌더링에 영향을 미치지 않았다. 그러나 지금은 draw()가 가산 블렌딩이 활성화된 상태로 끝나기 때문에 새로운 프레임을 렌더링하기 전에 블렌딩을 비활성화할 필요가 있다. 블렌딩은 상대적으로 성능 비용이 큰 과정이기 때문에 꼭 필요할 때만 활성화하는 것이 좋은 사용법이기도 하다.

draw() 함수까지 수정되면 이번 예시도 거의 끝났다고 할 수 있다. 그런데 지금 프로그램을 실행하면 그림 4-7처럼 구름이 어딘가 이상한 것을 알 수 있다.

▲ 그림 4-7 태양이 더해진 현재 씬의 모습

구름을 그리는 쿼드가 뒤의 햇빛을 가리고 있다. 알파 블렌딩으로 쿼드의 일부를 보이지 않게 감췄지만, 여전히 구름 쿼드 전체의 깊이 정보를 보내기 때문이다. 구름 메쉬는 태양 메쉬 앞에 위치하고 있다. GPU는 이 깊이 정보를 바탕으로 구름 쿼드 뒤에 있는 태양 프래그먼트의 처리를 건너뛴 것이다. 여기서 필요한 조치는 반투명한 메쉬가 깊이 정보를 보내지 않게 만드는 것이다. 게임에서 대부분의 반투명한 메쉬는 깊이 정보 저장에서 제외하는 데 바로 이런 이유 때문이다. 문제를 해결하기 위해 draw() 함수에 코드 4-14처럼 두 줄의 코드를 추가한다.

코드 4-14 수정된 draw() 함수

```
void ofApp::draw()
{
  ofDisableBlendMode();
  ofEnableDepthTest(); ❶

  alphaTestShader.begin();
  alphaTestShader.setUniformTexture("tex", alienImg, 0);
  charMesh.draw();
  alphaTestShader.setUniformTexture("tex", backgroundImg, 0);
  backgroundMesh.draw();
  alphaTestShader.end();

  ofDisableDepthTest(); ❷
  ofEnableBlendMode(ofBlendMode::OF_BLENDMODE_ALPHA);

  cloudShader.begin();
  cloudShader.setUniformTexture("tex", cloudImg, 0);
  cloudMesh.draw();
  // 지면상의 이유로 코드를 생략함.
}
```

블렌딩 방식과 마찬가지로 깊이 테스팅도 한 번 활성화 또는 비활성화하면 GPU에게 새로운 명령을 내리기 전까지는 모든 드로우콜에서 그 설정을 유지한다. 반투명한 메쉬의 드로우콜을 보내기 전에 깊이 테스팅을 비활성화하고(❷), 불투명한 메쉬를 그리기 전에 다시 활성화(❶)함으로써 문제를 해결한다. 외계인, 배경, 구름, 태양 메쉬에 지정한 Z좌표에 따라서 그림 4-7과는 또 다른 깊이 문제가 발생할 수 있다. 어떤 순서로 메쉬를 배치하든, 이런 문제의 해답은 불투명한 메쉬를 그릴 때는 깊이 테스팅을 활성화하고, 그 밖의 것은 깊이 테스팅을 비활성화하는 것이다. 마지막 두 코드를 추가하고도 문제가 해결되지 않는다면 온라인 소스코드 4장에 있는 AdditiveSun 프로젝트를 참고한다.

일부 게임 엔진은 **깊이 쓰기**^{depth writing}와 깊이 테스팅을 구분한다. 이를 통해 GPU로 하여금 기존 깊이 버퍼를 이용해서 특정 메쉬가 다른 메쉬에 의해 가려지게 만들면서도, 그 메쉬의 깊이 정보는 새로 쓰지 않게 만들 수 있다. 유령 캐릭터와 같은 반투명 메쉬가 불투명한 벽 뒤로 숨어야 하는 상황에서 유용하게 사용할 수 있다. 오픈프레임웍스에서도 OpenGL 코드를 작성해서 이 기능을 사용할 수 있지만 이 책에서는 다루지 않는다. 다른 엔진에서 작업하게 될 경우, 이 내용을 기억하기 바란다.

스프라이트 시트 애니메이션

4장을 끝내기 전에 작성하고 싶은 셰이더가 하나 더 있다. 반투명을 이해했고 쿼드에 2D 캐릭터를 그리는 방법도 알게 됐다. 2D 게임을 렌더링하기 위한 거의 모든 퍼즐 조각을 갖췄다고 할 수 있다. 그러나 여전히 한 가지 중요한 것을 놓치고 있다. 바로 애니메이션이다. 이제는 블렌딩과 UV 좌표를 다루는 법도 알기 때문에 씬에 생기를 불어넣어줄 수 있다.

대부분의 2D 게임은 플립북^{flipbook} 방식으로 캐릭터를 애니메이션한다. 특정 동작의 단계를 담은 캐릭터의 여러 이미지를 스프라이트 시트^{sprite sheet}라고 불리는 것에 저장한다. 4장의 Assets 폴더에 있는 마지막 텍스처는 그림 4-8에서 볼 수 있는 외계인 캐릭터의 스프라이트 시트다. 스프라이트 시트가 애니메이션되는 메쉬는 일반적인 쿼드 메쉬다. 그러나 한 번에 하나의 애니메이션 프레임을 보여주기 위해서 버텍

스 셰이더에서 UV 좌표의 크기와 오프셋^{offset}을 제어한다. 특정 프레임에 보여줘야
하는 애니메이션 프레임은 셰이더의 유니폼 변수가 선택하며 C++ 코드가 이를 갱신
한다. 예시에서는 그림 4-8에서 볼 수 있는 걷기 애니메이션을 무한 반복한다. 참고
로 실제 게임에서는 캐릭터가 보여줄 수 있는 다양한 모션을 담은 훨씬 복잡한 스프
라이트 시트를 사용한다.

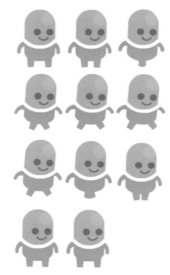

▲ 그림 4-8   외계인 캐릭터의 스프라이트 시트

버텍스 셰이더가 해야 하는 UV 계산을 간단히 살펴보며 셰이더 작성을 시작한다. 첫
번째 할 일은 UV 좌표의 크기를 조절해서 스프라이트 시트의 첫 번째 프레임만 선
택하게 만드는 것이다. 텍스처 좌표는 텍스처의 좌측 하단 꼭짓점인 (0, 0)에서 시작
한다. 그러나 이번에도 V 좌표 방향으로 좌표는 반전할 것이다. 이렇게 하면 기능적
으로 텍스처 좌표 (0, 0)은 이미지의 좌측 상단 꼭짓점이 된다. 마침 애니메이션 프
레임도 좌측 상단부터 시작하기 때문에 일이 한결 수월해진다.

스프라이트 시트에서 하나의 프레임을 선택할 수 있어야 한다. 이를 위해 UV 좌표에
2D 벡터를 곱해서 하나의 프레임에 맞게 크기를 조절한다. 크기를 맞추고 나면, 그

리기 원하는 프레임을 감쌀 수 있게 다른 2D 벡터를 더해서 좌표에 오프셋을 적용한다. 그림 4-9는 지금 설명한 과정을 시각적으로 보여준다. 다소 어렵게 들려도 걱정할 필요는 없다. 단계별로 천천히 설명할 것이다.

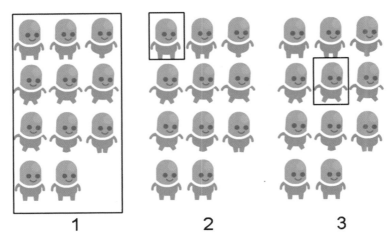

▲ 그림 4-9 스프라이트 시트에서 특정 프레임을 보여주기 위해 좌표를 조정하는 방법

그림 4-9의 1번에서 볼 수 있는 것처럼 처음에는 UV 좌표가 스프라이트 시트 전체에 걸쳐 있다. 스프라이트 시트에서 한 프레임 크기는 (0.28, 0.19)이다. 따라서 처음할 일은 UV 좌표를 벡터로 곱하는 것이다. 이렇게 하면 한 프레임을 감쌀 수 있는 크기의 UV 좌표를 얻는다. 그 결과가 그림 4-9의 2번이다. 이 상태에서 메쉬를 렌더링하면, 현재 UV가 감싸고 있는 애니메이션 프레임을 보게 된다. 크기를 맞췄으면 오프셋을 적용해서 원하는 프레임으로 UV를 이동시킨다. 그림 4-9의 3번이 마지막 과정을 보여준다.

여러 과정이 들어있지만 셰이더 코드는 매우 단순하다. 그리고 C++에서 UV의 크기를 조절하는 2D 벡터와 원하는 프레임으로 이동하기 위한 2D 벡터를 전달할 준비를 한다. 두 값을 곱해서 UV 좌표에 적용할 이동 벡터를 구한다. 모든 내용을 반영하면 버텍스 셰이더는 코드 4-15와 같은 모습이 된다. spritesheet.vert라는 이름으로 새로운 셰이더를 만들고 코드 4-15의 내용을 복사해 붙여 넣는다.

코드 4-15 스프라이트 시트를 사용하기 위해 UV를 제어하는 버텍스 셰이더

```
#version 410

layout (location = 0) in vec3 pos;
layout (location = 3) in vec2 uv;

uniform vec2 size;
uniform vec2 offset;

out vec2 fragUV;

void main()
{
  gl_Position = vec4(pos, 1.0);
  fragUV = vec2(uv.x, 1.0-uv.y) * size + (offset*size);
}
```

이제 캐릭터를 렌더링하기 위해 새로운 버텍스 셰이더와 기존 알파 테스팅 프래그먼트 셰이더를 묶는 새로운 ofShader 객체를 만든다(소스코드에서는 spritesheetShader란 이름을 사용했다). 그 다음 draw()를 수정해서 외계인을 렌더링할 때 새 ofShader 객체를 이용해서 드로우콜을 보내고, 버텍스 셰이더의 두 유니폼 변수의 값을 정하고, 외계인 텍스처를 스프라이트 시트로 교체한다. ofShader 객체를 생성해서 캐릭터에 적용하는 코드는 구체적으로 설명하지 않겠다. 만약 막히는 곳이 있으면 온라인 소스코드의 4장 SpritesheetAnimation 프로젝트를 참고하기 바란다. 전체 코드 대신 코드 4-16에서는 스프라이트 시트의 애니메이션 프레임을 반복해서 재생하는 코드를 소개한다.

코드 4-16 spritesheet.vert 셰이더의 유니폼 변수 지정

```
static float frame = 0.0;
frame = (frame > 10) ? 0.0 : frame += 0.2;
glm::vec2 spriteSize = glm::vec2(0.28, 0.19);
glm::vec2 spriteFrame = glm::vec2((int)frame % 3, (int)frame/3);
```

이 코드는 완전한 게임에 적합한 수준은 아니지만 외계인을 움직이기에는 충분하다. 프로그램을 실행하면 지금까지 수정한 코드만으로도 제자리에서 걷고 있는 외계인을 볼 수 있다. 이 자체로도 좋지만, 움직이지 않고 계속 걷기만 하는 외계인 친구가 조금은 이상해 보인다. 5장에서는 외계인을 움직이게 하면서 어떻게 버텍스 셰이더가 화면에서 메쉬를 움직이는지 살펴보기로 한다.

요약

4장에서는 간단한 2D 게임에 필요한 거의 모든 셰이더를 작성할 수 있을 만큼의 내용을 다뤘다. 지금까지 배운 내용을 요약하면 다음과 같다.

- 알파 테스팅은 특정 프래그먼트의 알파 값을 어떤 기준 값과 비교하고, 기준 값보다 작을 경우 그 프래그먼트를 제거하는 처리 방법이다.
- discard 키워드는 현재 프래그먼트를 파이프라인에서 제거할 때 사용한다.
- GPU는 대상의 위치에 따라서, 서로를 가리기 위해 필요한 정보를 깊이 버퍼에 저장한다. 이 과정을 깊이 테스팅이라고 한다.
- 반투명한 프래그먼트는 프래그먼트 처리 단계에서 현재 백 버퍼에 있는 내용과 블렌딩한다.
- 블렌딩이 일어나는 방식은 블렌딩 공식을 지정함으로써 설정할 수 있다. 가장 흔히 사용하는 두 개의 블렌딩 공식은 알파 블렌딩과 가산 블렌딩이다.
- 일반적으로 반투명한 메쉬의 깊이 정보는 저장하지 않는다.
- 플립북 스타일 애니메이션은 스프라이트 시트를 이용해서 만들 수 있다.

5장

버텍스 셰이더와 이동, 회전, 크기

지금까지는 주로 프래그먼트 셰이더로 할 수 있는 것들에 집중했다. 색조 바꾸기, 밝기 조절하기, 텍스처 혼합하기 같은 것들이다. 버텍스 셰이더의 존재 이유가 쇼의 진정한 주연을 위해 정보를 전달하는 것이라고 생각해도 무리는 아니다. 그러나 그것은 전혀 사실이 아니다. 프래그먼트 셰이더가 현대 게임에서 우리가 익숙한 많은 시각 효과들을 주도하고 있다면, 버텍스 셰이더는 현대 게임의 숨겨진 일꾼이다. 5장에서 그 이유를 알아본다.

지금까지 프로젝트에서 삼각형과 쿼드, 두 개의 메쉬를 만들었다. 두 메쉬는 완전히 정적으로 고정돼 있었다. 그러나 보통의 게임에서 메쉬는 아주 많은 움직임을 보인다. 가장 간단한 방법은 메쉬의 버텍스 자체를 수정하는 것이다. 예를 들어 어떤 대상을 X축 방향으로 5유닛만큼 이동시켜야 한다면 메쉬의 모든 버텍스에 (5, 0, 0)을 더하면 된다. 앞의 프로젝트에서 이것을 직접 테스트할 수 있다. 코드 5-1에 있는 코드를 ofApp의 KeyPressed() 함수에 추가한다.

```
int numVerts = charMesh.getNumVertices();
for (int i = 0; i < numVerts; ++i)
{
  charMesh.setVertex(i, charMesh.getVertex(i) + glm::vec3(0.2f, 0.0f, 0.0f));
}
```

이 방법은 작동하지만 몇 가지 큰 단점이 있다. 첫째, 메쉬의 버텍스를 갱신하는 것은 상대적으로 느린 연산이고, 매 프레임 이런 연산을 처리하는 것은 가급적 피해야 한다. 둘째, 이 방식을 사용하면 게임 속의 오브젝트들이 메모리에 있는 메쉬를 공유하는 대신 모두가 자신만의 메쉬 인스턴스instance를 가져야 한다. 메쉬 데이터를 저장하기 위해 메모리 사용이 크게 늘어나는 악몽 같은 상황이 벌어진다. 버텍스 셰이더는 이 두 문제를 한 번에 해결한다.

버텍스 셰이더는 메쉬 데이터를 직접 수정하는 대신, 화면에 그려지는 버텍스의 위치를 수정함으로써 대상을 움직인다. 그래픽 파이프라인으로는 동일한 메쉬가 보내지지만, 버텍스 셰이더의 로직에 따라서 그리는 위치를 바꿀 수 있다. 이것을 실제 확인하기 위해 앞에서 작성했던 spritesheet.vert 셰이더를 수정해서 캐릭터를 움직이게 만들 것이다. 수정된 셰이더는 여전히 스프라이트 시트의 UV를 기존 프래그먼트 셰이더로 보낸다. 따라서 버텍스 셰이더만 수정하면 된다. 코드 5-2는 캐릭터를 움직이기 위해서 수정된 spritesheet.vert 셰이더의 main() 함수를 보여 준다.

코드 5-2 버텍스 셰이더에서 메쉬 움직이기

```
void main()
{
  vec3 translation = vec3(0.5, 0.0, 0.0);
  gl_Position = vec4(pos + translation, 1.0); ❶
  fragUV = vec2(uv.x, 1.0-uv.y) * size + (offset*size);
}
```

메쉬를 오른쪽으로 움직이려면 메쉬의 각 버텍스에 간단히 벡터를 더해주면 된다 (❶). NDC는 −1에서 1까지를 사용한다. 그러므로 0.5만큼 이동한다는 것은 셰이더가 전체 메쉬를 화면 폭의 사분의 일만큼 오른쪽으로 옮긴다는 의미다. 셰이더를 수정하고 프로그램을 실행하면 여전히 제자리에서 걷고 있는 외계인을 볼 수 있다. 단, 이번에는 화면 오른쪽으로 위치가 이동해 있다. 이것도 멋지지만 키보드 입력에 따라서 외계인을 움직일 수 있다면 훨씬 멋질 것이다. 다음은 키보드 입력에 따른 이동을 만들어 보자.

버텍스 셰이더와 이동

버텍스 셰이더에서 어떻게 이동을 처리하는지 살펴봤다. 다음 단계에서는 하드코딩 대신, 이동 벡터를 유니폼 벡터에 담아서 C++에서 이동을 제어할 수 있게 만든다. 이미 여러 셰이더에서 벡터 유니폼 변수를 다뤘기 때문에 설명은 생략한다. 온라인 소스코드에 프로젝트의 모든 코드가 있다. 5장의 WalkingCharacter 프로젝트를 참고한다.

코드 5-2에 캐릭터가 움직이는 코드가 있다. 그러나 움직임이 너무 갑작스러워서 캐릭터의 걷기 애니메이션과 어울리지 않는다. 이번에는 키를 누르고 있는 동안은 캐릭터가 부드럽게 앞으로 걸어가고, 키에서 손을 떼면 멈춰 서게 만들 것이다. 이렇게 하려면 매 프레임마다 키를 누르고 있는지 확인을 해야 한다. 입력이 확인되면 캐릭터의 버텍스 셰이더로 전달하는 벡터를 변경한다. 이 얘기는 두 개의 새로운 변수가 필요하다는 의미다. 하나는 캐릭터의 이동을 담당할 vec3 타입의 변수, 다른 하나는 캐릭터를 움직일 키보드 입력 여부를 저장할 bool 타입 변수이다. 두 변수는 여러 함수에서 접근한다. 따라서 코드 5-3처럼 ofApp.h에서 멤버 변수로 선언한다.

코드 5-3 ofApp.h의 새로운 두 멤버 변수

```
class ofApp : public ofBaseApp
```

```
{
  // 지면상의 이유로 코드를 생략함.
  bool walkRight;
  glm::vec3 charPos;
}
```

이동 벡터의 이름으로 charTranslation 같은 것을 쓰지 않고 charPos를 사용했다. 나중에 이유를 설명하겠다. 당장은 신경 쓰지 않아도 좋다.

이제 키 입력 상태를 파악하는 코드를 작성한다. 캐릭터는 앞으로 걸어가는데, 움직임을 제어할 때는 오른쪽 화살표 키를 사용하는 것이 적절해 보인다. 키 입력 상태를 확인하는 것은 코드 5-4처럼 ofApp의 keyPressed()와 keyReleased() 함수에 몇 줄의 코드만 추가하면 된다.

코드 5-4 오른쪽 화살표 키를 감지하고 이동 여부를 갱신하기

```
void ofApp::keyPressed(int key)
{
  if (key == ofKey::OF_KEY_RIGHT) {
    walkRight = true;
  }
}

void ofApp::keyReleased(int key)
{
  if (key == ofKey::OF_KEY_RIGHT){
    walkRight = false;
  }
}
```

이제 charPos 벡터를 갱신해서 셰이더에 전달할 준비가 됐다. 지금까지는 간결한 코드를 위해 매 프레임 실행하는 모든 로직을 draw() 함수 안에 집어 넣었다. 그러나 일반적으로 draw() 함수는 렌더링과 관련된 로직이 들어갈 곳이다. 매 프레임이 발

생하지만 드로우콜과 직접적으로 관련되지 않는 로직은 update() 함수에 담는다. 캐릭터를 이동시키는 로직도 이곳으로 가야 한다. 코드 5-5는 위치 벡터를 갱신하는 로직이 들어간 update() 함수의 모습을 보여준다.

코드 5-5 매 프레임 캐릭터 위치 벡터를 갱신하기

```
void ofApp::update()
{
  if (walkRight)
  {
    float speed = 0.4 * ofGetLastFrameTime(); ❶
    charPos += glm::vec3(speed, 0, 0);
  }
}
```

코드 5-5에서 다소 헷갈릴 수 있는 부분이 ofGetLastFrameTime() 함수의 사용이다. 이 함수는 바로 앞 프레임의 시작부터 현재 프레임의 시작까지 경과한 시간을 반환한다. 대부분의 엔진은 이런 시간 격차를 델타 타임$^{delta\ time}$이라고 부른다. 이 코드에서 캐릭터의 속력을 이 값으로 곱하는 것은 중요하다. 컴퓨터가 각 프레임을 렌더링하는 시간에 관계없이 캐릭터가 일정한 속력으로 이동하게끔 만들기 때문이다. 컴퓨터 실행 속도와 상관 없이 게임 플레이를 일관된 속도를 유지하기 위해서 게임들은 이런 방식으로 델타 타임을 활용한다.

update() 함수의 작성이 끝나면 남은 일은 charPos의 값을 버텍스 셰이더의 유니폼 이동 변수로 보내는 것이다. 스프라이트 시트 셰이더로 크기와 오프셋 벡터를 보냈던 것과 같다. charPos는 vec3 타입이기 때문에 setUniform3f()를 사용한다. 모든 세팅이 끝나면 프로그램을 실행하고 오른쪽 키를 누른다. 메쉬 데이터를 변경하지 않고도 외계인 친구를 화면 오른쪽으로 걸어가게 만들었다. 아직도 외계인 친구가 움직이지 않고 있다면 온라인 소스코드 5장의 WalkingCharacter 프로젝트에서 코드를 확인하기 바란다.

5장에서 애니메이션할 대상은 외계인이 전부가 아니다. 다음은 구름의 크기를 바꾸고 회전시키는 방법을 보기로 한다.

버텍스 셰이더와 크기

메쉬를 이동하는 것이 버텍스 셰이더가 할 수 있는 전부는 아니다. 3D 씬에 있는 오브젝트는 세 개의 속성을 가진다. 앞서 우리 버텍스 셰이더는 그 중 첫 속성인 위치 position를 사용했다. 위치는 3D 공간의 원점으로부터 오브젝트의 이동을 나타낸다. 다른 두 개의 속성은 회전rotation과 크기scale다. 이들 속성 중 하나 이상을 바꾸는 처리를 **변환**transformation이라고 한다. 이 세 속성을 통해서 3D 공간에서 오브젝트가 가질 수 있는 모든 위치와 방향을 설명할 수 있다.

이동은 이미 다뤘기 때문에 크기로 넘어간다. 버텍스 셰이더에서 크기를 조절하는 것은 위치만큼이나 쉽다. 위치에서 벡터를 더했다면 크기에서는 벡터를 곱하면 된다.

코드 5-6 버텍스 셰이더에서 메쉬의 크기 바꾸기

```
void main()
{
  vec3 scale = vec3(0.5, 0.75, 1.0);
  gl_Position = vec4( (pos * scale), 1.0); ❶
  fragUV = vec2(uv.x, 1.0-uv.y);
}
```

코드 5-6에서 scale 벡터는 버텍스 위치 벡터의 각 컴포넌트를 자신의 컴포넌트와 곱함으로써 메쉬의 크기를 바꾼다. 메쉬를 그대로 유지하려면 크기 벡터로 (1.0, 1.0, 1.0)을 사용하면 된다. 각 컴포넌트에 1.0 이상 또는 이하의 값을 곱하면 그 컴포넌트의 차원에서 메쉬의 크기를 조정할 수 있다. 코드 5-6의 셰이더는 X 차

원에서 절반, Y 차원에서 사분의 삼 크기로 메쉬의 크기를 바꾼다. 그림 5-1은 passthrough.vert 셰이더를 고쳐서 1.0보다 작은 크기 값을 배경 메쉬에 적용했을 때의 모습이다.

▲ 그림 5-1 X와 Y 차원에서 크기를 조정한 쿼드

그림 5-1에서 배경 메쉬의 크기를 바꿨지만 여전히 화면 중앙에 있다는 점에 주목한다. 버텍스의 위치를 NDC에서 정의했기 때문이다. NDC를 사용했다는 것은 버텍스 위치가 정의된 좌표계의 원점이 화면 중앙이라는 의미다. 메쉬의 버텍스가 정의된 좌표계를 메쉬의 **오브젝트 공간**object space이라고 한다. 현재 배경 메쉬의 경우, 오브젝트 공간이 NDC와 일치한다고 얘기할 수 있다. 컴퓨터 그래픽에서는 좌표계coordinate system 대신에 좌표 공간coordinate space이라는 용어를 종종 사용한다. 우리의 경우 이 두 용어를 혼용해도 문제는 없다. 좌표계는 좌표 공간에 있는 어떤 대상의 위치를 설명하는 방법일 뿐이다.

버텍스 위치의 크기를 바꾼다는 것은 버텍스를 오브젝트 공간의 원점을 향해 또는 원점으로부터 멀어지게 움직인다는 의미다. 예상하는 모습대로 크기를 조절하기 위해서는 기준이 되는 좌표계가 무엇이든, 메쉬의 중심이 (0, 0, 0) 또는 원점에 있어야한다. 만약 메쉬의 중심과 오브젝트 공간의 원점이 일치하지 않을 경우 예상과 다른결과를 만든다.

지금까지 모든 메쉬는 동일한 오브젝트 공간에서 생성했다. 단지 buildMesh() 함수에서 공간의 원점으로부터 버텍스를 이동시켜 다른 곳에 위치하게 만들었을 뿐이다. 구름 쿼드가 화면 중심으로부터 먼 곳에 있지만, 오브젝트 공간의 원점은 화면 중앙에 있다. 그림 5-2는 구름 메쉬의 크기를 줄였을 경우의 모습이다.

▲ 그림 5-2 왼쪽은 태양 광선이 없는 현재 씬의 모습이다. 오른쪽에서는 크기 벡터 (0.5, 0.5, 1.0)을 적용해서 구름 메쉬의 크기를 절반으로 줄였다. 구름이 오브젝트 공간의 원점인 화면 중앙으로 이동한 것처럼 보인다.

문제를 해결하려면 구름 메쉬의 버텍스들이 오브젝트 공간의 원점을 중심으로 위치하게 만들어야 한다. 구름 쿼드를 생성하는 함수 호출을 고쳐서 위치 오프셋을 적용하지 않는다. 대신 위치 오프셋은 버텍스 셰이더에서 처리한다.

코드 5-7 buildMesh() 함수를 수정해서 화면 중앙에 구름을 생성한다.

```
void ofApp::setup()
{
    // 지면상의 이유로 코드를 생략함.
```

```
  buildMesh(cloudMesh, 0.25, 0.15, glm::vec3(0.0, 0.0, 0.0));
}
```

구름의 버텍스 셰이더에서 이동 벡터를 사용해서 우리가 원하는 곳에 구름을 배치할
수 있게 수정한다. 그러나 그림 5-2처럼 위치가 변하는 일 없이 크기만 바꿀 수 있어
야 한다. 비밀은 메쉬를 이동하기 전에 먼저 크기를 바꾸는 것이다. 이렇게 하면 크
기를 바꾸는 동안에는 모든 버텍스가 원점을 중심으로 위치해 있기 때문이다. 일단
크기가 조정되면 그 다음 원하는 곳으로 구름을 옮기면 된다. 항상 크기를 먼저 조정
해야 한다. 이 원칙은 나중에 셰이더에 회전을 추가할 때 다시 등장한다. 셰이더 코
드에 이 원칙이 적용된 모습이 코드 5-8에 있다. 하드코딩된 값이 같은 버텍스 셰이
더를 사용하는 메쉬에 영향을 미치지 않도록 예시에서는 구름에 사용할 버텍스 셰이
더를 새롭게 만들었다. 혼자서 이 책을 학습하고 있다면 직접 셰이더를 만들어서 적
용해 보길 바란다.

코드 5-8 버텍스 셰이더에서 이동과 크기를 조절하기

```
void main()
{
  vec3 translation = vec3(-0.55, 0.0, 0.0);
  vec3 scale = vec3(0.5, 0.75, 1.0);
  gl_Position = vec4( (pos * scale) + translation, 1.0); ❶
  fragUV = vec2(uv.x, 1.0-uv.y);
}
```

앞서 얘기한 것처럼 크기 벡터를 먼저 곱하고 이동 벡터를 더했다(❶). 이렇게 하면
GPU에서 빠른 처리가 가능한 MAD 연산(곱한 다음에 더한다)의 장점도 누릴 수 있다.
그림 5-3에서 볼 수 있듯이 셰이더가 적용된 구름은 크기는 작아졌지만 위치는 바
뀌지 않았다.

▲ 그림 5-3 적절하게 크기가 조절된 구름

훨씬 보기 좋은 모습이 됐다. 다른 결과가 나왔다면, 구름에 사용한 코드는 ScaledCloud 프로젝트에서 확인할 수 있다. 다음에는 두 번째 구름을 만든다. 이 구름을 통해서 버텍스 셰이더에서 회전을 처리하는 방법을 설명할 것이다.

버텍스 셰이더와 회전

회전은 이동이나 크기보다 좀 더 까다롭다. 특히 3D 오브젝트를 다룰 때는 더욱 그렇다. 그러나 우리는 2D 쿼드를 다루고 있기 때문에 코드 5-9처럼 삼각법 함수를 이용해서 간단하게 회전을 구현할 수 있다.

코드 5-9 버텍스 셰이더에서 2D 회전

```
void main()
{
```

```
float radians = 1.0f;

vec3 rotatedPos = pos;
rotatedPos.x = (cos(radians)*pos.x)-(sin(radians)*pos.y);
rotatedPos.y = (cos(radians)*pos.y)+(sin(radians)*pos.x);

gl_Position = vec4( rotatedPos, 1.0);
fragUV = vec2(uv.x, 1.0-uv.y);
}
```

이 셰이더에서 회전을 처리하는 계산에 대해서 하나하나 설명하지는 않겠다. 왜냐하
면 잠시 뒤에 모든 변환, 즉 이동, 회전, 크기를 한 줄의 코드로 훨씬 쉽게 처리하는
방법을 소개할 것이기 때문이다. 그 내용으로 들어가기 전에, 위 셰이더를 통해서 앞
서 제작한 이동과 크기를 조절했던 셰이더에 회전을 추가하는 방법을 설명하겠다.
여기서도 연산의 순서가 중요하다. 이미 크기를 가장 먼저 처리해야 한다는 사실을
알고 있으므로 회전은 이동 앞 또는 뒤에 온다. 그림 5-4는 이 두 경우를 각각 구름
에 적용했을 때의 모습을 보여준다.

▲ 그림 5-4 왼쪽은 이동한 다음에 회전한 경우의 모습이다. 오른쪽은 이동 전에 회전한 모습이다.

회전 계산을 이동 앞에 넣으면 구름은 제자리에서 회전한 다음 원하는 곳으로 이동
한다. 만약 이동 다음에 회전 계산이 올 경우, 메쉬는 이동한 다음에 좌표 공간의 원

점을 중심으로 회전한다. 이럴 경우 구름은 회전한 방향으로 이동한 것처럼 보인다. 나중에는 두 방식 모두가 필요한 경우가 있을 수 있다. 그러나 가장 일반적인 방식은 회전한 다음 이동하는 것이다. 대부분의 버텍스 셰이더는 가장 먼저 크기, 그 다음 회전, 마지막으로 이동을 처리한다고 정리할 수 있다. 지금까지 예시에서 다룬 내용을 합친 구름 버텍스 셰이더의 모습은 코드 5-10과 같다.

코드 5-10 크기, 회전, 이동을 모두 담은 버텍스 셰이더

```
#version 410

layout (location = 0) in vec3 pos;
layout (location = 3) in vec2 uv;

uniform vec3 translation;
uniform float rotation;
uniform vec3 scale;

out vec2 fragUV;

void main()
{
  vec3 scaled = pos * scale;

  vec3 rotated;
  rotated.x = (cos(rotation)*scaled.x)-(sin(rotation)*scaled.y);
  rotated.y = (cos(rotation)*scaled.y)+(sin(rotation)*scaled.x);

  gl_Position = vec4( rotated + translation , 1.0);

  fragUV = vec2(uv.x, 1.0-uv.y);
}
```

이 셰이더가 메쉬를 변환하기 위한 가장 최적화된 방법은 아니지만 2D 게임을 만들 때 응용할 여지는 충분하다. 셰이더를 이용해서 구름을 몇 개 더 만들어 보자. 코드 5-11처럼 draw() 함수에서 setUniform() 함수만 몇 번 더 호출하면 된다.

코드 5-11 이동, 회전, 크기 유니폼 변수로 값을 전달한다.

```
void ofApp::draw() {

    // 앞부분은 그대로 유지한다.
    cloudShader.begin();
    cloudShader.setUniformTexture("tex", cloudImg, 0);
    cloudShader.setUniform1f("alpha", 1.0);

    cloudShader.setUniform3f("scale", glm::vec3(1.5, 1, 1));
    cloudShader.setUniform1f("rotation", 0.0f);
    cloudShader.setUniform3f("translation", glm::vec3(-0.55, 0, 0));
    cloudMesh.draw();

    cloudShader.setUniform3f("scale", glm::vec3(1, 1, 1));
    cloudShader.setUniform1f("rotation", 1.0f);
    cloudShader.setUniform3f("translation", glm::vec3(0.4, 0.2, 0));
    cloudMesh.draw();

    // 구름을 잘 보기 위해서 태양은 그리지 않는다.
}
```

동일한 메쉬를 대상으로 여러 개의 드로우콜을 만든 것은 이번이 처음이다. 코드 5-11에서 동일한 쿼드를 대상으로 두 개의 드로우콜을 만들었다. 그러나 유니폼 변수에 다른 값을 넣었기 때문에 화면에서는 서로 다른 모습의 두 개의 쿼드로 그려진다. 결과는 그림 5-5에서 볼 수 있다.

▲ 그림 5-5 서로 다른 유니폼 변수 값을 사용해서 복수의 드로우콜을 만든 결과

게임에서는 메쉬를 재사용하면서 변환 데이터를 이용해 각 메쉬를 조정한다. 이 방법을 통해서 모든 메쉬를 메모리에 저장하지 않고도 게임 월드에 백만 개의 구름을 그릴 수 있다. 게임 속에 얼마나 많은 복사본이 존재하든 메모리에는 하나의 원본만 저장하면 된다. 지금까지의 코드가 궁금하다면 온라인 소스코드 5장의 RotateCloud 프로젝트에서 확인할 수 있다.

변환 행렬

지금까지 작성한 버텍스 셰이더들은 의도한 역할을 완벽하게 수행했다. 그러나 대부분의 게임에서 메쉬의 위치와 방향을 잡기 위해 사용하는 버텍스 셰이더는 다른 방식으로 그 일을 처리한다. 변환의 세 연산을 각각 취급하는 대신, 대부분 게임은 이세 연산을 **변환 행렬**transformation matrix이라고 부르는 하나의 행렬로 합쳐서 처리한다.

행렬은 사각형의 형태로 정렬된 숫자의 배열이다. 행렬이 어떤 모습인지 그림 5-6이 사례를 보여준다.

$$\begin{bmatrix} 1 & 0 & 0 & 0 \\ 0 & 1 & 0 & 0 \\ 0 & 0 & 1 & 0 \\ 0 & 0 & 0 & 1 \end{bmatrix} \begin{bmatrix} -\cos\theta & \sin\theta \\ \sin\theta & \cos\theta \end{bmatrix} \begin{bmatrix} 0.5 \\ 0 \\ 0 \end{bmatrix}$$

▲ 그림 5-6 행렬의 사례

행렬은 매우 심도 있는 수학의 주제다. 그러나 모든 최신 게임 엔진은 우리에게 필요한 모든 연산이 들어있는 행렬 클래스를 제공한다. 이 말은 어떻게 행렬을 사용할 것인지만 고민하면 된다는 의미다. 행렬과 관련된 수학에 대해서는 나중에도 몇 차례 얘기할 기회가 있을 것이다. 지금은 다음 세 가지만 알고 있으면 된다.

1. 행렬은 이동, 회전, 크기(순서는 다를 수 있다)의 조합을 저장하기 위해 사용하는 데이터 구조로 생각할 수 있다.
2. 행렬 간의 곱하기를 통해 행렬을 합칠 수 있다. 두 변환 행렬을 합치면 각각에 들어있는 연산을 합친 행렬을 얻게 된다.
3. 벡터에 변환 행렬을 곱하면 행렬의 이동, 회전, 크기 연산을 벡터에 적용할 수 있다.

직접 행렬을 만들고 곱하는 방법을 고민할 필요는 없다. 그러나 코드에서 처리하는 방법은 알아야 한다. GLM 클래스를 이용해서 C++ 코드로 행렬을 만들어 보자. 코드 5-12에서 확인할 수 있다.

코드 5-12 변환 행렬을 만드는 GLM 함수

```
using namespace glm;
mat4 translation = translate(vec3(0.5, 0.0, 0.0)); ❶
mat4 rotation = rotate((float)PI * 0.5f, vec3(0.0, 0.0, 1.0)); ❷
mat4 scaler = scale(vec3(0.5, 0.25, 1.0)); ❸
```

GLM은 다양한 행렬 타입을 제공한다. 그러나 3D 변환 행렬은 항상 4×4 행렬이다. 4×4 행렬이란 네 개의 행으로 구성되고, 각 행에는 네 개의 요소가 있다는 의미다. 4×4 행렬의 타입 이름은 예시에서 볼 수 있는 mat4이다. 이동, 회전, 크기 행렬을 만드는 일은 매우 자주 벌어지기 때문에 GLM은 이 과정을 단순화할 수 있는 함수를 제공한다. 이동 행렬을 만들 때는 GLM의 translate() 함수(❶)를 사용한다. 비슷하게 회전과 크기 연산을 저장하는 행렬을 만들 때는 rotate()와 scale() 함수(각각 ❷와 ❸)를 사용한다.

회전 행렬 함수는 나머지 두 개에 비해 쉽게 이해되지 않는다. ❷의 코드를 잠시 살펴보기로 한다. ❷는 축/각도(axis/angle) 스타일의 함수로 회전을 만든다. vec3로 회전의 기준이 되는 축을, 그리고 축을 중심으로 얼만큼 회전할지를 라디안^{radian}으로 전달한다. 코드 5-12를 보면 제공된 축은 (0.0, 0.0, 1.0), 즉 Z축이다. Z축은 화면을 바라보는 방향이다. 따라서 메쉬의 중앙에 핀을 꼽고, 그 핀을 중심으로 메쉬를 돌린다고 생각하면 된다. 그 결과로 얻어진 회전은 앞서 버텍스 셰이더에서 사용했던 회전과 정확히 일치한다.

그럼 이 행렬이 메쉬를 어떻게 변환하는지 알아보자. 연산 중 하나만 필요할 경우, 예를 들어 메쉬의 크기만 바꿀 경우는 ❸에 있는 행렬을 셰이더로 전달하면 된다. 그런데 변환 행렬을 이용한 작업의 장점은 그것들을 합칠 수 있다는 사실에 있다. 이 장점을 제대로 활용하지 못한다면 애석한 일이 될 것이다. 예시에 있는 세 행렬을 합쳐서 셰이더로 직접 전달해 보기로 한다.

행렬을 합치려면 서로 곱하면 된다. 행렬의 곱하기는 일반적인 곱하기와는 차이가 있다. 곱하는 순서가 문제가 되기 때문이다. 즉 코드 5-13의 두 코드는 각각 다른 결과를 만든다.

코드 5-13 변환 행렬을 합치는 두 개의 다른 방법

```
mat4 transformA = translation * rotation * scaler; ❶
mat4 transformB = scaler * rotation * translation; ❷
```

행렬을 곱하는 순서는 생각보다 복잡한 문제다. 이것은 수학 라이브러리가 메모리에서 행렬을 저장하는 방식과 관련이 있다. 변환 행렬은 4×4 정사각형 행렬이지만, 메모리에는 값들의 선형 배열linear array로 저장된다. 선형 배열의 값을 행렬 상의 2D 위치로 매핑하는 두 가지 방법이 있다. 첫 번째는 배열의 값을 행에 따라 저장한다. 따라서 배열을 첫 네 개의 값이 행렬의 첫 행의 값에 상응한다. 두 번째는 배열의 값을 열에 따라 저장한다. 배열의 첫 네 개의 값이 행렬의 첫 번째 열의 맨 위에서부터 맨 아래까지의 값에 상응한다.

그림 5-7은 두 방식의 차이를 보여준다. 메모리에서 두 행렬은 1부터 4까지를 순서대로 담은 선형 배열의 모습을 하고 있을 것이다. 하나의 선형 배열을 행에 따라 해석할 것인지 아니면 열에 따라 해석할 것인지에 따라서 두 개의 다른 행렬을 얻는다.

$$\begin{bmatrix} 1 & 2 \\ 3 & 4 \end{bmatrix} \qquad \begin{bmatrix} 1 & 3 \\ 2 & 4 \end{bmatrix}$$

▲ **그림 5-7** 왼쪽은 행우선 행렬, 오른쪽은 열우선 행렬이다.

데이터가 행에 따라 배치될 경우, 그 행렬은 행우선raw-major 행렬, 열에 따라 배치될 경우 그 행렬은 열우선column-major 행렬이라고 한다. 이 둘은 행렬의 메모리 레이아웃 방식을 지칭하는 컴퓨터 그래픽 용어다. 두 메모리 레이아웃 간에 우열이 있는 것은 아니다. 그러나 어떤 방식인가에 따라서 행렬을 곱할 때 차이가 발생한다. 열우선 행렬의 경우에는 코드 5-13의 ❶처럼 사후곱셈post-multiply을 해야 한다. 행렬의 곱셈을 왼쪽에서 오른쪽으로 읽는다고 했을 때, 연산을 뒤에서부터 거꾸로 한다고 생각하면 된다. 행우선 행렬은 반대다. ❷처럼 원하는 순서대로 곱셈을 적으면 된다. 어떤 메모리 레이아웃을 사용할 것인가는 기호의 문제다. 그러나 GLM은 기본적으로 열우선 행렬을 사용하고, 이 책 역시 그 방식을 사용한다. 코드 5-14는 앞으로의 프로젝트에서 변환 행렬을 간편하게 생성하기 위해 사용할 함수다.

```
glm::mat4 buildMatrix(glm::vec3 trans, float rot, glm::vec3 scale)
{
  using glm::mat4;
  mat4 translation = glm::translate(trans);
  mat4 rotation = glm::rotate(rot, glm::vec3(0.0, 0.0, 1.0));
  mat4 scaler = glm::scale(scale);
  return translation * rotation * scaler;
}
```

행렬을 버텍스 셰이더로 전달하려면 draw() 함수를 수정해야 한다. C++ 코드가 유니폼 변수에 행렬을 저장하도록 준비한다. 행렬을 저장할 때는 setUniformMatrix() 함수를 사용하면 된다. 코드 5-15는 구름을 그리는 코드가 수정된 모습을 보여준다.

코드 5-15 변환 행렬을 이용해서 구름 그리기

```
ofDisableDepthTest();
ofEnableBlendMode(ofBlendMode::OF_BLENDMODE_ALPHA);
using namespace glm;

mat4 transformA = buildMatrix(vec3(-0.55, 0.0, 0.0), 0.0f, vec3(1.5, 1, 1));
mat4 transformB = buildMatrix(vec3(0.4, 0.2, 0.0), 1.0f, vec3(1, 1, 1));

cloudShader.begin();
cloudShader.setUniformTexture("tex", cloudImg, 0);

cloudShader.setUniformMatrix4f("transform", transformA);
cloudMesh.draw();

cloudShader.setUniformMatrix4f("transform", transformB);
cloudMesh.draw();

cloudShader.end();
```

이것이 C++에서 손봐야 하는 코드의 전부다. 이제는 버텍스 셰이더로 갈 차례다. 앞

서 변환 행렬이 버텍스 셰이더에서 이동, 회전, 크기와 관련된 모든 계산을 한 줄의 코드로 줄여준다고 말한 것을 기억할 것이다. 코드 5-16이 그 모습을 보여준다.

코드 5-16 변환 행렬을 사용하는 버텍스 셰이더

```
#version 410

layout (location = 0) in vec3 pos;
layout (location = 3) in vec2 uv;

uniform mat4 transform;
out vec2 fragUV;

void main()
{
  gl_Position = transform * vec4( pos, 1.0);
  fragUV = vec2(uv.x, 1.0-uv.y);
}
```

셰이더 작성이 끝나면 프로그램을 실행한다. 이전과 같은 모습으로 렌더링된 씬을 볼 수 있다. 무언가 달라 보인다면 온라인 소스코드 5장에 있는 TransformationMatrices 프로젝트를 참고한다.

변환 행렬을 사용하도록 셰이더를 바꾼 것은 코드의 간결함 외에도 3차원 회전을 정확히 다룰 수 있음을 의미한다. 또한 이런 연산에 행렬을 사용하면 앞서 작성한 셰이더에 비해서 최적화 측면에서도 큰 도움이 된다. GPU는 행렬 곱셈을 잘 처리한다. sin()이나 cos() 같은 속도가 느린 삼각법 함수를 행렬 간의 곱셈으로 대체하는 것은 셰이더의 런타임 성능이란 측면에서 큰 수확이라고 할 수 있다.

변환 행렬 애니메이션

이제 행렬을 사용하는 방법을 배웠으므로 행렬을 사용해서 구름 중 하나를 회전하게

만들어 보자. 간단한 방법은 매 프레임 회전 각도를 바꾸고, 각도를 이용해서 메쉬에 적용할 행렬을 프레임 단위로 갱신하는 것이다. 이 방법을 사용할 경우에 구름의 변환 행렬은 코드 5-17과 같은 모습이 된다.

코드 5-17 매 프레임 회전 행렬 갱신하기

```
static float rotation = 0.0f;
rotation += 0.1f;
mat4 transformA = buildMatrix(vec3(-0.55, 0.0, 0.0), rotation, vec3(1.5, 1, 1)); ❶
```

코드 5-17에서 한 일은 회전 행렬에 있던 고정된 회전 값을 매 프레임 갱신하는 값으로 대체한 것이 전부다(❶). 오늘날의 게임에서 메쉬를 회전하는 방법과 크게 다르지 않다. 그러나 이번 예시를 행렬을 합치는 다른 방법들을 보여주는 기회로 활용하려 한다. 그래서 조금 다른 방식으로 이 문제에 접근해 본다. 우선 회전만 나타내는 변환 행렬을 만든다. 그 다음 구름의 초기 변환 행렬을 이 행렬로 곱한다. 이것을 구현할 때 가장 먼저 시도할 법한 것은 코드 5-18처럼 변환 행렬을 새로운 회전 행렬로 곱하는 것이다.

코드 5-18 회전 행렬의 사전곱셈과 사후곱셈

```
mat4 transformA = buildMatrix(vec3(-0.55, 0.0, 0.0), rotation, vec3(1.5, 1, 1));
mat4 ourRotation = rotate(rotation, vec3(0.0, 0.0, 1.0));
mat4 resultA = transformA * ourRotation; ❶
mat4 resultB = ourRotation * transformA; ❷
```

그런데 구름의 변환 행렬에는 이미 크기, 회전, 이동이 들어있다. 이 행렬에 회전행을 곱한다는 것은 코드 5-18처럼 원래 변환 행렬의 연산의 시작 또는 끝에 회전만을 더한다는 의미가 된다. 회전 행렬로 사후곱셈을 한 경우, 즉 원래의 크기, 회전, 이동 연산에 앞서 새로운 회전을 처리한 경우, resultA란 결과를 얻는다. 반대로 회전을 연산의 마지막에 처리한 경우, resultB란 결과를 얻는다. 두 결과의 차이를 그림 5-8에서 볼 수 있다.

▲ 그림 5-8 왼쪽은 코드 5-18의 버텍스 셰이더에 resultA 행렬을 사용한 결과,
오른쪽은 resultB 행렬을 사용한 결과의 스크린샷이다.

두 결과 모두 정확히 원하는 모습은 아니다. 왼쪽에서는 메쉬가 이상하게 늘어났는데, 이것은 크기 연산 전에 먼저 회전을 처리했기 때문이다. 오른쪽에서는 화면 원점을 중심으로 구름이 회전했는데, 이것은 이동 연산 다음에 회전을 처리했기 때문이다. 모든 회전 연산은 메쉬에 적용되는 크기와 이동 연산 사이에 있는 것이 가장 이상적이다. 여기서 해야 할 일은 원래 변환 행렬 연산 순서 중간에 우리가 원하는 회전 연산을 집어 넣는 것이다. 이렇게 하면 이동 전에, 그러나 크기를 바꾼 뒤에 대상을 회전할 수 있다. 다음과 같은 순서가 될 것이다.

크기 → 회전 → 원하는 회전 → 이동

이것은 기술적으로 가능하지 않다. 그러나 회전 행렬에 또 다른 연산을 추가하는 방법이 있다. 회전만 담는 대신, 원래 변환 행렬이 했던 이동의 정반대 이동을 처리하고, 그 다음 회전을 처리하는 것이다. 그리고 마지막으로 다시 원래의 이동을 처리한다. 최종적인 모습은 다음과 같다.

크기 → 회전 → 이동 → **정반대 이동 → 원하는 회전 → 이동**

마지막 두 연산을 담은 행렬부터 만들어 본다. 이 행렬은 구름 메쉬에 적용하기를 원하는 회전과 메쉬의 변환 행렬이 이미 갖고 있는 이동을 담는다. 이 행렬이 준비되면 남은 일은 이 연산 앞에 정반대 이동을 추가하는 것이다.

첫 행렬을 만들기 위해서 프레임 단위로 갱신하던 회전 행렬에 원래 이동 행렬을 곱한다. 이때 연산을 수행하려는 순서와는 반대 순서로 행렬을 곱한다는 점에 주의한다. 코드 5-19가 거꾸로 써진 것처럼 보이는 이유가 바로 이 때문이다.

코드 5-19 회전 다음에 이동을 처리하는 행렬 만들기

```
mat4 ourRotation = rotate(radians, vec3(0.0, 0.0, 1.0));
mat4 newMatrix = originalTranslation * ourRotation;
```

남은 건 원래 이동의 정반대 이동을 나타내는 행렬을 만드는 것이다. 예를 들어 원래 이동이 대상을 오른쪽으로 다섯 유닛 움직였다면, 왼쪽으로 다섯 유닛 움직일 수 있는 이동 행렬이 필요한 것이다. 다행스럽게도 모든 변환 행렬은 얼마나 복잡한가에 관계 없이 **역행렬**inverse matrix이라 불리는 정반대 행렬을 갖는다. 직접 계산을 통해 역행렬을 만드는 과정은 다소 복잡하다. 그러나 GLM은 행렬을 받아서 역행렬을 반환하는 inverse() 함수로 문제를 처리해 준다. 역행렬로 무엇을 할 것인지만 고민하면 된다.

코드 5-20 newMatrix는 정반대 이동, 회전, 마지막으로 원래 이동을 처리한다.

```
mat4 ourRotation = rotate(radians, vec3(0.0, 0.0, 1.0));
mat4 newMatrix = translation * ourRotation * inverse(translation);
```

원래 행렬을 newMatrix로 곱하면 앞에서 봤던 것과 같이 제자리에서 구름이 회전하는 결과를 얻을 수 있다. 이동을 되돌리기 위해서 행렬에 역행렬을 곱하는 방법은 3D 메쉬를 다룰 때도 유용하게 사용된다. 지금까지 내용을 모두 합치면, 두 개의 구름을 그리는 코드는 코드 5-21과 같다.

코드 5-21 구름을 그리는 최종 코드

```
static float rotation = 1.0f;
rotation += 1.0f * ofGetLastFrameTime();

// 회전이 없는 상태의 변환 행렬을 만든다.
mat4 translationA = translate(vec3(-0.55, 0.0, 0.0));
mat4 scaleA = scale(vec3(1.5, 1, 1));
mat4 transformA = translationA * scaleA;

// 위 변환 행렬에 회전을 적용한다.
mat4 ourRotation = rotate(rotation, vec3(0.0, 0.0, 1.0));
mat4 newMatrix = translationA * ourRotation * inverse(translationA);
mat4 finalMatrixA = newMatrix * transformA;
mat4 transformB = buildMatrix(vec3(0.4, 0.2, 0.0), 1.0f, vec3(1, 1, 1));

cloudShader.begin();
cloudShader.setUniformTexture("tex", cloudImg, 0);

cloudShader.setUniformMatrix4f("transform", finalMatrixA);
cloudMesh.draw();

cloudShader.setUniformMatrix4f("transform", transformB);
cloudMesh.draw();

cloudShader.end();
```

코드 5-21에 있는 코드를 반영하고 프로그램을 실행한다. 두 구름 중 하나가 제자리에서 회전하는 모습을 볼 수 있다. 예시의 전체 코드는 온라인 소스코드의 5장 AnimatedTransform 프로젝트에 있다. 만약 다른 모습이 보인다면 코드를 참고하기 바란다.

대부분의 게임은 오브젝트를 회전시키기 위해 반대 이동 → 회전 → 다시 이동하기 위한 행렬을 만들지는 않는다. 게임에서는 오브젝트의 이동, 회전, 크기를 각각의 벡터에 저장하고, 매 프레임(또는 이들 중 어떤 벡터 하나가 변할 때마다) 새로운 변환 행렬을 만드는 방법을 훨씬 많이 사용한다. 여기서는 행렬을 합쳐서 사용하는 법을 실습하려고 어려운 방법을 선택했을 뿐이다.

뒤로 가면 행렬의 곱셈을 훨씬 더 많이 이용한다. 따라서 여기서 다룬 예시를 제대로 이해하고 넘어가야 한다. 만약 행렬을 처음 접했다면 자신만의 변환 행렬을 만들어 보고, 그것들이 실제 프로젝트에서 어떻게 작동하는지 직접 확인해 볼 것을 권장한다.

단위 행렬

5장의 거의 마지막에 이르렀지만 다소 애매한 상황에 처해있다. 씬에 있는 메쉬 일부는 변환 행렬을 사용하는 셰이더로 그리고 있지만 일부는 그렇지 않다. 게임은 가능하면 일관된 방법으로 오브젝트를 다루기를 좋아한다. 그래야 효율적인 방법으로 셰이더를 재사용할 수 있기 때문이다. 우리의 경우, 설령 움직이지 않더라도 모든 메쉬가 변환 행렬을 갖게끔 만들어야 한다는 의미다. 다른 행렬이나 벡터와 곱했을 때 아무 것도 하지 않는 행렬을 단위 행렬identity matrix이라고 한다. buildMatrix() 함수에 이동으로 모두 0인 벡터, 회전으로 0, 크기로 모두 1인 벡터를 넣으면 단위 행렬을 만들 수 있다. 그러나 훨씬 간단한 방법도 있다. GLM의 mat4 타입의 기본 값이 단위 행렬이다. 따라서 buildMatrix()를 전혀 사용하지 않아도 단위 행렬을 얻을 수 있다. 코드 5-22처럼 한 줄의 코드로 단위 행렬을 만든다.

코드 5-22 단위 행렬 만들기

```
mat4 identity = glm::mat4();
```

단위 행렬은 배경 메쉬에서 유용하게 사용할 수 있다. 움직이지 않으면서 다른 곳에 사용한 것과 동일한 셰이더로 렌더링할 수 있기 때문이다. 변환 행렬을 사용하는 하나의 버텍스 셰이더를 공유하도록 프로젝트를 수정해 보자. 수정이 끝나면 프로젝트에는 두 개의 버텍스 셰이더만 남는다. 첫 번째 버텍스 셰이더는 캐릭터를 위한 것인데 스프라이트 시트를 사용한다. 두 번째는 나머지 모두에 사용하는 것이다.

범용으로 쓸 셰이더는 이미 작성했다(구름에 사용한 셰이더가 바로 그것이다). 우리가 할 일은 passthrough.vert의 코드를 구름 셰이더의 것으로 바꾸고, 외계인을 제외한 모든 메쉬가 passthrough.vert를 사용하도록 수정하는 것이다. 스프라이트 시트를 사용하는 셰이더에는 추가 로직이 들어있기 때문에 이전과 같이 UV를 조정할 수 있게 별도로 수정해야 한다. 이미 구름 셰이더에서 설명했기 때문에 다시 설명하지 않는다. 만약 중간에 막히게 된다면 프로젝트의 모든 코드는 온라인 소스코드 5장의 AllMatrices 프로젝트에서 확인할 수 있다.

모든 버텍스 셰이더가 변환 행렬을 사용하게 바꾼다는 것은 코드에도 몇 가지 변화가 생긴다는 것을 의미한다. 단위 행렬을 사용하는 배경 메쉬도 여기에 해당한다. 코드에서 단위 행렬을 사용하는 것은 이번이 처음이다. 코드 5-23은 행렬을 사용해서 배경 메쉬를 설정하는 코드를 보여준다.

코드 5-23 변환 행렬로 배경 메쉬 그리기

```
alphaTestShader.begin();
alphaTestShader.setUniformTexture("tex", backgroundImg, 0);
alphaTestShader.setUniformMatrix4f("transform", glm::mat4());
backgroundMesh.draw();
alphaTestShader.end();
```

변환 행렬로 바꿈으로써 코드에 생기는 두 번째 변화는 캐릭터를 걷게 만드는 기능이 더 이상 작동하지 않는다는 점이다. 스프라이트 시트 셰이더에서 이동을 담는 유니폼 변수를 변환 행렬로 대체하기 때문이다. 5장의 마지막 실습은 ofApp.cpp를 수정해서 이전에 작성한 이동 기능을 유지하면서 이동 행렬을 만들어서 셰이더로 보내는 방법을 찾는 것이다. 직접 수정해보기 바라며 막히는 부분이 있다면 온라인 소스코드 5장에 있는 AllMatrices 프로젝트에서 방법을 확인할 수 있다.

요약

이것으로 행렬 수학에 대한 첫 여정을 마쳤다. 물론 행렬이 할 수 있는 많은 것들 중 일부만을 살펴본 것이다. 5장에서 배운 내용을 정리하면 다음과 같다.

- 버텍스 셰이더를 통해 메쉬의 이동, 회전, 크기를 바꿀 수 있다. 몇 개의 사례를 통해 2D 오브젝트를 대상으로 어떻게 이것을 할 수 있는지 살펴봤다.
- 행렬은 위치, 회전, 이동 연산을 저장할 수 있는 데이터 구조다. 행렬은 서로 곱함으로써 합칠 수 있다.
- 대부분의 게임은 변환 행렬을 이용해서 메쉬의 움직임과 방향을 처리한다. 예시를 통해 처리 방법을 설명했다.
- 또 다른 행렬 또는 벡터를 곱했을 때 아무것도 바꾸지 않는 행렬을 단위 행렬이라고 한다. 배경 메쉬를 렌더링 행렬을 만들고 사용하는 법을 살펴봤다.

6장

카메라와 좌표

1장에서 게임 카메라라는 용어를 들었을 것이다. 게임 카메라는 게임에서 사용하는 가상의 카메라를 가리키는 용어다. 이 카메라는 씬의 특정 지점에서 특정 방향을 바라봄으로써 화면에 무엇을 보여줄지 결정한다. 행렬을 통해서 어렵지 않게 대상을 움직이는 방법을 알 수 있다. 이제 행렬을 이용해서 간단한 게임 카메라를 만드는 방법을 살펴볼 시간이다.

게임 카메라를 이용해서 화면 속 대상을 움직이는 것은 실제로 각 대상을 움직이는 것과는 조금 다르다. 게임 카메라가 움직이면 화면 속 모든 대상이 동시에 움직인다. 잘 와 닿지 않는다면 TV에서 카메라가 움직이는 상황을 떠올려 보자. 실제로는 카메라가 움직인다는 사실을 알고 있다. 그럼에도 불구하고 화면에서는 그 안의 모든 것들이 동일한 속력과 방향으로 움직이는 모습을 볼 수 있다. 게임 카메라는 이 현상을 이용한다. 게임에서 실제 카메라는 움직이거나 회전하지 않는다. 대신 게임 세계 속에 있는 그 밖의 모든 것들이 카메라 중심으로 움직이고 회전한다.

당연한 얘기지만 어떤 카메라에 맞추기 위해 게임 속 오브젝트의 위치를 실제로 바꿀 수는 없다. 그렇게 하면 다른 곳에 위치하는 여러 카메라들에 대응하는 것이 불가능하기 때문이다. 대신 게임 카메라는 **뷰 행렬**view matrix이라는 것을 생성한다. 뷰 행렬은 일종의 변환 행렬인데, 특정 카메라 시점에서 어떤 오브젝트가 있어야 할 곳에 그 오브젝트를 배치하기 위해 필요한 위치, 회전, 크기 정보를 담고 있다. 이 행렬은 버텍스 셰이더에서 각 오브젝트의 변환 행렬과 합쳐진다. 이렇게 합쳐진 행렬은 우선 카메라가 없을 경우 버텍스가 화면에서 위치할 곳으로 그 버텍스를 움직인다. 그 다음 카메라의 시점을 기준으로 버텍스의 위치를 조정한다.

이 모든 얘기가 다소 추상적으로 들릴 것이다. 이론적인 얘기를 더 하기 전에 외계인이 있는 씬에 간단한 카메라를 만든다. 새로운 셰이더를 만들 필요는 없지만 앞서 작성한 두 버텍스 셰이더를 수정해야 한다.

뷰 행렬

간단한 카메라를 위한 데이터를 세팅하는 C++ 코드를 작성하면서 본격적인 내용을 시작한다. 가장 기본적인 수준의 게임 카메라는 변환 행렬만으로도 나타낼 수 있다. 앞에서 메쉬를 배치할 때 변환 행렬을 사용한 것과 같다. 화면에서 실제로 카메라를 볼 수는 없지만, 게임 씬에 카메라 오브젝트를 배치하기 위해서는 위치와 회전이 필요하다. 카메라의 크기는 의미가 없기 때문에 크기는 늘 (1, 1, 1)이다.

우선 카메라 데이터를 담을 새로운 구조체struct 타입을 만든다. 앞으로 카메라가 점점 복잡해짐에 따라서 내용이 추가될 것이다. 코드 6-1은 구조체의 코드를 보여준다. 이 예시는 ofApp.h에 구조체를 선언한다. 이렇게 하면 새로운 파일을 불러올 필요 없이 카메라를 저장하기 위한 멤버 변수를 ofApp 클래스에 만들 수 있다.

코드 6-1 첫 번째 카메라 데이터 구조체

```
struct CameraData{
  glm::vec3 position;
  float rotation;
```

```
};
```

```
class ofApp : public ofBaseApp{
  // 지면상의 이유로 코드를 생략함.
  CameraData cam;
}
```

카메라 데이터를 편하게 다루기 위해서 행렬 대신 가공하지 않은 위치와 회전 변
수를 구조체에 저장하는 방식을 선택했다. 첫 카메라는 2D 씬에서만 사용하기 때
문에 항상 Z축을 중심으로 회전한다. 따라서 회전 축은 별도로 저장하지 않는다.
CameraData 구조체를 받아서 행렬을 생성하는 함수를 작성한다. 게임 카메라의 변
환 행렬은 자신의 변환 연산의 역^{inverse}을 저장하기 때문에 앞서 만든 buildMatrix()
함수를 그대로 재사용할 수는 없다. 변환 연산의 역을 저장하는 이유는 뷰 행렬이 카
메라를 움직이는 것이 아니라 그것을 제외한 나머지 모든 것을 움직이기 때문이다.
영화 촬영장을 생각해 보자. 카메라가 천천히 오른쪽으로 움직이면 화면에 보이는
모든 것들이 마치 왼쪽으로 움직이는 것처럼 보인다. 코드 6-2처럼 카메라 변환 행
렬의 역을 만드는 함수가 필요하다.

코드 6-2 뷰 행렬을 생성하는 함수

```
glm::mat4 buildViewMatrix(CameraData cam)
{
  using namespace glm;
  return inverse(buildMatrix(cam.position, cam.rotation, vec3(1, 1, 1)));
}
```

이 함수와 CameraData 구조체를 이용해서 카메라를 원하는 곳에 배치하고, 그에 따
른 적절한 뷰 행렬을 생성할 수 있다. 만약 단위 행렬을 뷰 행렬로 사용한다면 카메
라가 게임 세계의 원점에 있는 것처럼 씬을 렌더링한다. 그렇게 흥미로운 모습은 아
닐 것이다. 대신 카메라를 화면의 절반만큼 왼쪽으로 움직여 본다. 그렇게 하면 모

든 것이 화면의 절반만큼 오른쪽으로 움직인 것처럼 렌더링될 것이다. 코드 6-3은 draw() 함수에 추가되는 코드를 보여준다.

코드 6-3 첫 번째 뷰 행렬

```
void ofApp::draw()
{
  using namespace glm;
  cam.position = vec3(-1, 0, 0);
  mat4 view = buildViewMatrix(cam);
  // 지면상의 이유로 코드를 생략함.
```

뷰 행렬이 무엇이고, 어떻게 그것을 생성하는지 살펴봤다. 이제 뷰 행렬을 사용하도록 버텍스 셰이더를 수정한다. 5장의 프로젝트는 passthrough.vert와 spritesheet. vert, 두 개의 버텍스 셰이더를 사용하면서 끝났다. 이 셰이더는 변환 행렬을 사용해서 그들이 처리하는 버텍스의 위치를 계산한다. 같은 방식으로 두 셰이더가 뷰 행렬을 사용하도록 수정할 수 있다. 코드 6-4는 수정된 spritesheet.vert 셰이더를 보여준다.

코드 6-4 뷰 행렬을 사용하도록 수정된 spritesheet.vert 셰이더

```
#version 410

layout (location = 0) in vec3 pos;
layout (location = 3) in vec2 uv;

uniform mat4 model;
uniform mat4 view;
uniform vec2 size;
uniform vec2 offset;

out vec2 fragUV;


void main()
```

```
{
  gl_Position = view * model * vec4( pos, 1.0); ❶
  fragUV = vec2(uv.x, 1.0-uv.y) * size + (offset*size);
}
```

버텍스 셰이더가 뷰 행렬을 사용하도록 만들려면 위치 계산에 행렬 하나만 더 곱하면 된다(❶). 우리는 변환 행렬을 메쉬에 적용한 다음에 뷰 행렬을 적용하길 원한다. 5장에서 행렬을 합쳤던 것처럼, 곱셈에서 뷰 행렬을 앞에 놓는다. 한편 이 과정에서 기존 변환 행렬의 이름을 model로 바꿨다. 뷰 행렬 역시 기술적으로는 일종의 변환 행렬이기 때문에 둘 중 하나를 transform이라고 부르면 헷갈릴 수 있기 때문이다. 컴퓨터 그래픽에서는 메쉬를 월드에 배치하기 위해 사용하는 행렬을 흔히 **모델 행렬**model matrix이라고 한다. 새 변수의 이름은 여기서 왔다.

마지막으로 draw() 함수에 코드를 추가해서 뷰 행렬을 셰이더로 전달한다. 간결한 설명을 위해 외계인을 그리는 부분의 코드만 설명하기로 한다. 다른 메쉬에서 해야 할 일은 코드 6-5처럼 동일한 뷰 행렬을 셰이더의 view 유니폼 변수로 전달하는 것이다.

코드 6-5 뷰 행렬로 메쉬 그리기

```
spritesheetShader.begin();
spritesheetShader.setUniformMatrix4f("view",view); ❶
spritesheetShader.setUniform2f("size", spriteSize);
spritesheetShader.setUniform2f("offset", spriteFrame);
spritesheetShader.setUniformTexture("tex", alienImg, 0);
spritesheetShader.setUniformMatrix4f("model", glm::translate(charPos));
charMesh.draw();
spritesheetShader.end();
```

모든 세팅을 제대로 했다면 뷰 행렬이 적용된 프로그램을 실행한 모습은 그림 6-1과 같을 것이다. 이 프로젝트의 전체 코드는 온라인 소스코드 6장 FirstViewMatrix 프로젝트에서 찾을 수 있다.

▲ 그림 6-1 뷰 행렬로 렌더링한 모습

원한다면 지금까지 배운 내용을 바탕으로 이동하며 애니메이션하는 캐릭터, 반투명한 대상, 움직이는 카메라 같은 요소를 가지고 완전한 2D 게임을 만들 수 있다. 그러나 대부분의 게임 카메라는 지금 카메라보다는 더 복잡한 구조를 갖는다. 거기에는 그럴 만한 이유가 있다. 대부분의 게임이 NDC에서 돌아가지는 않기 때문이다.

이미 알고 있을지도 모르지만, 현재 실행창에서는 완전한 정사각형이 옆으로 늘어나 보인다. NDC는 화면 크기와 무관하게 −1부터 1까지의 좌표를 사용한다. GPU에게는 매우 유용하지만 다양한 해상도에서 일정해 보이는 게임을 만들려면 문제가 발생한다. 이 문제를 해결하기 위해 현대 게임은 여러 좌표계를 조합해서 메쉬를 렌더링한다. 이 말을 이해하려면 잠시 실습에서 벗어나 이론을 좀 더 설명해야 한다.

변환 행렬과 좌표 공간

좌표 공간은 이미 간단히 설명했다. 그러나 뷰 행렬의 역할을 이해하기 위해서는 좌표 공간에 대해 좀 더 익숙해질 필요가 있다. 빈 종이상자가 있다고 하자. 상자 안의 어떤 지점을 선택하고, (0, 5, 0) 같은 3D 좌표를 부여한다고 가정한다. 가장 간단한 방법은 상자의 각 모서리를 좌표 공간의 축으로 사용하고, 한 구석을 원점으로 삼는 것이다. 그림 6-2 같은 모습이 될 것이다. 일단 축을 정의하고 원점을 정했다면 상자 안의 특정 위치를 설명할 때 사용할 수 있는 좌표 공간을 정의한 것이다. 이 좌표 공간을 상자 공간이라고 부르기로 한다.

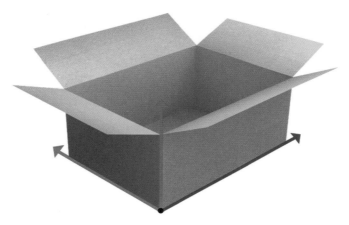

▲ 그림 6-2 빈 상자의 상자 공간 정의하기

나는 빈 상자의 예를 좋아한다. 공간 안의 특정 위치가 좌표 공간에 따라서 각기 다르게 나타날 수 있다는 사실을 이해하기 쉽게 보여주기 때문이다. 그림 6-2에서 검정색 점으로 표시된 상자 공간의 원점은 (0, 0, 0)으로 나타낼 수 있다. 이때 축의 방향은 같지만 다른 구석을 원점으로 사용하는 새로운 좌표 공간을 상자에 정의하는 상황을 가정해 보자. 새로운 좌표 공간에서는 이전의 (0, 0, 0)이라는 지점이 (10, 10, 0) 또는 (5, 5, 5) 또는 완전히 생소한 좌표를 가질 수 있다. 그러나 다른 좌표 공간을 사용해서 이 지점을 설명할 수 있음에도 불구하고, 원점이었던 구석의 실제 위치가 변한 것은 아니다.

앞의 예시에서도 이 개념을 확인할 수 있다. 우리는 모델 공간에서 메쉬 버텍스의 위치를 정의한다. 이 위치를 뷰 행렬로 곱했을 때 우리가 한 것은 모델 공간에 있던 위치를 카메라가 정의하는 새로운 좌표 공간으로 변환한 것이다. 이 새로운 좌표 공간은 곧 설명할 것이다. 지금 중요한 것은 그림 6-1처럼 뷰 공간에서 메쉬가 오른쪽으로 움직인 것처럼 보여도 버텍스의 실제 위치는 변하지 않았다는 사실이다. 버텍스의 위치를 설명하는 좌표 공간을 바꿨을 뿐이다.

어떤 위치를 설명하는 좌표 공간을 바꿀 때, 그 위치를 새로운 좌표 공간으로 매핑 mapping 한다고 말한다. 앞의 예시에서 위치를 뷰 행렬로 곱했을 때, 실제 한 일은 그 위치를 월드 공간에서 뷰 공간으로 매핑한 것이다. 그 다음 뷰 공간 좌표를 GPU로 전달하면(GPU는 이 좌표를 NDC에서 해석한다), 최종적으로 새로운 위치에 씬을 그린 것처럼 보인다. 게임은 메쉬를 그리기 위해 보통 최소 네 개의 좌표 공간을 사용하고, 좌표 공간 간에 메쉬 위치를 매핑할 때 변환 행렬을 사용한다. 이제부터 네 개의 좌표 공간이 무엇이고, 어떻게 사용하는지 설명한다.

버텍스가 존재하는 첫 번째 좌표 공간은 "오브젝트 공간"이다. 오브젝트 공간은 이미 간단히 설명했다. 메쉬의 버텍스는 이 좌표 공간에서 정의된다. 각 메쉬의 오브젝트 공간은 서로 다를 수 있으며, 아티스트는 보통 모델링 프로그램이 사용하는 좌표 공간을 사용한다. 이 공간의 원점 역시 임의적이다. 그러나 메쉬의 버텍스를 이 공간에서 정의하기 때문에 버텍스 위치는 원점으로부터의 상대적인 위치가 된다. 그림 6-3은 모델링 프로그램에서 쿼드의 모습인데, 각 버텍스는 자신의 오브젝트 좌표를 보여준다. 쿼드의 정중앙이 모델링 프로그램이 제공하는 메쉬의 원점이고, 메쉬의 모든 버텍스는 원점을 기준으로 정의된다.

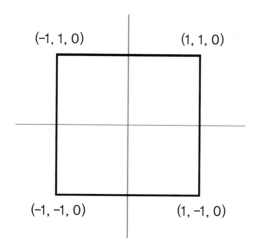

▲ 그림 6-3 버텍스 위치가 오브젝트 좌표로 표시된 쿼드

오브젝트 공간은 개별 메쉬를 다루는 아티스트에게는 매우 편리하지만 우리에게는 그렇지 않다. 어떤 메쉬를 게임 내에 배치하기 위해서는 게임 속의 모든 메쉬가 공유하는 하나의 좌표 공간이 필요하다. 이런 용도로 게임 월드가 정의하는 자신만의 좌표 공간을 **월드 공간**^{world space}이라고 한다. 어떤 메쉬를 게임 월드에 배치하면, 위치는 월드 원점을 기준으로 월드 공간의 세 축을 이용해서 정의한다. (0, 0, 0)에 배치된 메쉬는 게임 월드의 원점에 위치한다는 의미다. 메쉬를 씬에서 움직일 때 실제로하는 일은 월드 원점을 기준으로 이동을 정의하는 것이다.

메쉬를 그래픽 파이프라인으로 보낼 때, 버텍스 셰이더가 전달받는 메쉬 데이터는 아직 오브젝트 공간에 있다. 버텍스 셰이더가 아티스트가 처음 만들었던 버텍스의 위치를 그대로 전달받는다는 의미다. 버텍스를 올바른 곳에 배치하기 위해서는 각 버텍스를 오브젝트 공간에서 월드 공간으로 변환해야 한다. 기억할지 모르겠지만, 메쉬 버텍스에 위치, 회전, 크기로 구성된 모델 행렬을 곱함으로써 이 변환을 처리했다. 곱셈의 결과로 버텍스는 월드 공간에 존재한다. 그림 6-4에서 사례를 확인할 수 있다. 쿼드는 월드 공간에 있고, 각 버텍스는 자신의 월드 좌표를 보여준다.

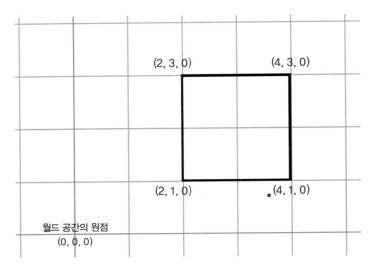

(2, 3, 0)   (4, 3, 0)

(2, 1, 0)   (4, 1, 0)

월드 공간의 원점
(0, 0, 0)

▲ 그림 6-4 월드 공간에 위치하는 쿼드

월드 공간은 대부분의 게임 개발자가 게임 씬을 만들 때 가장 먼저 생각하는 좌표 공간이다. 레벨을 만들 때 일반적으로 월드 좌표를 사용하기 때문이다. 월드 공간은 게임 씬 전체가 공유하는 좌표 공간이기 때문에 "이 메쉬는 (100, 0, 0)에 있다. 다음 메쉬는 그 옆 (110, 0, 0)에 배치할 것이다" 같은 얘기를 할 수 있다.

게임이 사용하는 세 번째 좌표 공간은 **뷰 공간**view space이다. 이 공간은 버텍스가 뷰 행렬로 곱해진 다음 사용하는 좌표 공간이다. 이 변환은 오브젝트 공간에서 월드 공간으로의 변환과는 조금 다르다. 원점이 움직일 뿐만 아니라 좌표계의 축이 방향을 바꾸기 때문이다. 뷰 공간은 전적으로 카메라를 기준으로 한다. 카메라가 있는 곳이 원점이 되고, Z축은 카메라가 바라보는 방향이 된다. 그리고 X와 Y축은 그에 따라 결정된다. 그림 6-5는 유니티 엔진 에디터의 스크린샷인데 카메라 뷰 공간의 축을 잘 보여준다.

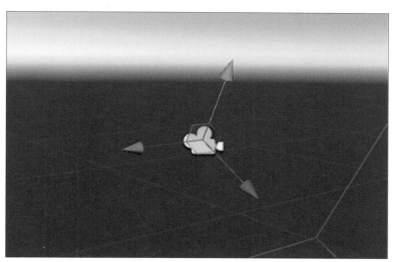

▲ 그림 6-5 파란색 화살표가 카메라 뷰 공간의 Z축이다. Z축은 카메라가 바라보는 방향을 향한다.
월드 공간의 Z축과 다른 방향이다.

뷰 공간은 다양한 셰이더 효과에 유용하게 사용된다. 더 중요한 점은 버텍스가 뷰 공간으로 오면 버텍스 셰이더가 처리해야 하는 마지막 변환을 할 수 있다는 것이다. 마지막 변환은 NDC를 사용하는 좌표 공간인 **클립 공간**clip space으로의 변환이다. 지금까지는 마지막 변환 없이 클립 공간으로 바로 넘어갔다. 그러나 대부분의 게임은 버텍스를 클립 공간으로 보내기 위해 **투영 행렬**projection matrix을 사용한다. 투영 행렬은 잠시 뒤에 다시 얘기할 것이다. 그런데 왜 이 좌표 공간을 NDC가 아닌 클립 공간이라고 부르는지 궁금해할 수 있다. 그 이유는 NDC에서 화면의 -1과 1 범위 밖에 있는 버텍스를 GPU가 잘라버리고(clip) 처리하지 않기 때문이다. 페이스의 일부 버텍스만 잘린 경우(예들 들어 화면에 반만 걸친 삼각형), GPU는 필요한 프래그먼트를 그릴 수 있게 자동으로 작은 삼각형을 만든다. 그림 6-6은 클립 공간의 축을 표시한 채로 랜더링한 프레임의 모습이다.

버텍스가 클립 공간 안에 있으면, 버텍스 셰이더에서 위치를 출력해서 GPU에게 마지막 처리를 맡길 수 있다. 바로 클립 공간에서 컴퓨터 스크린 위의 실제 위치로의 변환이다. 마지막 변환은 유일하게 행렬을 곱하지 않고 이뤄진다. 렌더링이 보여질 창이나 화면을 뜻하는 뷰포트viewport 정보만 제공하면 GPU가 알아서 변환을 처리한다. main() 함수에서 실행창의 크기를 설정했던 부분에 해당한다.

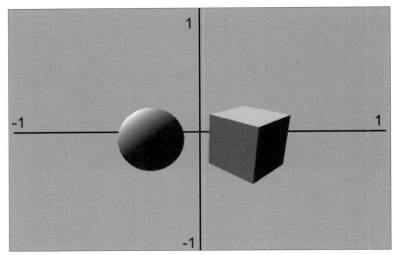

▲ 그림 6-6 클립 공간의 축이 표시된 프레임

지금까지 설명한 좌표 공간의 변환을 역으로 거슬러 올라갈 수 있다는 사실을 기억해야 한다. 예를 들어 뷰 행렬의 역을 이용하면 버텍스를 뷰 공간에서 월드 공간으로 옮길 수 있다. 비슷한 방식으로 모델 행렬의 역을 곱하면 월드 공간의 위치를 다시 오브젝트 공간으로 되돌릴 수 있다.

이 책에서는 좌표 공간 변환의 수학적 의미를 크게 걱정할 필요는 없다. 특정 시점에 버텍스가 어느 좌표 공간에 있는지 알고 있으면 충분하다. 더불어 몇 가지 사항만 기억하면 된다.

- 같은 좌표 공간에 있는 두 오브젝트 또는 버텍스 사이에서만 위치, 회전, 크기를 비교할 수 있다.
- 메쉬의 버텍스에 특정 행렬을 곱함으로써 한 좌표 공간에서 다른 좌표 공간으로 갈 수 있다.

- 역행렬을 곱하면 행렬을 곱해서 했던 변환을 반대로 되돌릴 수 있다.

이 얘기가 당장은 매우 추상적으로 들릴 것이다. 좌표 공간을 어떻게 사용하고 있는지 스프라이트 시트 셰이더를 분석해 보자. 코드 6-6에 셰이더의 main() 함수가 있다.

코드 6-6 spritesheet.vert 셰이더의 main() 함수

```
void main()
{
  gl_Position = view * model * vec4( pos, 1.0); ❶
  fragUV = vec2(uv.x, 1.0-uv.y) * size + (offset*size);
}
```

좌표 공간과 관련된 모든 재미있는 일들은 ❶에서 벌어지고 있다. 여기서 많은 일들이 벌어지고 있는데, 단계별로 분석해 보자.

1. 버텍스로부터 pos 데이터를 받는다. 이 데이터는 가공하지 않은 메쉬 데이터이기 때문에 pos는 오브젝트 공간에 있다.
2. pos 데이터를 오브젝트 공간에서 월드 공간의 위치로 바꾸기 위해 모델 행렬을 곱한다.
3. 월드 공간에서 뷰 공간으로 바꾸기 위해 뷰 행렬을 곱한다.

모든 것이 완벽하다. 그런데 클립 공간은 어떻게 되는 것인가? 우리의 경우 버텍스의 위치가 NDC에서 시작했다. 이 말은 약간의 속임수를 쓰면 곧바로 프래그먼트 셰이더로 위치를 보낼 수 있다는 의미다. 그러나 그것이 원하는 모습은 아니다. 여전히 앞에서 말했던 화면 크기 문제가 남아있기 때문이다. 프로젝트의 배경 메쉬를 보면 문제를 확인할 수 있다. 배경 메쉬는 정사각형인데 정사각형이 아닌 화면을 꽉 채우고 있다.

문제를 해결하려면 셰이더에 한 단계를 더 추가하고 뷰 공간 좌표를 투영 행렬로 곱해야 한다. 기하학에서 투영은 3D인 대상을 2D 평면에 시각화하는 방법을 가리킨

다. 투영 행렬은 뷰 공간 좌표를 렌더링하는 화면의 2D 평면에 투영한다. 코드 6-7
은 스프라이트 시트 셰이더의 모습이다. 프로젝트의 다른 버텍스 셰이더도 같은 방
법으로 수정한다. 그 다음 C++ 코드에서 투영 행렬을 만드는 방법을 구체적으로 살
펴보기로 한다.

코드 6-7 투영 행렬이 추가된 spritesheet.vert

```
#version 410

layout (location = 0) in vec3 pos;
layout (location = 3) in vec2 uv;

uniform mat4 model;
uniform mat4 view;
uniform mat4 proj;
uniform vec2 size;
uniform vec2 offset;

out vec2 fragUV;

void main()
{
  gl_Position = proj * view * model * vec4( pos, 1.0);
  fragUV = vec2(uv.x, 1.0-uv.y) * size + (offset*size);
}
```

투영 행렬을 사용하도록 셰이더를 수정하는 것은 쉽다. 어려운 부분은 투영 행렬을
만드는 방법을 이해하는 것이다. C++ 코드로 돌아가서 방법을 알아보자.

카메라 프러스텀과 투영

모델 행렬과 뷰 행렬과는 달리 투영 행렬은 이동, 회전, 크기로 구성되지 않는다. 대
신 투영 행렬은 게임 카메라의 프러스텀frustum에 대한 정보를 이용해서 만든다. 카메
라의 프러스텀은 카메라가 볼 수 있는 삼차원 영역을 가리키는데, 카메라가 볼 수 있

는 가장 가까운 거리와 먼 거리를 나타내는 근평면^{near clip plane}과 원평면^{far clip plane} 사이의 영역으로 이뤄진다. 카메라 프러스텀은 일반적으로 직각 프리즘과 잘려진 피라미드, 두 형태를 갖는다. 두 형태는 프레임을 렌더링할 때 사용하는 두 가지 투영법과 관련이 있다.

첫 번째로 다룰 프러스텀 형태는 직각 프리즘이다. 2D 게임에 가장 일반적으로 사용하기 때문에 먼저 선택했다. 프러스텀이 이 형태를 가질 때 카메라는 **직교 투영**^{orthographic projection} 방식으로 씬을 렌더링한다. 직교 투영을 사용한다는 것은 대상이 더 멀리 있을 때 더 작아져 보이는 원근 효과가 없다는 의미다. 달리 설명하면 카메라가 바라보는 방향으로 평행하게 뻗어 나가는 두 직선이 있을 때, 두 직선은 아무리 멀어져도 항상 평행을 유지한다. Z축을 이용해서 2D 오브젝트를 정렬해야 하지만, 거리에 따라서 크기가 커지거나 작아지는 것을 원하지 않을 경우, 직교 투영이 가장 적합한 방식이다.

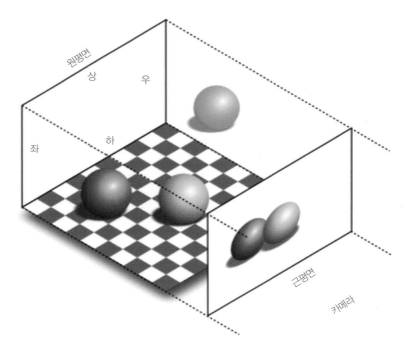

▲ 그림 6-7 직교 투영(출처: Nicolas P. Rougier, ERSF Code camp)

그림 6-7에서 볼 수 있듯이 프러스텀은 근평면과 원평면 사이의 영역으로 정의된다. 영역 밖에 있는 녹색 공은 최종 이미지로 렌더링되지 않는다. 빨강색과 노랑색 공은 카메라로부터의 거리가 다르지만 렌더링된 이미지에서는 같은 크기로 보인다. 직교 투영의 행렬은 glm::ortho() 함수로 생성할 수 있다. 이 함수는 투영에 사용할 프러스텀을 나타낼 때 여섯 개의 인자를 받는다. 투영을 뷰 공간에 있는 버텍스에 적용할 것이기 때문에, 프러스텀을 정의하기 위한 인자 역시 뷰 좌표계를 사용한다.

코드 6-8 glm::ortho 함수의 선언

```
mat4 ortho(float left, float right, float bottom, float top, float zNear, float zFar);
```

첫 번째와 두 번째 인자는 프러스텀의 왼쪽과 오른쪽 면을 가리킨다. 지금까지 해온 것과 일치하는 투영 행렬을 만들려면 left 인자에는 -1, right 인자에는 1을 넣는다. X축 상에서 범위 안에 있는 버텍스만 화면에 나타난다. 화면의 Y축 상에서도 동일한 영역을 적용하기 위해 bottom과 top 인자에도 -1과 1을 전달한다. 마지막 두 인자는 Z축 상에서 카메라의 근평면과 원평면의 위치를 설정한다. 두 평면은 Z축 상에서 카메라가 볼 수 있는 범위를 정의한다. 코드 6-9는 이전과 같은 모습으로 씬을 렌더링하는 투영 행렬을 생성하기 위한 함수 호출을 보여준다.

코드 6-9 glm::ortho 함수 사용하기

```
glm::mat4 proj = glm::ortho( -1.0f, 1.0f, -1.0f, 1.0f, 0.0f, 10.0f);
```

이것으로 화면에서 오브젝트가 옆으로 넓어 보이는 문제가 해결된 것은 아니다. X와 Y축 모두에서 좌표 영역에 여전히 이전과 같은 범위를 사용하고 있기 때문이다. 문제를 해결하려면 glm::ortho() 함수로 전달하는 값을 화면의 종횡비aspect ratio에 맞게 고쳐야 한다. 우리 실행창은 가로 1024픽셀, 세로 768픽셀의 크기를 갖는다. 이 화면의 종횡비는 1024/768 또는 1.33이 된다.

종횡비를 사용해서 인자를 수정하는 두 가지 방법이 있다. 프러스텀의 Y축 값을

-1과 1로 유지하면서 폭을 바꾸는 방법이 있고, 폭은 고정하고 높이를 수정하는 방법이 있다. 우리 프로젝트에서는 폭을 고칠 것이다. 그러나 어떤 선택을 하든 문제는 없다. 코드 6-10은 화면 종횡비를 반영해서 glm::ortho() 함수를 호출하는 모습이다.

코드 6-10 종횡비에 맞게 인자를 수정한 glm::ortho 함수 호출

```
glm::mat4 proj = glm::ortho( -1.33f, 1.33f, -1.0f, 1.0f, 0.0f, 10.0f);
```

직교 투영을 사용할 때 한 가지 주의해야 할 점은 카메라 프러스텀의 방향이다. 프러스텀은 Z축 상의 zNear 값에서 시작해서, Z축의 마이너스 방향으로 zFar 값만큼 나간다. 이 말은 현재 Z축 상의 0.5에 있는 배경 메쉬는 코드 6-10에서 생성한 프러스텀 밖에 있다는 것이다. 왜냐하면 프러스텀은 Z축의 0에서 시작, -10에서 끝나기 때문이다. 모든 것을 정상적으로 렌더링하기 위해서는 배경 메쉬가 Z축 상에서 0.5가 아닌 -0.5에 위치하도록 변환 행렬을 수정해야 한다.

여기까지 모든 작업을 마쳤다면 남은 일은 셰이더에 정보를 전달해서 종횡비가 수정된 씬의 모습을 확인하는 것이다. 셰이더에 정보를 전달하는 방법은 모델 행렬과 뷰 행렬에서 했던 것과 같기 때문에 따로 설명하지 않는다. 대신 투영 행렬을 적용하고, 단위 행렬을 뷰 행렬로 사용한 결과인 그림 6-8로 바로 넘어간다. 실행한 결과가 그림 6-8과 다르다면, 온라인 소스코드 6장의 OrthoMatrix 프로젝트에 있는 코드를 확인하기 바란다.

▲ 그림 6-8 투영 행렬이 적용된 씬의 모습

종횡비가 수정된 그림 6-8에서의 씬은 이전과 많이 다르다. 가장 큰 변화는 배경이 화면에 맞춰진 크기가 아니라 완전한 정사각형 쿼드에 그려지고 있다는 사실이다. 외계인과 구름 역시 생각보다는 약간 좁아진 것처럼 보인다. 솔직히 전체적인 모습이 투영 행렬을 사용하기 전보다 훨씬 못해진 느낌이다. 투영 행렬이 없다면 사용자는 모니터 크기에 따라 늘어난 서로 다른 모습을 보게 된다는 사실을 기억해야 한다. 투영 행렬은 적어도 이 문제에 대한 해법을 제공한다. 그러나 이전과 같은 모습을 만들려면 모든 오브젝트의 크기를 다시 조정해야 한다. 게임 씬에서 메쉬의 크기와 위치를 다루기 전에 투영 행렬을 먼저 세팅하는 것이 중요하다. 그렇지 않을 경우 카메라가 설정된 다음 모든 것을 다시 손봐야 한다.

모든 것을 고쳐야 한다고 걱정할 필요는 없다. 이 프로젝트는 여기서 마무리하고 더 흥미로운 새 프로젝트를 시작할 것이기 때문이다. 이 책이 끝나기 전에 3D 프로젝트로 넘어갈 시간이다.

요약

지금까지 배운 내용이면 간단한 2D 게임에 필요한 모든 셰이더와 그래픽 코드를 작성할 수 있다. 5장에서 살펴본 내용을 정리하면 다음과 같다.

- 게임 카메라는 뷰 행렬을 생성한다. 버텍스 셰이더에서 카메라의 위치와 방향에 따라서 버텍스의 위치를 조정할 때 뷰 행렬을 사용한다.
- 투영 행렬은 카메라 프러스텀의 형태를 결정한다. 투영 행렬 덕분에 서로 다른 크기의 화면에서도 콘텐츠가 동일하게 보일 수 있다.
- 직교 투영은 대부분의 2D 게임에서 사용하는 투영 방식이다. 이 방식에서는 오브젝트가 멀리 있어도 작게 보이지 않는다. 직교 투영 행렬을 생성할 때는 glm::ortho() 함수를 사용한다.
- 뷰 행렬과 투영 행렬을 사용하는 셰이더를 만들려면 위치 계산에 몇 개의 행렬 추가로 곱하면 된다.

7장

3D 프로젝트

3D 게임 렌더링은 지금까지 경험한 2D 프로젝트와는 성격이 조금 다르다. 쿼드에 그려진 스프라이트와 달리 3D 메시는 많은 형태 정보를 담고 있다. 3D 게임은 게임 월드에서 오브젝트가 실시간으로 라이트의 영향을 받는 모습을 재현한다. 이때 라이팅 계산을 위해 셰이더 코드가 메쉬의 형태 정보를 사용한다. 라이팅 계산은 나중에 따로 다룬다. 그 전에 우선 실습할 3D 프로젝트가 필요하다. 7장에서는 3D 프로젝트를 세팅하는 법을 설명한다. 프로젝트로 3D 메쉬를 불러오고 3D 콘텐츠를 제대로 렌더링할 수 있도록 카메라를 준비한다.

이 얘기는 외계인 친구와는 이별하고, 새로운 오픈프레임웍스 프로젝트를 만들어야 한다는 의미다. 프로젝트 생성은 이미 몇 번 경험했다. 늘 해왔던 일처럼 편하게 느껴질 것으로 기대한다. 이전 프로젝트에서 했던 것처럼 main() 함수에서 GL 버전을 제대로 설정했는지 확인한다. 온라인 소스코드의 7장에 Assets 폴더가 있다. 그 안에 있는 torus.ply 파일을 내려받아서 새 프로젝트의 bin/data 폴더에 저장한다. 이것은 처음으로 사용할 3D 메쉬다. 모든 준비와 정리가 끝나면 3D 프로젝트가 2D 프로젝트와 어떻게 다른지 구체적으로 살펴보기로 한다.

메쉬 불러오기

이제부터 사용할 모든 메쉬는 쿼드보다 훨씬 복잡하다. 복잡한 형태의 메쉬를 코드에서 직접 생성하려면 믿기 어려울 정도로 귀찮은 과정을 거쳐야 한다. 따라서 메쉬 파일에서 데이터를 불러오기로 한다. 오픈프레임웍스는 기본적으로 PLY 포맷의 메쉬를 지원한다. 7장의 Assets 폴더에는 .ply로 끝나는 파일이 하나 들어 있다. 첫 3D 프로젝트에서 사용할 메쉬다.

이전과 마찬가지로 메쉬 데이터를 저장하려면 ofApp.h에서 ofMesh 객체를 생성한다. 프로젝트에서는 이 객체를 torusMesh라고 부른다. 토러스^{torus}는 도너츠 형태를 가리키는 복잡한 컴퓨터 그래픽 용어다. 또한 헤더 파일에 ofShader 객체도 만든다. 우리의 첫 셰이더는 UV 좌표를 색상 데이터로 사용할 것이기 때문에 객체 이름을 uvShader라고 붙인다. 헤더 파일에서 객체를 만들었으면 ofApp.cpp로 가서 코드 7-1처럼 setup() 함수를 작성한다.

코드 7-1 3D 프로젝트의 setup() 함수

```
void ofApp::setup(){
  ofDisableArbTex();
  ofEnableDepthTest();
  torusMesh.load("torus.ply"); ❶
  uvShader.load("passthrough.vert", "uv_vis.frag");
}
```

이전까지 프로젝트와 이 프로젝트의 setup() 함수의 가장 큰 차이점은 메쉬를 생성하는 부분이다. 코드에서 직접 생성하지 않고 파일에서 메쉬를 불러오는 것은 이번이 처음이다. 다행히 오픈프레임웍스에서는 ofMesh 클래스의 load() 함수(❶)를 통해 이 일을 쉽게 처리할 수 있다. 지금까지 해온 것에 비하면 훨씬 간단하다

다음은 불러온 메쉬를 렌더링할 셰이더를 작성한다. 작성할 버텍스 셰이더는 이전에 사용하던 passthrough.vert 셰이더와 매우 비슷하다. 단, 이번에는 모델, 뷰, 투영 행

렬을 합쳐서 mvp라는 유니폼 변수를 만든다. mvp는 model, view, projection의 머리 글자를 딴 것이다. 대부분의 게임은 최적화 차원에서 GPU로 보내기 전에 C++에서 세 행렬을 하나로 합친다. 그래픽 파이프라인에서 버텍스마다 행렬의 곱셈을 처리하지 않고 전체 메쉬에서 한 번만 처리하면 되기 때문에 많은 시간을 아낄 수 있다. 코드 7-2에서 셰이더 코드를 볼 수 있다.

코드 7-2 passthrough.vert

```
#version 410

layout (location = 0) in vec3 pos;
layout (location = 3) in vec2 uv;

uniform mat4 mvp;

out vec2 fragUV;

void main()
{
  gl_Position = mvp * vec4(pos, 1.0);
  fragUV = uv;
}
```

메쉬를 그릴 때 사용할 프래그먼트 셰이더는 3장에서 UV 좌표를 색상 값으로 출력했던 셰이더와 같다. 이 셰이더는 이미 작성했던 것이고, 그 이후에도 여러 프래그먼트 셰이더를 작성했기 때문에 여기서 다시 설명하지는 않겠다. 7장에서 사용하는 모든 코드는 7장 PerspectiveTorus 프로젝트에서 찾을 수 있다. 필요할 때마다 편하게 참고하길 바란다.

마지막으로 지금까지의 결과를 화면에서 보기 위해서 draw() 함수를 작성한다. 사용할 투영 행렬을 파악하기 전까지는 이 코드가 다소 이상해 보일 수 있다. 그러나 당장은 화면에 무언가를 그리기 위해 그냥 넘어간다. 행렬 연산을 제외한 나머지가 제대로 작동하는지 확인하기 위해 셰이더의 mvp 행렬에 단위 행렬을 전달한다. 코드 7-3은 draw() 함수의 현재 모습을 보여준다.

코드 7-3 draw() 함수의 현재 모습

```
void ofApp::draw()
{
  using namespace glm;
  uvShader.begin();
  uvShader.setUniformMatrix4f("mvp", mat4());
  torusMesh.draw();
  uvShader.end();
}
```

지금 프로젝트를 실행하면 그림 7-1과 같은 모습을 볼 수 있다. 이전 쿼드와 달리 3D 메쉬의 UV는 고르게 펼쳐져 있지 않다. 그래서 UV 좌표의 색상을 출력했을 때 더 이상 보기 좋게 부드럽게 변하는 색상을 볼 수 없다. 그리고 적절한 뷰 행렬과 투영 행렬이 없기 때문에 모든 것이 조금은 이상해 보인다. 그러나 최소한 메쉬가 렌더링되고 있다는 것은 확인했기 때문에 행렬 계산에 집중할 수 있다.

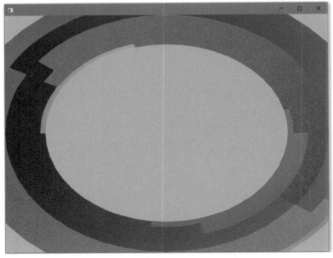

▲ 그림 7-1 현재 우리 3D 프로젝트의 모습

카메라와 원근 투영

모든 준비가 끝났다. 새로운 3D 씬을 렌더링할 게임 카메라를 만들 차례다. 첫 번째로 떠오르는 대안은 2D 프로젝트에서 했던 것과 똑같이 카메라를 세팅하는 것이다. 이 방법도 가능하지만 기대와는 다소 다른 결과를 보여준다. 그 이유는 앞에서 말했던 것처럼 직교 투영에서는 멀리 있는 대상이 작게 보이는 원근 효과가 없기 때문이다. 직교 투영은 2D와 3D 콘텐츠 모두에서 사용할 수 있다. 그러나 3D 메쉬를 어색해 보이게 만들기 때문에 대부분의 3D 게임이 이 방식을 사용하지 않는다. 그림 7-2는 앞에서 사용한 직교 투영으로 렌더링한 현재 프로젝트의 모습이다.

▲ 그림 7-2 직교 투영을 사용해서 렌더링한 토러스

이 렌더링이 잘못된 것은 아니다. 그러나 깊이를 인지하기 어렵게 만든다는 문제가 있다. 그림 7-2의 토러스는 약간 회전한 상태이기 때문에 왼쪽이 오른쪽에 비해 카메라와 더 가깝다. 그런데 직교 투영한 결과에서는 양쪽의 두께가 동일하기 때문에 깊이에 대한 단서를 찾을 수 없다. 이런 이유에서 대부분의 3D 게임은 직교 투영 대신 **원근 투영**perspective projection을 사용한다. 원근 투영이 직교 투영과 어떤 차이가 있는지 설명하는 가장 좋은 출발점은 카메라의 프러스텀을 비교하는 것이다. 그림 7-3은 새로운 프러스텀의 모습이다.

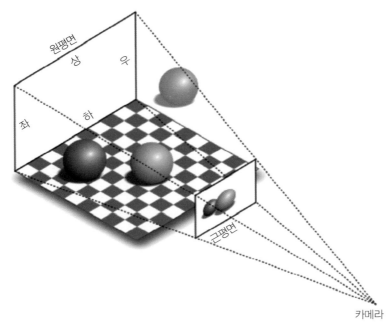

▲ 그림 7-3 원근 투영의 모습(출처: Nicolas P. Rougier, ERSF Code camp)

카메라 프러스텀은 더 이상 직각 프리즘 형태가 아니다. 대신 원평면과 근평면에 의해 잘린 피라미드 형태이다. 이 프러스텀에서는 멀리 있는 대상일수록 더 작게 보인다. 달리 설명하면 카메라가 바라보는 방향으로 평행하게 뻗어 나가는 두 직선은 카메라로부터 멀어질수록 서로 가까워진다. 이런 이유에서 2D 형태가 아닌 메쉬를 다룰 때는 원근 투영을 사용한 카메라를 사용하는 것이 일반적이다.

원근 투영은 glm::perspective() 함수를 사용해서 설정한다. 코드 7-4에 함수 시그니처[signatrue]가 있다. 화면의 종횡비가 인자로 필요한 것 외에도, fov라는 새로운 인자도 필요하다. fov는 시야각[field of view]을 의미하는데, 피라미드 형태의 카메라 프러스텀 왼쪽과 오른쪽 면 간의 각도를 나타낸다. 시야각이 클수록 게임 씬의 더 많은 영역을 화면에 그린다. 프로젝트에 적합한 시야각을 선택하는 방법은 이 책의 범위를 넘어선다. 이 책에서는 PC 게임들이 일반적으로 사용하는 90도를 전후의 값을 시야각으로 사용한다.

코드 7-4 glm::perspective의 함수 시그니처

```
mat4 perspective(float fov, float aspect, float zNear, float zFar);
```

새로운 3D 카메라를 설정하기 위해 먼저 앞에서 했던 것처럼 CameraData 구조체를 만든다. 게임에서는 종종 서로 다른 시야각을 가진 카메라를 지원한다. 따라서 CameraData에 이 값을 추가한다. ofApp.h에는 CameraData 변수를 선언한다. 여기까지 마쳤으면 카메라 데이터에 따라서 투영 행렬을 만들기 위해 코드 7-5처럼 draw() 함수를 작성한다.

코드 7-5 draw() 함수에서 원근 투영 설정하기

```
void ofApp::draw()
{
  using namespace glm;
  cam.pos = vec3(0, 0, 1);
  cam.fov = radians(100.0f);
  float aspect = 1024.0f / 768.0f;

  mat4 model = rotate(1.0f, vec3(1, 1, 1)) * scale(vec3(0.5, 0.5, 0.5));
  mat4 view = inverse(translate(cam.pos));
  mat4 proj = perspective(cam.fov, aspect, 0.01f, 10.0f);

  mat4 mvp = proj * view * model;

  uvShader.begin();
  uvShader.setUniformMatrix4f("mvp", mvp);
  torusMesh.draw();
  uvShader.end();
```

```
}
```

코드 7-5에는 단위 행렬이 아닌 행렬들로 mvp 행렬을 만드는 예시가 들어있다. 이렇게 수정된 코드로 프로그램을 실행하면 그림 7-4 같은 모습을 볼 수 있다. 새로운 원근 투영 방식으로 렌더링한 토러스에서는 카메라에 가까운 왼쪽 부분이 오른쪽 부분보다 두꺼워 보인다.

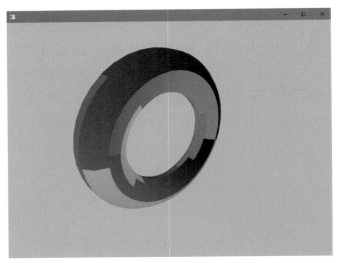

▲ 그림 7-4 원근 투영으로 렌더링한 프로젝트의 모습

7장의 예시에서 사용한 셰이더 코드는 비교적 간단했다. 그러나 여기서 다룬 이론은 뒤이어 나오게 될 심화된 기법을 이해하는 데 필수적인 것이다. 7장에서 어렵다고 느낀 곳이 있거나 프로젝트의 소스코드를 보고 싶다면, 온라인 소스코드 7장의 PerspectiveTorus 프로젝트를 참고하기 바란다.

요약

7장에서 다룬 내용은 다음과 같다.

- 복잡한 메쉬는 코드에서 생성하기보다는 보통 메쉬 파일에서 불러온다. 오픈프레임웍스는 기본적으로 PLY 메쉬 포맷을 지원한다. ofMesh의 load() 함수를 이용해서 PLY 메쉬를 불러올 수 있다.

- 최적화 이유에서 많은 게임이 모델, 뷰, 투영 행렬을 MVP라는 하나의 행렬로 합쳐서 버텍스 셰이더로 전달한다.

- 3D 게임에서 가장 일반적으로 사용하는 투영 방식은 원근 투영이다. 원근 투영 행렬은 glm::perspective() 함수로 생성할 수 있다.

- UV 좌표를 색상으로 출력하는 것은 흔히 사용하는 디버깅 기법이다. 보통의 경우 3D 메쉬의 UV는 쿼드처럼 연속적이며 점진적으로 변하지 않는다. 토러스 메쉬의 UV를 색상으로 출력하는 예시를 살펴봤다.

8장

디퓨즈 라이팅

앞에서 원근 투영으로 토러스 메쉬를 렌더링했다. 그러나 여전히 메쉬 표면에 색상을 입히기 위한 좋은 방법을 찾지 못하고 있다. 텍스처가 없기 때문에 텍스처를 입히는 간단한 방법도 사용할 수 없다. 더욱이 메쉬의 UV도 그렇게 보기 좋은 상태가 아니다. 대신 모든 훌륭한 셰이더 개발자가 하는 것처럼 간단한 계산을 통해 메쉬에 라이팅을 입힐 수 있다.

지금까지 사용한 메쉬는 각 버텍스에 위치, 색상, 텍스처 좌표 정보를 저장했다. 라이팅 계산은 **노말 벡터**^{normal vector}라는 새로운 버텍스 속성에 의존한다. 노말은 메쉬 표면과 직각으로 교차하면서 메쉬 밖을 향하는 벡터인데, 각 프래그먼트가 속하는 페이스의 형태 정보를 제공한다. UV 좌표와 마찬가지로, 노말 벡터 역시 버텍스 셰이더에서 프래그먼트 셰이더로 넘어가면서 보간된다. 따라서 어떤 프래그먼트의 노말 벡터는 그 프래그먼트가 속한 페이스를 구성하는 세 버텍스의 노말 벡터를 보간한 결과라고 할 수 있다. 그림 8-1에서 토러스 메쉬의 노말을 볼 수 있다.

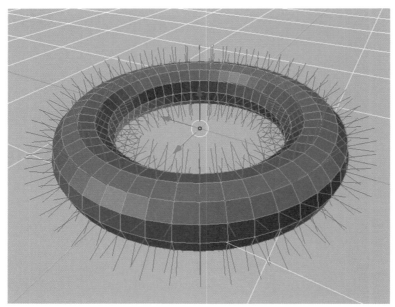

▲ 그림 8-1 토러스 메쉬의 노말. 파란색 선이 각 버텍스의 노말을 보여준다.

디버깅을 위해 메쉬의 노말을 색상 데이터로 시각화하는 것이 때때로 도움이 된다. 노말을 시각화하는 셰이더는 버텍스에서 UV 좌표 대신 노말 벡터를 읽어온 다는 점을 제외하면 uv_vis.frag 셰이더와 거의 동일하다. 이 말은 파이프라인으로 노말 정보를 보낼 수 있는 버텍스 셰이더도 필요하다는 의미다. 지금부터 만들 모든 셰이더는 노말 벡터를 사용할 것이다. 따라서 현재 메쉬가 사용하고 있는 mesh.vert 셰이더를 코드 8-1처럼 수정한다. 수정된 셰이더를 사용한 코드는 온라인 소스코드 8장의 NormalTorus 프로젝트에서 찾을 수 있다.

코드 8-1 노말 정보를 프래그먼트 셰이더로 전달할 수 있게 수정한 mesh.vert

```
#version 410

layout (location = 0) in vec3 pos;
layout (location = 2) in vec3 nrm; ❶

uniform mat4 mvp;
```

```
out vec3 fragNrm;

void main(){
  gl_Position = mvp * vec4(pos, 1.0);
  fragNrm = nrm;
}
```

UV 좌표를 로케이션 3에 저장했던 것과 달리, 메쉬의 노말 벡터는 로케이션 2(❶)에
저장한다는 사실에 주목한다. 이 순서는 오픈프레임웍스가 임의로 결정한 것이라고
얘기했었다. 엔진에 따라서는 버텍스 속성을 다른 순서로 저장할 수 있다. 노말 벡터
가 준비되면 이를 색상으로 출력할 프래그먼트 셰이더를 작성한다. 코드 8-2에서 볼
수 있듯이 UV 색상을 출력했던 것만큼 간단한 셰이더다.

코드 8-2 노말을 색상으로 보여주는 프래그먼트 셰이더, normal_vis.frag

```
#version 410

uniform vec3 lightDir;
uniform vec3 lightCol;

in vec3 fragNrm;

out vec4 outCol;

void main(){
  vec3 normal = normalize(fragNrm); ❶
  outCol = vec4(normal, 1.0);
}
```

정규화 함수를 셰이더에서 본 것은 이번이 처음이다(❶). 잠시 정규화 함수를 얘기
해보자. 벡터의 정규화란 벡터의 방향을 유지하면서 크기를 1로 맞추기 위해 벡터를
길거나 짧게 만드는 과정을 가리킨다. 주의해야 할 사실은 벡터의 정규화가 모든 컴
포넌트를 양수로 만드는 것은 아니라는 점이다. 그렇게 할 경우 벡터의 방향이 바뀔

수 있기 때문이다. 벡터 (-1, 0, 0)과 (1, 0, 0)은 방향은 반대이지만 둘 다 크기는 1이다.

사용할 대부분의 노말 벡터 연산은 벡터가 정규화된 상태임을 전제로 한다. 메쉬에 있는 노말은 이미 정규화된 상태이지만, 벡터를 프래그먼트 셰이더로 보내기 위해 보간하는 과정에서 벡터 크기가 보존되지 않을 수 있다. 따라서 보간된 벡터는 항상 다시 정규화해야 한다. 그렇지 않을 경우 정규화를 필요로 하는 연산에서 문제가 발생할 수 있다.

새로 작성한 셰이더를 토러스 메쉬에 적용하면 그림 8-2와 같은 모습을 볼 수 있다. 모든 벡터를 정규화했음에도 불구하고 메쉬의 일부 영역이 까맣게 보인다는 사실에 주목한다. 이는 검정색 프래그먼트에 해당하는 노말 벡터의 컴포넌트가 모두 음수라는 것을 의미한다. 음수에 상응하는 색상은 없기 때문에 완전한 검정색의 프래그먼트를 만들었다. 그림 8-2를 만든 코드는 온라인 소스코드 8장의 NormalTorus 프로젝트에서 찾을 수 있다.

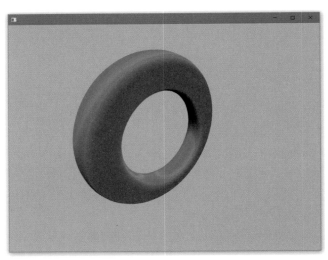

▲ 그림 8-2 mesh.vert와 normal_vis.frag 셰이더를 사용해서 토러스 메쉬의 노말을 시각화한 모습

부드러운 셰이딩과 평평한 셰이딩

토러스 메쉬의 페이스는 곡면을 구성한다. 곡면을 만드는 페이스의 노말 벡터가 보간될 때, 페이스의 각 프레그먼트는 인접한 프래그먼트와 조금씩 다른 노말 벡터를 갖는다. 이렇게 얻어진 프래그먼트 노말을 색상으로 나타냈을 때, 그림 8-2와 같이 점진적으로 부드럽게 변화는 색상을 볼 수 있다. 그러나 곡면에 나타나는 부드러운 노말의 변화가 평평한 오브젝트에서는 이상적이지 않을 수 있다. 예를 들어 육면체를 같은 방식으로 셰이딩^{shading}할 경우, 그림 8-3과 같은 결과가 나온다. 그림 8-3은 육면체 메쉬의 노말 벡터와 노말 벡터가 프래그먼트 노말로 보간된 결과를 보여준다.

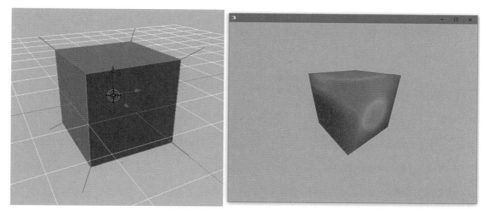

▲ 그림 8-3 육면체 메쉬의 노말. 왼쪽은 모델링 프로그램에서 노말을 표시한 모습이다. 오른쪽은 이 메쉬를 normal_vis 셰이더로 렌더링한 결과다.

그림 8-3은 문제가 없어 보일 수 있지만, 육면체를 셰이딩하는 적절한 방법은 아니다. 어떤 페이스의 노말 색상이 점진적으로 변한다는 것은 라이팅 계산을 할 때 그 페이스를 곡면처럼 셰이딩한다는 의미다. 우리가 원하는 것은 평평한 메쉬 페이스에 속한 모든 프래그먼트가 동일한 노말 벡터를 갖는 것이다. 하나의 버텍스는 하나의 노말 벡터를 가질 수 있다. 따라서 평평한 면을 가진 육면체를 셰이딩하기 위해서는 각 페이스가 자신만의 네 개의 버텍스 세트를 갖고, 노말 벡터는 자신이 속한 페이스

와 같은 방향을 향해야 한다. 그림 8-4에서 이 모습과 함께 normal_vis.frag 셰이더
로 시각화된 프래그먼트 노말을 볼 수 있다.

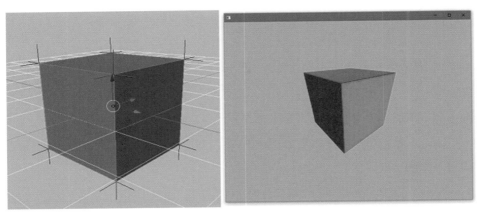

▲ 그림 8-4 육면체의 평평한 노말. 왼쪽은 모델링 프로그램에서 노말을 표시한 모습이다.
오른쪽은 이 메쉬를 normal_vis 셰이더로 렌더링한 결과다.

실제 개발에서 평평한 노말을 사용하기 위해 어떤 버텍스를 복사할지 또는 어떤 메
쉬가 부드러운 노말을 사용할지 같은 문제는 주로 아티스트가 결정한다. 3D 모델링
프로그램은 아티스트의 의도대로 오브젝트를 셰이딩할 수 있도록 강력한 버텍스 노
말 편집 도구를 제공한다. 따라서 원하는 결과를 얻기 위해 노말을 어떻게 사용하는
지 원리만 이해한다.

월드 노말과 뒤섞기

지금은 프래그먼트의 노말 벡터가 오브젝트 공간에 있다. 그러나 앞으로는 보통 월
드 공간의 프래그먼트 노말 벡터가 필요할 것이다. 이렇게 하면 나중에 씬에 있는 라
이트의 위치 정보를 다룰 때 한결 수월하다. 앞에서 다뤘듯이 모델 행렬을 이용해서
벡터를 오브젝트 공간에서 월드 공간으로 변환할 수 있다. 이를 mesh.vert 셰이더에
적용하면 코드 8-3과 같은 모습이다.

코드 8-3 프래그먼트 셰이더에 월드 노말을 전달하도록 수정된 버텍스 셰이더

```
#version 410

layout (location = 0) in vec3 pos;
layout (location = 2) in vec3 nrm;

uniform mat4 mvp;
uniform mat4 model;

out vec3 fragNrm;

void main(){
  gl_Position = mvp * vec4(pos, 1.0);
  fragNrm = (model * vec4(nrm, 0.0)).xyz; ❶
}
```

코드 8-3에서 이상한 문법을 하나 발견했을 것이다(❶). 노말 벡터를 모델 행렬로 곱한 다음(vec4를 얻는다), 그 값을 .xyz 연산자를 이용해서 vec3 타입의 fragNrm에 담고 있다. 지금까지는 한 번에 하나의 벡터 컴포넌트에 접근했었다. 그러나 GLSL 에서는 뒤섞기swizzle(그렇다. 실제 이름이다)를 통해서 최대 네 개의 컴포넌트를 자유 롭게 조합할 수 있다. 이는 코드 8-4에 있는 모든 예시가 GLSL에서는 유효하다는 의미다.

코드 8-4 뒤섞기의 예

```
vec2 uv = vec2(1,2);
vec2 a = uv.xy;     // (1,2)
vec2 b = uv.xx;     // (1,1)
vec3 c = uv.xyx;    // (1,2,1)

vec4 color = vec4(1,2,3,4);
vec2 rg = color.rg;       // (1,2)
vec3 allBlue = color.bbb;   // (3,3,3)
vec4 reversed = color.wzyx;   // (4,3,2,1)
```

코드 8-3 뒤섞기 연산자가 필요한 이유는 다음과 같다. 변환 행렬은 vec4 타입으로

곱해야 하고, 그 결과는 vec4가 된다. 그런데 fragNrm은 vec3 타입이기 때문에 뒤섞기 연산자를 통해 vec4 중에서 vec3에 저장할 컴포넌트를 선택한 것이다.

사실상 모든 형태의 벡터는 여기서 설명한 방법으로 하나의 좌표 공간에서 다른 좌표 공간으로 변환할 수 있다. 그런데 노말은 조금 특수하다. 경우에 따라서는 프래그먼트 셰이더로 전달하는 노말 벡터를 올바로 유지하기 위해 추가적인 처리 단계가 필요할 수 있다.

노말 행렬

노말 벡터를 월드 공간으로 변환할 때 까다로운 부분은 모델 행렬로 메쉬의 크기를 바꿀 때 발생한다. 메쉬의 크기를 항상 일률적으로 유지한다면(메쉬의 각 축에서 항상 동일하게 크기를 바꾼다면), 이미 알고 있는 연산으로도 충분하다. 그러나 (0.5, 1.0, 1.0) 처럼 일률적이지 않게 크기를 바꿀 경우, 기존 연산은 더 이상 작동하지 않는다. 우리는 노말이 메쉬의 표면으로부터 항상 밖을 향하기를 원한다. 그런데 메쉬의 크기를 어떤 축에서 다른 축보다 더 많이 바꿀 경우, 기존 연산으로는 노말이 바라보는 방향을 유지할 수 없는 경우가 발생한다.

예를 들어 모델 행렬을 통해 (2.0, 0.5, 1.0)의 크기가 적용된 구 메쉬가 있다. 노말 벡터를 이 모델 행렬로 변환하면, 노말 벡터는 더 이상 올바른 방향을 향하지 않는다. 그림 8-5에서 가운데 있는 구와 오른쪽에 있는 구의 차이를 보면 문제를 이해할 수 있다.

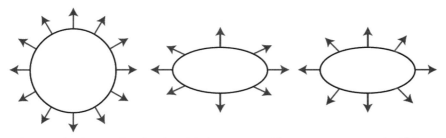

▲ 그림 8-5 비일률적으로 크기를 바꾼 경우. 가운데 구는 모델 행렬을, 오른쪽 구는 노말 행렬을 사용한 모습이다.

이런 이유에서 노말 벡터를 변환할 때 보통은 모델 행렬을 사용하지 않는다. 대신 모델 행렬을 기반으로 **노말 행렬**$^{normal\ matrix}$이라고 부르는 새로운 행렬을 만들어 사용한다. 이 행렬을 이용하면 올바른 방식으로 노말 벡터를 변환할 수 있다. 노말 행렬은 '모델 행렬의 상단 3×3의 역^{inverse}의 전치^{transpose}'라고 정의할 수 있다. 아주 복잡하게 들린다. 그러나 실제 C++에서는 몇 개의 연산이 더 필요하다는 의미일 뿐이다. 코드 8-5는 노말 행렬을 생성하는 방법을 보여준다.

코드 8-5 모델 행렬의 역의 전치를 생성하는 방법. 이 코드를 draw() 함수에 추가하고, 생성된 행렬을 유니폼 변수에 담아 전달한다.

```
mat3 normalMatrix = (transpose(inverse(mat3(model))));
```

이 행렬은 앞서 만들었던 다른 행렬처럼 mat4가 아닌 mat3이다. mat4에서 mat3을 만든다는 것은 더 큰 행렬의 우측 상단 3×3 부분으로 이뤄진 새로운 3×3행렬을 만든다는 의미다. 이것은 모델 행렬에서 회전과 크기 데이터를 유지하면서 이동 정보를 뺀 행렬을 만드는 가장 빠른 방법이다. 코드 8-5의 나머지 코드는 앞서 설명한 노말 행렬의 정의를 그대로 따른다.

다시 말하지만 이것은 비일률적으로 크기가 변하는 오브젝트에 해당하는 내용이다. 이런 문제를 고민하지 않기 위해 일률적인 크기 변화만 지원하는 게임 엔진도 실제로 있었다. 그러나 이 책에서는 앞으로 노말 행렬을 사용할 것이다. 이렇게 하면 씬을 어떤 식으로 구성하든 노말이 올바르게 작동한다고 신뢰할 수 있다. 노말 행렬을 사용한 버텍스 셰이더의 최종 모습은 코드 8-6과 같다.

코드 8-6 노말 행렬을 사용한 mesh.vert

```
#version 410

layout (location = 0) in vec3 pos;
layout (location = 2) in vec3 nrm;

uniform mat4 mvp;
```

```
uniform mat3 normal;

out vec3 fragNrm;

void main(){
  gl_Position = mvp * vec4(pos, 1.0);
  fragNrm = (normal * nrm).xyz;
}
```

라이팅 계산과 노말

노말의 개념과 셰이더에서 노말에 접근하는 방법을 좀 더 알았다. 이를 바탕으로 메쉬에 라이팅을 더할 차례다. 노말은 라이팅 계산에서 핵심적인 요소다. 왜냐하면 메쉬 표면에 도달하는 라이트의 방향과 그 표면 자체의 방향 간의 관계를 파악하기 위해서는 노말이 꼭 필요하기 때문이다. 메쉬의 형태에 상관없이, 메쉬의 프래그먼트를 아주 작은 평평한 점으로 상상할 수 있다. 이 가상 모델을 이용하면 프래그먼트에 도달하는 라이트를 그림 8-6처럼 표현할 수 있다.

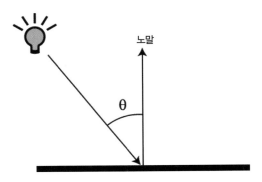

▲ 그림 8-6 프래그먼트에 도달한 라이트

들어오는 라이트가 프래그먼트와 수직에 가까울수록 더 많은 라이트가 점에 도달하고, 그 결과로 점은 더 밝아진다. 좀 더 구체적으로 표현하면, 노말 벡터와 들어오는 라이트의 벡터 간의 각도가 180도에 가까울수록, 점이 받게 되는 라이트의 양은 증가한다. 들어오는 라이트 벡터와 노말 간의 각도는 그림 8-6에서 세타(θ)라고 표시돼 있다. 세타를 계산할 때는 **내적**^{dot product}이라고 불리는 벡터 연산을 사용한다. 벡터의 내적은 게임 프로그래밍에서 널리 사용되는 유용한 연산이다.

벡터의 내적

벡터의 내적은 두 벡터 간의 관계를 하나의 숫자로 나타내는 연산이라고 할 수 있다. 내적 자체는 매우 간단하다. 각 벡터의 컴포넌트를 서로 곱하고(A벡터의 x 컴포넌트에 B벡터의 x 컴포넌트를 곱한다), 결과를 모두 더한다. 두 벡터가 같은 수의 컴포넌트만 갖고 있다면, 어떤 크기의 벡터에서도 내적을 구할 수 있다. 내적 연산을 코드로 옮기면 코드 8-7과 같다.

코드 8-7 코드로 구현한 벡터의 내적

```
float dot(vec3 a, vec3 b){
  float x = a.x * b.x;
  float y = a.y * b.y;
  float z = a.z * b.z;
  return x + y + z;
}
```

내적이 반환하는 값은 두 벡터의 많은 것을 말해준다. 그 값이 0보다 큰지 작은지 조차 매우 중요한 정보를 제공한다.

1. 내적의 값이 0이면, 두 벡터가 직각으로 교차한다는 의미다.
2. 내적의 값이 0보다 크면, 두 벡터 간의 각도가 90도보다 작다는 의미다.
3. 내적의 값이 0보다 작으면, 두 벡터 간의 각도가 90도보다 크다는 의미다.

두 벡터 간의 정확한 각도를 구하기 위해 내적을 사용할 수도 있다. 내적은 게임 프로그래밍에서 폭넓게 사용되고 있으며, 몇 줄의 코드로 간단히 처리할 수 있다. 코드

8-8에서 몇 줄의 코드를 볼 수 있다. 우리 라이팅 계산에서는 내적의 값을 실제 각도로 바꾸지는 않는다. 그러나 내적으로부터 각도를 구하는 방법은 잠깐이면 익힐 수 있는 유용한 기법이다.

코드 8-8 내적을 이용해서 두 벡터 간의 각도를 구하는 방법. 반환하는 각도의 단위는 라디안이다.

```
float angleBetween(vec3 a, vec3 b){
  float d = dot(a,b);
  float len = length(a) * length(b); ❶
  float cosAngle = d / len; ❷
  float angle = acos(cosAngle);
  return angle;
}
```

두 벡터의 내적을 각 벡터의 길이(크기라고도 한다)를 곱한 값으로 나눈다. 그러면 두 벡터간 각도의 코사인을 얻는다. 셰이더 코드에서 벡터는 이미 정규화된 상태다. 이 말은 두 벡터의 길이가 이미 1이라는 얘기고, 따라서 ❶과 ❷의 코드를 생략하고도 여전히 두 벡터간 각도의 코사인을 구할 수 있다는 의미다. 이렇게 구한 값은 나중에 라이팅 계산에서 사용한다.

내적을 이용한 셰이딩

만들게 될 첫 번째 라이팅 유형은 **디퓨즈**^{diffuse} 또는 **램버트**^{Lambertian} **라이팅**이다. 이것은 건조하고 연마되지 않은 나무조각처럼, 매끄럽지 않은 물체 표면에서 나타나는 라이팅이다. 디퓨즈 라이팅은 라이트가 거친 물체의 표면에 도달했을 때의 상황을 재현한다. 이 말은 거울처럼 특정 방향으로 빛을 반사하는 대신, 물체에 도달한 빛이 모든 방향으로 흩어지고, 그 결과 물체는 광택이 없는 모습을 보인다는 의미다. 그림 8-7은 디퓨즈 라이팅으로 셰이딩한 메쉬를 보여준다.

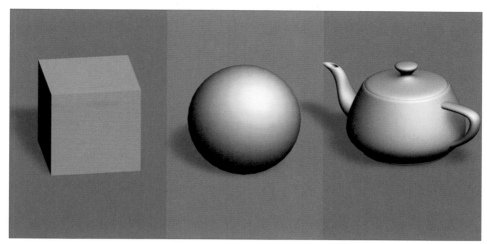

▲ 그림 8-7 디퓨즈 라이팅으로 렌더링한 메쉬

디퓨즈 라이팅은 특정 프래그먼트의 노말과 그곳으로 들어오는 라이트의 방향을 비교한다. 이 두 벡터 간의 각도 차이가 작을수록, 그 지점에서 메쉬의 표면과 라이트는 직각에 가까워진다. 그리고 두 벡터 간의 각도에 가까울수록, 내적은 1에 가까워진다. 따라서 노말과 라이트 방향의 내적을 이용하면 각 프래그먼트를 셰이딩할 때 얼마나 많은 라이트를 받는지 결정할 수 있다. 셰이더 코드의 모습은 코드 8-9와 같다. diffuse.frag라는 이름의 이 셰이더는 온라인 소스코드 8장 DiffuseLighting 프로젝트에서 찾을 수 있다.

코드 8-9 diffuse.frag – 셰이더 코드에서의 디퓨즈 라이팅

```
#version 410

uniform vec3 lightDir;
uniform vec3 lightCol;
uniform vec3 meshCol;

in vec3 fragNrm;
out vec4 outCol;
```

```
void main(){
  vec3 normal = normalize(fragNrm);
  float lightAmt = dot(normal, lightDir); ❶
  vec3 fragLight = lightCol * lightAmt;

  outCol = vec4(meshCol * fragLight, 1.0); ❷
}
```

디퓨즈 라이팅을 위한 셰이더는 매우 단순하다. 유일하게 새로운 문법은 ❶에 있는 dot() 함수다. 추측하는 대로 이 함수는 GLSL에서 벡터의 내적을 구하는 함수다. 내적을 구했으면, 프래그먼트가 얼마나 많은 라이트를 받는지 결정하기 위해 들어오는 라이트의 색상을 내적의 값으로 곱한다. 내적이 1이면 프래그먼트가 완전한 강도로 라이팅을 받는다. 반면 들어오는 라이트와의 각도가 90도를 넘는 노말을 가진 프래그먼트, 즉 내적이 0인 프래그먼트는 라이트의 영향을 받지 않는다. 프래그먼트의 색상을 내적과 라이트 색상을 곱한 벡터와 곱하면 최종적인 프래그먼트 색상을 얻는다.(❷).

사실 코드 8-9의 계산은 실제와는 반대로 이뤄지고 있다. 프래그먼트의 노말 벡터는 메쉬 표면에서 밖을 향한다. 그러나 들어오는 라이트의 벡터는 반대로 메쉬의 표면을 향한다. 이 셰이더의 코드를 보면 오브젝트에서 라이트를 마주하는 영역이 더 어두워져야 한다. 약간의 속임수를 써서 C++에서 라이트의 방향을 반대로 저장해 문제를 해결할 것이다. 이렇게 하면 셰이더에서 라이트 벡터를 반전하지 않고도, 셰이더의 모든 연산이 원래 의도대로 작동할 수 있다. 다소 헷갈린다면 그림 8-6으로 돌아가서 서로 다른 방향을 가리키는 두 벡터를 확인한다. 그 다음 라이트 방향이 반전된 그림 8-8과 비교한다.

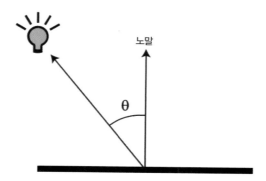

노말

θ

▲ 그림 8-8 셰이더 코드로 전달되는 라이트 데이터. 라이트 방향을 반전했고,
그 결과 라이트 벡터가 광원을 가리키고 있다는 사실에 주목한다.

이 계산에서 또 하나의 문제점은 내적의 결과가 음수인 경우 발생한다. 내적의 음수 값을 라이트 색상과 곱하면 음수인 라이트 색상이 나온다. 지금은 씬에 라이트가 하나이기 때문에 문제가 되지 않는다. 그러나 라이트가 두 개 이상인 경우, 메쉬의 특정 부분을 필요 이상으로 어둡게 만들 수 있다. 내적 계산을 max() 함수에 넣어서 최소값을 0으로 제한해 문제를 해결할 수 있다. 코드 8-10은 여기까지 수정이 반영된 코드다.

코드 8-10 밝기가 음수인 경우를 피하기 위한 max() 함수의 사용

```
float lightAmt = max(0.0, dot(normal, lightDir));
```

디렉셔널 라이트

우리가 작성한 셰이더가 라이트 정보를 사용하는 것은 이번이 처음이다. 주제에 집중하기 위해, 이 셰이더는 특정한 유형의 라이트만을 사용하도록 작성할 것이다. 바로 게임에서 흔히 **디렉셔널 라이트**^{directional light}라고 부르는 라이트다. 디렉셔널 라이트는 태양처럼 멀리 떨어져 있고, 하나의 방향으로 일률적으로 빛을 보내는 광원

을 재현한다. 이 말은 특정 오브젝트가 씬의 어디에 있든, 씬에 있는 다른 모든 오브젝트와 마찬가지로 동일한 방향으로부터 오는 동일한 양의 라이트를 받는다는 의미다.

C++ 코드에서 디렉셔널 라이트를 설정하는 것은 아주 간단하다. 라이트에 필요한 모든 데이터를 불과 두세 개의 변수로 나타낼 수 있다. 코드 8-11은 디렉셔널 라이트의 색상, 방향, 강도를 담은 구조체를 보여준다.

코드 8-11 디렉셔널 라이트를 나타내기 위해 필요한 데이터

```
struct DirectionalLight{
  glm::vec3 direction;
  glm::vec3 color;
  float intensity;
};
```

우리 셰이더에는 라이트 강도를 위한 별도의 유니폼 변수가 없다. 그런데 라이트 구조체에는 강도에 관한 변수가 있다. 게임에서는 최적화를 고려해서 라이트 데이터를 그래픽 파이프라인으로 보내기 전에 라이트 색상을 강도로 곱하는 것이 일반적이다. 모든 프래그먼트에서 계산을 반복하기보다는 셰이더를 실행하기 전에 한 번만 계산하는 것이 훨씬 효율적이기 때문이다. 같은 이유에서 라이트의 방향도 C++ 코드에서 정규화한다. 코드 8-12는 최적화를 고려해서 셰이더로 보내는 데이터를 만드는 보조 함수를 보여준다.

코드 8-12 라이트 데이터를 만드는 보조 함수

```
glm::vec3 getLightDirection(DirectionalLight& l){
  return glm::normalize(l.direction * -1.0f);
}

glm::vec3 getLightColor(DirectionalLight& l){
  return l.color * l.intensity;
}
```

getLightColor() 함수는 일반적으로 색상을 저장하는 0과 1 사이의 표준 범위로 라이트 색상을 제한하지 않는다. 셰이더로 전달하는 라이트 색상은 라이트 강도를 곱한 결과다. 따라서 라이트 강도가 1.0 이상인 경우, 색상은 표준 범위를 초과할 수 있어야 한다. 그럼에도 불구하고 최종적으로는 프래그먼트에 (1.0, 1.0, 1.0, 1.0) 이상의 값을 쓸 수는 없다. 라이트의 강도가 아무리 높아도 화면에는 흰색으로 보여질 뿐이다.

보조 함수가 준비되면 라이트를 설정하고, draw() 함수에서 사용한다. 보통은 라이트를 setup() 함수에서 설정한다. 그러나 여기서는 코드 8-13처럼 라이팅 설정 로직을 draw()에서 처리해 코드를 최소화한다. 또한 라이팅이 메쉬에 미치는 영향을 쉽게 확인할 수 있도록 모델 행렬을 수정해서 메쉬가 위를 향하게 만든다.

코드 8-13 라이트 데이터의 설정과 사용

```
void ofApp::draw(){
  using namespace glm;
  DirectionalLight dirLight;

  dirLight.direction = normalize(vec3(0, -1, 0));
  dirLight.color = vec3(1, 1, 1);
  dirLight.intensity = 1.0f;

  // 지면상의 이유로 코드를 생략함

  diffuseShader.begin();
  diffuseShader.setUniformMatrix4f("mvp", mvp);
  diffuseShader.setUniform3f("meshCol", glm::vec3(1, 0, 0)); ❶
  diffuseShader.setUniform3f("lightDir", getLightDirection(dirLight));
  diffuseShader.setUniform3f("lightCol", getLightColor(dirLight));
  torusMesh.draw();
  diffuseShader.end();
}
```

이전에 다뤘던 셰이더와는 달리, 셰이더의 유니폼 변수를 통해 메쉬의 색상을 정한다(❶). 이렇게 하면 단일한 색상을 메쉬에 적용하고, 값을 바꿔가면서 라이트 색상이 메쉬 색상에 어떤 영향을 미치는지 쉽게 확인할 수 있다. 메쉬 색상에는 빨강색, 라이트 색상에는 흰색을 넣은 결과는 그림 8-9의 왼쪽 그림과 같다. 그런데 토러스를 바라보는 현재 시점은 라이팅의 효과를 확인하기에 다소 불편하다. draw() 함수의 코드를 수정해서 토러스가 위를 바라보도록 수정해 문제를 개선한다. 카메라도 위에서 메쉬를 내려 보도록 수정한다. 수정된 코드는 코드 8-14에 있고, 그 결과는 그림 8-9의 오른쪽 이미지다. 최종 이미지를 만드는 코드는 온라인 소스코드 8장의 DiffuseTorus 프로젝트에서 확인할 수 있다.

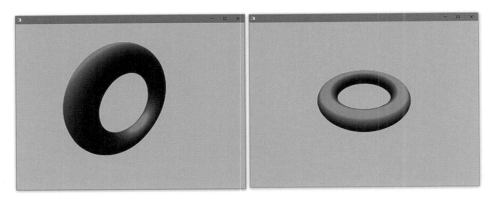

▲ 그림 8-9 디퓨즈 라이팅이 적용된 토러스 메쉬

코드 8-14 라이팅 효과를 쉽게 확인하기 위해 수정한 코드

```
void ofApp::draw(){
    // 지면상의 이유로 수정된 코드만 설명함
    cam.pos = vec3(0, 0.75f, 1.0f);
    float cAngle = radians(-45.0f);
    vec3 right = vec3(1, 0, 0);
    mat4 view = inverse( translate(cam.pos) * rotate(cAngle, right) );
    mat4 model = rotate(radians(90.0f), right) * scale(vec3(0.5, 0.5, 0.5));
    // 지면상의 이유로 코드를 생략함
}
```

셰이더에서 라이팅은 큰 주제다. 그래서 앞으로 몇 장에 걸쳐서 이 주제를 다룰 것이다. 8장을 끝내기 전에 지금까지 배운 내용만으로 만들 수 있는 라이팅 효과를 살펴보기로 한다.

림 라이트 효과

게임에서 자주 사용하는 라이팅 기법 중 하나는 림 라이트rim light라고 부르는 효과다. 이 기법은 라이트 또는 색상을 메쉬 형태의 외곽에 더해서 보이지 않은 어떤 광원이 뒤에서 비추는 것과 같은 효과를 만든다. 그림 8-10은 오직 림 라이트 효과만이 적용된 상태에서 메쉬를 렌더링한 모습을 보여준다. 결과를 쉽게 확인할 수 있도록 프로그램의 배경 색상을 검정색으로 바꿨다. 프로그램에서 ofSetBackgroundColor() 함수를 사용하면 배경 색상을 바꿀 수 있다.

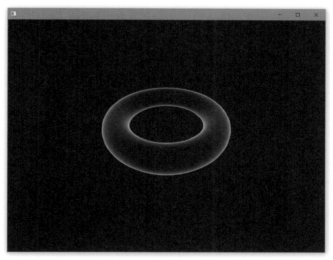

▲ 그림 8-10 림 라이트 효과가 적용된 토러스

림 라이트의 작동 방식은 앞서 살펴본 디렉셔널 라이트와 매우 비슷하다. 라이트의 방향 벡터 대신 각 프래그먼트에서 카메라로 향하는 벡터를 계산에 사용했다는 점이

유일한 차이점이다. 내적 값은 림 라이트 효과를 위해 각 프래그먼트에 얼마나 많은 라이트를 더할지 결정한다. 림 라이트 셰이더는 코드 8-15와 같고, 이 셰이더를 사용한 렌더링의 결과는 그림 8-10이다.

코드 8-15 림 라이트 셰이더

```
#version 410

uniform vec3 meshCol;
uniform vec3 cameraPos; ❶

in vec3 fragNrm;
in vec3 fragWorldPos; ❷
out vec4 outCol;

void main()
{
  vec3 normal = normalize(fragNrm);
  vec3 toCam = normalize(cameraPos - fragWorldPos); ❸

float rimAmt = 1.0-max(0.0,dot(normal, toCam)); ❹
  rimAmt = pow(rimAmt, 2); ❺

  vec3 rimLightCol = vec3(1,1,1);
  outCol = vec4(rimLightCol * rimAmt, 1.0);
}
```

8장의 앞에서 작성한 디렉셔널 라이트 셰이더와 이 셰이더의 첫 번째 차이점은 림 라이트 효과를 나타내기 위해 필요한 새로운 변수들이다. 우선 월드 공간에서 카메라 위치가 필요하다(❶). 각 프래그먼트에서 카메라로 향하는 벡터를 계산해야 한다. 따라서 C++ 코드에서 벡터를 만들어서 전달할 수는 없고, 대신 카메라 위치를 전달해서 셰이더 코드가 벡터를 계산하게 한다. 추가적으로 프래그먼트의 월드 위치도 필요하다. 이를 위해 우선 버텍스 셰이더가 월드 공간에서의 버텍스 위치를 계산하는데, 그 결과를 보간하면 프래그먼트의 월드 위치를 구할 수 있다. 버텍스 셰이더가 전달하는 데이터는 fragWorldPos 변수에서 읽어 온다(❷). 버텍스 셰이더를 어떻게 수정해야 할지는 잠시 뒤에 다룰 것이다. 일단은 프래그먼트 셰이더부터 마저 설명한다.

림 라이트 계산은 ❸에서 본격적으로 시작한다. 앞서 얘기했듯 프래그먼트에서 카메라로 향하는 벡터를 계산하는데, 내적을 구할 때 이 벡터를 사용한다(❹). 여기서 1.0에서 내적 값을 뺀 다음 rimAmt 변수에 저장하는 것에 주목한다. 내적의 값을 0과 1의 범위로 제한하고 있기 때문에 1.0에서 이 값을 빼는 것은 내적을 반전하는 효과가 있다. 반전하지 않을 경우, 림 라이트 효과 대신 그림 8-11처럼 메쉬의 중심부가 밝아지는 모습이 된다.

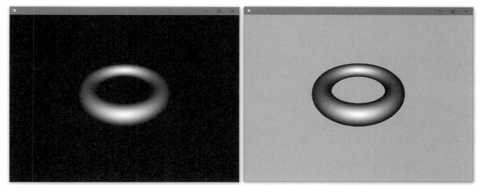

▲ 그림 8-11 내적의 결과를 반전하지 않았을 경우의 모습. 왼쪽처럼 배경이 검정색일 경우 메쉬가 유령처럼 보인다.

내적 값을 반전한 뒤, 최종적으로 rimAmt 값을 얻기 위한 마지막 계산이 있다. 림 라이트가 집중하는 강도를 조절하기 위해 rimAmt 값을 제곱한다(❺). GLSL에서 pow() 함수를 사용한 것은 이번이 처음이다. C++를 통해 경험한 pow() 함수와 동일하다고 생각하면 된다. 이 함수가 하는 일은 첫 번째 인자를 두 번째 인자로 거듭 제곱하는 것이다. 왜 이것이 림 라이트 효과를 집중하는 역할을 하는지 이해하기 어렵다면 1보다 작은 값을 거듭제곱하는 경우를 생각해보자. 값이 1에 가까울수록 결과는 상대적으로 1에 가깝다. 예를 들어 0.95를 4제곱하면 0.81이다. 그러나 값이 작을수록 연산의 영향은 훨씬 커진다. 예를 들어 0.25를 4제곱한 값은 0.004다. 그림

8-12는 림 라이트 계산에 다른 거듭제곱을 사용했을 때의 결과를 보여준다.

▲ 그림 8-12 rimAmt 변수를 다르게 거듭제곱했을 때의 결과.
왼쪽에서부터 pow()를 사용하지 않은 경우. 제곱한 경우. 4제곱한 경우.

이것으로 프래그먼트 셰이더의 새로운 내용을 모두 다뤘다. 림 라이트 효과를 위해
월드 공간의 위치 정보를 전달하려면 버텍스 셰이더도 고쳐야 한다. 코드 8-16은 림
라이트 효과를 지원하는 버텍스 셰이더 코드다.

코드 8-16 rimlight.frag를 지원하는 버텍스 셰이더

```
#version 410
layout (location = 0) in vec3 pos;
layout (location = 2) in vec3 nrm;

uniform mat4 mvp;
uniform mat3 normal;
uniform mat4 model;

out vec3 fragNrm;
out vec3 fragWorldPos;

void main(){
  gl_Position = mvp * vec4(pos, 1.0);
  fragNrm = (normal * nrm).xyz;
  fragWorldPos = (model * vec4(pos, 1.0)).xyz; ❶
}
```

앞에서 얘기했던 것처럼 각 프래그먼트의 월드 공간 위치를 구하기 위해서는 버텍스
셰이더에서 각 버텍스의 월드 공간 위치를 내보내야 한다. 버텍스들의 위치는 다른

out 변수와 마찬가지로 보간되고, 그 결과가 프래그먼트의 위치 벡터가 된다. 버텍스 위치를 월드 공간으로 변환하기 위해 위치를 메쉬의 모델 행렬로 곱한다(❶). 이 말은 C++가 mvp 행렬과는 별개로 모델 행렬도 전달해야 한다는 의미다.

림 라이트 효과를 만드는 셰이더를 살펴봤다. 이제 림 라이트 효과를 앞서 작성한 디렉셔널 라이트 연산과 합친다. 디렉셔널 라이트 셰이더는 9장에서 사용할 예정인데, 거기서는 림 라이트 효과가 없어야 한다. 따라서 프로젝트에 새로운 셰이더를 만들고 코드 8-17의 내용을 붙여 넣는다.

코드 8-17 림 라이트 효과가 더해진 디렉셔널 라이트 셰이더

```
#version 410

uniform vec3 lightDir;
uniform vec3 lightCol;
uniform vec3 meshCol;
uniform vec3 cameraPos;

in vec3 fragNrm;
in vec3 fragWorldPos;

out vec4 outCol;

void main()
{
  vec3 normal = normalize(fragNrm);

  vec3 toCam = normalize(cameraPos - fragWorldPos);
  float rimAmt = 1.0-max(0.0,dot(normal, toCam));
  rimAmt = pow(rimAmt, 2);

  float lightAmt = max(0.0,dot(normal, lightDir));
  vec3 fragLight = lightCol * lightAmt;

  outCol = vec4(meshCol * fragLight + rimAmt, 1.0); ❶
}
```

기존 디렉셔널 라이트 셰이더에 림 라이트 셰이더의 내용을 복사해서 붙여 넣은 것이 수정의 전부다. 유일하게 주의해야 할 부분은 림 라이트를 나머지 프래그먼트 색상과 합치는 부분이다. 우리가 원하는 것은 메쉬의 기존 라이팅 위에 림 라이트 효과를 얹는 것이다. 그러므로 다른 모든 라이팅이 처리된 뒤에 림 라이트 효과를 더해야 한다(❶). 이 예시에서는 순수한 흰색의 림 라이트를 메쉬에 더했지만 실제 게임에서는 훨씬 다양한 색상을 사용한다.

여기까지 셰이더의 수정을 마치고 카메라 위치에 필요한 유니폼 변수의 값을 설정하도록 draw() 함수를 고쳤으면, 그림 8-13과 같은 결과를 볼 수 있다. 프로젝트에 사용한 코드는 온라인 소스코드 8장의 RimLight 프로젝트에 찾을 수 있다. 내용을 따라오는 과정에 문제가 있었다면 참고하기 바란다.

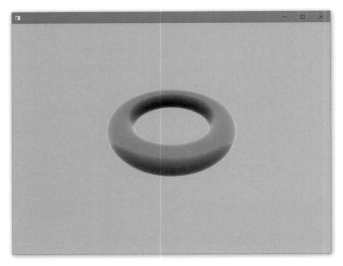

▲ 그림 8-13 흰색의 림 라이트 효과가 더해진 토러스 메쉬

멋진 효과이긴 하지만 대부분의 게임에서 일반적으로 사용하는 라이팅 연산에는 림 라이트가 포함되지 않는다. 림 라이트는 순전히 아트적인 효과이지, 실제 라이트의 작동 원리에 따른 모습은 아니기 때문이다. 9장에서는 실제 세계의 라이트를 셰이더에서 재현하는 방법을 살펴볼 것이다. 따라서 림 라이트는 더 이상 사용하지 않는다.

그렇다고 각자의 프로젝트에서 림 라이트를 사용하지 말라는 의미는 아니다. 어떤 대상에 대한 라이팅을 제대로 마무리한 뒤에 화룡점정을 찍기 위한 기법 정도로 생각하면 된다.

요약

이것으로 라이팅을 다룬 첫 번째 장을 마쳤다. 8장에서 다룬 내용을 간략히 정리하면 다음과 같다.

- 노말 벡터는 메쉬 표면에서 밖을 향하는 벡터다. 이 벡터는 메쉬 표면의 형태 정보를 전달하기 위해 메쉬의 각 버텍스에 저장된다.
- 게임 엔진에서 비일률적으로 크기를 바꾸는 것을 지원한다면, 노말 벡터를 오브젝트 공간에서 월드 공간으로 변환할 때 노말 행렬이라고 불리는 특수한 행렬이 필요하다.
- 벡터의 내적은 두 벡터의 관계를 나타내는 스칼라 값이다. GLSL에서는 dot() 함수로 내적을 계산한다.
- 디퓨즈 라이팅은 광택이 없는 물체 표면에서 볼 수 있는 라이팅 유형을 가리킨다. 프래그먼트가 받는 디퓨즈 라이팅의 양은 프래그먼트의 노말 벡터와 들어오는 라이트의 방향 벡터, 이 두 벡터의 내적을 이용해서 계산한다.
- 림 라이트는 뒤로부터 조명을 받는 듯한 모습을 만드는 셰이딩 기법이다. 이 효과는 프래그먼트의 노말 벡터와 그 프래그먼트에서 카메라로 향하는 벡터, 이 두 벡터의 내적을 이용해서 구현한다.

9장

라이팅 모델

디퓨즈 라이팅은 광택이 없는 표면을 가진 대상을 렌더링할 때 적합한 방법이다. 그러나 게임에서 있을 법한 모든 대상을 렌더링하기 위해서는 도구 상자에 몇 개의 도구가 더 필요하다. 예를 들어 플라스틱, 금속, 거울, 젖어 있는 표면 같은 것들은 디퓨즈 라이팅만으로는 재현할 수 없다. 광택을 표현하기 위해서는 새로운 라이팅 계산 방식을 알아야 한다. 사실 어떤 대상이 완전한 광택을 갖거나, 완전히 광택이 없는 경우는 매우 드물다. 그러므로 디퓨즈 라이팅 계산과 새로운 라이팅을 적절히 결합해 모든 대상을 렌더링한다.

게임은 일반적으로 여러 종류의 라이팅 계산을 합쳐서 모든 대상의 라이팅을 계산할 수 있는 하나의 공식을 만든다. 이렇게 통합된 공식을 보통 **라이팅 모델**lighting model이라고 한다. 9장에서는 세 개의 라이팅 계산을 하나로 통합할 것이다. 앞서 살펴본 디퓨즈 라이팅은 세 개 중 하나다. 9장에서는 나머지 두 라이팅인 **스펙큘러**specular와 **앰비언트**ambient를 살펴보고, 기존 셰이더에 두 라이팅을 통합하는 방법을 얘기한다. 통합의 결과는 게임에서 가장 일반적으로 사용하는 **블린–퐁**Blinn-Phong **라이팅 모델**이다. 9장을 마칠 때면 폭넓은 범위의 대상을 렌더링할 수 있는 능력을 갖추게 될 것이다.

스펙큘러 라이팅

8장에서는 디퓨즈 라이팅을 살펴봤다. 9장에서는 먼저 스펙큘러 라이팅을 살펴보자. 이 라이팅은 앞에서 얘기한 광택이 있는 대상을 렌더링할 때 사용한다. 스펙큘러 라이팅은 빛이 매끄러운 표면과 상호작용할 때를 재현한다. 거친 표면을 모델로 하는 디퓨즈 라이팅을 기억할 것이다. 디퓨즈 라이팅은 대상에 도달한 빛이 사방으로 흩어지는 현상을 재현한다. 매끄러운 표면에서 표면에 도달한 빛은 반사각^{angel of reflection}이라는 특정 각도로 반사된다. 메쉬의 표면이 매끄러울수록 더 많은 빛이 이런 식으로 반사되고, 무작위로 흩어지는 빛의 양은 줄어든다. 그 결과 광택을 가진 표면의 모습이 된다. 그림 9-1은 스펙큘러 라이팅이 적용된 세 개의 메쉬를 보여준다.

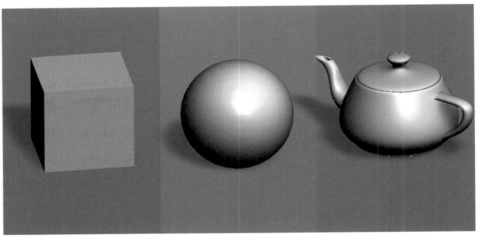

▲ 그림 9-1 스펙큘러 라이팅이 적용된 세 개의 메쉬

왼쪽에 있는 육면체는 디퓨즈 라이팅을 사용했을 때의 모습과 달라 보이지 않는다. 그 이유는 게임 카메라를 향해서 반사되는 각도로 비추는 빛이 없기 때문이다. 그 결과 메쉬에서 스펙큘러 라이팅을 볼 수 없다.

스펙큘러 라이팅이 적용된 대상을 빛이 반사돼 나오는 방향에서 바라보면 매우 밝은 스펙큘러 하이라이트를 볼 수 있다. 그리고 바라보는 각도가 그 방향과 수평에서 벗어날수록 하이라이트는 사라진다. 바라보는 각도로부터 완전히 독립적인 디퓨즈 라이팅과 다른 점이다. 그림 9-2의 가운데와 오른쪽 메쉬에서 하얗게 타 들어가는 스펙큘러 하이라이트를 볼 수 있다. 그중 가운데 메쉬는 오직 스펙큘러 라이팅의 영향만 받고 있다. 다른 두 메쉬와 비교했을 때 다소 이상해 보일 수 있다. 왜냐하면 거울이 아닌 이상 거의 모든 물체는 적어도 약간의 디퓨즈 라이팅을 받기 때문이다. 또한 거울처럼 매우 매끄러운 물체는 반사가 있어야 정상적으로 보이기 때문이다(반사에 대해서는 따로 다룬다). 따라서 우선 스펙큘러 셰이더를 구현한 다음 디퓨즈 셰이더와 합칠 것이다.

▲ 그림 9-2 왼쪽의 구는 디퓨즈 라이팅, 가운데 구는 스펙큘러 라이팅,
오른쪽 구는 둘을 결합한 라이팅을 사용한 모습이다.

일부 최신 라이팅 모델에서는 금속의 디퓨즈 라이팅을 다른 방식으로 처리하기도 한다. 그러나 우리가 구현할 블린-퐁 라이팅 모델에서는 금속과 비금속 표면을 동일하게 취급한다.

스펙큘러 셰이더

프로젝트를 시작하기 위해 새로운 프래그먼트 셰이더를 만들고, specular.frag라고 이름을 붙인다. 나중에 버텍스 셰이더도 수정할 것이다. 그러나 프래그먼트 셰이더가 필요로 하는 정보를 먼저 파악하면 수정이 한결 수월할 것이다. 스펙큘러 라이팅의 계산은 디퓨즈 라이팅보다는 좀 더 복잡하다. 그러나 근본적으로는 여전히 두 방향 벡터 간의 내적을 구하는 것이 내용의 핵심이다. 어려운 것은 그 두 벡터를 구하는 부분이다.

우리가 필요로 하는 첫 벡터는 완벽하게 반사되는 광선이 프래그먼트로부터 튕겨 나오는 방향이다. 이 방향은 프래그먼트의 노말 벡터와 정규화된 라이트 방향 벡터로 구할 수 있다. GLSL은 코드 9-1에서 볼 수 있듯이 유용한 reflect() 함수를 통해 계산을 대신 처리해준다.

코드 9-1 GLSL의 reflect() 함수

```
vec3 refl = reflect(-lightDir, normalVec);
```

이 함수에서는 인자를 순서에 맞게 전달하는 것이 중요하다. 함수에 전달하는 첫 번째 인자는 들어오는 라이트 벡터이고, 두 번째 인자는 현재 프래그먼트의 노말 벡터이다. GLSL의 다른 많은 함수와 마찬가지로 reflect() 함수 역시 두 인자의 차원이 같다는 전제하에 어떤 차원의 벡터도 사용할 수 있다. 여기서 한 가지 주의할 부분은 반전한 라이트 방향 벡터를 사용하고 있다는 점이다. 그 이유는 reflect() 함수는 들어오는 라이트 벡터가 메쉬 표면을 향한다고 예상하기 때문이다. 앞서 디퓨즈 라이팅 계산 과정에서 라이트 방향이 메쉬 표면에서 밖을 향하게끔 손수 반전했기 때문에 reflect() 함수에 맞게 현재의 라이트 방향 벡터를 반전한 것이다. 더 이상은 디퓨즈 라이팅 셰이더만 다루는 것이 아니기 때문에 C++ 코드를 수정해서 라이트 방향 벡터를 원래대로 돌려 놓을 수도 있다. 그러나 앞서 작성한 셰이더를 그대로 사용하기 위해 현재 상태를 유지하기로 한다.

반사 벡터가 준비되면 두 번째로 필요한 벡터는 프래그먼트의 위치로부터 카메라를 향하는 방향 벡터다. 앞에서 림 라이트 효과를 만들 때 이 벡터를 구했었다. 여기서도 정확히 동일한 계산 방식을 사용한다. 이전과 마찬가지로 버텍스 셰이더가 fragWorldPos 데이터를 내보낸다. 그리고 카메라 위치는 C++ 코드에서 camPos 유니폼 변수로 전달한다. 프래그먼트 셰이더에 필요한 모든 데이터가 준비를 마쳤을 때, 카메라와 프래그먼트 사이의 벡터 계산은 코드 9-2와 같은 모습이다.

코드 9-2 toCam 벡터 계산하기

```
vec3 toCam = normalize(camPos - fragWorldPos);
```

두 벡터가 준비되면 다음 할 일은 두 벡터의 내적을 구하는 것이다. 그리고 그 값을 거듭제곱함으로써 하이라이트의 모습을 제어한다. 지수가 클수록 스펙큘러 하이라이트는 더 집중해서 맺히고, 그 결과 더 매끄러운 표면을 재현한다. 그림 9-3은 광택을 나타내는 지수에 따른 구 메쉬의 모습을 보여준다.

▲ 그림 9-3 스펙큘러 하이라이트 비교. toCam과 반사 벡터의 내적을 각각 4제곱, 16제곱, 32제곱한 결과(왼쪽에서부터)이다.

내적을 거듭제곱하는 지수를 일반적으로 **광택**shininess 값이라고 지칭한다. 코드 9-3은 셰이더 코드에서 광택을 계산하는 부분이다.

```
float specAmt = max(0.0, dot(refl, viewDir));
float specBrightness = pow(specAmt, 16.0); ❶
```

마지막으로 specBrightness를 라이트의 색상과 곱하고(빨강색 라이트가 흰색 하이라이트를 만들면 말이 안되기 때문이다), 이것을 다시 메쉬의 스펙큘러 색상과 곱한다. 이렇게하면 최종적인 하이라이트의 색상을 만들 수 있다. 지금까지 다룬 내용을 종합한, 스펙큘러 라이팅만 있는 프래그먼트 셰이더의 모습은 코드 9-4와 같다.

코드 9-4 specular.frag, 스펙큘러 라이팅만 있는 프래그먼트 셰이더

```
#version 410

uniform vec3 lightDir;
uniform vec3 lightCol;
uniform vec3 meshCol;
uniform vec3 meshSpecCol;
uniform vec3 cameraPos;

in vec3 fragNrm;
in vec3 fragWorldPos;
out vec4 outCol;

void main(){
  vec3 nrm = normalize(fragNrm);
  vec3 refl = reflect(-lightDir,nrm);
  vec3 viewDir = normalize( cameraPos - fragWorldPos);

  float specAmt = max(0.0, dot(refl, viewDir));
  float specBright = pow(specAmt, 16.0);

  outCol = vec4(lightCol * meshSpecCol * specBright, 1.0);
}
```

앞에서 림 라이트 효과를 만들 때 버텍스 셰이더에 fragWorldPos를 계산해서 내보내는 로직을 추가했다. 아직 이 로직을 mesh.vert에 추가하지 않았다면, 스펙큘러

셰이더가 올바로 작동하기 위해서 추가해야 한다. 이 부분은 앞에서 이미 설명했기 때문에 버텍스 셰이더 코드는 생략하고 넘어간다. 기억을 되살려야 한다면 앞으로 돌아가서 확인하기 바란다.

모든 준비를 마치고 프로그램을 실행하면 그림 9-4와 같은 모습을 볼 수 있다. 문제가 있다면 온라인 소스코드 9장 SpecularTorus에 참고할 수 있는 전체 코드가 있다.

▲ 그림 9-4 스펙큘러 셰이더가 적용된 토러스 메쉬

디퓨즈와 스펙큘러 라이팅 합치기

스펙큘러 셰이더에 디퓨즈 라이팅을 더하는 것은 어렵지 않다. 이전에 작성한 셰이더에 있는 디퓨즈 계산을 현재의 스펙큘러 프래그먼트 셰이더에 추가하는 것이 전부다. 코드 9-5는 디퓨즈 계산이 추가된 specular.frag 셰이더의 main() 함수를 보여준다.

```
void main(){
  vec3 nrm = normalize(fragNrm);
  vec3 refl = reflect(-lightDir,nrm);
  vec3 viewDir = normalize( cameraPos - fragWorldPos);

  float diffAmt = max(0.0, dot(nrm, lightDir));
  vec3 diffCol = meshCol * lightCol * diffAmt;

  float specAmt = max(0.0, dot(refl, viewDir));
  float specBright = pow(specAmt, 16.0);
  vec3 specCol = meshSpecCol * lightCol * specBright;

  outCol = vec4(diffCol + specCol, 1.0);
}
```

이 코드를 반영해서 셰이더를 수정하면 그림 9-5처럼 기분 좋게 반짝거리는 빨간
토러스 메쉬를 볼 수 있다.

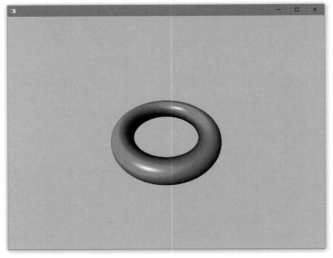

▲ 그림 9-5 디퓨즈와 스펙큘러 라이팅으로 렌더링한 토러스

앰비언트 라이팅

현실에서 어떤 물체를 빛으로 밝힐 때, 빛이 반드시 직접 물체를 비춰야 하는 것은 아니다. 빛은 물체에서 튕겨 나오는데, 반사된 빛이 결국 다른 물체를 비춘다. 그래픽에서는 이것을 **글로벌 조명**global illumination이라고 부른다. 게임 개발자들은 물체 간의 빛의 반사를 정확하게 재현하는 새로운 방법을 늘 찾고 있다.

구현할 마지막 라이팅은 앰비언트 라이팅ambient lighting이라고 하는데, 글로벌 조명을 가장 간단하게 재현하는 라이팅이다. 앰비언트 라이팅은 메쉬의 모든 프래그먼트에 어떤 색상을 더해주는 방식으로 작동한다. 이를 통해 어떤 프래그먼트가 완전한 검정색이 되는 것을 막을 수 있고, 주변 환경으로부터 반사된 라이트를 재현할 수도 있다. 현재 셰이더에 앰비언트 라이트를 더하는 것은 매우 간단하다. 해야 할 일은 씬의 앰비언트 색상을 담은 유니폼 변수를 만들고, 그 색상을 메쉬 색상과 곱한 후, main() 함수의 마지막 줄을 고치는 것이 전부다. 코드 9-6은 수정할 내용을 보여준다. 명심해야 할 것은 씬에 어떤 색상의 라이트가 있든, 빨강색 오브젝트는 오직 빨강색 라이트만을 반사한다는 사실이다. 따라서 불가능한 색상을 더하지 않기 위해서 앰비언트 라이트 색상을 메쉬의 프래그먼트 색상과 곱한다.

코드 9-6 디퓨즈, 스펙큘러, 앰비언트 라이트 합치기

```
vec3 ambient = ambientCol * meshCol;
outCol = vec4(diffCol + specCol + ambient, 1.0);
```

앰비언트 라이트의 영향은 ambientCol 유니폼 변수에 담은 색상에 따라서 매우 약할 수도 있고, 반대로 매우 두드러질 수도 있다. 그림 9-6은 앰비언트 라이팅을 사용한 두 개의 사례를 보여준다. 위 이미지에서는 회색 앰비언트 색상 (0.5, 0.5, 0.5)가 토러스를 밝게 만들었다. 아래 이미지는 녹색 배경에 의한 라이팅을 재현하기 위해서 녹색 앰비언트 색상 (0.0, 0.3, 0.0)을 사용한 모습이다. 녹색 배경의 예에서는 토러스의 색상을 바꿨다. 실제에서는 순수한 빨강색은 녹색 라이트를 반사하지 못하

고, 따라서 녹색 앰비언트 색상의 영향을 받지 않기 때문이다. 그래서 (0.0, 0.5, 1.0)
의 파랑색 토러스를 사용했다.

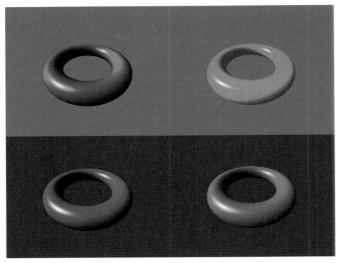

▲ 그림 9-6 앰비언트 라이트를 적용한 모습. 왼쪽 열의 두 토러스는 앰비언트 라이팅 없이 렌더링한 결과다.
오른쪽 열의 토러스는 배경 색상과 일치하는 앰비언트 색상을 사용하고 있다.

디퓨즈, 스펙큘러, 앰비언트 라이팅을 사용해서 토러스 메쉬를 렌더링하는 프로젝트
의 모든 소스코드는 온라인 소스코드 9장의 PhongTorus 프로젝트에서 찾을 수 있
다. Phong은 지금까지 구현한 라이팅 모델의 이름이다. 이 라이팅 모델은 좀 더 자
세하게 설명하기로 한다.

퐁 라이팅 모델

지금까지 세 개의 라이팅을 구현했다. 그러나 그 이면에 있는 수학은 전혀 언급하지
않았다. 9장의 앞부분에서 말했던 것처럼 함께 사용되는 일군의 라이팅 계산을 라이
팅 모델이라고 한다. 현재 사용하고 있는 세 개의 라이팅(디퓨즈, 스펙큘러, 앰비언트)이
합쳐져, 게임에서 가장 널리 사용하는 라이팅 모델 중 하나인 퐁 라이팅 모델을 구성

한다.

인터넷에서 퐁 라이팅을 검색하면 그림 9-7과 같은 아주 복잡한 공식을 마주한다. 너무 낯설어 보여도 걱정할 필요는 없다. 수학 기호들이 공식을 필요 이상으로 무서워 보이게 만들고 있다. 사실 복잡해 보이는 이 공식을 모두 구현했다. 대체 이 공식이 어떤 의미인지 하나하나 살펴보기로 한다.

$$I_p = k_a i_a + \sum_{m \in \text{lights}} (k_d (\hat{L}_m \cdot \hat{N}) i_{m,d} + k_s (\hat{R}_m \cdot \hat{V})^\alpha i_{m,s}).$$

▲ 그림 9-7 수학 기호로 설명한 퐁 라이팅 모델

그림 9-7의 공식은 퐁 셰이딩이 메쉬 위의 특정 지점의 조명을 어떻게 계산하는지 수학적으로 설명한다. 조명 값은 I_p라고 하는데, 공식에서 등호 왼쪽에 있다. 등호 오른쪽은 조명 값을 계산하기 위해 셰이더가 해야 할 일들을 보여준다. 이미 아는 것처럼 퐁 라이팅은 앰비언트, 디퓨즈, 스펙큘러 라이팅의 조합으로 이뤄진다. 이들 세 라이팅은 프래그먼트가 각 라이팅의 영향을 얼마나 받을지 결정하는 상수에 의해 그 크기가 조정된다. 이 상수는 공식에서 K_a, K_d, K_s에 해당한다. 모두 vec3 타입인데, 간단히 말하면 각 라이팅의 프래그먼트 색상을 나타낸다. 우리 셰이더의 경우 K_a와 K_d는 메쉬 색상을 사용했고, K_s는 유니폼 변수 meshSpecCol의 값을 사용했다. 이들 상수가 가질 수 있는 다른 값에 대해서는 곧 설명하겠다.

퐁 공식에 따르면 라이트는 각 라이팅을 얼마나 비출 것인지에 대한 자신만의 상수를 갖는다. 공식에서 i_a, i_d, i_s 항에 해당한다. 실제 대부분의 게임은 라이트가 하나의 색상만 비추게 하는데, 보통은 i_d와 i_s항이 그 값을 같이 사용하고 i_a 항은 게임 씬 전체를 별도로 정의한다.

상수가 모두 정의되면 공식의 나머지는 그것을 어떻게 사용하는가에 관한 것이다. 우리는 이미 이 모든 계산을 셰이더에서 구현했다. 그러나 공식으로 이해하기에는 약간의 어려움이 따르는 것이 사실이다. 그림 9-8은 이해를 돕기 위해 공식의 오른쪽을 주요 부분별로 나눠서 보여준다.

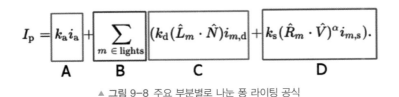

$$I_\mathrm{p} = \underbrace{k_\mathrm{a} i_\mathrm{a}}_{A} + \underbrace{\sum_{m \in \text{lights}}}_{B} \underbrace{(k_\mathrm{d}(\hat{L}_m \cdot \hat{N}) i_{m,\mathrm{d}}}_{C} + \underbrace{k_\mathrm{s}(\hat{R}_m \cdot \hat{V})^\alpha i_{m,\mathrm{s}}).}_{D}$$

▲ 그림 9-8 주요 부분별로 나눈 퐁 라이팅 공식

A는 앰비언트 라이팅의 계산이다. 퐁 공식을 보면 재질이 자신의 앰비언트 색상(k_a)을 정의할 수 있다고 명시하고 있다. 그러나 일반적으로 프래그먼트의 k_a는 그 위치의 메쉬 색상이라고 생각하는 것이 보통이다. 이미 말했듯이 i_a항은 라이트마다 설정하기보다는 대개 게임 씬 전체를 일괄적으로 정의한다. 어떤 방식이든 k_a와 i_a값을 구하면 그것을 서로 곱해서 나머지 라이팅과 더한다. 앞서 작성한 셰이더 마지막에 앰비언트 라이트를 더했던 것과 마찬가지다.

앰비언트 라이팅이 끝나면 드디어 공식의 핵심부에 다다른다. 씬에 있는 모든 라이트의 디퓨즈와 스펙큘러 라이팅을 처리하는 부분이다. B를 간단히 설명하면, 현재 프래그먼트에 영향을 미치는 모든 라이트에 대해서 디퓨즈와 스펙큘러 라이팅을 계산하고, 그 결과를 모두 더한다는 의미다. 여러 개의 라이트를 사용하는 것은 나중에 설명할 것이다. 당장은 프래그먼트에 영향을 미치는 라이트의 라이팅 계산을 모두 더한다는 사실만 알면 충분하다.

옆에 있는 C는 디퓨즈 라이팅을 계산한다. k_d는 현재 프래그먼트의 디퓨즈 색상이고, i_d는 들어오는 디퓨즈 라이트의 색상이다. 괄호 안에는 L_m과 N이라는 두 값이 있다. 이미 디퓨즈 셰이더를 작성했기 때문에 이것들이 라이트 방향 벡터와 프래그먼트 노말을 의미한다는 사실은 알 것이다. 셰이더에서 했던 것처럼 공식에서 C는 메쉬 색상을 라이트 색상과 곱하고, 다시 라이트 방향 벡터와 노말의 내적과 곱해서 디퓨즈 라이팅을 구한다.

마지막으로 스펙큘러 라이팅을 계산하는 D에 이르렀다. k_s는 현재 프래그먼트의 스펙큘러 색상이고, i_s는 들어오는 스펙큘러 라이트의 색상이다. 이 두 색상은 메쉬에 맺히는 스펙큘러 하이라이트의 색상을 결정한다. 우리 셰이더에서는 k_s를 흰색으로 정의했기 때문에 스펙큘러 하이라이트의 색상은 라이트의 색상(i_s)이 무엇이든 그 색상을 따라갔다. 일부 재질은 직접 스펙큘러 색상을 선택할 때 더 좋은 결과를 보여주기도 한다. 따라서 다양한 값을 k_s에 넣어보며 시험해 본다. 스펙큘러 셰이더에서 했던 것처럼 D의 나머지는 R_m(반사되는 라이트 벡터)과 V(카메라 벡터)의 내적을 밑으로 해서 α(광택 상수)를 지수로 거듭제곱한다. 그리고 이 값을 재질과 라이트의 스펙큘러 색상과 곱한 후, 그 결과를 디퓨즈 라이팅의 결과와 더한다. 지금까지의 모든 결과를 합치면 최종적인 프래그먼트의 색상을 구하게 된다.

퐁 셰이딩이 게임에서 사용하는 유일한 라이팅 모델은 아니다. 최근 많은 게임들이 물리 기반 셰이딩^{physically based shading}으로 옮겨가고 있다는 얘기를 들었을 것이다. 이 새로운 셰이딩은 훨씬 복잡한 라이팅 공식을 사용해서 훨씬 사실적으로 대상을 렌더링한다. 그러나 퐁 셰이딩은 게임 업계에서 여전히 널리 쓰이고 있다. 예를 들어 모바일 게임은 다양한 하드웨어에서 실행될 수 있어야 하고, 덜 사실적인 라이팅 모델을 사용함으로써 성능상의 이득을 취해야 한다. 이럴 경우 물리 기반 모델보다는 퐁 라이팅 모델이 좋은 선택일 수 있다.

블린-퐁 라이팅 모델

퐁 셰이딩은 매우 강력한 셰이딩 모델이다. 그러나 일부 상황에서 한계가 드러나기도 한다. 가장 두드러진 것은 시야각에 따라서 낮은 광택 값을 가진 오브젝트의 스펙큘러 라이팅에서 발생하는 이상 현상이다. 그림 9-9는 이 현상을 보여준다. 라이팅이 보여주는 비정상적으로 날카로운 경계에 주목한다. 예시에서 사용한 광택 지수는 0.5이다.

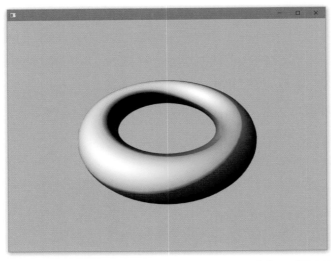

▲ 그림 9-9 낮은 광택 지수를 사용했을 때 퐁 셰이딩에서 발생하는 스펙큘러 문제

문제의 원인은 퐁 셰이딩 모델이 반사되는 라이트 벡터와 카메라 벡터 간의 각도가 90도를 초과하는 경우를 고려하지 않았기 때문이다. 대부분의 경우는 이것이 문제가 되지 않는다. 라이팅의 경계가 보일 정도면 이미 스펙큘러 하이라이트의 크기가 매우 작아져서 스펙큘러 라이팅이 보이지 않기 때문이다. 그러나 광택 값이 낮을 경우(하이라이트의 영역이 매우 커질 경우), 이런 문제가 불거질 수 있다. 퐁 라이팅 모델을 사용하는 많은 게임들은 블린-퐁 라이팅Blinn-Phong Lighting이라는 변형된 모델을 사용해 문제를 해결한다. 이 모델은 스펙큘러 라이팅에 사용되는 계산을 변형한 것인데, 퐁 라이팅 모델에 비해 실제의 라이팅을 더 정확하게 재현한다는 장점이 있다.

퐁과 블린-퐁 간의 구현상 가장 큰 차이점은 블린-퐁 모델은 스펙큘러 계산에 사용되는 기존 반사되는 라이트 벡터를 하프 벡터half vector라고 부르는 새로운 벡터로 대체한다는 것이다. 코드 9-7은 하프 벡터를 계산하는 방법을 보여준다.

코드 9-7 하프 벡터 계산

```
vec3 halfVec = normalize(viewDir + lightDir);
```

하프 벡터가 준비되면 새로운 벡터와 노말 벡터 간의 내적을 구하도록 코드를 수정한다. 그 다음은 이전과 마찬가지로 pow() 함수를 사용한다. 코드 9-8은 퐁과 블린-퐁 스펙큘러 계산의 차이점을 쉽게 확인할 수 있도록 둘 모두를 보여준다.

코드 9-8 퐁과 블린-퐁 스펙큘러의 비교

```
// 퐁 스펙큘러
vec3 refl = reflect(-lightDir,nrm);
float specAmt = max(0.0, dot(refl, viewDir));
float specBright = pow(specAmt, 16.0);

//   블린-퐁 스펙큘러
vec3 halfVec = normalize(viewDir + lightDir);
float specAmt = max(0.0, dot(halfVec, nrm));
float specBright = pow(specAmt, 64.0); ❶
```

계산이 바뀐 것 외에도 같은 크기의 스펙큘러 하이라이트를 얻기 위해서 블린-퐁 모델에서는 보통의 퐁모델에서 사용한 것보다 2~4배 정도의 광택 값을 사용해야 한다는 점에 주목한다(❶).

블린-퐁 셰이딩을 사용하기 위해서 해야 할 것은 이렇게 몇 줄의 코드를 고치는 것이 전부다. 수정한 셰이더를 메쉬에 적용하고, 광택 지수를 0.5가 아닌 2로 정하면 그림 9-10과 같은 결과를 얻는다. 스펙큘러 하이라이트 주변의 날카로운 경계가 눈에 띄게 줄어들었고(완전히 없어진 것은 아니다), 전체적으로 좀 더 자연스러운 모습이 됐다. 그림 9-10을 렌더링하는 코드는 온라인 소스코드 9장의 BlinnPhong 프로젝트에서 찾을 수 있다.

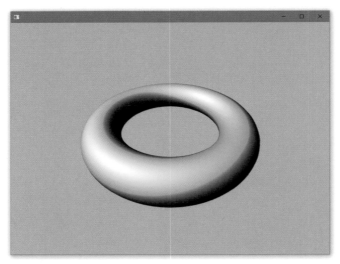

▲ 그림 9-10 낮은 광택 값과 블린-퐁 스펙큘러 라이팅을 사용한 토러스 렌더링

텍스처를 이용한 라이팅 제어

지금까지 작성한 메쉬의 표면은 완전히 일률적이었다. 이 말은 메쉬의 모든 프래그먼트가 동일한 정도의 광택과 동일한 색상을 가졌고 동일한 색상의 스펙큘러 라이팅을 반사했다는 의미다. 굳이 설명하지 않아도 게임이 이런 방식으로 일을 처리하지 않는다는 사실을 알고 있을 것이다. 대신 게임은 텍스처로 메쉬 표면의 정보에 변화를 준다. 이미 텍스처를 활용해 메쉬에 프래그먼트 단위로 다른 색상 값을 사용한 경험이 있다. 게임에서는 텍스처에 색상 외에 다른 정보를 저장하는 경우를 흔히 볼 수 있다.

텍스처를 이용해서 메쉬 표면의 라이팅에 변화를 줄 수 있다. 가장 흔히 사용하는 방법 중 하나가 스펙큘러 맵(종종 줄여서 스펙 맵spec map이라고 한다)이다. 텍스처에 들어있는 정보는 메쉬 표면의 각 부분이 얼마나 많은 광택이 있는지 제어한다. 텍스처는 다양한 방법으로 사용될 수 있다. 가장 간단한 방법은 어떤 프래그먼트의 스펙큘러 라이팅과 스펙큘러 맵에서 그 프래그먼트의 UV 좌표에 해당하는 값을 곱하는 것이다.

이렇게 하면 어떤 프래그먼트가 얼마나 광택을 가질지 제어할 수 있다.

실제로 확인해 보기 위해 토러스를 남겨두고, 게임에서 볼 법한 메쉬를 사용하기로 한다. 온라인 소스코드 9장의 Assets 폴더에는 shield.ply라는 메쉬와 shild_diffuse. png와 shiled_spec.png라는 두 개의 텍스처가 들어있다. 파일을 내려 받아서 프로젝트의 bin/data 폴더로 옮긴다. 앞으로 이 파일들을 계속 사용한다. 이 메쉬는 로우폴리곤 방패 메쉬인데 텍스처를 입힐 때 필요한 노말과 UV 정보가 있다. 텍스처 이름에서 추측할 수 있지만, 각 텍스처는 서로 다른 라이팅에 필요한 정보를 담고 있다. 디퓨즈 텍스처는 메쉬 표면의 주된 색상을 제공하며, 저장된 색상 값은 디퓨즈 라이팅 값과 곱한다. 비슷한 방식으로 스펙큘러 텍스처 역시 스펙큘러 라이팅과 값과 곱한다. 그림 9-11에서 두 텍스처를 볼 수 있다.

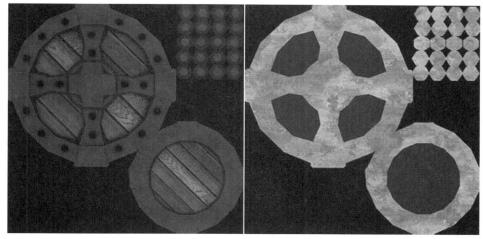

▲ 그림 9-11 방패 메쉬에 사용할 텍스처

스펙큘러 맵에서는 검정색이 아닌 부분은 방패에서 금속에 해당하는 부분이다. 이 말은 메쉬에서 나무에 해당하는 프래그먼트는 스펙큘러 라이팅을 검정색으로 곱하기 때문에 스펙큘러 라이팅을 받지 않는다는 의미다. 금속 부분도 일률적으로 스펙큘러 라이팅을 받는 것은 아니라는 사실도 알 수 있다. 사용감이 있는 금속의 느낌을 만들기 위해 스펙큘러 영역의 밝기에도 변화가 있다.

프로젝트에서 사용하는 메쉬를 바꿨다. 그것에 적합한 시점을 찾기 위해 모델 행렬과 씬에 있는 카메라 위치를 바꿔보고 싶을 것이다. 코드 9-9는 예시에서 사용한 코드를 보여준다.

코드 9-9 예시에서 사용한 카메라와 메쉬의 설정

```
// 메쉬를 내려다볼 수 있도록 수정된 뷰 행렬
float cAngle = radians(-45.0f);
vec3 right = vec3(1, 0, 0);
cam.pos = glm::vec3(0, 0.85f, 1.0f);
mat4 view = inverse(translate(cam.pos) * rotate(cAngle, right));
// 똑바로 서고, 좀 더 커질 수 있게 수정된 모델 행렬
mat4 model = rotate(radians(-45.0f), right) * scale(vec3(1.5, 1.5, 1.5));
```

C++ 코드에서 텍스처를 설정하는 것은 앞에서 여러 번 경험했다. 디퓨즈와 스펙큘러 맵을 사용하도록 프래그먼트 셰이더를 수정하는 부분으로 바로 넘어간다. 우선 코드 9-10처럼 텍스처를 담을 두 개의 유니폼 변수와 UV를 받을 새로운 in 변수를 선언한다.

코드 9-10 specular.frag의 새로운 변수

```
uniform sampler2D diffuseTex;
uniform sampler2D specTex;
in vec2 fragUV;
```

새로운 변수가 준비되면 남은 일은 main() 함수에 있는 meshCol과 meshSpecCol 변수를 텍스처에 있는 색상으로 대체하는 것이다. 코드 9-11은 셰이더를 마무리하기 위해서 수정해야 할 두 줄의 코드를 보여준다.

코드 9-11 텍스처를 사용하도록 수정된 라이팅 계산

```
// 기존 코드
vec3 diffCol = meshCol * lightCol * diffAmt;
vec3 specCol = meshSpecCol * lightCol * specBright;
```

```
// 수정된 코드
vec3 meshCol = texture(diffuseTex, fragUV).xyz;
vec3 diffCol = meshCol * lightCol * diffAmt;
vec3 specCol = texture(specTex, fragUV).x * lightCol * specBright;
```

프래그먼트 셰이더가 수정됐으면 프래그먼트 셰이더의 fragUV 변수로 UV 좌표를 전달할 수 있게 버텍스 셰이더를 고친다. 이것 역시 새로운 내용은 아니다. 모든 수정이 끝난 씬의 모습은 그림 9-12와 같다. 이 이미지를 만드는 데 사용한 소스코드는 온라인 소스코드 9장의 BlinnShield 프로젝트에서 찾을 수 있다.

▲ 그림 9-12 디퓨즈와 스펙큘러 맵을 사용해서 렌더링한 방패 메쉬

그림 9-12를 자세히 살펴보면 스펙큘러 라이팅이 메쉬의 금속 부분에만 영향을 미치고 있는 모습을 볼 수 있다. 그러나 메쉬가 완전히 정적으로 있기 때문에 효과를 확인하기가 쉽지 않다. 스펙큘러 셰이딩은 시점에 크게 의존하기 때문에 메쉬가 움직여야 라이팅의 결과를 제대로 볼 수 있다. 프로젝트에 몇 줄의 코드를 추가해서 런타임에서 방패를 회전하게 만든다. 코드 9-12와 같은 약간의 수정이면 큰 차이를 만들 수 있다.

코드 9-12 방패 메쉬를 런타임에 회전하게 만들기

```
// 바로선 채로 방패를 회전하게 만들고, 크기도 키우는 모델 행렬 만들기
static float rotAngle = 0.0f;
rotAngle += 0.01f;
vec3 up = vec3(0, 1, 0);
mat4 rotation = rotate(radians(-45.0f), right) * rotate(rotAngle, up);
mat4 model = rotation * scale(vec3(1.5, 1.5, 1.5));
```

요약

9장에서 다룬 내용을 간략히 요약하면 다음과 같다.

- 각 유형의 라이팅은 셰이더에서 각각의 계산을 필요로 한다. 라이팅 모델은 어떤 대상을 렌더링할 때 필요한 이런 계산들의 조합이다.
- 널리 사용되는 라이팅 계산 방식인 퐁 라이팅 모델은 메쉬 표면에 도달하는 라이트를 디퓨즈, 스펙큘러, 앰비언트 라이트의 조합으로 재현한다.
- 퐁 스타일의 라이팅을 사용하는 게임들은 대부분의 경우 블린-퐁이라는 개량된 라이팅 모델을 사용한다. 블린-퐁 라이팅 모델은 대상을 더 사실적으로 재현하며, 낮은 광택 값에서 발생하는 시각적 문제를 해결한다.
- 메쉬의 표면에서 라이팅에 변화를 주기 위해서, 셰이더는 각 유형의 라이팅에 필요한 정보를 제공하는 텍스처를 사용한다. 방패 메쉬에서 디퓨즈 맵은 디퓨즈 색상에 대한 정보를, 스펙큘러 맵은 각 프래그먼트가 얼마나 많은 스펙큘러 라이팅을 받을 것인지에 대한 정보를 담는다.

10장

노말 매핑

앞에서 텍스처에 색상 이외의 데이터를 저장하는 첫 번째 사례를 살펴봤다. 10장에서는 그것을 확장해서 광택 정보를 저장하는 것 외에 표면의 요철의 정보를 저장할 것이다. 이를 위해 색상 대신 노말 벡터를 저장하는 특수한 텍스처를 사용한다. 지금까지 사용한 노말 벡터는 모두 메쉬에 저장된 것이었다. 그러나 버텍스 노말은 메쉬 페이스 형태의 대략적인 정보만 전달할 수 있다. 표면의 울퉁불퉁함이나 흠집 같이 세부적인 형태를 렌더링하려면 다른 종류의 노말 데이터가 필요하다. 그림 10-1을 통해 더 쉽게 이해할 수 있다. 그림 10-1은 흰색 선으로 버텍스 노말을 표시한 방패 메쉬의 중앙 부분을 보여준다.

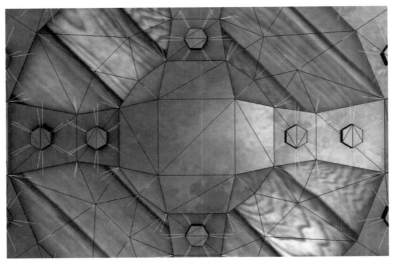

▲ 그림 10-1 노말 벡터가 표시된 방패 메쉬의 중앙 부분. 가장 큰 부분을 차지하는 방패의 중앙 금속 부분이 겨우 네 개의 버텍스로 이뤄졌다는 점에 주목한다.

방패 메쉬의 금속으로 만들어진 중앙 부분이 매우 적은 개수의 버텍스로 만들어졌다는 점에 주목한다. 이런 상태에서 그 부분에 작은 흠집이나 요철을 표현하려면 어떻게 해야 할까? 깔끔하게 가공되지 않은 금속으로 만든 방패라면 충분히 있을 수 있는 모습이다. 그러나 방패의 중앙 부분은 겨우 네 개의 버텍스로 구성돼 있다. 이 말은 버텍스를 추가하지 않는 이상, 방패 메쉬에는 세부적인 형태를 더할 수 없다는 얘기다. 더 많은 버텍스를 추가해서 세부적인 형태를 표현할 수도 있을 것이다. 그러나 메쉬에 버텍스를 더할수록 버텍스 셰이더의 계산과 메쉬가 차지하는 메모리도 늘어난다. 요철과 흠집을 표현하기 위해 모든 오브젝트에서 수천 개씩의 버텍스를 추가로 감당할 수 있는 게임은 거의 없을 것이다.

이런 문제를 해결하기 위해 게임들은 노말 벡터를 저장하는 노말 맵이라는 특수한 텍스처를 사용한다. 메쉬 표면의 광택 정보를 저장하기 위해 스펙큘러 맵을 사용하는 것과 같다고 할 수 있다. 메쉬에 있는 버텍스보다 노말 맵에 있는 픽셀이 훨씬 많다. 그러므로 메쉬의 버텍스만 사용하는 것에 비해서 훨씬 많은 노말 벡터 정보를 저장할 수 있다. 이 개념이 잘 작동한다면 10장에서 만들게 될 방패는 그림 10-2의 오른쪽과 같은 결과가 될 것이다.

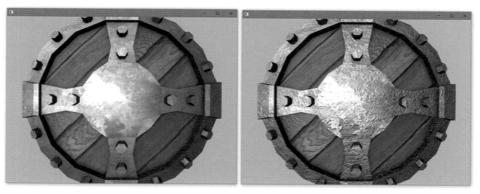

▲ 그림 10-2 노말 맵이 없는 방패의 모습(왼쪽), 노말 맵을 사용한 방패의 모습(오른쪽)

노말 맵

노말 맵으로 무엇을 할 수 있을지에 대해 얘기했다. 이제 노말 맵이 정확히 무엇인지 차분히 살펴보기로 한다. 노말 맵은 각 픽셀의 색상 대신 정규화된 벡터를 저장하는 텍스처다. 이 말은 노말 맵이 저장하는 각 픽셀의 RGB 값은 실제로는 라이팅 계산에서 사용할 노말 벡터의 XYZ 값이라는 얘기다.

그런데 색상에는 음수가 없기 때문에 텍스처는 0보다 작은 값을 가질 수 없다. 이 말은 컴포넌트가 양수인 벡터만 저장할 수 있다는 의미다. 만약 그렇다면 저장할 수 있는 노말 벡터의 방향이 한정되고 노말 맵은 사실상 무용지물이 된다. 노말 맵은 0.5를 0.0으로 간주해 이 문제를 해결한다. 예를 들어 색상이 (0, 0.5, 1)인 픽셀은 벡터 (-1, 0, 1)을 나타낸다. 이 방식의 부작용은 코드 10-1처럼 색상 값을 벡터로 변환하기 위해서 노말 맵을 샘플링한 후에 추가 연산이 필요하다는 점이다.

코드 10-1 노말 맵에서 노말 구하기

```
vec3 nrm = texture(normTex, fragUV).rgb;
```

```
nrm = normalize(nrm * 2.0 - 1.0);
```

푸른 색조을 띄고 있는 노말 맵의 모습을 이미 봤을지도 모른다. 예를 들어 방패에 사용할 노말 맵의 모습은 그림 10-3과 같다. 푸른 색조를 띄는 이유는 노말 맵에 있는 픽셀의 B채널이 텍스처에 저장된 벡터의 Z채널에 해당하기 때문이다. 노말 매핑은 메쉬 표면을 기준으로 정의되는 **탄젠트 공간**tangent space이라는 특수한 좌표 공간을 사용한다. 메쉬 위의 어떤 지점에서 탄젠트 공간의 Z축은 메쉬의 노말 벡터의 방향과 일치한다. 우리가 노말 맵에 저장하는 노말은 메쉬의 표면으로부터 멀어지는 방향을 향한다. 이 말은 저장되는 모든 노말 벡터의 Z값은 양수이고, 그 결과 모든 픽셀의 B 채널 값이 0.5 이상이라는 의미이다.

그림 10-3은 노말 매핑을 사용해서 표현할 수 있는 표면의 세부적인 형태를 보여준다. 자세히 보면 메쉬의 금속 부분에 해당하는 울퉁불퉁한 질감과 나뭇결을 확인할 수 있다. 이런 세세한 형태를 제대로 렌더링하려면 수천 개의 페이스가 필요했을 것이다. 그러나 노말 매핑을 사용하면 간단히 처리할 수 있다.

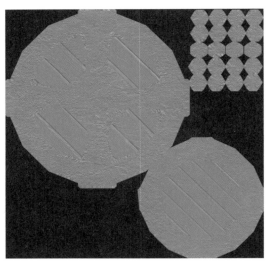

▲ 그림 10-3 방패의 노말 맵

탄젠트 공간

노말 맵이 벡터를 저장하고, 셰이더에서 벡터를 읽어 들이는 방법을 살펴봤다. 여기서는 벡터를 저장하는 좌표 공간을 얘기해보려 한다. 프래그먼트 기반으로 정의된다는 점에서 탄젠트 공간은 매우 기이한 좌표 공간 중 하나다. 카메라의 방향이나 오브젝트의 위치에 기반하는 대신, 이 좌표 공간은 각 프래그먼트가 있는 메쉬 표면을 기준으로 정의된다.

탄젠트 공간의 Z축이 항상 메쉬의 노말 벡터 방향을 향한다는 사실은 이미 얘기했다. 남은 것은 나머지 두 축을 파악하는 것이다. 탄젠트 공간의 X축은 메쉬의 탄젠트 벡터tangent vector에서 온다. 탄젠트 벡터는 버텍스 색상이나 노말 벡터와 마찬가지로 메쉬의 각 버텍스에 저장되는데, 메쉬 UV 좌표의 U축 방향을 담는다. 탄젠트 공간의 Y축은 바이탄젠트bitangent라고 하는데, 탄젠트와 노말 벡터 모두와 직각으로 교차하는 벡터다. 바이탄젠트는 메쉬 메모리에 저장하기보다는 대개 셰이더 코드에서 계산한다. 최종적으로 세 벡터는 특정 프래그먼트에 맞춰 정렬된 좌표 공간의 축이 된다. 그림 10-4는 구 위에 있는 프래그먼트의 탄젠트 공간을 보여준다

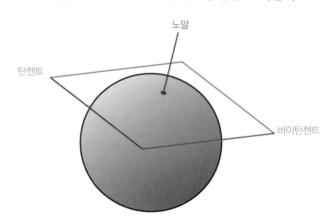

▲ 그림 10-4 구 메쉬 위의 한 지점에 대한 탄젠트 공간의 축을 이루는 벡터의 모습

그림 10-4만 보면 탄젠트과 바이탄젠트 방향에 직각으로 교차하는 아무 벡터를 사용해도 괜찮을 것처럼 보일 수 있다. 그러나 이 두 벡터의 방향은 UV 좌표와 맞추는

것이 중요하다. 그래야 노말 매핑 계산이 프래그먼트의 텍스처 샘플과 맞아 떨어지기 때문이다.

왜 애초에 오브젝트 공간에 노말 벡터를 저장하지 않고, 이렇게 기이한 좌표 공간을 사용하는지 궁금해 할 수 있다. 지금까지 살펴본 탄젠트 노말 맵이 전형적이지만, 실제 몇몇 게임은 오브젝트 공간 노말 맵을 사용하기도 한다. 그러나 오브젝트 노말 맵은 몇 가지 한계를 가진다. 형태가 변형되는 메쉬를 지원하지 않고, 텍스처 좌표를 메쉬의 다른 부분에 재사용할 수 없다는 단점이 있다. 이런 한계 때문에 계산의 복잡함에도 불구하고 대부분의 게임이 탄젠트 노말 맵을 선택하며, 그 결과 다양한 메쉬에서 노말 맵핑을 사용할 수 있다.

탄젠트 벡터

탄젠트 벡터가 필요한 이유를 이해했으면 실제로 구하는 방법을 익힐 차례다. 탄젠트 벡터는 메쉬의 UV 좌표로부터 만들 수 있기 때문에 3D 아티스트가 직접 만들지는 않는 것이 보통이다. 그래서 앞으로 다루게 될 대부분의 메쉬는 탄젠트 벡터를 기본으로 저장하지 않는다. 대신 많은 게임 엔진들은 메쉬를 프로젝트로 불러올 때 그 메쉬의 탄젠트 벡터를 계산한다. 그러나 일단 탄젠트 벡터가 생성되면 그것에 접근하는 방식은 이제까지 다른 버텍스 속성에 접근했던 방식과 다르지 않다.

안타깝게도 오픈프레임웍스는 기본으로 탄젠트 벡터를 지원하지는 않는다. 이 말은 메쉬의 탄젠트 벡터를 손쉽게 구할 수 없고, ofMesh 클래스에서도 탄젠트 벡터를 지원하지 않는다는 의미다. 보통은 이럴 경우 직접 메쉬 클래스와 메쉬를 불러오는 함수를 작성해야 한다. 그러나 이 책의 목적은 노말 매핑을 구현하는 셰이더를 작성하는 것이다. 직접 탄젠트를 계산하는 방법을 배우거나, 우리만의 메쉬 클래스를 작성하는 것이 목적은 아니다(둘 모두 제대로 하려면 매우 복잡한 일이 될 수 있다). 약간의 속임수를 써서 탄젠트 벡터를 메쉬의 버텍스 색상 속성에 저장하기로 한다. 방패 메쉬는 이미 이 방식을 사용할 수 있도록 준비가 된 상태다. 따라서 코드 10-2처럼 2장에서 버텍스 색상에 접근했던 것과 동일한 방식으로 탄젠트 벡터에 접근할 수 있다.

코드 10-2 방패 메쉬의 탄젠트 벡터에 접근하기

```
layout (location = 0) in vec3 pos;
layout (location = 1) in vec4 tan;
layout (location = 2) in vec3 nrm;
layout (location = 3) in vec2 uv;
```

오픈프레임웍스에서 자신만의 메쉬에 노말 매핑을 테스트하길 원한다면 ofMesh 클래스에서 탄젠트를 생성하고 메쉬의 버텍스 색상 속성에 저장하는 코드가 부록 A와 온라인 소스코드에 있다. 여기서 코드를 따로 설명하지는 않겠다. 노말 매핑은 탄젠트 벡터 계산이 없어도 이미 충분히 복잡한 주제이고, 게임 엔진이 만들어주는 탄젠트 벡터를 신뢰해도 보통은 문제가 없기 때문이다.

여기까지가 메쉬의 탄젠트 벡터에 접근하기 위해 알아야 하는 내용이다. 그런데 앞에서 보통은 바이탄젠트 벡터를 셰이더 코드를 계산한다고 얘기했었다. 셰이더 코드를 작성하기 전에 새로운 벡터 연산을 배워야 한다.

벡터의 외적

바이탄젠트 벡터는 프래그먼트의 노말과 탄젠트 벡터 모두와 직각으로 교차한다. 그림 10-5에서 그 예를 볼 수 있다. 프래그먼트에 있는 두 개의 벡터를 노말과 탄젠트 벡터라고 가정할 때, 오른쪽 이미지에 생긴 녹색 벡터가 바로 우리가 원하는 벡터다.

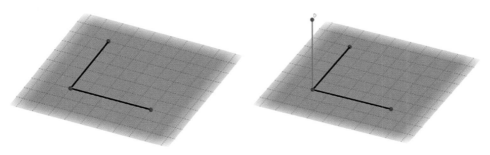

▲ 그림 10-5 왼쪽 이미지에 있는 두 벡터의 외적을 계산하면, 그 결과는 오른쪽 이미지에 있는 녹색 벡터가 된다.

외적^{cross product}이라는 벡터 연산을 이용하면 우리가 원하는 벡터를 구할 수 있다. 외적은 두 벡터를 받아서, 이 두 벡터와 직각으로 교차하는 세 번째 벡터를 반환한다. 이 연산에는 제약이 있다. 첫 번째, 입력한 두 벡터는 같은 방향이나 반대 방향을 가리키면 안된다. 두 번째, 외적은 오로지 3D 벡터에서만 작동한다.

외적은 상대적으로 단순하다. 코드 10-3은 GLSL에서 외적을 계산하는 코드다. 그러나 내적과 마찬가지로 GLSL에는 외적을 계산하는 함수가 내장돼 있다. 이 코드는 참고를 위해 소개한 것이다.

코드 10-3 외적을 계산하는 함수를 구현한 코드

```
vec3 cross(vec3 a, vec3 b){
  return a.yzx * b.zxy - a.zxy * b.yzx;
}
```

한 가지 주목할 부분은 정규화된 두 벡터의 외적이 정규화된 벡터가 아닐 수도 있다는 점이다. 만약 외적의 결과가 정규화될 필요가 있다면, 코드에서 직접 그 벡터를 정규화해야 한다.

버텍스 노말과 탄젠트 벡터가 있다면, 외적을 사용해서 바이탄젠트 벡터를 구한다. 그 다음 노말, 탄젠트, 바이탄젠트 이 세 벡터를 모두 버텍스 셰이더에서 프래그먼트 셰이더로 전달한다. 그러면 프래그먼트 셰이더는 전달받은 보간된 벡터를 노말 매핑

계산에 사용한다.

노말 매핑

노말 매핑을 사용하기 위해 필요한 많은 배경 정보를 다뤘다. 그러나 지금까지 얘기한 것은 퍼즐의 작은 조각들이다. 이제 이것들을 한데 모아서 큰 그림을 만들어 보자.

노말 매핑은 메쉬 버텍스에서 얻은 노말 벡터를 노말 텍스처에 있는 벡터로 대체함으로써 작동한다. 여기서 어려운 부분은 텍스처에서 가져오는 벡터가 탄젠트 공간에 있다는 점이다. 이 말은 벡터를 라이팅 계산에 사용하려면 다른 좌표 공간으로 변환해야 한다는 의미다. 이를 위해 노말, 탄젠트, 바이탄젠트 벡터를 사용해서 벡터를 탄젠트 공간에서 월드 공간으로 변환해주는 행렬을 만들어야 한다. 행렬이 준비되면 노말 맵에서 얻은 노말을 월드 공간으로 변환하고, 그 변환된 벡터로 라이팅을 계산한다.

첫 단계는 TBN 행렬이라는 탄젠트, 바이탄젠트, 노말 행렬을 만드는 것이다. 이 단계는 버텍스 셰이더에서 이뤄지며, 그 결과는 프래그먼트 셰이더로 전달된다. 가장 먼저 할 일은 코드 10-4처럼 세 벡터를 각각의 변수에 담는 것이다.

코드 10-4 버텍스 셰이더에서 TBN 벡터 구하기

```
layout (location = 0) in vec3 pos;
layout (location = 1) in vec4 tan;
layout (location = 2) in vec3 nrm;
layout (location = 3) in vec2 uv;

void main(){
  vec3 T = tan.xyz;
  vec3 N = nrm.xyz;
  vec3 B = cross(T, N);
```

```
    // 지면상의 이유로 코드를 생략함.
}
```

세 개의 벡터가 준비되면, 이들 벡터를 월드 공간으로 가져와야 한다. 나중에 노말 맵에서 얻게 될 벡터는 탄젠트 공간을 사용하지만, 메쉬에 저장된 실제 벡터는 오브 젝트 공간에서 정의한 것이다. 이 말은 각 벡터에 대해서, 오브젝트 공간에서 월드 공간으로의 변환이 필요하다는 의미다. 노말 벡터에서 그랬던 것처럼, 모델 행렬이나 노말 행렬을 곱함으로써 이 변환을 처리할 수 있다. 우리 예시에서는 노말 행렬을 선택해 비일률적인 크기 변화까지 대응한다(비록 우리 예시에서는 방패의 크기가 일률적으로 다뤄지지만). 코드 10-5는 이 내용을 보여준다.

코드 10-5 TBN 벡터를 오브젝트 공간에서 월드 공간으로 변환하기

```
vec3 T = normalize(normal * tan.xyz);
vec3 B = normalize(normal * cross(tan.xyz,nrm));
vec3 N = normalize(normal * nrm);
```

코드에서 탄젠트 벡터의 xyz 컴포넌트를 명시하고 있다. 왜냐하면 벡터를 vec4 타입인 버텍스 색상에 저장했기 때문이다. 세 벡터를 월드 공간으로 변환했으면, 버텍스 셰이더에서 남은 것은 이들을 3×3 행렬로 묶어서 프래그먼트 셰이더로 전달하는 것이다. 프래그먼트 셰이더로 행렬을 전달하는 것은 이번이 처음이다. 그러나 벡터를 전달하는 것과 동일한 방식이다. 코드 10-6에 코드가 있다. 행렬에서는 벡터들의 순서가 중요하기 때문에 예시대로 코드를 작성했는지 확인하기 바란다.

코드 10-6 버텍스 셰이더에서 mat3 내보내기

```
out mat3 TBN;

void main(){
  vec3 T = normalize(normal * tan.xyz);
  vec3 B = normalize(normal * cross(tan.xyz,nrm.xyz));
```

```
  vec3 N = normalize(normal * nrm.xyz);
  TBN = mat3(T, B, N);
  // 지면상의 이유로 코드를 생략함.
}
```

버텍스 셰이더에 추가해야 할 부분은 이것이 전부다. 이제 프래그먼트 셰이더의 차례다. 라이팅 계산에서 노말 매핑이 영향을 미치는 유일한 부분은 노말 벡터의 방향이다. 그러므로 셰이더에서 수정해야 할 부분은 현재 정규화된 노말 벡터의 방향을 변수에 담는 부분이다. 코드 10-7에서 이 부분을 볼 수 있다.

코드 10-7 블린-퐁 셰이더에서 교체할 부분

```
vec3 nrm = normalize(fragNrm);
```

프래그먼트 셰이더로 전달하는 노말 벡터를 TBN 행렬로 대체했기 때문에 더 이상은 fragNrm의 값을 읽어 오지 않는다. 대신 노말 맵 텍스처에서 탄젠트 공간 노말 벡터를 구해야 한다. 코드 10-1에서 이미 소개했지만 앞으로 돌아가지 않을 수 있도록 다시 한 번 코드를 설명한다. 노말 맵을 샘플링한 뒤에 간단한 계산을 통해 0과 1의 범위를 다시 -1과 1의 범위로 되돌려야 한다.

코드 10-8 노말 맵에서 노말 벡터 구하기

```
vec3 nrm = texture(normTex, fragUV).rgb;
nrm = normalize(nrm * 2.0 - 1.0);
```

벡터를 구했으면, 노말 매핑의 마지막 단계는 이 벡터를 월드 공간으로 변환하는 것이다. 지금까지 이런 종류의 행렬 곱하기는 버텍스 셰이더에서 처리했었다. 그러나 프래그먼트 셰이더에서도 다르지 않다. 코드 10-9는 TBN 행렬을 이용해서 노말 벡터를 월드 공간으로 변환하는 방법을 보여준다.

```
nrm = normalize(TBN * nrm);
```

여기까지 수정하면, 나머지 셰이더 로직은 바꾸지 않고 그대로 사용할 수 있다. 새로운 노말 벡터는 기존 벡터와 정확히 같은 방식으로 라이팅 계산에 사용된다. 코드 10-10에서 블린-퐁 셰이더의 새로운 main() 함수를 보여준다.

코드 10-10 노말 맵핑이 더해진 프래그먼트 셰이더의 main() 함수

```
void main(){
  vec3 nrm = texture(normTex, fragUV).rgb;
  nrm = normalize(nrm * 2.0 - 1.0);
  nrm = normalize(TBN * nrm);

  vec3 viewDir = normalize(cameraPos - fragWorldPos);
  vec3 halfVec = normalize(viewDir + lightDir);

  float diffAmt = max(0.0, dot(nrm, lightDir));
  vec3 diffCol = texture(diffuseTex, fragUV).xyz * lightCol * diffAmt;

  float specAmt = max(0.0, dot(halfVec, nrm));
  float specBright = pow(specAmt, 4.0);
  vec3 specCol = texture(specTex, fragUV).x * lightCol * specBright;

  outCol = vec4(diffCol + specCol + ambientCol, 1.0);
}
```

이제 셰이더 수정은 다 끝났다. 그러나 늘 그랬듯이 C++ 코드에서 해야 할 일이 남아있다. 이 셰이더가 작동하려면 노말 맵 텍스처를 담을 ofImage 객체를 만든다. 그다음 유니폼 변수를 이용해 그 텍스처를 셰이더로 전달한다. 모든 준비를 마치고 프로그램을 실행하면 표면의 요철이 강조된 방패의 모습을 볼 수 있다. 온라인 소스코드 10장의 NormalMap 프로젝트에는 그림 10-2를 만들기 위한 모든 코드가 들어있

다. 만약 자신의 프로젝트가 이상하다면 소스코드를 참고하기 바란다.

노말 매핑은 움직이는 대상에 적용했을 때 진가를 발휘한다. 그러므로 앞에 사용한 회전 코드를 여기서도 활용하도록 한다. 이 기법에서 가장 멋진 부분은 기존 라이팅 계산과 잘 통합되면서도 모든 것을 더 세밀하게 묘사한다는 점이다. 그러나 메쉬를 더 자세하게 묘사하는 것이 노말 매핑의 유일한 용도는 아니다. 10장을 마치기 전에 지금까지 배운 것을 활용해서 무언가 새로운 것을 해보기로 한다.

물 셰이더

노말 매핑을 활용하는 또 다른 일반적인 사례는 간단한 물 효과를 만들 때이다. 노말 매핑은 대상의 요철을 표현하는 것 외에도 UV 스크롤링과 더해져서 메쉬 표면에 물결 효과를 만든다. 이리저리 만져보기에 재미있는 효과라고 할 수 있다. 이 효과를 직접 만들어 보기로 한다. 직접 프로젝트를 만들어서 따라하기를 원할 경우, 탄젠트 정보가 있는 평면 메쉬와 water_normals.png라는 텍스처가 온라인 소스코드의 11장 Assets 폴더에 있다.

물 효과는 앞에서 배웠던 여러 개념들을 종합한다. 3장에서 배웠던 UV 스크롤링과 함께 높은 광택 지수를 사용한 노말 매핑을 사용해서 매우 그럴듯한 물 효과를 만들 것이다. 그림 10-6은 효과가 완성됐을 때의 모습이다.

▲ 그림 10-6 만들게 될 물 효과

먼저 물 효과에 사용할 두 개의 새로운 셰이더를 만든다. 우리 프로젝트에서는 water.vert와 water.frag라는 이름을 사용하기로 한다. 버텍스 셰이더는 방패에 사용한 것과 유사하지만 몇 가지 중요한 내용이 추가된다. 애니메이션 효과를 만들기 위해서는 앞서 스프라이트 시트 셰이더에서 했던 것처럼 시간 값을 유니폼 변수로 전달해야 한다. 또한 서로 다른 방향으로 스크롤할 수 있도록, 두 개의 UV 좌표를 만들어야 한다. 이 프로젝트에서는 방패 메쉬에 사용한 버텍스 셰이더 코드를 복사해서 가져온다. 그 다음 몇몇 부분을 수정하면 코드 10-11과 같다.

코드 10-11 방패 버텍스 셰이더를 수정한 water.vert 셰이더

```
// 지면상의 이유로 코드를 생략함.
out vec2 fragUV;
out vec2 fragUV2;
uniform float time;

void main()
{
  float t = time * 0.05;
  float t2 = time * 0.02; ①
```

```
fragUV = vec2(uv.x+t, uv.y) * 3.0f; ❷
fragUV2 = vec2(uv.x+t2, uv.y-t2) * 2.0;
// 지면상의 이유로 코드를 생략함.
```

추가할 것이라고 얘기했던 변수 외에도, 다소 낯설어 보이는 로직이 들어있다. 우선 time에 각각 다른 상수를 곱한다(❶). 이렇게 하면 두 개의 UV 좌표를 각각 다른 속도로 스크롤할 수 있다. ❷를 보면 시간 변수를 메쉬에서 가져온 UV 좌표에 더하고 있다. 우리가 원하는 것은 두 개의 노말 맵을 겹친 상태에서 서로 다른 방행으로 스크롤하는 것이기 때문에 두 UV 좌표에 각각 다른 값을 더해야 한다. 이 코드에서는 한 UV에는 시간 변수를 더하고, 다른 UV에서는 시간 변수를 빼고 있다. 이런 선택에 어떤 대단한 비법이 있는 것은 아니다. 좋은 결과를 얻을 때까지 새로운 조합을 시험해 보기 바란다.

❷를 보면 헷갈릴 수 있는 또 다른 로직이 있다. UV 값을 곱하는 부분이다. 여기서 사용하는 노말 맵의 랩모드는 반복으로 설정한다. 따라서 버텍스 셰이더에서 UV가 0-1 범위를 벗어나도 문제가 없다. UV에 1 이상의 값을 곱하면 노말 맵 텍스처를 타일링하는 효과를 얻을 수 있다.

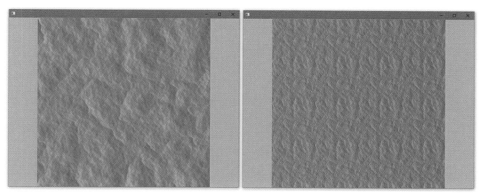

▲ 그림 10-7 왼쪽은 노말 맵을 텍스처로 입힌 평면이다. 오른쪽은 동일한 평면과 노말 맵을 사용했지만 UV 좌표에 4를 곱한 결과다.

각 UV 세트를 서로 다른 스칼라 값으로 곱하면 두 UV 세트가 스크롤될 때 물 표면에서 텍스처가 반복되는 느낌을 많이 줄일 수 있다. 반복의 느낌을 확실히 줄이기 위해서는 UV 좌표 각각에 서로소인 두 숫자를 곱한다. 두 숫자가 서로소라는 것은 두 숫자 모두를 나누어 떨어지게 할 수 있는 1 이상의 정수가 없다는 얘기다. 2와 3은 서로소이기 때문에 여기서 UV 좌표를 스크롤할 때 좋은 선택이라고 할 수 있다.

셰이더의 나머지 부분은 기존의 버텍스 셰이더와 동일하다. 이제 프래그먼트 셰이더로 넘어갈 차례다. 다시 한 번 대부분의 셰이더 로직이 같을 것이기 때문에 블린-퐁 셰이더의 코드를 가져와서 시작한다. 이 셰이더에서 물 노말 텍스처를 스크롤하는 부분을 다루기 전에, 그럴듯한 물 효과를 만들려면 코드 10-12처럼 라이팅 계산을 조금 손봐야 한다.

코드 10-12 water.frag 에서 수정된 라이팅 계산

```
float diffAmt = max(0.0, dot(nrm, lightDir));
vec3 diffCol = vec3(0.3,0.3,0.4) * lightCol * diffAmt; ❶

float specAmt = max(0.0, dot(halfVec, nrm));
float specBright = pow(specAmt, 512.0); ❷
vec3 specCol = lightCol * specBright; ❸
```

수정해야 하는 것은 메쉬 표면의 모습을 제어하는 값들을 조금씩 바꾸는 것이다. 실제 게임 프로젝트라면, 이 값들이 유니폼 변수로 노출돼 있어서 C++ 코드에서 오브젝트 단위로 그것들은 설정할 수 있을 것이다. 그러나 우리 예시에서는 하나의 오브젝트만 있기 때문에 약식으로 셰이더에 하드코딩을 한다. 첫째, 물의 디퓨즈 라이팅에 디퓨즈 텍스처 대신 파랑색을 사용한다(❶). 둘째, 스펙큘러 계산에서 광택 지수를 아주 높은 값으로 높인다. 물은 거울과 같은 특성을 갖기 때문에 512.0 같은 높은 값이 필요하다. 마지막으로 물 효과에 사용할 스펙큘러 텍스처를 따로 사용하지 않기 때문에, specCol 계산에서 텍스처 샘플을 제거한다. 나머지 라이팅 계산은 동일하기 때문에 그대로 블린-퐁 라이팅을 사용한다. 단지 입력되는 값이 다를 뿐이다.

지금까지 설명한 내용을 다 반영했으면 이제 물 효과의 핵심이라고 할 수 있는 두 개의 노말 맵을 겹쳐서 스크롤하는 부분을 다룰 차례다. 코드 10-13을 살펴보자.

코드 10-13 블린–퐁 셰이더에서 복사한 후 water.frag에서 수정한 내용들

```
in vec2 fragUV2;

void main(){
  vec3 nrm = texture(normTex, fragUV).rgb;
  nrm = (nrm * 2.0 - 1.0);
  vec3 nrm2 = texture(normTex, fragUV2).rgb;
  nrm2 = (nrm2 * 2.0 - 1.0);
  nrm = normalize(TBN * (nrm + nrm2));
  // 지면상의 이유로 코드를 생략함.
```

두 벡터를 합치기 위해 두 벡터를 더하고, 합을 정규화하는 기법은 앞서 블린–퐁 셰이더에서 하프 벡터를 구할 때 사용했었다. 여기서도 같은 방식으로 두 개의 노말 맵텍스처 샘플을 블렌딩한다. 프로젝트에서는 동일한 노말 맵 텍스처를 두 텍스처 샘플 모두에 사용하고 있다. 그러나 이 기법은 서로 다른 노말 맵 텍스처를 사용하는 경우에도 많이 사용된다. 사실 한 장의 노말 맵을 사용하든 여러 개를 블렌딩하든, 좋은 물 효과의 비법은 적절한 노말 맵 텍스처의 선택에 있다. 보통은 강한 수직 또는 수평 패턴이 보이는 노말 맵은 피하는 것이 좋다. 또한 타일링됐을 때 경계를 찾을 수 없는 텍스처가 필요하다. 그림 10-8은 현재 프로젝트에서 사용하고 있는 노말 맵과 비교했을 때 이런 문제점을 가진 텍스처의 사례를 보여준다.

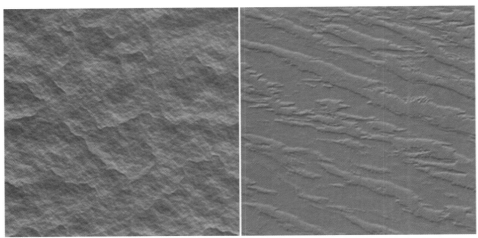

▲ 그림 10-8 왼쪽은 현재 프로젝트에서 사용하고 있는 노말 맵이다. 오른쪽은 수평 방향으로 강한 패턴을 보이는 노말 맵이다. 이런 패턴은 물 평면에서 타일링됐을 때 크게 두드러진다.

그림 10-6과 같은 결과를 만들기 위해서는 C++ 코드에서 준비해야 할 내용이 있다. 우선 물 노말 맵 텍스처를 담기 위한 새로운 ofImage 객체가 필요하다. 이 텍스처를 타일링해서 사용할 것이기 때문에, 3장의 앵무새 텍스처처럼 랩모드는 반복으로 설정한다. 기억이 나지 않을 수도 있기 때문에 코드 10-14에서 코드를 보여준다.

코드 10-14 노말 맵을 불러오고 랩 모드를 반복으로 설정하기

```
waterNrm.load("water_nrm.png");
waterNrm.getTexture().setTextureWrap(GL_REPEAT, GL_REPEAT);
```

11장에서 배울 내용은 방패 메쉬와 곧 렌더링할 물 메쉬 모두에 잘 적용할 수 있는 것이다. 따라서 지금까지 사용한 방패 메쉬를 교체하기보다는 새로운 ofMesh 객체를 만들고 물 효과를 적용할 plane.ply 메쉬를 불러온다. 또한 방패와 물을 함께 렌더링할 것이기 때문에 방패 메쉬를 그리는 코드를 덮어쓰지는 않는다. 대신 메쉬를 그리는 함수를 drawShiled()와 drawWater() 두 함수로 나누고, 두 메쉬가 잘 보일

수 있도록 뷰 행렬과 모델 행렬을 수정한다. 코드 10-15는 수정된 draw() 함수를
보여준다.

코드 10-15 새로운 draw() 함수

```cpp
void ofApp::draw(){
  using namespace glm;

  DirectionalLight dirLight;
  dirLight.direction = glm::normalize(glm::vec3(0.5, -1, -1));
  dirLight.color = glm::vec3(1, 1, 1);
  dirLight.intensity = 1.0f;

  DirectionalLight waterLight;
  waterLight.direction = glm::normalize(glm::vec3(0.5, -1, 1));
  waterLight.color = glm::vec3(1, 1, 1);
  waterLight.intensity = 1.0f;

  mat4 proj = perspective(cam.fov, 1024.0f / 768.0f, 0.01f, 10.0f);

  cam.pos = glm::vec3(0, 0.75f, 1.0);
  mat4 view = inverse(translate(cam.pos));

  drawShield(dirLight, proj, view);
  drawWater(waterLight, proj, view);
}
```

코드 10-15에서 한 가지 이상한 점은 물 메쉬의 라이트에 방패 메쉬를 비추는 라이
트와 다른 방향을 사용한다는 점이다. 그 이유는 물 메쉬의 스펙큘러 하이라이트를
보려면 물 평면에 반사된 라이트가 카메라를 향해야 하기 때문이다. 그런데 방패를
비추는 라이트는 반대 방향(카메라로부터 씬을 향하는 방향)을 향하고 있다. 임시 방편이
긴 하지만 물을 훨씬 근사해 보이게 만들 것이다. drawShiled()와 drawWater() 함
수는 매우 비슷하다. 주로 하는 일은 각자 셰이더의 유니폼 변수 값을 정하고 메쉬를
그리는 것이다. 만약 혼자서 이 책을 학습하면서 온라인 소스코드를 참고하길 원하

지 않는다면, 프로젝트에서 각 오브젝트의 모델 행렬을 어떻게 설정하는지 살펴보는 것이 도움이 될 것이다. 코드 10-16에서 행렬을 만들고 유니폼 변수 값을 정하는 각 함수의 코드를 볼 수 있다.

코드 10-16 drawShiled()와 drawWater( ) 함수

```
void ofApp::drawWater(DirectionalLight& dirLight, glm::mat4& proj, glm::mat4&
view)
{
  using namespace glm;

  static float t = 0.0f;
  t += ofGetLastFrameTime();

  vec3 right = vec3(1, 0, 0);
  mat4 rotation = rotate(radians(-90.0f), right);
  mat4 model = rotation * scale(vec3(5.0,4.0,4.0));
  mat4 mvp = proj * view * model;
  mat3 normalMatrix = mat3(transpose(inverse(model)));

  // 지면상의 이유로 유니폼 변수 값을 정하고 드로우콜을 만드는 코드는 생략함

void ofApp::drawShield(DirectionalLight& dirLight, glm::mat4& proj, glm::mat4&
view)
{
  using namespace glm;

  mat4 model = translate(vec3(0.0, 0.75, 0.0f));
  mat4 mvp = proj * view * model;
  mat3 normalMatrix = mat3(transpose(inverse(model)));
```

// 지면상의 이유로 유니폼 변수 값을 정하고 드로우콜을 만드는 코드는 생략함

내용을 모두 반영하고 프로그램을 실행하면 그림 10-9처럼 방패와 물 메쉬가 렌더링되는 모습을 볼 수 있다. 지금까지 배운 내용을 종합적으로 활용했기 때문에 이 프

로젝트를 특히 좋아한다. 11장에서 반사를 설명하면서 현재 모습을 더욱 발전시킬 것이다. 혼자서 이 책을 학습하고 있다면, 다음으로 넘어가기 전에 모든 것이 설명대로 작동하고 있는지 직접 확인해 보기를 권한다. 작성한 코드는 언제든 온라인 소스 코드와 비교해 볼 수 있다. 그림 10-9를 만드는 프로젝트의 모든 코드는 온라인 소스코드 10장의 Water 프로젝트에서 찾을 수 있다.

▲ 그림 10-9 물 효과 프로젝트의 최종 결과. 의도하지 않았지만 매우 바이킹스러운 모습이 됐다.

노말 매핑의 현재

10장에서 구현한 노말 매핑이 게임에서 이 기법을 구현하는 유일한 방법은 아니다. 프로그래머들은 때때로 계산 순서를 바꿔서 노말 벡터를 탄젠트에서 월드 공간으로 변환하는 대신, 다른 벡터들을 월드에서 탄젠트 공간으로 변환하는 방식을 선택하기도 한다. 또는 일부 셰이더에서는 모든 벡터를 뷰 공간으로 가져가서 계산을 처리하기도 한다. 일반적으로 이런 결정을 내리는 이유는 버텍스 셰이더에서 더 많은 계산을 처리할 수 있기 때문이다. 버텍스 셰이더로 계산을 집중하는 것은 좋은 전략이다. 이 내용은 최적화를 다루는 장에서 다시 보기로 한다. 이 책에서는 이해하기 가장 쉬운 월드 공간에서의 노말 매핑을 계속 사용할 것이다. 그러나 셰이더에서 성능 개선을 좀 더 끌어내길 원한다면, 자신만의 노말 매핑 방식을 찾아보는 것도 나쁘지 않다.

요약

10장에서 다룬 내용을 정리하면 다음과 같다.

- 노말 맵은 픽셀의 색상 대신 벡터의 방향을 담은 텍스처다. 게임은 노말 맵을 이용해서 렌더링하는 대상 표면의 세부적인 형태 정보를 전달한다.
- 노말 맵은 일반적으로 탄젠트 공간을 사용한다. 탄젠트 공간은 메쉬의 한 지점에서 UV 좌표와 노말 벡터에 의해 정의되는 좌표 공간이다.
- 노말 매핑은 메쉬의 노말 벡터를 노말 맵에 있는 노말 벡터로 교체하는 원리로 작동한다.
- 탄젠트 벡터는 메쉬의 각 버텍스에 저장되는 특수한 방향 벡터다. 이 벡터는 메쉬의 한 지점에서 텍스처 좌표의 U축 방향을 가리킨다.
- 벡터의 외적은 입력되는 두 벡터와 직각으로 교차하는 새로운 벡터를 만드는 연산이다. GLSL에서는 cross() 함수를 이용해서 외적을 계산할 수 있다.
- 메쉬 표면에서 두 세트의 UV 좌표를 스크롤링하고, 이 좌표로 프래그먼트 셰이더에서 노말 벡터를 읽어오는 방식으로 물 효과를 만들 수 있다.

11장

큐브맵과 스카이박스

프로젝트에 있는 물과 방패는 서로 다른 재질의 모습을 훌륭하게 보여주고 있다. 그런데 여전히 그들의 모습에는 결정적으로 부족한 것이 있다. 그 이유 중 하나는 실제 광택이 있는 표면은 단지 하나의 직접 광원으로부터 오는 빛만을 반사하는 것이 아니기 때문이다. 그런 표면은 주변 환경에서 오는 빛도 같이 반사한다. 만약 그렇지 않다면 어디서도 반사라는 것을 보지 못했을 것이다. 이런 이유에서 오늘날 게임 엔진에서 채택하는 최신 라이팅 모델은 프래그먼트의 라이팅을 계산할 때 환경 반사를 포함한다. 우리가 사용한 고전적인 블린-퐁 라이팅은 그 정도로 복잡한 모델은 아니다. 그러나 그렇다고 해서 반사를 만들어내지 못할 이유는 없다.

11장에서는 고정된 반사 효과를 셰이더에 더하는 방법을 살펴볼 것이다. **큐브맵**cubemap이라는 특수한 텍스처를 통해 주변 환경의 모습을 담은 이미지를 제공한다. 그 다음 셰이더에서 그 텍스처를 샘플링해서 광택이 있는 오브젝트가 반사하는 색상을 구한다. 우리가 만들게 될 반사 효과는 주변에서 움직이는 대상을 실시간으로 반영하지는 못한다. 그러나 씬을 더욱 사실적으로 보이게 하는데 여전히 크게 기여할 것이다. 또한 큐브맵으로 씬의 **스카이박스**skybox를 렌더링해서 경계가 보이지 않는 완전한 360도 배경을 만든다.

큐브맵

큐브맵은 특수한 형태의 텍스처이다. 큐브맵이 특수한 이유는 메모리에 저장된 여섯 개의 개별 텍스처로 구성된 이 텍스처를 마치 하나의 텍스처처럼 처리할 수 있기 때문이다. 큐브맵이라는 이름을 갖게 된 이유는 그림 11-1처럼 여섯 개의 텍스처를 육면체의 각 면처럼 다루기 때문이다.

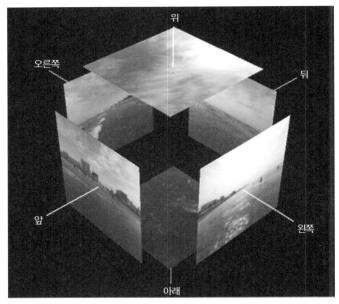

▲ 그림 11-1 큐브맵을 구성하는 텍스처를 육면체 형태에 따라 배치한 모습

큐브맵은 샘플링 역시 2D 텍스처의 샘플링과 다르다. UV 좌표 벡터 대신 큐브맵은 방향 벡터를 사용한다. 이유를 이해하기 위해서 자신이 큐브맵의 육면체 중앙에 앉아있다고 상상한다. 이때 정면에 있는 픽셀을 바라본다면, 나에게서 시작해 (0, 0, 1) 방향으로 나아가 육면체의 픽셀의 이르는 벡터를 그릴 수 있다. 바로 이 방식으로 큐

브맵의 샘플링이 작동하는데, 코드 11-1에서 샘플링하는 코드를 볼 수 있다. 각 프래그먼트는 정확히 큐브맵 육면체 중앙에 위치하고, 큐브맵의 한 면을 바라본다고 가정한다.

코드 11-1 큐브맵 샘플링

```
vec3 nrm = normalize(fragNrm);
vec4 cubemap = textureCube(cubemap, nrm);
```

코드 11-1에서는 큐브맵을 샘플링하기 위해 노말 벡터를 사용하고 있다. 나중에 방패 메쉬에 유사한 기법을 사용할 것이다. 그 전에 어떻게 프로그램으로 큐브맵을 불러오는 방법을 알아야 한다.

큐브맵 불러오기

안타깝게도 탄젠트 벡터의 경우처럼, 오픈프레임웍스는 기본적으로 큐브맵을 지원하지 않는다. 그러나 이번에는 우회적인 방법으로 데이터를 다른 어딘가에 저장할 수도 없다. 우리 프로젝트가 OpenGL 큐브맵을 지원하도록 만들어야 한다. 이 책은 OpenGL에 관한 책은 아니기 때문에, 큐브맵을 불러오는 과정을 처리해줄 간단한 클래스를 준비했다. 코드가 너무 길기 때문에 여기서 전체를 보여줄 수는 없다. 코드 11-2에서 그 클래스를 사용하는 법만 간단히 소개하기로 한다.

코드 11-2 ofxEasyCubemap 클래스 사용법

```
ofxEasyCubemap cubemap;
cubemap.load("cube_front.jpg", "cube_back.jpg",
  "cube_right.jpg", "cube_left.jpg",
  "cube_top.jpg", "cube_bottom.jpg");

// 셰이더에서 유니폼 변수로 사용할 경우
```

```
shd.setUniformTexture("name", cubemap.getTexture(), 1); ❶
```

이 클래스는 ofxEasyCubemap이라고 한다. 대부분의 경우 ofImage 클래스와 같은 방식으로 사용할 수 있다. 클래스 생성자는 큐브맵의 각 면을 구성하는 여섯 텍스처의 경로를 받고, 각 텍스처를 불러오기 위한 세부적인 일들을 알아서 처리한다. 유일한 기능상의 차이점은 큐브맵을 셰이더의 유니폼 변수로 사용할 경우, 참조만 전달하는 ofImage와 달리 명시적으로 getTexture()를 호출해야 한다는 점이다(❶).

코드 11-2처럼 우리 프로젝트에서도 여섯 개의 새로운 이미지를 불러와야 한다. 11장의 Assets 폴더에 위 예시 코드에서 참조한 파일이 들어있다. 혼자서 이 책을 학습하고 있다면 이들 파일과 ofxEasyCubemap을 내려 받아서 프로젝트에 추가한다. 또한 몇몇 예시에서 사용할 육면체 메쉬도 같이 내려 받는다.

큐브맵 렌더링하기

큐브맵이 가상의 육면체의 각 면들을 저장한다는 사실을 감안했을 때, 큐브맵을 텍스처로 사용할 첫 오브젝트가 실제 육면체인 것은 당연한 것일지도 모른다. 11장의 첫 셰이더는 육면체 메쉬의 각 면을 큐브맵에 저장된 여섯 개의 텍스처로 입힌다. 이것은 단순히 재미있는 첫 번째 연습 예제 이상의 의미가 있다. 큐브맵의 각 면을 실제 볼 수 있는 대상으로 렌더링함으로써 텍스처를 제대로 불러오고 있는지, 그리고 그 모습이 예상과 일치하는지 확인할 수 있다. 또한 새로운 유형의 텍스처를 다루는 간단한 셰이더를 작성해 보는 훌륭한 기회가 된다.

버텍스 셰이더부터 시작하기 위해 새로운 셰이더를 하나 만든다(cubemap.vert라고 이름 붙였다). 큐브맵은 UV 좌표를 사용하지 않는다. 그러므로 이 셰이더에 필요한 버텍스 속성은 버텍스 위치가 전부다. 오브젝트 공간의 버텍스 위치을 변환하지 않고 프래그먼트 셰이더로 전달할 것이기 때문에, 이 값을 저장할 vec3 유형의 out 변수도 준비한다. 마지막으로 지금까지 해왔던 것처럼 gl_Position을 계산한다. 모든 내용을 합치면 그림 11-3과 같은 버텍스 셰이더가 된다.

코드 11-3 큐브맵을 다루는 버텍스 셰이더

```
#version 410

layout (location = 0) in vec3 pos;

uniform mat4 mvp;
out vec3 fromCam;

void main()
{
  fromCam= pos; ❶
  gl_Position = mvp * vec4(pos, 1.0);
}
```

지금까지 작성한 셰이더 중에 가장 단순한 셰이더인 것 같다. 오브젝트 공간의 버텍스 위치를 내보낸다는 사실(❶)을 제외하면 설명할 것이 그리 많지는 않다. 오브젝트 공간의 위치를 내보낸다는 점이 이상하게 느껴질 수도 있다. 그러나 각 버텍스의 위치는 메쉬의 오브젝트 공간 원점에서부터 뻗어 나오는 벡터라고 생각할 수 있다. 육면체의 버텍스는 원점을 중심으로 위치하기 때문에, 각 버텍스 위치는 그 버텍스가 큐브맵을 바라볼 때 향하는 방향 벡터인 것이다. 그러므로 오브젝트 공간 벡터를 내보내는 것(그리고 프래그먼트 셰이더에서 보간된 벡터를 구하는 것)은 기존 버텍스 셰이더에서 메쉬의 UV를 내보내는 것에 상응한다고 할 수 있다.

프래그먼트 셰이더는 더 간단하다. 우리가 할 일은 큐브맵에서 색상을 샘플링하기 위해서 버텍스 셰이더가 보내준 보간된 오브젝트 공간 위치 값을 사용하는 것이 전부다. 코드 11-4는 이 부분을 처리하는 코드를 보여준다. 새로운 프래그먼트 셰이더를 만들고 코드를 붙여 넣는다.

코드 11-4 버텍스 위치를 기반으로 큐브맵을 샘플링하는 cubemap.frag

```
#version 410

uniform samplerCube envMap; ❶

in vec3 fromCam;
out vec4 outCol;

void main()
{
  outCol = texture(envMap, fromCam);
}
```

이 셰이더에서 새로운 내용은 큐브맵을 사용하기 위해 필요한 새로운 샘플러 타입이다. 지금까지 사용한 모든 텍스처는 sampler2D 타입의 샘플러를 사용했다. 그러나 큐브맵은 2D 텍스처가 아니기 때문에 samplerCube라고 불리는 새로운 타입의 샘플러가 필요하다. 이름을 제외한 실질적인 차이점은 samplerCube는 샘플링할 때 vec3 값을 필요로 한다는 점이다. 이유는 앞에서 자세히 설명했다.

11장에서 사용할 첫 셰이더들을 모두 만들었다. 이제 C++로 넘어가서 필요한 설정을 할 차례다. 우선 큐브맵 이미지를 메모리로 불러와야 한다. 11장의 앞부분에서 소개한 ofxEasyCubemap 클래스를 통해서 처리할 수 있다. 또한 육면체 메쉬를 불러오고, 새로운 큐브맵 셰이더를 담을 객체도 만들어야 한다. 변수를 헤더 파일에 추가하고, 코드 11-5에 있는 코드를 setup() 함수에 추가한다.

코드 11-5 큐브 메쉬, 큐브 셰이더, 큐브맵 텍스처 불러오기

```
cubeMesh.load("cube.ply");
cubemapShader.load("cubemap.vert", "cubemap.frag");
cubemap.load("cube_front.jpg", "cube_back.jpg",
  "cube_right.jpg", "cube_left.jpg",
  "cube_top.jpg", "cube_bottom.jpg");
```

큐브맵의 텍스처를 세팅할 때, 순서가 중요하다. cubemap.load() 함수에 올바른 순서로 텍스처 경로를 전달했는지 다시 한번 확인한다.

여기까지 마쳤으면 남은 것은 큐브의 행렬과 셰이더의 유니폼 변수 값을 정하는 drawCube() 함수다. 이 예시에서는 육면체만 볼 수 있도록 drawWater()와 drawShield() 함수를 주석처리한다. 또한 큐브맵에서 샘플링한 텍스처 데이터를 쉽게 확인할 수 있도록 육면체가 회전하는 로직을 추가한다. 코드 11-6에서 drawCube() 함수를 볼 수 있다.

코드 11-6 drawCube() 함수

```cpp
void ofApp::drawCube(glm::mat4& proj, glm::mat4& view)
{
  using namespace glm;

  static float rotAngle = 0.01;
  rotAngle += 0.1f;

  mat4 r = rotate(radians(rotAngle), vec3(0, 1, 0));
  mat4 s = scale(vec3(0.4, 0.4, 0.4));
  mat4 model = translate(vec3(0.0, 0.75, 0.0f)) * r *s;
  mat4 mvp = proj * view * model;

  ofShader& shd = cubemapShader;

  shd.begin();
  shd.setUniformMatrix4f("mvp", mvp);
  shd.setUniformTexture("envMap", cubemap.getTexture(), 0);
  shd.setUniform3f("cameraPos", cam.pos);
  cubeMesh.draw();
  shd.end();
}
```

코드 작성이 끝나면 편하게 앉아서 돌아가는 육면체를 감상한다. 문제가 없다면 그림 11-2와 같은 모습을 볼 수 있을 것이다. 육면체의 각 면이 입력한 텍스처 각각을 보여주는지, 그리고 텍스처의 경계가 인접한 면과 정확하게 맞아 떨어지게 배치됐는지 확인한다. 이것이 큐브맵의 핵심이다. 면 사이에 경계가 보인다면 나중에 큐브맵을 사용하는 셰이더에 시각적인 문제가 있을 수 있다.

▲ 그림 11-2 육면체 위에 렌더링된 큐브맵

그림 11-2를 만든 코드는 온라인 소스코드 11장의 DrawCube 프로젝트에서 확인할 수 있다. 기본적인 큐브맵을 구현했다. 이제 큐브맵을 하늘로 사용하는, 좀 더 유용한 버전의 셰이더를 만들어보자.

스카이박스

지금까지 다뤘던 모든 3D 씬에는 아무 것도 그리지 않은 배경 공간이 있었다. 이 영역은 오픈프레임웍스가 기본으로 제공하는 아름다운 기본 색상으로 채워졌다. 대부분의 게임은 이렇게 단색으로 처리된 배경을 사용자에게 노출하기를 원하지 않는다. 그들은 다양한 기법을 동원해서 씬을 더욱 사실적으로 보여줄 수 있게 배경을 채운다. 스카이박스는 바로 이런 기법 중 하나다.

스카이박스는 언제나 카메라와 같은 곳에 위치하는 거대한 육면체이다. 이 말은 카메라가 언제나 육면체 안에 있고, 카메라가 움직여도 육면체는 움직이지 않는 것처럼 보인다는 의미다. 큐브맵이 육면체에 적용되고, 육면체의 면들은 안쪽을 향한다. 그 결과 카메라가 어디를 향하든 배경 색상 대신 큐브맵 텍스처를 볼 수 있다. 큐브맵을 적용한 상태에서 물과 방패를 함께 렌더링한 모습은 그림 11-3과 같다. 이전보다는 훨씬 게임에 적합한 모습이 됐다.

▲ 그림 11-3 스카이박스와 함께 렌더링한 모습

스카이박스를 만드는 과정은 육면체를 만드는 것과 매우 비슷하다. 따라서 육면체에 사용한 프래그먼트 셰이더를 스카이박스에서 재사용할 것이다. 그러나 버텍스 셰이더는 조금 다른 얘기다. 우리는 화면에 보이는 대상 중에 스카이박스가 카메라로부터 가장 멀리 있는 대상이 되기를 원한다. 그러나 카메라가 얼마나 멀리 그릴 것인가를 바꿀 때마다(이것은 투영 행렬을 만들 때 설정한다는 것을 기억할 것이다), 지속적으로 스카이박스 메쉬의 크기를 조정하는 것은 원하지 않는다. 따라서 우리가 제공하는 행렬에 따라서 버텍스 셰이더가 육면체 메쉬의 크기를 조정해야한다. 이것은 매우 좋은 해법인데, 약간의 설명을 필요로 한다. 코드 11-7을 보면서 분석해 보자.

코드 11-7 스카이박스 버텍스 셰이더

```
#version 410

layout (location = 0) in vec3 pos;

out vec3 fromCam;
uniform mat4 mvp;

void main()
{
  fromCam = pos;
  gl_Position = (mvp * vec4(pos, 1.0)).xyww; ❶
}
```

이 셰이더의 원리를 이해하려면 그래픽 파이프라인이 3차원 공간감을 만들기 위해 어떻게 투영 행렬을 다루는지 살펴봐야 한다. 그럼 잠시 새로운 그래픽 개념을 설명한 후에 다시 프로젝트로 돌아오기로 한다.

원근 분할

버텍스 셰이더로부터 버텍스 위치가 나오면 GPU는 위치에 대해 **원근 분할**perspective divide이라는 과정을 수행한다. 복잡하게 들리지만 이 과정이 실제 하는 일은 gl_Position 벡터의 XYZ 컴포넌트를 W 컴포넌트로 나누는 것이다. 지금까지는 원근 분할에 대해서 걱정하지 않았다. 왜냐하면 직교 투영 행렬은 그것이 변환하는 모든 위치의 W 컴포넌트가 1이 되도록 만들기 때문이다. 1로 나누기 때문에 사실상 원근 분할은 아무 것도 하지 않았다. 그러나 원근 투영 행렬은 W 컴포넌트를 유용한 것으로 만든다. 원근 투영 행렬을 사용할 때 원근 분할은 그림 11-4처럼 멀리 있는 대상을 수평선 상의 중심으로 옮기는 효과를 나타낸다. 이것이 원근 투영 행렬이 대상을 3D 공간에 있는 것처럼 보이게 만드는 방식이다.

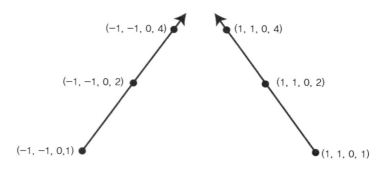

▲ 그림 11-4 W 컴포넌트로 의한 원근 분할 효과를 시각화한 모습

원근 투영 행렬을 사용할 때 원근 분할은 그림 11-4처럼 좌표의 W 값이 클수록 대상을 화면 중앙으로 더 끌어당기는 효과가 있다. 직교 투영은 원근 효과를 만들지 않는다. 위치를 직교 투영 행렬로 곱하면 그 결과로 얻는 벡터의 W 컴포넌트가 1이 되고, 원근 분할은 아무런 영향도 미치지 않는다. 반면 원근 투영은 렌더링된 이미지에 원근 효과를 더한다. 그리고 위치와 곱해졌을 때 멀리있을수록 W 값이 커진다. 그림 11-4에서 W 값에 따라서 원근 분할이 어떻게 작동하는지 예를 볼 수 있다.

투영 행렬에 의해서 얻게 되는 위치 벡터의 실제 W 값은 glm::perspective() 함수에 near와 far 인자로 전달하는 값에 의해 좌우된다. 그 결과 원근 효과는 카메라 프러스텀의 모습과 일치한다. 이런 원근 효과는 99%의 오브젝트에서 문제 없이 잘 작동한다. 그러나 씬에서 볼 수 있는 대상 중에서 가장 멀리 있어야 하는 스카이박스에는 원근 효과가 필요하지 않다.

스카이박스와 원근 분할

원근 분할은 매우 유용하지만 스카이박스에는 적용하지 않아야 한다. 스카이박스는 무한히 뻗어 있는 하늘을 보여줘야 하기 때문이다. 여기서 코드 11-7의 ❶이 이런 역할을 한다. NDC는 각 축에서 -1부터 1까지의 범위를 갖는다. 이 말은 변환을 거친 다음 보이는 대상들이 가질 수 있는 Z의 최대 값은 1.0이라는 의미다(1.0을 초과하는 값을 가진 대상은 카메라 프러스텀 밖에 위치한다). 그러므로 변환을 거친 스카이박스의 버텍스들을 가장 멀리 위치시키려면 Z값이 1이어야 한다. 그렇다고 Z를 1.0으로 설정한다고 해결되는 문제도 아니다. 왜냐하면 원근 분할이 Z를 W로 나누기 때문이다. 이 문제를 해결하기 위해 gl_Position 벡터의 Z와 W 컴포넌트를 같은 값으로 설정한다. 원근 분할이 적용됐을 때, Z 값이 항상 1.0일 수 있다.

스카이박스 그리기

앞에서 얘기했듯이 첫 번째 육면체 예시에서 사용한 프래그먼트 셰이더를 재사용한다. 버텍스 셰이더는 설명했기 때문에 셰이더 코드 작성은 이것으로 끝났다. C++의 영역으로 돌아온 후 새로운 ofShader 객체를 만들어서 스카이박스의 버텍스 셰이더와 큐브맵 프래그먼트 셰이더를 담는다. 그리고 스카이박스를 그리는 함수를 준비한다. 예시에서는 코드 11-8과 같이 drawSkybox()라는 뻔한 이름의 함수를 준비했다.

코드 11-8 drawSkybox() 함수

```
void ofApp::drawSkybox(DirectionalLight& dirLight, glm::mat4& proj, glm::mat4& view)
{
  using namespace glm;

  mat4 model = translate(cam.pos);
  mat4 mvp = proj * view * model;
```

```
    ofShader& shd = skyboxShader;
    glDepthFunc(GL_LEQUAL); ❶
    shd.begin();
    shd.setUniformMatrix4f("mvp", mvp);
    shd.setUniformTexture("envMap", cubemap.getTexture(), 0);
    cubeMesh.draw();
    shd.end();
    glDepthFunc(GL_LESS); ❷
}
```

drawSkybox() 함수는 처음으로 OpenGL 함수를 호출했다는 점에서 지금까지 메
쉬를 그릴 때 사용했던 다른 함수들과 차이가 있다. 오픈프레임웍스가 사용하는 깊
이 비교 함수의 기본 모드는 GL_LESS다. 이 모드는 NDC에서 1.0보다 작은 버텍스
만 그리게 한다. 그런데 오픈프레임웍스에서는 OpenGL 함수 호출 없이는 깊이 비
교 모드를 바꿀 수 없다.

이대로는 Z값이 1.0인 스카이박스를 전혀 볼 수 없다. 셰이더 코드에서 이런 저런 방
법으로 문제를 해결할 수도 있을 것이다. 그러나 더 깔끔한 해법은 스카이박스를 그
릴 때 깊이 비교 모드를 바꾸는 것이다. drawSkybox() 함수는 ❶에서 볼 수 있는 것
처럼 깊이 비교 모드로 GL_LEQUAL을 사용한다. 이 모드는 NDC에서 Z값이 1.0보
다 같거나 작은 대상을 그리게 한다. 이런 모드의 변화가 다른 부분에 영향을 줄 수
있지만 우리 경우는 그렇지 않다. 왜냐하면 스카이박스를 그린 직후에 깊이 비교 모
드를 다시 이전 상태로 되돌리기 때문이다(❷).

잠시 다른 얘기를 하자면, 1장에서 백페이스 컬링의 개념을 설명했었다. 백페이
스 컬링은 메쉬 페이스의 뒷면을 렌더링하지 않음으로써 렌더링 시간을 단축하는
최적화 기법이다. 지금까지 프로젝트에서는 이 기능을 활성화하지 않았다. 만약
활성화했다면 스카이박스를 볼 수 없었을 것이다. 카메라가 육면체 메쉬 안에 있
기 때문에 어디를 보든 메쉬 페이스의 뒷면을 보기 때문이다. 백페이스 컬링을 사
용하는 프로젝트에서는 페이스가 안쪽을 향하는 다른 육면체 메쉬를 사용하거나,

아니면 위의 깊이 비교 함수에서 했던 것과 비슷한 방식으로 잠시 컬링을 비활성화해야 한다.

씬은 이제 훨씬 사실적인 모습이 됐을 것이다. 그러나 다른 두 메쉬인 방패와 물이 아직 잘 어울리지 못하는 모습이다. 스카이박스가 만들어지니 기존 라이팅 계산이 배경 이미지와 맞지 않는다는 사실이 더 명확하게 드러나고 있다. 다행히 큐브맵을 이용해서 라이팅 역시 좀 더 사실적으로 만들 수 있다.

큐브맵 반사

스카이박스에 사용한 큐브맵을 방패와 물의 라이팅 계산에 추가해서 메쉬들이 주변 환경에 더 잘 어우러지게 만들 것이다. 큐브맵을 주변 환경의 라이팅 정보를 제공할 용도로 사용하면 광택이 있는 부분이 그 환경을 반사하는 듯한 모습을 만들 수 있다. 이것을 흔히 **환경 맵**environment map이라고 부르는데, 환경의 색상을 메쉬에 입히는 역할을 하는 텍스처이기 때문이다. 여기서 진짜 마술은 라이팅 모델이 환경 라이팅을 지원하지 않는다는 사실이다. 따라서 창의적인 방법을 찾아야 한다.

물 메쉬부터 시작해 보기로 한다. 원래 물 자체는 아무런 색상도 갖고 있지 않기 때문에 지금까지는 디퓨즈 색상을 하드코딩했다. 반사를 더하기 위해서 할 일은 하드코딩된 색상을 환경 맵에서 샘플링한 색상으로 바꾸는 것이다. 필요한 것은 단 두 줄의 코드지만, 정말로 큰 차이를 만든다. 두 줄의 코드 중 첫 줄은 큐브맵을 담을 변수를 선언하는 것이다. 프로젝트에서는 envMap이라는 이름을 사용한다. 두 번째 줄에서는 코드 11-9처럼 디퓨즈 색상의 로직을 바꾼다.

코드 11-9 큐브맵 반사를 사용하도록 수정된 디퓨즈 계산

```
// 기존 코드
vec3 diffCol = vec3(0.3,0.3,0.4) * lightCol * diffAmt;

// 수정된 코드
```

```
vec3 diffCol = texture(envMap, (reflect(-viewDir, nrm))).xyz * lightCol * diffAmt;
```

새로운 셰이더 로직과 기존에 만들었던 두 육면체 셰이더와 다른 점은 더 이상 버텍스 위치를 이용해서 큐브맵의 색상을 구하지 않는다는 것이다. 프래그먼트를 메쉬 표면의 아주 작은 평면이라고 생각한다면 이것을 이해할 수 있다. 환경이 각 프래그먼트에 더하는 색상은 프래그먼트가 향하는 방향, 즉 노말 벡터 방향에 있는 환경의 색상이다. 이 방식의 좋은 점은 물 효과가 노말 벡터를 움직이기 때문에 물 효과가 한결 사실적으로 보인다는 것이다.

셰이더를 수정했으면 남은 것은 drawWater() 함수에 물 셰이더의 텍스처 유니폼 변수 값을 정하는 코드를 추가하고, 실행 버튼을 클릭하는 것이다. 그림 11-5는 반사가 얼마나 많은 변화를 만들었는지 보여준다.

▲ 그림 11-5 큐브맵 반사 유무에 따른 차이

훨씬 더 사실적인 모습이 됐다. 그러나 방패 메쉬는 여전히 큐브맵 정보 없이 렌더링되고 있다. 실제 디퓨즈 값을 가진 오브젝트에 큐브맵 반사를 더하는 것은 자신의 색상을 갖지 않은 물과 같은 오브젝트에 비해서 좀 더 까다롭다. 왜냐하면 거울 같지 않은 프래그먼트에서는 방패 메쉬의 색상을 여전히 볼 수 있어야 하기 때문이다. 따라서 환경 맵 효과는 매우 약하게 적용할 것이다.

우리 라이팅 모델은 반사를 지원하지 않는다고 얘기했었다. 최신 라이팅 모델은 실제 물리 세계처럼 환경 라이팅을 포함하는 경우가 많다. 그러나 블린-퐁 모델은 그렇지 않다. 이 말은 방패에 큐브맵 반사를 어떻게 더할 것인지는 취향의 문제에 가깝다는 의미다. 우리가 사용하게 될 계산은 큐브맵에 따라서 수정할 필요 없이 간단히 사용할 수 있으면서도 좋은 결과를 보여주기 때문에 선택한 것이다. 우리는 환경으로부터의 색상을 라이팅 계산에 사용되는 lightCol 변수와 합칠 것이다. 이를 위해서 코드 11-10처럼 C++ 코드에서 설정한 lightCol 변수를 프래그먼트 셰이더에서 계산한 sceneLight 변수로 대체한다.

코드 11-10 블린-퐁 셰이더에 환경반사 더하기

```
vec3 envSample = texture(envMap, reflect(-viewDir, nrm)).xyz;
vec3 sceneLight = mix(lightCol, envSample + lightCol * 0.5, 0.5); ❶
```

❶에 있는 mix() 함수에서는 어느 정도의 라이트 색상을 큐브맵에서 구한 색상과 더하고 있다. 그 이유는 보통의 경우 큐브맵이 레벨에 사용하는 라이트의 색상보다는 어둡기 때문이다. 1.0의 라이트 강도를 사용하는 이 프로젝트의 경우도 마찬가지다. 이렇게 하면 큐브맵에 의해서 메쉬가 너무 어두워지는 것을 막을 수 있다. 그러나 이 방식이 완벽한 해법은 아니다. 그림 11-6에서 사례를 볼 수 있는데, 지금까지 사용한 큐브맵처럼 밝은 큐브맵을 사용할 경우, 프래그먼트를 필요 이상으로 밝게 만들 수 있다.

▲ 그림 11-6 큐브맵 라이팅을 적용한 렌더링과 적용하지 않은 렌더링(오른쪽이 큐브맵 라이팅을 사용한 결과다)

현재 우리 씬은 매우 밝은 큐브맵, 완전히 하얀 디렉셔널 라이트, 강한 앰비언트 라이트를 갖고 있다. 모든 요소는 최종 렌더링에서 라이팅의 변화가 주는 효과를 반감한다. 그럼 완전히 하얀 라이트를 거의 하얀 라이트로 교체했을 때, 어느 정도의 시각적 차이가 있을까? 셰이더가 조건에 따라서 어떻게 보이는지 확인하기 위해서 좀 더 풍부한 색상을 담은 큐브맵과 약한 앰비언트 라이트를 사용했다. 그 결과를 그림 11-6에서 볼 수 있다. 직접 테스트 해보길 원한다면, 여기서 사용한 두 큐브맵의 텍스처를 온라인 소스코드에서 내려받을 수 있다. 또한 그림 11-6은 물 셰이더가 달라진 환경맵에 어떻게 반응하는지도 보여준다. 물 셰이더에서 따로 수정된 부분이 없기 때문에 환경 맵에 따른 결과의 차이를 명확히 볼 수 있다. 그림 11-6을 만든 프로젝트의 소스코드는 온라인 소스코드 11장 DrawSkybox 프로젝트에서 찾을 수 있다.

큐브맵의 현재

큐브맵 반사는 여기까지 다루기로 한다. 이 책에서 소개한 큐브맵을 이용해서 라이팅 품질을 개선하는 방법은 결코 최신 기술이라고는 할 수 없다. 일부 게임은 더 사실적으로 환경 반사를 반영할 수 있도록 복잡한 라이팅 모델을 사용한다. 다른 게임은 주변 환경에서 움직이는 대상을 담기 위해서 실시간으로 큐브맵을 생성한다. 메쉬 표면에 따라서 광택 또는 거울 같은 반사의 정도를 조절할 수 있는 특수한 큐브맵을 만드는 게임도 있다. 지금까지 배운 내용을 다음 단계로 끌어 올릴 수 있는 다양한 방법이 존재한다. 큐브맵의 기초를 다졌기 때문에 자신의 프로젝트에 가장 잘 맞는 방법을 찾아볼 수 있다.

요약

씬의 모습은 훨씬 사실적으로 변했다. 이런 변화를 만들기 위해 11장에서 다뤘던 내용을 정리하면 다음과 같다.

- 큐브맵은 여섯 개의 동일한 크기의 텍스처를 조합해서 하나의 텍스처 애셋으로 만든 특수한 텍스처다. 여섯 텍스처는 육면체의 각 면인 것처럼 샘플링된다.
- 큐브맵을 샘플링할 때는 UV 좌표 대신 방향 벡터를 사용한다. 샘플링할 때는 큐브맵의 가상 육면체 중앙에서 샘플링 벡터가 가리키는 방향을 바라본다고 가정한다.
- 셰이더 코드에서는 samplerCube 데이터 타입을 통해서 큐브맵 텍스처에 접근한다.
- 원근 분할은 버텍스 셰이더가 실행된 후 GPU가 gl_Position의 XYZ 좌표를 W 컴포넌트로 나누는 것을 가리킨다. 원근 투영 행렬에서 원근 분할은 3차원 공간의 모습을 재현하는 데 도움을 준다.

- 스카이박스 셰이더는 원근 효과가 적용되지 않는 하늘을 그리기 위해 원근 분할의 원리를 이용했다.
- 일반적인 메쉬를 렌더링하는 셰이더에 환경 반사를 더하는 몇 가지 방법이 있다. 우리 프로젝트의 경우 물 메쉬는 디퓨즈 색상 전체를, 방패 메쉬에서는 라이트 색상을 환경 반사로 대체했다.

12장

라이팅 심화

지금까지 우리 씬은 한 개의 디렉셔널 라이트로 라이팅을 처리했다. 이것이 문제가 없었던 이유는 단순한 실외 씬을 라이팅했기 때문이었다. 디렉셔널 라이트는 태양에서 오는 빛을 매우 훌륭하게 재현한다. 실제로 많은 게임이 이 정도 수준에서 라이팅을 처리한다. 그러나 라이팅을 이렇게 단순하게 처리할 경우, 프로젝트에서 다양한 연출을 시도할 때 많은 제약이 따른다는 단점이 있다. 오로지 태양에 의한 라이팅만을 원하지는 않을 것이다. 12장에서는 게임에서 일반적으로 사용하는 다른 유형의 라이트를 소개하고, 여러 개의 라이트를 동시에 사용하는 셰이더를 어떻게 작성하는지 살펴보기로 한다. 그 과정에서 프로젝트를 밤 시간대의 씬으로 바꾸고, 다른 유형의 라이트를 추가로 사용할 것이다.

디렉셔널 라이트

게임 렌더링에서 가장 간단하고, 가장 흔히 사용되는 라이트 유형은 디렉셔널 라이트이다. 이 라이트 유형은 지금까지 사용했던 것이기도 하다. 앞에서 얘기했지만, 디렉셔널 라이트는 색상과 방향 벡터로 정의할 수 있다. 디렉셔널 라이트는 무한히 멀리 있는 광원으로부터 오는 빛을 재현하기 때문에 실제 광원의 위치는 문제가 되지 않는다. 그러므로 문제가 되는 것은 오직 멀리 있는 광원으로부터 빛이 오는 방향이다. 이 라이트는 태양이나 달과 같은 광원을 재현할 때 매우 적합한데, 지금까지 다뤘던 씬이 이 경우에 해당한다.

서로 다른 라이트 유형을 비교하는 방법 중 하나는 라이트를 렌더링할 때 필요한 데이터를 비교하는 것이다. 코드 12-1은 우리가 사용했던 DirectionalLight 구조체인데, 12장에서 소개할 새로운 라이트 유형을 디렉셔널 라이트와 비교할 때 좋은 기준점이 된다.

코드 12-1 디렉셔널 라이트를 정의하는 구조체

```
struct DirectionalLight
{
  glm::vec3 direction;
  glm::vec3 color;
  float intensity;
};
```

디렉셔널 라이트가 비추는 라이트는 씬에 있는 모든 메쉬를 동일한 방향에서 동일한 강도로 비춘다는 특징이 있다. 그 이유는 광원이 아주 멀리 있다고 가정하기 때문에 그림 12-1처럼 씬에 영향을 미치는 광선들이 서로 평행하기 때문이다.

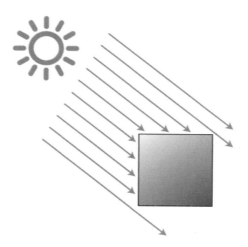

▲ 그림 12-1 디렉셔널 라이트의 평행한 광선

블린-퐁 라이팅에서 요구되는 라이팅 계산은 디렉셔널 라이트를 정의하는 그 데이터(라이트 색상과 방향)를 필요로 하기 때문에, 디렉셔널 라이트를 사용하는 셰이더를 작성하는 것은 가장 간단하다. 이는 또한 디렉셔널 라이트를 성능적 측면에서 가장 저렴한 라이트 유형으로 만든다. 왜냐하면 GPU가 라이트 위치에 따라서 라이트의 방향 벡터를 찾아내거나 라이트로부터의 거리에 따라서 프래그먼트의 밝기를 계산해야 할 필요가 없기 때문이다.

포인트 라이트

두 번째로 많이 사용하는 라이트 유형은 **포인트 라이트**point light다. 이 라이트는 코드에서 구현하기는 조금 더 까다롭지만, 개념적으로 이해하기는 가장 쉽다. 포인트 라이트는 근본적으로 전구와 같다. 포인트 라이트는 3D 공간의 한 지점에서 빛을 내보내고, 빛은 그 지점으로부터 사방으로 퍼져 나간다. 그림 12-2에서 포인트 라이트가 발산하는 광선의 방향을 볼 수 있다. 디렉셔널 라이트와는 달리 포인트 라이트의 광선은 서로 평행하지 않다는 사실에 주목한다.

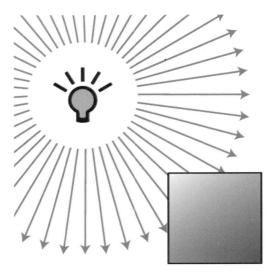

▲ 그림 12-2 포인트 라이트의 광선

어떤 프래그먼트가 포인트 라이트로부터 받는 빛의 양은 그 프래그먼트와 포인트 라이트 사이의 거리에 따라 달라진다. 실제 세계에서 전구를 생각하면 쉽게 이해할 수 있다. 전구에 가까운 대상이 먼 대상보다 더 강하게 빛을 받는다.

어떻게 포인트 라이트를 사용하는지 알아보기 위해 간단한 셰이더를 만든다. C++ 코드에서 포인트 라이트를 생성하는 데 필요한 구조체를 정의하면서 시작한다. 포인트 라이트는 그 위치에서 모든 방향으로 라이트를 비추기 때문에 따로 방향 벡터를 설정할 필요는 없다. 대신 라이트의 위치와 그 위치를 중심으로 라이트가 영향을 미칠 범위를 나타내는 구의 반지름을 저장한다.

코드 12-2 포인트 라이트를 정의하는 구조체

```
struct PointLight{
  glm::vec3 position;
  glm::vec3 color;
  float intensity;
  float radius;
```

```
};
```

포인트 라이트와 함께 흔히 저장되는 또 다른 데이터는 라이트 **감쇠**^{falloff}에 관한 정보다. 포인트 라이트는 그 위치를 중심으로 하는 특정 반지름의 구의 경계까지 라이트를 비춘다. 이때 구의 중심에 가까운 프래그먼트는 구의 경계에 있는 것에 비해서 라이트의 영향을 더 많이 받는다. 감쇠는 라이트가 비추는 각 대상이 그 라이트로부터의 거리에 따라서 얼마나 많은 라이트를 받는지 결정한다. 셰이더에서는 일련의 연산을 통해 라이트 감쇠를 구현한다. 포인트 라이트 구조체에 상수를 저장하고, 이 상수를 이용해서 감쇠 연산의 결과를 조정하는 경우도 쉽게 볼 수 있다. 우리의 경우는 포인트 라이트의 감쇠를 계산하는 간단한 함수를 작성할 것이다. 따라서 이번에는 별도의 상수를 저장하지 않는다.

포인트 라이트에 필요한 데이터가 무엇인지 살펴봤다. 이제는 데이터를 사용하는 셰이더를 작성한다. 먼저 하나의 포인트 라이트를 사용해서 디퓨즈 라이팅만 계산하는 셰이더 코드를 작성하면서 시작한다. 코드 12-3을 살펴보자.

코드 12-3 PointLight.frag

```
#version 410

uniform vec3 meshCol;
uniform vec3 lightPos; ❶
uniform float lightRadius;
uniform vec3 lightCol;


in vec3 fragNrm;
in vec3 fragWorldPos;
out vec4 outCol;

void main(){
  vec3 normal = normalize(fragNrm);
  vec3 toLight = lightPos - fragWorldPos; ❷
```

```
    vec3 lightDir = normalize(toLight);
    float distToLight = length(toLight); ❸
    float falloff = max(0.0, 1.0 - (distToLight / lightRadius)); ❹
    vec3 adjLightCol = lightCol * falloff;
    float finalBright = max(0, dot(toLight, normal));
    outCol = finalBright * adjLightCol * meshCol, 1.0);
}
```

코드 12-3의 첫 부분은 포인트 라이트를 사용할 때 선언해야 하는 새로운 유니폼 변수인 lightPos와 lightRadius를 보여준다(❶). 이 변수는 바로 앞의 구조체에서 봤던 데이터와 일치한다.

디렉셔널 라이트 셰이더와 차이를 보이는 첫 번째 계산은 ❷에서 시작한다. 포인트 라이트는 모든 방향으로 라이트를 발산하기 때문에 프래그먼트에 도달하는 라이트의 방향을 각 프래그먼트에서 계산해야 한다. 또한 프래그먼트가 광원으로부터 얼마나 멀리 있는지도 알아야 한다. 두 목표를 동시에 달성하려면, 현재 프래그먼트와 포인트 라이트 간의 toLight 벡터를 계산한다. 라이트 방향 벡터는 toLight 벡터를 정규화하면 간단히 구할 수 있고, 벡터의 크기는 GLSL의 length() 함수를 이용해서 구한다(❸).

거리와 방향을 구했다면 다음 단계에서는 현재 프래그먼트에 도달한 라이트의 밝기를 계산한다. 여기서 감쇠 계산이 그 역할을 한다. 감쇠를 구현하기 위해서 거리 값 distToLight를 라이트의 영향을 받는 영역을 나타내는 구의 반지름 lightRadius로 나눈다. 결과로 얻는 값은 프래그먼트가 라이트로부터 얼마나 멀리 있는지를 백분율로 나타낸다. 거리 값이 라이트가 영향을 미치는 영역의 경계에 근접할수록, 백분율은 커진다. 이 값이 1.0보다 크다는 얘기는 그 프래그먼트가 너무 멀리 있어서 라이트의 영향을 받지 않는다는 의미다. 그래서 1에서 이 값을 빼면, 프래그먼트에 도달하는 라이트의 강도를 최대 라이트 강도에 대한 백분율로 나타낼 수 있다. 마지막으로 이 값을 라이트 색상과 곱해서 특정 프래그먼트에 영향을 미치는 라이트의 영향을 최종적으로 구한다. 바로 ❹에 해당하는 얘기다.

앞에서 설명한 것은 선형 감쇠$^{linear\ falloff}$라고 한다. 여기서는 광원과 같은 곳에 위치하는 프래그먼트가 최대 라이트 강도를 100%, 반지름 경계에 위치하는 프래그먼트가 0%, 이 둘의 중간에 위치하는 프래그먼트는 정확히 50% 받는다. 라이트의 감쇠를 처리하는 다양한 계산이 존재한다. 각 방식은 물리적 정확성과 GPU 연산 비용 사이에서 서로 다른 균형점을 지향한다. 우리가 사용하는 선형 감쇠가 가장 단순한 형태일 것이다.

포인트 라이트와 관련해서 한 가지 알아둬야 할 사항은 프래그먼트가 라이트로부터 얼마나 멀리 떨어져 있든, 라이팅 계산에 소요되는 시간은 같다는 것이다. 이 얘기는 어떤 프래그먼트가 너무 멀리 있어서 라이트를 전혀 받지 않더라도, 기본적으로 포인트 라이트에 대한 성능 상의 비용은 든다는 의미다. 라이팅은 값비싼 연산이기 때문에 이것은 문제가 된다. 그래서 많은 게임들은 인지할 수 있을 정도로 영향을 미치지 않는다면, 포인트 라이트에 GPU 자원을 사용하지 않으려 한다. 이런 이유에서 대부분의 게임은 셰이더 외적인 방법으로 특정 메쉬에 영향을 미치는 라이트인지를 먼저 판단하고, 그 다음 라이팅을 처리하는 셰이더를 실행한다. 구체적인 처리 방식과 과정은 엔진마다 다르다. 예를 들어 언리얼 엔진은 셰이더가 다룰 수 있는 라이트의 숫자에 따라서 그 셰이더의 버전을 만든다. 여러 라이트에 인접한 메쉬는 한 번에 여러 개의 라이트를 지원하는 버전으로 렌더링하는 반면, 아주 멀리 있는 메쉬는 가벼운 버전의 셰이더로 처리한다. 이 책에서는 이런 방식을 사용하지는 않지만 각자의 프로젝트를 위해서 기억해 두면 좋다.

코드 12-3을 바탕으로 우리의 블린-퐁 셰이더가 디렉셔널 라이트 대신 포인트 라이트를 지원하도록 수정하는 것이 그렇게 어렵지는 않을 것이다. 아직까지는 셰이더가 여러 유형의 라이트를 지원하도록 만들지는 않는다. 그래서 기존의 블린-퐁 셰이더를 수정하지는 않을 것이다. 대신 포인트 라이트 버전의 새로운 프래그먼트 셰이더를 만들고 pointLight.frag라고 이름을 붙인다. 현재 사용하고 있는 라이팅 연산을 라이트 유형에 상관 없이 동일하게 유지할 수 있도록, 라이팅 관련 코드를 별도의 함수로 옮긴다. 이렇게 함으로써 손쉽게 라이팅 모델 계산과 라이트 유형으로부터 정보를 가져오려면 해야 할 일을 분리할 수 있다. 코드 12-4는 이 함수를 보여준다.

코드 12-4 블린-퐁 셰이더의 라이팅 모델 함수

```
float diffuse(vec3 lightDir, vec3 nrm)
{
  float diffAmt = max(0.0, dot(nrm, lightDir));
  return diffAmt;
}

float specular(vec3 lightDir, vec3 viewDir, vec3 nrm, float shininess)
{
  vec3 halfVec = normalize(viewDir + lightDir);
  float specAmt = max(0.0, dot(halfVec, nrm));
  return pow(specAmt, shininess);
}
```

GLSL에서 함수를 작성한 것은 이번이 처음이다. 그러나 C 함수가 작동하는 방식과 다르지 않다. 디렉셔널 라이트를 사용하는 기존 셰이더가 이 함수를 사용할 경우, 그 모습은 코드 12-5와 같다.

코드 12-5 새로운 라이팅 함수를 사용하도록 수정된 main() 함수

```
void main(){
  vec3 nrm = texture(normTex, fragUV).rgb;
  nrm = normalize(nrm * 2.0 - 1.0);
  nrm = normalize(TBN * nrm);
  vec3 viewDir = normalize( cameraPos - fragWorldPos);

  vec3 envSample = texture(envMap, reflect(-viewDir, nrm)).xyz;
  vec3 sceneLight = mix(lightCol, envSample + lightCol * 0.5, 0.5);

  float diffAmt = diffuse(lightDir, nrm); ❶
```

```
    float specAmt = specular(lightDir, viewDir, nrm, 4.0); ❷

    vec3 diffCol = texture(diffuseTex, fragUV).xyz * sceneLight * diffAmt;

    float specMask = texture(specTex, fragUV).x;
    vec3 specCol = specMask * sceneLight * specAmt;
    outCol = vec4(diffCol + specCol + ambientCol, 1.0);
}
```

이 셰이더는 앞에서 작성했던 셰이더와 동일한 일을 한다. 단지 라이팅 연산을 ❶과
❷의 함수로 대체했을 뿐이다. 이 코드는 셰이더에서 함수 작성법을 보여줬다는 점
에서 의미가 있다. 그러나 정말 중요한 점은 라이트 유형에 상관 없이 실질적인 라이
팅 연산을 그대로 유지할 수 있다는 사실이다. 이 셰이더가 포인트 라이트를 지원하
게끔 수정하는 것은 앞서 포인트 라이트를 작성했기 때문에 크게 낯설지 않을 것이
다. 라이트 방향을 계산하고, 일부 값들을 라이트의 감쇠 값으로 곱하면 된다. 코드
12-6에 수정된 코드가 있다.

코드 12-6 포인트 라이트를 사용하도록 수정된 main() 함수

```
// 새로운 유니폼 변수와 제거된 lightDir 변수
uniform vec3 lightPos;
uniform float lightRadius;

void main()
{
  vec3 nrm = texture(normTex, fragUV).rgb;
  nrm = normalize(nrm * 2.0 - 1.0);
  nrm = normalize(TBN * nrm);
  vec3 viewDir = normalize( cameraPos - fragWorldPos);

  vec3 envSample = texture(envMap, reflect(-viewDir, nrm)).xyz;
  vec3 sceneLight = mix(lightCol, envSample + lightCol * 0.5, 0.5);

  // 라이트 방향 계산
  vec3 toLight = lightPos - fragWorldPos;
  vec3 lightDir = normalize(toLight);
```

```
float distToLight = length(toLight);
float falloff = 1.0 - (distToLight / lightRadius);

float diffAmt = diffuse(lightDir, nrm) * falloff; ❶
float specAmt = specular(lightDir, viewDir, nrm, 4.0) * falloff; ❷
// 나머지 부분은 그대로 유지한다
```

직접 계산한 lightDir 벡터를 제공하는 것 외에도 diffAmt와 specAmt를 구할 때 라이트의 감쇠를 곱한다(❶과 ❷). 이 두 변수는 프래그먼트가 각 라이팅을 얼마나 받을지 저장하는데, 이때 저장하는 값은 라이트에서 프래그먼트까지의 거리에 반비례한다. 또한 코드 12-6에서 주석으로 설명하고 있듯이, lightDir 유니폼 변수를 두 개의 새로운 유니폼 변수로 교체한다. 수정할 내용은 이것이 전부다. 같은 수정을 물 셰이더에도 적용하면 포인트 라이트를 지원하는 두 개의 셰이더가 준비된다. 이 책의 다른 모든 프로젝트도 C++ 코드에서 약간의 수정 없이는 새로운 멋진 셰이더를 감상할 수 없다. 이제 C++로 넘어가서 필요한 세팅을 한다.

코드 12-7 darw() 함수에서 포인트 라이트 설정하기

```
void ofApp::draw() {
  using namespace glm;

  static float t = 0.0f;
  t += ofGetLastFrameTime();

  PointLight pointLight; ❶
  pointLight.color = vec3(1, 1, 1);
  pointLight.radius = 1.0f;
  pointLight.position = vec3(sin(t), 0.5, 0.25); ❷
  pointLight.intensity = 3.0;

  mat4 proj = perspective(cam.fov, 1024.0f / 768.0f, 0.01f, 10.0f);

  cam.pos = glm::vec3(0, 0.75f, 1.0);
  mat4 view = inverse(translate(cam.pos));

  drawShield(pointLight, proj, view);
```

```
    drawWater(pointLight, proj, view);
    drawSkybox(pointLight, proj, view);
}
```

포인트 라이트 설정의 대부분은 PointLight 구조체의 값을 정하는 것이다(❶). 씬 전체를 비추는 디렉셔널 라이트 대신, 새로운 구 형태의 라이트를 다룬다는 사실을 명확하게 드러내기 위해 작고 강한 라이트를 설정한다. 새로운 라이트를 확실히 보여주는 것이 좋을 것 같다. sin() 함수를 사용해서 라이트가 X 축을 따라서 −1과 1 사이를 왕복하게 한다(❷). 포인트 라이트를 렌더링하려면 고쳐야 하는 또 다른 부분은 drawShield(), drawWater(), drawSkybox() 함수가 PointLight 구조체를 받아들이도록 수정하고, 셰이더의 유니폼 변수에 적절한 값을 담는 것이다. 단순히 새로운 유니폼 변수에 값을 담는 것이기 때문에 따로 코드를 설명하지는 않겠다. 전체 코드는 온라인 소스코드에서 확인할 수 있다.

지금 프로그램을 실행하면 라이트가 좌우로 움직임에 따라서 방패와 물 메쉬가 라이트의 영향을 받고 있는 모습을 볼 수 있다. 그러나 모든 것이 다소 어색해 보인다. 왜냐하면 씬 전체를 비추는 디렉셔널 라이트가 없는 상태에서, 현재 씬에 있는 스카이박스가 대낮의 모습을 보여주기 때문이다. 그래서 스카이박스에 비해 메쉬가 너무 어두워 보이는 것 같다. 좀 더 사실적인 모습을 만들고 새로운 포인트 라이트를 강조하려면 온라인 소스코드의 12장 Assets 폴더에 있는 밤 시간대의 텍스처를 사용한다. 밤 시간대의 스카이박스가 적용된 상태에서, 씬에 있는 유일한 광원이 작은 포인트 라이트라면 훨씬 그럴 듯한 모습이 될 것이다. 그림 12-3에서 두 스카이박스가 적용된 씬의 모습을 비교할 수 있다. 그림 12-3을 렌더링하기 위해 사용한 모든 코드는 온라인 소스코드 12장의 PointLight 프로젝트에서 찾을 수 있다.

▲ 그림 12-3 포인트 라이트 프로젝트를 두 개의 스카이박스로 각각 렌더링한 결과. 물 색상은 스카이박스의 색상을 기반으로 계산하기 때문에, 어두운 스카이박스를 사용한 씬에서는 라이트를 받는 영역에서도 어두운 색상을 보여준다.

스포트 라이트

게임에서 일반적으로 볼 수 있는 세 번째 라이트 유형은 스포트 라이트다. 스포트 라이트는 게임 월드에서 특정한 위치를 나타낸다는 점에서 포인트 라이트와 같다. 그러나 포인트 라이트와는 달리 구가 아닌 원뿔 형태이다. 그림 12-4는 스포트 라이트의 모습을 다이어그램으로 보여준다. 플래시 라이트를 사용해본 적이 있다면 스포트 라이트가 어떤 모습인지 이미 알고 있을 것이다.

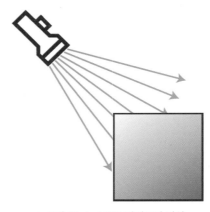

▲ 그림 12-4 스포트 라이트의 광선

포인트 라이트에서 했던 것처럼, 코드에서 라이트를 정의할 때 필요한 데이터를 설명하면서 스포트 라이트에 대한 얘기를 시작한다. 데이터 측면에서 보면 스포트 라이트는 디렉셔널 라이트와 포인트 라이트를 부분부분 섞어 놓은 것 같다. 위치와 방향 벡터 모두 필요하고, 원뿔의 넓이를 나타내기 위한 값이 필요하다. 마지막으로 라이트의 색상과 강도라는 유력한 용의자도 있어야 한다. 스포트 라이트로부터 거리가 멀어질수록 라이트의 영향을 덜 받게 만들기 위한 반지름 또는 범위 값도 있을 수 있다. 그러나 주제에 집중하도록 이 부분은 빼기로 한다. 코드 12-8은 스포트 라이트 구조체를 보여준다.

코드 12-8 스포트 라이트 구조체

```
struct SpotLight
{
  glm::vec3 position;
  glm::vec3 direction;
  float cutoff;

  glm::vec3 color;
  float intensity;
};
```

포인트 라이트처럼 스포트 라이트를 사용한다고 해서 라이팅 계산 자체가 바뀌지는 않는다. 바뀌는 것은 라이팅 계산에 전달할 값들을 구하는 데 사용할 셰이더 코드다. 스포트 라이트가 실제로 작동하는 모습을 보기 위해서 우선 새로운 프래그먼트 셰이더를 만들고 spotLightf.frag라는 이름을 붙인다. 앞에서 작성한 포인트 라이트 셰이더의 코드를 복사해서 붙여넣고, 일부 코드를 수정해서 스포트 라이트 셰이더의 출발점을 만들면 코드 12-9와 같은 모습이다.

코드 12-9 스포트 라이트를 위해 수정한 main() 함수

```
uniform vec3 lightConeDir;
uniform vec3 lightPos;
```

```
uniform float lightCutoff; // 라이트 반지름을 대체한다.

// diffuse()와 specular() 함수는 그대로 유지한다.

void main()
{
  vec3 nrm = texture(normTex, fragUV).rgb;
  nrm = normalize(nrm * 2.0 - 1.0);
  nrm = normalize(TBN * nrm);
  vec3 viewDir = normalize( cameraPos - fragWorldPos);

  vec3 envSample = texture(envMap, reflect(-viewDir, nrm)).xyz;
  vec3 sceneLight = mix(lightCol, envSample + lightCol * 0.5, 0.5);

  // 여기에 스포트 라이트 계산이 온다.

  float diffAmt = diffuse(lightDir, nrm) * falloff; ❶
  float specAmt = specular(lightDir, viewDir, nrm, 4.0) * falloff; ❷
  // 나머지는 그대로 유지한다.
```

❶과 ❷에서 여전히 감쇠 값을 곱하고 있다. 단 여기서 감쇠 값은 프래그먼트가 스포트 라이트의 원뿔 안에 있는지 여부를 나타낸다. 사실 스포트 라이트와 포인트 라이트 간의 차이는 포인트 라이트와 디렉셔널 라이트 간의 차이보다 훨씬 적다. 이런 특징은 나중에 여러 유형의 라이트를 동시에 지원하는 셰이더를 작성할 때 유용하게 활용할 수 있다. 그러나 당장은 약간의 편리함을 더해주는 수준이다.

라이팅 함수에 전달할 값들은 구하는 셰이더 로직을 삭제했기 때문에 대체할 수 있는 새로운 코드를 추가해야 한다. 첫 번째로 할 일은 다시 라이트 방향 벡터를 구하는 것이다. 여기서 셰이더로 전달하는 lightConeDir 유니폼 변수를 사용하지 않는 이유를 궁금해할 수도 있다. 그 이유는 스포트 라이트의 광선은 디렉셔널 라이트처럼 서로 평행하지 않고, 서로 다른 방향으로 나가기 때문이다. 따라서 라이팅 계산에 유니폼인 라이트 방향 벡터를 사용하는 것은 말이 되지 않는다. 라이트 방향 벡터는 마지막 단계에서 라이트 결과에 반영할 감쇠 값을 계산할 때만 사용한다. 라이트 방향 벡터 계산은 앞서 포인트 라이트에서 했던 것과 동일하다. 코드 12-10은 지금까지 설명한 내용을 보여준다.

코드 12-10 스포트 라이트의 라이트 방향 벡터 계산하기

```
vec3 toLight = lightPos - fragWorldPos;
vec3 lightDir = normalize(toLight);
```

포인트 라이트에서 했던 것과 정확히 일치한다. 단 프래그먼트에서 라이트까지의 거리를 구하는 부분은 남겨뒀다. 주제에 집중하도록 아직까지는 바라보는 방향으로 무한히 영향을 미치는 라이트를 가정하고 있다.

다음 단계는 프래그먼트가 스포트 라이트의 원뿔 안에 있느냐 여부를 계산한다. 그 결과는 0 또는 1의 감쇠 값으로 표현되는데, 이 값은 나중에 라이팅 계산의 최종 결과와 곱해진다. 이런 의미에서 스포트 라이트는 감쇠 계산 방식이 다른 포인트 라이트라고도 할 수 있다. 대부분의 라이팅 계산처럼 그림이 있다면 더 쉽게 이해할 수 있다. 그림 12-5는 현재 마주한 문제를 보여준다.

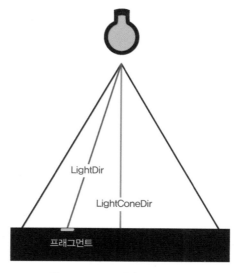

▲ 그림 12-5 스포트 라이트 계산 표현하기

두 개의 방향 벡터가 있다. 스포트 라이트의 원뿔 방향 벡터^{lightConeDir}와 프래그먼트에서 라이트로의 방향 벡터^{LightDir}가 그것이다. 두 벡터 간의 각도가 라이트의 컷오프^{cutoff} 각도보다 작으면, 프래그먼트는 스포트 라이트의 원뿔 범위 안에 있고, 라이트의 영향을 받는다고 할 수 있다. 8장에서 내적의 결과는 두 벡터 간 각도의 코사인이라고 설명했던 내용을 기억할 것이다. 이 말은 C++에서 전달하는 lightCutoff 값이 스포트 라이트 원뿔의 각도의 코사인이라면, 셰이더 코드에서 내적을 이용해서 lightDir과 lightConeDir 간의 각도와 컷오프 각도를 비교할 수 있다는 의미다. 코드 12-11은 계산이 어떤 모습인지 보여준다.

코드 12-11 프래그먼트가 스포트 라이트 원뿔 안에 있는지 여부 결정하기

```
vec3 toLight = lightPos - fragWorldPos;
vec3 lightDir = normalize(toLight);
float cosAngle = dot(lightConeDir, -lightDir); ❶
float falloff = 0.0;
if (cosAngle > lightCutoff) ❷
{
  falloff = 1.0;
}
```

코드 12-11에서 주의해야 할 몇 가지 부분이 있다. 가장 먼저 내적을 통해 두 벡터를 비교했던 이전 사례와 마찬가지로, 두 벡터는 같은 방향을 향해야 한다. 여기서 계산한 lightDir 벡터는 라이트로부터 시작하는 벡터가 아니라, 라이트를 향하는 벡터다. 따라서 내적 계산에서 의미 있는 값을 얻기 위해서는 라이트에서 시작하는 lightConeDir과 반전한 lightDir 벡터를 비교해야 한다(❶).

코드에서 중요한 두 번째 부분은 ❷에 있는 조건문이다. 처음에는 조건이 반대로 된 것처럼 보인다. 각도의 코사인이 아니라 실제 각도를 비교했다면 그럴 수 있다. 그러나 우리는 cos^{lightCutoff}를 거친 lightCutoff 값을 셰이더로 전달한다. 그리고 cosAngle 값이 1에 가까울수록 lightDir과 lightConeDir은 평행에 가까워진다. 따

라서 cosAngle이 lightCutoff보다 커야 한다는 조건은 틀린 것이 아니다.

코드 12-12는 방패 셰이더에서 스포트 라이트를 사용하기 위해 수정한 main() 함수를 보여준다. 직접 코드를 작성하며 학습하고 있다면 물 셰이더에도 비슷한 수정을 해줘야 한다. 이 모든 내용은 SpotLights 프로젝트에서 확인할 수 있다.

코드 12-12 스포트 라이트를 지원하기 위해 수정한 방패 셰이더의 main() 함수

```
void main(){
  vec3 nrm = texture(normTex, fragUV).rgb;
  nrm = normalize(nrm * 2.0 - 1.0);
  nrm = normalize(TBN * nrm);
  vec3 viewDir = normalize( cameraPos - fragWorldPos);

  vec3 envSample = texture(envMap, reflect(-viewDir, nrm)).xyz;
  vec3 sceneLight = mix(lightCol, envSample + lightCol * 0.5, 0.5);

  vec3 toLight = lightPos - fragWorldPos;
  vec3 lightDir = normalize(toLight);
  float angle = dot(lightConeDir, -lightDir);
  float falloff = 0.0;
  if (angle > lightCutoff)
  {
    falloff = 1.0;
  }

  float diffAmt = diffuse(lightDir, nrm) * falloff;
  float specAmt = specular(lightDir, viewDir, nrm, 4.0) * falloff;

  vec3 diffCol = texture(diffuseTex, fragUV).xyz * sceneLight * diffAmt;

  float specMask = texture(specTex, fragUV).x;
  vec3 specCol = specMask * sceneLight * specAmt;
  vec3 envSample = texture(envMap, reflect(-viewDir, nrm)).xyz;

  vec3 envLighting = envSample * specMask * diffAmt;
  specCol = mix(envLighting, specCol, min(1.0,specAmt));
```

```
    outCol = vec4(diffCol + specCol + ambientCol, 1.0);
}
```

지금까지 작업해온 결과물을 얻으려면 C++ 코드에서 몇 가지 간단한 수정을 하는 일이 남았다. 포인트 라이트와 마찬가지로 drawWater()와 drawShield() 함수를 고쳐서 SpotLight 구조체를 받아서 적절한 유니폼 변수로 라이트 값을 전달하게 만든다. 스포트 라이트를 정확히 카메라가 있는 곳에 배치했고, 카메라와 동일한 방향을 향하게 하면 결과를 쉽게 확인할 수 있다. 코드 12-13에서 수정된 코드를 볼 수 있다.

코드 12-13 C++ 코드에서 수정하기

```
void ofApp::draw() {
  using namespace glm;

  mat4 proj = perspective(cam.fov, 1024.0f / 768.0f, 0.01f, 10.0f);

  cam.pos = glm::vec3(0, 0.75f, 1.0);
  mat4 view = inverse(translate(cam.pos));

  SpotLight spotLight;
  spotLight.color = vec3(1, 1, 1);
  spotLight.position = cam.pos;
  spotLight.intensity = 1.0;
  spotLight.direction = vec3(0, 0, -1);
  spotLight.cutoff = glm::cos(glm::radians(15.0f));

  drawShield(spotLight, proj, view);
  drawWater(spotLight, proj, view);
  drawSkybox(spotLight, proj, view);
}
```

여기까지 수정하고 프로그램을 실행하면 그림 12-6의 왼쪽 이미지와 같은 모습을 볼 수 있다. 처음보면 어떤 오류가 발생한 것처럼 보이지만, 사실 정확히 의도한 결과다. 방패에서 스포트 라이트의 원뿔 영역 안에 있는 부분만 라이트를 받고 있다. 컷오프 각도를 훨씬 크게 키우고, 카메라 오른쪽으로 위치를 옮기면 오른쪽 이미지와 같은 모습이 나타난다. 그림 12-6의 결과를 만든 모든 코드는 온라인 소스코드 12장 SpotLights 프로젝트에서 찾을 수 있다.

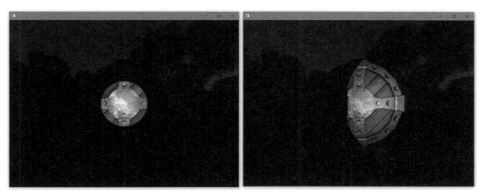

▲ 그림 12-6 서로 다른 설정의 스포트 라이트를 사용해서 렌더링한 결과

정적 멀티라이트

메쉬를 각 라이트 유형으로 라이팅할 수 있는 것은 매우 근사한 일이다. 그러나 실제 3D 레벨을 만들 때에도 매우 유용하다고 말하기는 어렵다. 아주 단순한 씬이 아니라면, 하나의 대상에 여러 개의 라이트가 동시에 영향을 미치는 경우에 대응할 수 있어야 한다. 여러 개의 라이트를 다루는 새로운 방법은 수십 년간 그래픽 프로그래머들이 관심을 가져온 주제였다. 그리고 실제 다양한 접근 방식이 존재한다. 12장에서는 그 중 두 가지를 살펴볼 것이다. 얼마나 많은 라이트를 사용할 것인지 사전에 결정하는 정적 멀티라이트를 먼저 설명할 것이다. 성능을 희생하면서 원하는 만큼 많은 라이트를 사용할 수 있는, 유연한 동적 멀티라이트는 다음에 설명한다.

좀 더 쉬운 정적 멀티라이트는 지금까지 살펴본 내용과 크게 다르지 않다. 단지 새로운 셰이더 작성 기법을 익혀야 한다. 우선 셰이더 코드에서 다양한 라이트 유형에 필요한 유니폼 변수를 관리하는 구조체를 정의한다. 그 다음 씬에 있는 각 라이트의 데이터를 저장할 수 있는 구조체 배열을 생성한다. 배열의 크기는 얼마나 많은 라이트를 지원하는가에 따라 결정한다. 최종적으로 이것들을 이용해서 라이팅을 계산한다. 셰이더 코드에서 배열이나 구조체를 사용하는 것은 이번이 처음이다. 그러나 작동하는 방식은 C++에서와 다르지 않다. 코드 12-14는 통합된 라이트 셰이더의 유니폼 변수를 보여준다. 새로운 셰이더를 만들고 이 코드를 복사해서 붙여 넣는다.

코드 12-14 라이트 배열 셰이더의 유니폼 변수 선언

```
struct DirectionalLight {
  vec3 direction;
  vec3 color;
};

struct PointLight {
  vec3 position;
  vec3 color;
  float radius;
};

struct SpotLight{
  vec3 position;
  vec3 direction;
  vec3 color;
  float cutoff;
};

#define NUM_DIR_LIGHTS 1
#define NUM_POINT_LIGHTS 2
#define NUM_SPOT_LIGHTS 2

uniform DirectionalLight directionalLights[NUM_DIR_LIGHTS];
uniform PointLight pointLights[NUM_POINT_LIGHTS];
uniform SpotLight spotLights[NUM_SPOT_LIGHTS];
```

```
uniform sampler2D diffuseTex;
uniform sampler2D specTex;
uniform sampler2D normTex;
uniform samplerCube envMap;
uniform vec3 cameraPos;
uniform vec3 ambientCol;

in vec3 fragNrm;
in vec3 fragWorldPos;
in vec2 fragUV;
in mat3 TBN;

out vec4 outCol;
```

지금까지 작성했던 어떤 셰이더와도 다른 모습이다. 그렇다고 GLSL에서 이런 코드를 작성하는 것에 대단한 비밀이 있는 것은 아니다. 모든 것은 C++에서와 같은 방식으로 작동한다. 이 셰이더는 한 개의 디렉셔널 라이트, 두 개의 포인트 라이트, 두 개의 스포트 라이트를 예상하고 있다.

각 라이트 유형을 이미 배웠기 때문에 복수의 라이트를 사용하는 셰이더를 작성하는 것이 그렇게 어렵지는 않을 것이다. 라이팅은 항상 더하기로 작동한다. 어떤 메쉬에 더 많은 라이트가 영향을 미치면 그 메쉬는 더 밝아진다. 복수의 라이트를 다룬다는 것은 결국 각 라이트의 영향을 개별적으로 계산해서 더한다는 의미다. 라이트를 다루는 코드를 작성하기 전에 main() 함수가 시작할 때 한 번만 계산하고, 이후 각 라이트에서 재사용하는 값들을 먼저 계산한다. 코드 12-15는 먼저 계산해야 하는 내용을 담은 main() 함수의 앞부분을 보여준다.

코드 12-15 통합 라이트 셰이더가 우선적으로 처리하는 계산

```
void main(){
  vec3 nrm = texture(normTex, fragUV).rgb;
  nrm = normalize(nrm * 2.0 - 1.0);
  nrm = normalize(TBN * nrm);
```

```
vec3 viewDir = normalize( cameraPos - fragWorldPos);

vec3 diffuseColor = texture(diffuseTex, fragUV).xyz;
float specMask = texture(specTex, fragUV).x;
vec3 envReflections = texture(envMap, reflect(-viewDir, nrm)).xyz;

vec3 finalColor = vec3(0,0,0); ❶
```

마지막 줄을 제외하고는 이미 앞에서 봤던 코드들이다. 이것들을 함수의 맨 앞으로
옮긴 것은 시선 방향이나 텍스처에서 샘플링한 색상은 모든 라이트에서 동일하기 때
문이다. 마지막 줄(❶)은 각 라이트의 결과를 누적할 벡터를 선언한다. 함수가 끝날
때 이 벡터는 프래그먼트를 비추는 모든 라이트의 합을 담고, 이 값을 outColor 변
수에 반영한다.

앞부분의 계산을 위한 코드가 마무리됐으면 라이트를 처리할 차례다. 우리는 라이트
유형별로 한 개 또는 그 이상의 라이트를 처리한다. 그러므로 각 라이트 유형에 해당
하는 세 개의 반복문 안에 라이팅 계산을 담는다. 셰이더에서 처음으로 for 반복문을
사용한다. C++의 반복문과 같은 방식으로 작동한다. 코드 12-16은 디렉셔널 라이트
의 라이팅을 계산하는 첫 반복문을 보여준다.

코드 12-16 디렉셔널 라이트 반복문

```
for (int i = 0; i < NUM_DIR_LIGHTS; ++i)
{
  DirectionalLight light = directionalLights[i]; ❶
  vec3 sceneLight = mix(light.color, envReflections + light.color * 0.5, 0.5);

  float diffAmt = diffuse(light.direction, nrm);
  float specAmt = specular(light.direction, viewDir, nrm, 4.0) * specMask;

  vec3 envLighting = envReflections * specMask * diffAmt;

  vec3 specCol = specMask * sceneLight * specAmt;
```

```
    finalColor += diffuseColor * diffAmt * light.color; ❷
    finalColor += specCol * sceneLight;
}
```

여기 있는 모든 라이팅 계산은 기존 디렉셔널 라이트 셰이더의 로직과 같다. 라이트 구조체 배열에서 필요한 멤버의 값에 접근하는 방식도 C++에서와 다르지 않다(❶). 이 라이팅 계산에서 유일하게 새로운 부분은 디퓨즈와 스펙큘러 라이팅의 최종 값을 코드 12-15에서 선언한 finalColor 벡터에 더한다는 것이다(❷). 모든 라이트의 결과를 더한다고 얘기는 했는데, 이제야 실제로 보게 됐다.

두 번째 반복문은 포인트 라이트 배열을 다룬다. 디렉셔널 라이트의 경우처럼, 여기서의 모든 실제 라이팅 계산은 앞서 작성한 포인트 라이트 셰이더와 같다. 유일한 차이점은 for 반복문 안에 들어있고, 결과를 finalColor에 누적한다는 것이다. 코드 12-17은 포인트 라이트 반목문을 보여준다.

코드 12-17 포인트 라이트 반복문

```
for (int i = 0; i < NUM_POINT_LIGHTS; ++i)
{
  PointLight light = pointLights[i];
  vec3 sceneLight = mix(light.color, envReflections + light.color * 0.5, 0.5);
  vec3 toLight = light.position - fragWorldPos;
  vec3 lightDir = normalize(toLight);
  float distToLight = length(toLight);
  float falloff = 1.0 - (distToLight / light.radius);

  float diffAmt = diffuse(lightDir, nrm) * falloff;
  float specAmt = specular(lightDir, viewDir, nrm, 4.0) * specMask * falloff;

  vec3 envLighting = envReflections * specMask * diffAmt;
  vec3 specCol = specMask * sceneLight * specAmt;

  finalColor += diffAmt * sceneLight * diffuseColor;
```

```
  finalColor += specCol;
}
```

마지막은 코드 12-18에 있는 스포트 라이트 반복문으로 마무리한다. 여기 있는 코드와 이전에 작성했던 스포트 라이트 함수 간의 차이점은 lightCutoff 각도를 비교하는 조건문에 있다. 간결한 코드를 위해 기존 조건문을 삼항 조건문으로 바꿨다(❶). 그 외에는 늘 하던 그대로와 같다.

코드 12-18 스포트 라이트 반복문

```
for (int i = 0; i < NUM_SPOT_LIGHTS; ++i)
{
  SpotLight light = spotLights[i];
  vec3 sceneLight = mix(light.color, envReflections + light.color * 0.5, 0.5);
  vec3 toLight = light.position - fragWorldPos;
  vec3 lightDir = normalize(toLight);
  float angle = dot(light.direction, -lightDir);
  float falloff = (angle > light.cutoff) ? 1.0 : 0.0; ❶

  float diffAmt = diffuse(lightDir, nrm) * falloff;
  float specAmt = specular(lightDir, viewDir, nrm, 4.0) * specMask * falloff;

  vec3 envLighting = envReflections * specMask * diffAmt;
  vec3 specCol = specMask * sceneLight * specAmt;

  finalColor += diffAmt * sceneLight * diffuseColor;
  finalColor += specCol;
}
```

main() 함수는 씬의 앰비언트 라이트를 finalColor 값에 더하고, 결과를 outColor에 저장하는 것으로 마무리된다. 지금까지 설명한 사전 계산과 반복문을 압축해서 표현하면 셰이더의 전체 main() 함수의 모습은 코드 12-19와 같다.

코드 12-19 정적 멀티라이트를 지원하는 셰이더의 main() 함수 요약

```
void main(){
  라이팅에 앞선 사전계산
  디렉셔널 라이트 반복문
  포인트 라이트 반복문
  스포트 라이트 반복문

  outCol = vec4(finalColor + ambientCol, 1.0); ❶
}
```

이것으로 정적 멀티라이트를 지원하는 블린-퐁 셰이더의 작성을 마쳤다. 혼자 이 책을 학습하고 있다면, 다음에 할 일은 이전처럼 이 셰이더의 코드를 물 셰이더로 복사해 가져가는 것이다. 물 메쉬의 라이팅 계산은 방패에서 한 것과 조금 다르기 때문에 (특히 디퓨즈 색상을 다루는 부분에서), 단순한 붙여넣기는 아니다. 그러나 중심 개념이 바뀌지는 않는다. 여전히 라이트 배열을 생성하고, 이전에 작성한 코드를 반복문에 담는다. 셰이더 수정이 끝나면 온라인 소스코드 12장의 FixedLightCount 프로젝트에 있는 셰이더와 비교해볼 것을 추천한다.

마지막 단계는 C++ 코드를 작성하는 것이다. 이번에는 여러 개의 라이트를 한 번에 처리하기 때문에 평소보다는 리팩토링에 좀 더 많은 노력이 필요하다. ofApp.h에서 DirectionalLight, PointLight, SpotLight, 세 개의 라이트 구조체 배열을 선언하면서 리팩토링을 시작한다. 배열의 크기는 최소한 셰이더 코드에 있는 배열의 크기보다는 커야 한다. 또한 방패, 물, 스카이박스를 그리는 함수가 더 이상 라이트 구조체를 인자로 받지 않도록 수정한다. 코드 12-20은 수정된 ofApp.h를 보여준다.

코드 12-20 수정된 ofApp.h

```
class ofApp : public ofBaseApp {
  // 지면상의 이유로 코드를 생략함.
  void drawWater(glm::mat4& proj, glm::mat4& view);
```

```
void drawShield(glm::mat4& proj, glm::mat4& view);
void drawSkybox(glm::mat4& proj, glm::mat4& view);

DirectionalLight dirLights[1];
PointLight pointLights[2];
SpotLight spotLights[2];
};
```

다음에 할 일은 각 배열에 있는 라이트 구조체에 기본 값을 넣어주는 것이다. 각 라이트 유형을 설정하는 방법은 이미 설명했기 때문에 이 부분의 코드 설명은 생략한다. 이 책의 예시와 같은 값을 사용하기를 원한다면 온라인 소스코드를 참고하길 바란다. 그 내용을 그대로 따르지는 않더라도, 최종 렌더링에서 각 라이트의 영향을 확인하려면 라이트 별로 가급적 독특한 색상을 사용할 것을 추천한다.

drawWater()와 drawShield() 함수 역시 유니폼 배열의 값을 설정하려면 약간의 수정이 필요하다. 이것 역시 처음이지만 그렇게 복잡한 일은 아니다. 코드 12-21은 포인트 라이트 중 하나를 설정하고 있다. 온라인 소스코드를 참고해서 나머지 라이트를 설정하는 코드를 추가한다.

코드 12-21 라이트의 유니폼 변수 설정하기

```
shd.setUniform3f("pointLights[1].position", pointLights[1].position);
shd.setUniform3f("pointLights[1].color", getLightColor(pointLights[1]));
shd.setUniform1f("pointLights[1].radius", pointLights[1].radius);
```

모든 수정을 마치고 프로그램을 실행하면 그림 12-7과 같은 결과를 볼 수 있다. 이 예시를 위해 짧은 시간 동안 많은 새로운 개념을 설명했다. 실행한 결과가 이상하다면 온라인 소스코드와 비교해 보기 바란다.

▲ 그림 12-7 다섯 개의 라이트로 씬을 렌더링한 모습. 빨간색과 녹색의 포인트 라이트,
파란색과 청록색의 스포트 라이트, 노란색의 디렉셔널 라이트를 사용했다.

동적 멀티라이트

12장의 설명은 이미 조금은 길어진 느낌이다. 그러나 여러 개의 라이트를 다루는 또 다른 방법을 소개하는 것은 매우 중요하다. 앞서 설명한 방법의 가장 큰 단점은 라이트의 개수가 사전에 고정된다는 것이다. 설령 하나의 라이트만 씬에 영향을 미쳐도 언제나 다섯 개 라이트의 셰이딩 비용을 지불해야 한다. 뿐만 아니라 사전에 코드에서 정한 것 이상의 라이트를 추가할 수도 없다. 두 번째 방식은 약간의 성능을 희생하는 대신 더 큰 유연성을 꾀한다. 동시에 한 동안 보지 않았던 알파 블렌딩을 다시 볼 기회도 제공한다.

여기서 구현할 라이팅은 하나의 디렉셔널 라이트와 원하는 만큼의 포인트 라이트를 지원한다. 주제에 집중하도록 스포트 라이트는 제외했다. 모든 라이트 유형을 통합하는 하나의 셰이더를 작성하는 대신, 각 메쉬를 여러 번 렌더링하는 전략을 취할 것이다. 즉 메쉬를 비추는 라이트마다 그 메쉬를 한 번씩 렌더링하는 것이다. 이런 방식을 흔히 **멀티패스**multi-pass **셰이딩**이라고 부르는데, 여기서 패스는 메쉬에 대한 드로우콜을 의미한다. 각 패스는 자신만의 셰이더를 사용한다. 디렉셔널 라이트를 처리하는 첫 패스는 사실상 기존의 디렉셔널 라이트 블린-퐁 셰이더와 동일한 셰이더를 사용한다. 그리고 그 뒤를 따르는 포인트 라이트 패스(씬에 있는 각 포인트 라이트마다 하나씩)는 기존 포인트 라이트 셰이더를 사용한다. 이때 패스마다 앰비언트 라이트가 메쉬에 중첩되는 것을 피할 수 있도록 기존의 앰비언트 라이트를 사용하지 않게 수정한다.

이 과정에서 핵심이 되는 부분은 포인트 라이트의 드로우콜을 보내기 전에 가산 방식의 알파 블렌딩을 활성화하는 것이다. 이렇게 하면 기존 버퍼에 있던 색상에 새 색상을 더할 수 있다. 또한 깊이 테스트 모드를 GL_LEQUAL로 바꿔서 이전 패스에서 그렸던 프래그먼트를 그냥 넘어가지 않게 만든다. 이렇게 하는 목적은 포인트 라이트 패스가 각 포인트 라이트의 영향을 기존에 그려진 메쉬 위에 더하게 만드는 것이다. 즉 기존의 라이팅을 지우지 않고, 각 라이트의 영향에 따라서 메쉬를 밝게 만든다는 것이다. 이렇게 하면 몇 개의 라이트를 사용할지 미리 정하지 않고도 원하는 만큼의 포인트 라이트를 사용할 수 있다.

각 패스에서 사용할 셰이더는 한 번에 하나의 라이트만 지원한다. 그러므로 처음부터 새로운 셰이더를 작성할 필요 없이, 하나의 라이트만 사용하는 기존 셰이더를 재사용한다. 기본이 되는 패스는 디렉셔널 라이트와 앰비언트 라이트 패스다. 앰비언트 라이트도 렌더링하는 메쉬에게 한 번만 영향을 미쳐야 하기 때문이다. 앰비언트 라이팅를 제거한다는 점을 빼고는 기존의 포인트 라이트 셰이더도 그대로 사용한다.

셰이더가 준비되면 나머지는 C++ 코드를 수정한다. 첫 번째로 할 일은 어떤 라이트 유형이든 drawShield()와 drawWater() 함수로 전달하고, 라이트가 스스로를 올바로 설정할 수 있도록 라이트 구조체를 리팩토링하는 것이다. 코드 12-22는 수정한 코드를 보여준다.

```cpp
struct Light
{
  virtual bool isPointLight() { return false; }
  virtual void apply(ofShader& shd) {};
};

struct DirectionalLight : public Light
{
  glm::vec3 direction;
  glm::vec3 color;
  float intensity;
  virtual void apply(ofShader& shd) override
  {
    shd.setUniform3f("lightDir ", -direction);
    shd.setUniform3f("lightCol ", color * intensity);
  }
};

struct PointLight : public Light
{
  glm::vec3 position;
  glm::vec3 color;
  float intensity;
  float radius;

  virtual bool isPointLight() override { return true; }
  virtual void apply(ofShader& shd) override
  {
    shd.setUniform3f("lightPos ", position);
    shd.setUniform3f("lightCol ", color * intensity);
    shd.setUniform1f("lightRadius ", radius);
  }
};
```

수정의 핵심은 셰이더의 유니폼 변수를 설정하는 코드를 라이트 구조체에 포함했다는 것이다. 이렇게 하면 다형성을 이용해서 나중에 나오는 렌더링 코드를 간결하게 유지할 수 있다. isPointLight() 함수는 임시방편에 가깝다. 그러나 이 함수를 이용해서 메쉬가 어떤 셰이더를 사용할지 결정하기 때문에 여기서는 매우 유용하게 사용된다.

drawShield()와 drawWater() 함수도 수정이 필요하다. 이제 함수에 Light&를 첫 인자로 전달한다. 함수에서는 Light&로 어떤 셰이더를 사용할지 결정하고, 그에 따라 셰이더의 유니폼 변수를 설정한다. 코드 12-23은 drawShield() 함수를 보여준다. drawWater() 함수도 동일한 방식으로 직접 수정해 본다.

코드 12-23 새로운 drawShield() 함수

```
void ofApp::drawShield(Light& light, glm::mat4& proj, glm::mat4& view)
{
  using namespace glm;

  mat4 model = translate(vec3(0.0, 0.75, 0.0f));
  mat4 mvp = proj * view * model;
  mat3 normalMatrix = mat3(transpose(inverse(model)));

  ofShader shd = light.isPointLight() ? pointLightShieldShader :dirLightShieldShader; ❶

  shd.begin();
  light.apply(shd); ❷
  shd.setUniformMatrix4f("mvp", mvp);
  shd.setUniformMatrix4f("model", model);
  shd.setUniformMatrix3f("normal", normalMatrix);
  shd.setUniform3f("meshSpecCol", glm::vec3(1, 1, 1));
  shd.setUniformTexture("diffuseTex", diffuseTex, 0);;
  shd.setUniformTexture("specTex", specTex, 1);
  shd.setUniformTexture("normTex", nrmTex, 2);
  shd.setUniformTexture("envMap", cubemap.getTexture(), 3);

  shd.setUniform3f("ambientCol", glm::vec3(0.0, 0.0, 0.0));
  shd.setUniform3f("cameraPos", cam.pos);
  shieldMesh.draw();
  shd.end();
}
```

❶을 보면 왜 isPointLight() 함수가 유용한지 이해할 수 있다. 함수로 전달된 라이트 유형에 따라서 어떤 셰이더를 사용할지 손쉽게 결정할 수 있기 때문이다. 또한 코드 12-23에는 앞서 라이트 구조체에 추가했던 apply() 함수가 있다(❷). 이 함수는 이전에 하나하나 유니폼 변수를 설정하던 코드를 대체하면서 코드의 반복을 줄여준다.

drawShield()와 drawWater() 함수의 수정을 마쳤으면, 새로운 draw() 함수를 볼 차례다. 바로 눈에 띄는 사실은 라이트 설정 코드가 함수에서 제거됐다는 점이다. 온라인 소스코드를 보면 로직이 setup() 함수로 옮겨간 것을 알 수 있다. 사실 라이트 설정은 원래부터 setup() 함수에 있어야 했다. 단지 코드를 최소화하기 위해서는 draw() 함수에 포함했을 뿐이었다. 지금까지 라이트 설정을 충분히 경험했기 때문에 원래 있어야 할 곳으로 코드를 옮겨도 안전할 것이다. 라이트 세팅에서 유일하게 새로운 부분은 모든 포인트 라이트를 std::vector에 저장한 것이다. 이렇게 함으로써 런타임에서 포인트 라이트의 개수를 바꿀 수 있다. 예시에서는 세 개의 포인트 라이트를 세팅한다. 코드 12-24는 setup() 함수에서 첫 번째 포인트 라이트를 세팅하는 것을 보여준다.

코드 12-24 포인트 라이트를 설정해서 포인트 라이트 배열에 추가하기

```
PointLight pl0;
pl0.color = glm::vec3(1, 0, 0);
pl0.radius = 1.0f;
pl0.position = glm::vec3(-0.5, 0.35, 0.25);
pl0.intensity = 3.0;

pointLights.push_back(pl0);
```

draw() 함수가 배열을 반복처리하면서 각 라이트마다 한 번씩 drawShield()와 drawWater()를 호출하도록 만들려면 포인트 라이트를 배열에 집어넣어야 한다. 각 포인트 라이트의 결과를 기존 백 버퍼에 있는 값과 가산방식으로 블렌딩한다는 얘기를 기억할 것이다. 코드 12-25는 새로운 draw() 함수의 모습을 보여준다.

코드 12-25 새로운 draw() 함수

```
void ofApp::draw() {
  using namespace glm;
  cam.pos = glm::vec3(0, 0.75f, 1.0);

  mat4 proj = perspective(cam.fov, 1024.0f / 768.0f, 0.01f, 10.0f);
  mat4 view = inverse(translate(cam.pos));

  drawSkybox(proj, view);

  drawWater(dirLight, proj, view);
  drawShield(dirLight, proj, view);

  beginRenderingPointLights(); ❶
  for (int i = 0; i < pointLights.size(); ++i)
  {
    drawWater(pointLights[i], proj, view);
    drawShield(pointLights[i], proj, view);
  }
  endRenderingPointLights(); ❷
}
```

❶과 ❷에는 설명이 필요한 두 함수가 있다. 이 함수는 가산 방식의 라이팅을 지원하도록 블렌딩과 깊이 테스트를 설정하는 역할을 한다. 코드 12-26은 이 함수를 보여준다.

코드 12-26 beginRenderingPointLights()와 endRenderingPointLights() 함수

```
void ofApp::beginRenderingPointLights()
{
  ofEnableAlphaBlending();
  ofEnableBlendMode(ofBlendMode::OF_BLENDMODE_ADD);
  glDepthFunc(GL_LEQUAL);
}

void ofApp::endRenderingPointLights()
```

```
{
  ofDisableAlphaBlending();
  ofDisableBlendMode();
  glDepthFunc(GL_LESS);
}
```

두 함수에서 새로운 것은 없다. 알파 블렌딩 코드는 4장에서 봤고, 깊이 테스트 함수
의 설정은 drawSkybox()에서 가져온 것이다. 기존에 알고 있던 개념이 새롭게 응용
된 모습을 보니 매우 반갑다.

이 프로젝트에서 필요한 코드는 여기까지다. 빨간색, 녹색, 파란색, 세 개의 포인트
라이트와 희미한 노란색 디렉셔널 라이트가 있는 테스트 씬을 만들었다. 결과는 그
림 12-8과 같다. 비슷한 모습을 만들지 못했다면 온라인 소스코드를 참고하기 바란
다. 여기에 사용된 모든 코드는 12장 VariableLightCount 프로젝트에 있다.

▲ 그림 12-8 프로젝트의 결과

동적 멀티라이트 시스템은 이론적으로는 제한 없이 라이트를 추가할 수 있다. 그러
나 실제 모든 메쉬에서 여러 개의 드로우콜을 만드는 것은 상대적으로 많은 비용이

드는 과정이다. 메쉬가 많은 복잡한 씬에서는 성능 문제로 이어진다. 유사한 라이팅 시스템을 채택한 게임 엔진들은 특정 메쉬의 렌더링 패스가 그것에 영향을 미칠 정도로 가까운 라이트에 의한 것인지 확인한다. 그리고 드로우콜 최적화에 많은 노력을 기울인다. 큰 프로젝트에 이런 시스템을 도입할 때 유념하기 바란다.

라이팅의 현재

10장, 11장과 마찬가지로 최신 게임들이 여기서 다룬 내용을 어떻게 발전시키고 있는지 설명하면서 12장을 마무리할까 한다. 이 책에서 다룬 라이팅 방식을 포워드 렌더링 forward rendering이라고 한다. 각 메쉬의 라이팅을 그 메쉬의 드로우콜을 처리할 때 계산한다는 의미다. 앞에서도 잠시 얘기했지만, 포워드 렌더링에서 가장 큰 성능 상의 문제 중 하나는 각 메쉬를 렌더링할 때 어떤 라이트를 사용할 것인지 관리하는 것이다. 포워드 렌더링을 사용하는 일부 게임은 라이팅에 사용할 라이트를 판단할 때 메쉬가 아닌 프래그먼트 단위를 사용하도록 개념을 확장하기도 한다. 이 내용에 관심이 있다면 "Forward Rendering" 또는 "Clustered Rendering"으로 검색해 보길 바란다.

포워드 렌더링 외에 게임에서 라이팅을 처리하는 또 다른 주된 방식은 **디퍼드 렌더링** deferred rendering이다. 디퍼드 렌더링은 우선 모든 오브젝트를 라이팅 계산 없이 화면에 그린다. 그 다음 라이팅 셰이더가 백 버퍼에 있는 모든 픽셀을 거치면서 각 픽셀의 라이팅을 계산한다. 이 방식은 보이지 않는 프래그먼트의 라이팅을 계산하지 않는다는 장점이 있다. 디퍼드 라이팅을 사용할 경우 라이팅의 복잡도가 높아진다. 그럼에도 불구하고 성능 상의 장점이 크기 때문에 지난 몇 년간 출시된 AAA급 게임들은 이 테크닉을 많이 사용했다. 이 책에서는 디퍼드 렌더링을 다루지 않는다. 그럼에도 이 주제에 흥미를 느낀다면, 훌륭한 무료 자료를 제공하는 learnopengl.com을 방문할 것을 추천한다.

12장의 내용은 여기까지며 이 책에서 셰이딩 테크닉을 소개하는 부분 또한 여기까지다. 간단한 3D 게임에 필요한 모든 셰이더를 직접 작성할 수 있는 충분한 기초를 다졌다. 다음에는 셰이더를 작성하는 과정에서 마주하는 일반적인 문제들과 작성한 셰이더를 디버깅하고 최적화하는 방법을 설명할 것이다. 지금까지 만들었던 모든 프로젝트를 충분히 살펴보고 이해했다면, 함께 다음 단계로 넘어간다. 지금까지 배웠던 내용을 실제 게임에 적용할 수 있는 수준으로 최적화하는 구체적이며 핵심적인 방법들을 살펴보기로 한다.

요약

12장에서 다뤘던 내용을 간략하게 정리했다.

- 게임 렌더링에서 일반적으로 사용하는 세 개의 라이트 유형은 디렉셔널 라이트, 포인트 라이트, 스포트 라이트다.
- 디렉셔널 라이트는 무한히 멀리 있는 광원을 모델로 한다. 이 광원에서 나온 광선은 서로 평행하며, 씬에 있는 모든 대상에 동일한 강도로 영향을 미친다. 이 유형의 라이트는 해나 달 같은 광원을 재현할 때 적합하다.
- 포인트 라이트는 구 형태의 광원을 모델로 한다. 이 라이트는 게임 월드에서 특정한 위치를 나타내며, 그 위치를 중심으로 일정 크기의 구형 범위 안에 영향을 미친다. 오브젝트는 그 위치에 가까울수록 더 많은 빛을 받는다. 포인트 라이트는 전구나 전등 같은 광원을 재현할 때 적합하다.
- 스포트 라이트는 원뿔 형태의 광원을 모델로 한다. 이 라이트는 게임 월드에서 특정한 위치를 나타내면, 그 위치로부터 원뿔 형태로 빛을 비춘다. 그리고 라이트의 위치로부터 오브젝트가 멀리 있을수록 라이트의 영향을 덜 받는다. 그러나 이 책에서 구현한 스포트 라이트는 거리와 무관하게 일정한 강도로 영향을 미쳤다. 스포트 라이트는 플래쉬 라이트나 서치 라이트를 재현할 때 적합하다.

- 여러 개의 라이트를 지원하는 셰이더를 만드는 다양한 방법이 존재한다. 12 장에서는 고정된 개수의 라이트를 지원하는 정적 멀티라이트 방식과 멀티 패스 렌더링을 사용하는 동적 멀티라이트 방식을 살펴봤다.

13장

셰이더 프로파일링

지금까지 많은 시간과 노력을 들여 셰이더가 할 수 있는 새로운 것들을 배웠다. 그러나 안타깝게도 시각적 효과를 만드는 방법을 아는 것 자체는 전투의 절반에 불과하다. 게임이나 여타 리얼타임 애플리케이션의 셰이더를 작성할 경우, 전체적인 사용자 경험에 지장을 주지 않을 만큼 그 시각 효과를 빠르게 렌더링할 수 있어야 한다. 어떤 게임이 새 프레임을 충분히 빠르게 렌더링하지 못하거나 그 속도가 일관되지 못할 경우, 그 게임에 **성능**performance 문제가 있다고 말한다. GPU 처리 시간을 많이 소요하는 셰이더는 게임 성능 문제의 주된 원인이다. 따라서 셰이더 개발자에게는 자신이 만든 셰이더가 프레임을 그리는 전체 시간에 어떤 영향을 미치는지 측정하는 것이 중요하다. 이런 성능 분석을 **프로파일링**profiling이라고 하며, 프로그램을 수정해서 성능을 향상시키는 것을 **최적화**optimization라고 한다.

이 책의 두 번째 부분에서는 셰이더 프로파일링과 최적화를 주로 다루는데, 13장에서 시작한다. 게임의 전체 성능을 측정하는 방법부터 시작해서 프로젝트에서 성능 문제가 있는 곳을 찾는 방법을 설명한다. 13장에서는 14장에서 다룰 셰이더에서 발견된 성능 문제를 해결하기 위한 준비를 한다.

성능 측정

최적화에서 가장 기본이 되는 부분은 측정이다. 측정은 문제를 찾는 것은 문제 해결을 확인하는 데 매우 중요하다. 게임 성능은 종종 두 가지 측정 관점에서 얘기한다. **프레임 레이트**^{frame rate}와 **프레임 타임**^{frame time}이 그것이다. 이 둘은 어떤 프로그램이 프레임을 얼마나 빨리 렌더링하는지 나타내는 방법이다. 그리고 둘 중 어느 하나에 의도치 않은 방식으로 부정적인 영향을 미치는 것들을 성능 문제라고 정의할 수 있다. 물론 게임이 렌더링하는 모든 것은 시간을 소요한다. 그러나 여기서 찾으려는 것은 예상하거나 또는 용인할 수 있는 수준을 넘어서는 경우다.

프레임 레이트는 프로그래밍 영역 밖에서 대중적으로 잘 알려진 측정 방법이다. 사용자나 매체에서 이 측정 단위를 사용해서 게임의 성능을 얘기하는 것을 종종 본다. 프레임 레이트는 초당 프레임 수(FPS)로 측정하는데, 예상하고 있을 수 있지만 프로그램이 1초 동안 얼마나 많은 프레임을 렌더링하는가를 나타낸다. 게임 성능이 좋을수록 화면에 새 프레임을 더 빨리 그릴 수 있고, 측정 값도 올라간다. 게임은 주로 30FPS 또는 60FPS로 구동하는 것을 목표로 삼는다. 만약 이 목표 프레임 레이트보다 느리다면 성능 문제가 있다고 할 수 있고, 느린 정도가 클수록 성능 문제는 심각한 것이다.

그러나 프레임 레이트는 비선형적으로 성능을 측정하기 때문에 프로그래밍에서는 적합한 측정 방법이 아니다. 예를 들어 어떤 게임이 30FPS로 돌아간다고 가정한다. 1/30초(33ms)에 한 프레임을 렌더링한다는 의미다. 그런데 어떤 이유에서 게임이 초당 한 프레임을 덜 렌더링하는 경우, 1/30초와 1/29초의 차이인 1.4m만큼 렌더링이 느려졌다는 얘기다. 문제는 한 프레임 느려진 것이 늘 1.4ms만큼 느려진 것은 아니라는 사실이다. 60FPS로 구동되는 게임에 같은 상황을 대입해 보자. 1/60초와 1/59초의 차이는 겨우 0.3ms이다. 훨씬 미미한 성능 저하다. 그러나 프레임 레이트만 보면 두 경우의 심각도는 동일하게 느껴질 수 있다.

이런 단점 때문에 프로그래머들은 렌더링 성능을 얘기할 때 프레임 타임을 선호하는 경향이 있다. 프레임 타임은 한 프레임을 렌더링하는 데 얼마나 많은 ms(밀리세컨드)를 소요했는지를 통해 게임의 렌더링 성능을 나타낸다. 이 방법은 프레임 레이트가 지닌 오해의 소지를 피할 수 있다. 게임의 FPS에 관계없이 1ms가 느려진 것은 항상 1ms가 느려졌음을 의미하기 때문이다. 경험에 비추어 볼 때 성능과 관련된 작업에서는 프레임 타임을, 사용자에게 성능을 얘기할 때는 프레임 레이트를 사용하는 것이 좋다.

프레임 타임을 정확히 측정하는 것은 어려운 작업일 수 있다. 실제 프로젝트에서 이 값을 측정할 때 어떤 문제가 있을 수 있는지 간단히 살펴보기로 한다.

CPU 시간과 GPU 시간

CPU와 GPU는 종종 정확히 동기화되지 않는다. CPU가 다음 프레임을 위한 연산을 수행하는 동안, GPU는 여전히 현재 프레임을 그리고 있을 수 있다. CPU가 다음 프레임을 처리하기 전에 GPU의 렌더링이 끝나기를 기다리도록 코드로 강제하는 것도 가능하다. 그러나 이것은 게임이 일반적으로 사용하는 방법은 아니다.

게임이 프레임을 렌더링하는 속도는 두 개의 시간에 영향을 받는다. CPU가 특정 프레임의 로직을 처리하고 GPU에 그래픽 명령을 보내는 데 소요된 시간인 CPU 시간과 GPU가 전달받은 모든 명령을 수행하는 데 소요된 시간인 GPU 시간이 그것이다. 게임의 프레임 타임은 이 두 시간에 좌우되며, 중요한 사실은 둘 중 더 오래 걸린 시간이 프레임 타임을 결정한다는 것이다.

하나의 프레임을 렌더링하는 데 16.6ms가 걸리고, 그 프레임의 모든 로직 처리와 렌더링 명령 보내기에 33ms가 걸렸다면, 프레임 타임은 대략 33ms 부근이 된다. 설령 GPU가 1ms에 렌더링을 처리해도 프레임 타임은 여전히 33ms이다. 어떤 프로그램의 성능이 CPU 때문에 제약받는다면, 프로그램에 CPU 제약이 있다고 얘기한다. 마찬가지로 GPU가 프레임 타임을 늘린다면 프로그램에 GPU 제약이 있다고 얘기한다.

CPU 제약이 있다면, GPU를 아무리 최적화해도 렌더링 속도를 개선할 수 없다. 반대의 경우도 마찬가지다. 이런 이유에서 성능을 파악할 때 CPU와 GPU 시간 모두를 측정하는 것이 일반적이다. 많은 게임은 여기서 더 나아가 로직 계산과 GPU로 그래픽 명령 보내기 각각에 소요된 시간을 측정해서 CPU 시간을 더 자세하게 분석한다.

수직동기

게임의 렌더링 속도는 사용자가 게임을 보는 모니터에 의해서도 좌우된다. 모니터는 재생률이라고 불리는 속도로 새로운 정보를 화면에 보여준다. 거의 대부분의 모니터는 적어도 60Hz의 재생률을 나타나는데, 사용자에게 초당 60번 새로운 프레임을 보여줄 수 있다는 의미다. 최신 모니터는 훨씬 높은 재생률을 나타낸다. 재생률이 의미하는 바는 게임이 아무리 프레임을 빨리 렌더링해도 모니터가 데이터를 재생해야 사용자는 비로소 새로운 프레임을 볼 수 있다는 사실이다.

프레임을 렌더링하면 프로그램이 결과를 백 버퍼에 쓴다고 4장에서 얘기했었다. 현재 모니터에 보여지는 데이터는 프론트 버퍼라고 한다. 새로운 프레임이 보여줄 때 이 두 버퍼가 서로 교체된다. 즉 프론트 버퍼가 백 버퍼가 되고, 백 버퍼가 프론트 버퍼가 된다. 이와 같이 두 개의 버퍼를 활용하는 방식을 더블 버퍼링^{double buffering}이라고 하며, 게임에서 렌더링을 처리하는 일반적인 방법이다.

더블 버퍼링의 문제점은 모니터가 프론트 버퍼의 데이터를 읽어서 화면에 데이터를 보여주는 동안, 아무 때나 버퍼 교체가 이뤄질 수 있다는 점이다. 이런 일이 벌어지면 화면의 일부는 기존 프론트 버퍼 데이터를, 다른 일부는 백 버퍼 데이터를 보여준다. 이것이 시각적으로 드러난 결과를 찢김^{tearing}이라고 하며, 그림 13-1에서 그 예를 볼 수 있다.

찢김1 ---->

찢김2 ---->

▲ **그림 13-1** 화면 찢김을 재현한 모습(출처:위키피디아). 찢김이 발생한 곳이 빨강색 선으로 표시돼 있다.

이 문제를 해결하기 위해 많은 게임이 **수직동기**^{vsync}라고 불리는 기법을 채용한다. 수직동기는 모니터가 새로운 재생 주기를 시작할 준비를 마칠 때까지 버퍼 교체를 지연하는 것이다. 재생하는 중간에 버퍼를 교체하지 않기 때문에 찢김 문제를 피할 수 있다. 그러나 수직동기는 다음 프레임을 렌더링할 수 있을 때에도 그것을 지연하기 때문에 프레임 레이트에 부정적 영향을 미친다.

이러한 지연이 렌더링 성능에 미치는 가장 큰 영향은 모니터 재생률이 렌더링 속도의 상한선이 된다는 것이다. 게임은 60-Hz 모니터에서 16.6ms(60FPS)보다 빨리 프레임을 렌더링할 수 없다. 뿐만 아니라 모니터의 재생률보다 느리게 렌더링되는 프레임도 수직동기의 영향을 받는다. 그림 13-2를 보면 그 이유를 이해할 수 있다. 시간을 나타내는 선 위에 모니터의 재생률이 표시돼 있다. 이 모니터는 번호가 붙은 수직선마다 화면을 재생한다. 각 재생 간의 시간차는 16.6ms이다.

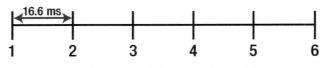

▲ 그림 13-2 시간선 위에 시각화한 화면 재생

프로그램이 항상 모니터의 재생률보다 빠르게 프레임을 렌더링한다면, 수직동기
는 정확히 60FPS로 버퍼가 교체되도록 지연을 유발한다. 그림 13-3에서 모든 프레
임은 긴 수직선에서 시작해서 검정선으로 연결된 짧은 수직선에서 끝난다. 렌더링
이 끝난 시점부터 다음 재생 지점까지를 연결하는 옅은 선이 지연을 나타낸다. 그림
13-3은 각 프레임을 16.6ms가 아닌 3.6ms만에 렌더링했을 때 어떻게 지연이 발생
하는지 보여준다. 이 프로그램은 다음 프레임의 렌더링을 시작하기까지 13ms 동안
을 대기한다.

▲ 그림 13-3 각 프레임을 3.6ms만에 렌더링하는 프로그램에서 수직동기로 인해 발생하는 지연을 시각화한 모습

반면 프레임이 재생률보다 더 느리게 렌더링되는 경우도 있을 수 있다. 그림 13-4는
각 프레임을 16.6ms가 아닌 19.6ms에 렌더링하는 경우를 보여준다. 모니터 재생률
과 거의 비슷한 속도임에도 불구하고, 프레임의 속도는 60Hz의 재생 간격을 맞추지
못한다. 그러나 화면이 재생되는 동안에 버퍼 교체를 하지 않기 때문에 수직동기는
거의 한 프레임 동안 버퍼 교체를 지연한다. 달리 말하면 겨우 3.6ms 느리게 렌더링
됐기 때문에 이전 프레임보다 16.6ms나 늦게 화면에 그려진다. 기차역과도 같다. 8
시에 출발하는 기차를 놓치면 9시에 들어오는 기차를 타야 하는 것이다. 불과 몇 분
의 차이일지라도 말이다.

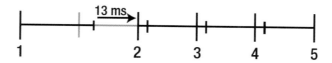

▲ 그림 13-4 프로그램이 재생률을 따라오지 못할 때 수직동기로 인해 발생하는 프레임 레이트 저하

이것은 당연히 이상적이지 않다. 이런 이유에서 최근 GPU 드라이버는 제조사에 따라서 적응형 수직동기 또는 동적 수직동기라는 기능을 담고 있다. 이 기능은 프로그램의 프레임 레이트를 재생률에 맞도록 제한한다. 그러나 프레임이 너무 느리게 렌더링되거나 재생 시간을 맞추지 못할 경우 화면 찢김을 허용한다. 느린 프레임에서는 여전히 찢김이 발생하지만, 전반적인 프레임 레이트는 훨씬 안정적이다. 모든 시스템이 이 기능을 갖춘 것은 아니다. 이 기능이 있을 거라고 막연히 기대하기보다는 사용자의 하드웨어를 파악하는 것이 중요하다.

수직동기에 관한 얘기가 지금 우리에게 의미가 있는 이유는 수직동기로 인한 지연이 성능 측정에 영향을 미치기 때문이다. 수직동기가 활성화된 경우, 훨씬 빠르게 렌더링되는 프로그램의 성능이 모니터의 재생률에 맞춰 측정될 수 있다. 따라서 성능을 측정할 때는 수직동기를 비활성화하거나 CPU와 GPU 시간을 구분하고 프레임을 그리는 속도를 보여줄 수 있는 도구가 필요하다.

13장의 일부 예시는 12장에서 만든 프로젝트를 프로파일링하는 과정을 담고 있다. 이 경우를 대비해서 코드 13-1처럼 오픈프레임웍스 전용 코드를 통해 수직동기를 비활성화한다.

코드 13-1 오픈프레임웍스 프로그램에서 수직동기 비활성화하기

```
void ofApp::setup() {
  ofSetVerticalSync(false);
  // 지면상의 이유로 코드를 생략함
```

13장에서는 프로그램의 실제 성능을 제대로 파악하는 데 필요한 것들을 다루고 있다. 따라서 프로파일링하는 프로젝트가 사용자가 실제로 보게 되는 '출시release' 세팅으로 빌드됐는지 확인한다.

드라이버와 소프트웨어

수직동기와 별개로 프로그램을 디버깅할 때 문제를 일으키는 또 다른 원인이 있다. 컴퓨터에 설치된 소프트웨어나 드라이버에 의해 자동으로 추가된 기능들이다. 예를 들어 내 노트북에 있는 엔비디아NVIDIA 드라이버는 내가 의도해서 활성화하지 않은 많은 기능을 내 프로그램에 추가했다. 스레드 렌더링은 프로그램의 성능적 측면, 안티 앨리어싱은 시각적 측면을 향상시킬 목적이 있다.

안타깝지만 이들 중 어떤 기능도 작성한 코드가 얼마나 빨리 실행되는지 측정하는 데는 도움이 되지 못한다. 그러므로 정확한 벤치마크를 얻으려면 엔비디아 제어판에서 오픈프레임웍스 프로그램에 영향을 미치는 많은 설정을 비활성화할 필요가 있다. 이 문제는 비단 엔비디아만의 문제는 아니다. 인텔Intel 통합 GPU를 사용하는 또 다른 테스트 장비에서도 같은 문제가 벌어진다. AMD GPU가 장착된 테스트 장비는 갖고 있지 않다. 그러나 오늘날의 모든 드라이버는 프로그램에 약간의 성능 향상을 더해주고 있다고 생각해도 무리는 아니다. 그 기능들이 성능의 어떤 측면에 영향을 미치는지 파악하고, 성능을 테스트하거나 최적화 작업을 할 때는 그것들을 비활성화할 줄 아는 것이 중요하다.

드라이버 외에도 이면에서 실행되는 프로그램이 있다는 이유만으로도 프로파일링에 영향을 미칠 수 있다. 프로그램이 이면에서 처리하는 일이 많을수록 더욱 그렇다. 프로파일링을 시작하기 전에 컴퓨터가 처리하고 있는 다른 일들을 파악한다. 그리고 잘 통제된 테스트 환경을 만들기 위해 가능한 이면에서 실행되는 모든 프로그램을 종료하는 것이 좋다.

프로파일링

지금까지 설명한 이론을 실전에 적용할 시간이다. 프로젝트에서 유용한 측정치를 뽑아내는 방법을 살펴본다. 프레임 타임부터 시작하기로 한다. 프레임 타임은 간단하다. 매 프레임의 같은 시점에 호출되는 함수를 찾고, 매 프레임 동일 지점에서 정밀도가 높은 타이머로부터 타임스탬프를 받는다. 이전 프레임의 타임스탬프와 현재 프레임의 타임스탬프 간의 차이가 바로 프레임 타임이 된다. 오픈프레임웍스에서는 앞에서도 사용했었던 ofGetLastFrameTime()이라는 함수가 이 일을 담당한다. 코드 13-2는 이 함수를 이용해서 프로젝트에서 CPU 시간(ms 단위)을 화면에 출력하는 방법을 보여준다.

코드 13-2 오픈프레임웍스 프로그램에서 프레임 타임 출력하기

```
void ofApp::draw() {
  using namespace glm;
  static char fpsString[128];
  // ofGetLastFrameTime은 초단위로 값을 반환한다.
  // 그러나 우리는 ms 단위로 보기를 원한다.
  double t = ofGetLastFrameTime() * 1000.0;
  snprintf(fpsString, 128, "%f", t);
  ofDrawBitmapString(fpsString, 100, 400);
}
```

프로파일링의 대상이 되는 프로그램이 아주 빠르게 구동될 경우, 현재 프레임 타임만 출력하는 것은 정신 없고 오히려 방해가 될 수 있다. 특정 수의 프레임 타임을 저장하고, 평균을 화면에 보여주는 방법도 괜찮을 수 있다. 내 컴퓨터에서 12장 프로젝트의 프레임 타임은 2.4ms 정도로 측정됐다.

다음 측정할 값은 C++ 코드를 실행하는 데 소요되는 시간이다. 특정 프레임의 처음 호출되는 함수의 시작 부분에서 타임스탬프를 구하고, 그것을 마지막 CPU 사이드 작업이 끝난 이후에 얻은 타임스탬프와 비교한다. 오픈프레임웍스는 많은 것들을 프레임 기반으로 처리하기 때문에 측정이 다소 까다로울 수 있다. CPU 시

간을 정확히 측정하려면 오픈프레임웍스가 브로드캐스팅하는 전역 이벤트에 대해 알아야 한다.

게임에서는 프레임 단위 로직을 보통 게임 루프라고 한다. 오픈프레임웍스의 게임 루프는 갱신^{update}, 그리기^{draw}, 교체^{swap} 세 단계로 나눈다. 갱신과 그리기 단계는 각각 비렌더링 관련 로직을 처리하고, 드로우콜을 내보낸다. 교체 단계는 프론트 버퍼와 백 버퍼를 교체하는 때를 가리킨다. 이외에도 오픈프레임웍스는 각 프레임마다 마우스 클릭이나 키보드 입력이 있는지 운영체제에게 문의한다. 교체와 이벤트 문의에도 어느 정도의 CPU 시간이 소요된다. 그러나 지금 관심 부분은 작성한 코드를 처리하는 시간이다. 따라서 첫 두 단계에서의 시간만 측정하기로 한다.

오픈프레임웍스는 구독 가능한 전역 이벤트 시스템을 사용한다. 이 시스템을 통해 게임 루프의 각 지점에서 원하는 일을 수행할 수 있다. 타임스탬프 코드를 집어 넣기 위해 이 이벤트를 이용할 것이다. 구독해야 하는 첫 이벤트는 update다. 이 이벤트는 게임 루프의 첫 단계가 시작할 때 발생하고 우선 순위에 따라 등록된 모든 콜백 함수를 호출한다. 콜백 함수가 가장 먼저 호출되도록 코드 13-3처럼 0순위 이벤트 리스너로 등록한다.

코드 13-3 첫 update 이벤트 리스너로 콜백 함수 등록하기

```
void ofApp::onFrameStart(ofEventArgs& args){
  frameStartMicros = ofGetElapsedTimeMicros();
}

void ofApp::setup() {
  ofAddListener(ofEvents().update, this, &ofApp::onFrameStart, 0);
  // 지면상의 이유로 코드를 생략함.
```

다음 할 일은 그리기 단계 마지막에서 타임스탬프를 남기는 것이다. 이 단계는 GPU가 처리하는 모든 작업을 스케줄링하는 곳이다. update 이벤트와 마찬가지로 이 이벤트(그리고 오픈프레임웍스의 다른 모든 이벤트) 역시 우선 순위에 따라서 이벤트 리스너가 호출되는 순서를 결정한다. draw 이벤트의 경우, 시간을 기록하는 함수가 가장

마지막으로 호출되는 이벤트 리스너가 돼야 한다. 그래야 그 프레임에 처리하는 모든 일을 스케줄링하는 데 소요한 시간을 측정할 수 있기 때문이다. 이벤트 리스너 뒤에 다른 것이 올 수 없게 INT_MAX로 우선 순위를 부여한다. 코드 13-4는 이 내용을 담았다.

코드 13-4 draw 이벤트 리스너의 콜백함수 등록하기

```
void ofApp::onFrameEnd(ofEventArgs& args){
  uint64_t total = ofGetElapsedTimeMicros() - frameStartMicros;
  cpuTime = (total) / (double)1e+6;
}


void ofApp::setup() {
  ofAddListener(ofEvents().update, this, &ofApp::onFrameStart, 0);
  ofAddListener(ofEvents().draw, this, &ofApp::onFrameEnd, INT_MAX);
  // 지면상의 이유로 코드를 생략함.
```

onFrameEnd() 함수에서 현재 타임스탬프와 앞에서 저장한 frameStartMicros 타임스탬프 간의 차를 구하고, 그것을 ms에서 초 단위로 바꾼다. 그 결과 새로운 더블 타입 멤버 변수인 cpuTime은 초단위로 나타낸 현재 프레임의 CPU 시간을 나타낸다. 여기까지 수정된 내용을 모두 반영하면 마침내 CPU가 각 프레임을 처리하는 시간을 볼 수 있다. 내 컴퓨터에서는 프레임당 약 1.2ms 정도의 시간이 소요된다.

프레임 타임과 CPU 시간, 이 두 측정치는 성능에 대한 많은 정보를 제공한다. 측정치를 보면 코드에 소요된 시간과 프레임의 렌더링에 소요된 시간 간에는 겨우 1.2ms의 차이가 있다. 버퍼를 교체하고, 운영체제에 이벤트를 확인하는 데 어느 정도 시간이 걸린다고 얘기했었다. 이를 감안하면 정확히 일치하지는 않아도 CPU 시간과 전체적인 프레임 타임이 상당히 비슷하다고 할 수 있다. 이 말은 우리 프로그램에는 CPU 제약이 있거나, 아니면 CPU 시간과 GPU 시간이 거의 같다는 의미로 이해할 수 있다. 이것이 완벽한 측정은 아니지만 좋은 출발점이 될 수는 있다. 실제 프로젝트였다면 프레임 교체나 이벤트 문의에 소요되는 시간까지도 정확히 측정했을

것이다. 그러나 그것까지 측정하는 것은 오픈프레임웍스의 핵심 클래스를 수정하지 않고는 불가능하다. 현재 예시의 목적을 고려했을 때 그 부분은 건너뛰기로 한다.

다음 단계는 GPU가 모든 것을 렌더링하는 데 얼마나 많은 시간이 걸리는지 측정하는 것이다. GPU 시간은 CPU 시간보다 구하기가 더 까다롭다. 그래픽 파이프라인에는 시간을 측정하는 코드를 집어넣을 프레임마다 실행되는 함수가 없기 때문이다. 각 그래픽 API는 GPU가 일을 처리하는 시간을 측정하는 각기 다른 방법이 있다. 따라서 수동으로 GPU 프로파일링을 하는 법을 설명하려면 수많은 OpenGL 고유 함수부터 설명해야 한다. 다행히 코드를 전혀 손대지 않고도 성능을 측정할 수 있는 무료 소프트웨어가 나와 있다. 이런 소프트웨어를 그래픽 디버거라고 하는데, 렌더링 관련 문제를 찾고 해결하는 데 중요한 정보를 풍부하게 제공해 준다.

그래픽 디버거는 일반적으로 GPU 제조에서 만드는데, 자신들의 하드웨어를 위한 맞춤 프로그램 성격이 강하다. 그러므로 엔비디아 GPU를 갖고 있다면 엔비디아 GPU에서 쓸 수 있게 설계된 디버깅 프로그램을 써야 한다. AMD나 인텔의 경우도 마찬가지다. 13장에서는 엔비디아에서 제공하는 엔사이트^{Nsight}를 사용한다. 다른 제조사의 GPU를 갖고 있다고 실망할 필요는 없다. 우리가 사용할 프로파일링과 최적화의 일반적 방법론은 어떤 그래픽 디버거에도 적용할 수 있다. 엔사이트에서 한 일을 다른 하드웨어를 위한 디버거에서 하는 것이 그렇게 어렵지는 않을 것이다.

13장의 나머지 내용은 성능 문제를 진단할 수 있도록 어떻게 엔사이트를 활용할 것인지를 다룬다. CPU 제약인지 GPU 제약인지 확인하는 방법과 GPU 제약일 경우 어떤 셰이더가 가장 많은 렌더링 타임을 차지하는지 찾아내는 방법을 예시를 통해 설명한다.

그래픽 디버거: 엔사이트 그래픽스

엔비디아의 엔사이트 그래픽스 툴은 GameWorks 웹사이트(https://developer.

nvidia.com/gameworksdownload)에서 무료로 내려받을 수 있다. 인터넷은 변화가 빠르게 일어나는 곳이다. 이 책을 읽는 시점에 만약 링크가 깨져 있다면 NVIDIA Nsight Grahpics로 검색하면 링크를 찾을 수 있을 것이다.

엔사이트 그래픽스는 엄청나게 많은 기능이 탑재된 툴이다. 그러나 13장에서는 렌더링 성능을 측정하는 방법과 프레임 타임에 영향을 끼치는 셰이더를 찾아내는 방법에 주목한다. 잠시 뒤에 성능 문제가 있는 프로그램의 사례연구를 할 것이다. 그전에 몸을 푸는 차원에서 엔사이트 그래픽스로 12장에서 작성한 멀티라이트 프로젝트의 성능을 점검해 보기로 한다. 가장 먼저 엔사이트 그래픽스 프로그램을 실행하고, 시작 대화의 Quick Start 부분 아래 있는 **continue** 버튼을 클릭한다. 그림 13-5처럼 Connect to Process 창이 뜬다.

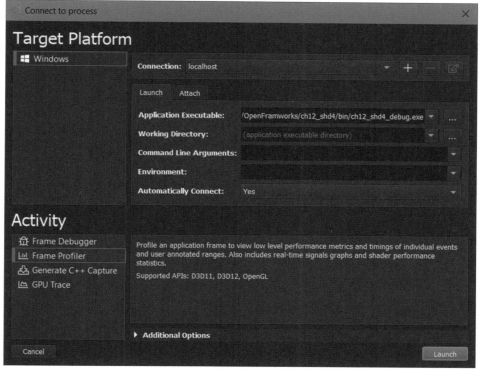

▲ 그림 13-5 엔사이트의 Connect to Process 창

Application Executables 텍스트 박스 옆에 있는 … 버튼을 클릭한다. 멀티라이트 프로젝트의 exe 파일을 선택한다. exe 파일은 프로젝트의 bin 폴더 안에 있다. 그 다음 그림 13-5처럼 창의 좌측 하단의 Activity 섹션에서 Frame Profiler가 선택됐는지 확인한다. 이렇게 하면 엔사이트 그래픽스는 프로젝트가 실행되는 동안 성능에 관한 고급 정보를 제공하는 모드로 실행된다. 당장은 프로젝트의 성능 관련해 아는 바가 전혀 없기 때문에 가장 적합한 모드다. 모든 세팅이 끝나면 창의 오른쪽 하단의 파란 Launch 버튼을 클릭한다. 모든 준비가 잘 이뤄졌다면 많은 일들이 한 번에 벌어진다.

첫째, 12장에서 만들었던 프로젝트가 실행된다. 평소 모습과는 달리 화면 위에 FPS와 프레임 타임을 보여주는 텍스트가 보인다. 그 밖에도 각 드로우콜에 얼마나 많은 삼각형을 GPU로 보내는지에 대한 통계를 담은 히스토그램이 있다(셰이더를 프로파일링하는 것이 목표이기 때문에 이것은 무시하기로 한다). HUD에 그려지는 모든 요소들은 프레임마다 약간의 CPU 자원을 사용한다. 그러므로 프레임 타임을 좀 더 정확하게 측정하기를 원한다면 crtl+Z를 누른 뒤 메뉴에서 **닫기** 버튼을 클릭해서 HUD를 끌 수 있다. GPU 프로파일링 역시 GPU에게 많은 측정을 시키기 때문에 약간의 부하를 더하게 된다. 그러므로 프로그램을 엔사이트에 붙였을 때 프레임 타임이 조금 늘어난다고 해서 당황할 필요는 없다.

둘째, 엔사이트는 현재 실행되는 프로젝트에 관한 엄청나게 많은 정보를 제공하는 프레임 프로파일러 화면을 보여준다. 그림 13-6에서 이 화면의 스크린 샷을 볼 수 있다[1]. 너무 많은 정보가 들어있어서 처음 봤을 때 자칫 주눅이 들 수 있다. 그러나 당장은 화면 왼쪽에 있는 세 개의 그래프에만 주목하고, 나머지는 신경 쓰지 않는다. 맨 위 그래프는 실행 중인 프로젝트의 FPS를 보여준다. 가공하지 않은 FPS에는 약간의 노이즈가 들어있다. 특히 우리 프로젝트처럼 아주 빠르게 렌더링되는 경우는 더

---

1   2019.4 버전부터는 세 개의 그래프를 제공하지 않는다. 이전 버전인 2019.3을 사용하길 바란다. 만약 이전 버전에서도 그래프가 보이지 않는다면 메뉴에서 Window 〉 Reset Window Layout을 선택한다. 한편 두 번째, 세 번째 그래프를 보려면 관리자 권한으로 프로그램을 실행해야 한다. - 옮긴이

욱 그렇다.

그림 13-6에서 볼 수 있는 것처럼 내 노트북에서 프로젝트는 엔사이트가 연결된 상
태로 160fps 근처에 머물러 있다. 중간 그래프는 GPU의 각 부분이 하는 일을 분석
한 결과를 보여준다. 현재 우리는 셰이더의 성능 문제를 해결하는 데 집중하고 있기
때문에 이 그래프는 건너뛰기로 한다. 그러나 다른 경우라면 그래픽 파이프라인의
어떤 부분에 성능 문제가 있는지에 대한 소중한 정보를 얻을 수 있다.

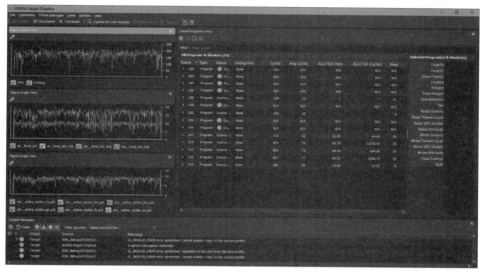

▲ 그림 13-6 엔사이트 그래픽스의 프레임 프로파일러

그림 13-6의 맨 아래 그래프가 가장 중요한 부분이다. 바로 여기서 각 셰이더 타입
에 소요되는 시간을 알려주기 때문이다. 우리 프로젝트는 오직 버텍스 셰이더와 프
래그먼트 셰이더만 사용하기 때문에 여기서 관심을 가져야 할 항목은 sm_active_
cycles_vs_pct와 sm_active_cycles_fs_pct이다. sm_active_cycles_vs_pct는 버텍
스 셰이더 처리에 얼마나 많은 GPU 자원이 사용되고 있는지 알려준다. sm_active_
cycles_fs_pct는 프래그먼트 셰이더에 대한 동일한 정보를 제공한다. 그림 13-6을
보면 대부분의 GPU 시간이 프래그먼트 셰이더 처리에 사용되고 있다. 우리가 사용

한 버텍스 셰이더가 극도로 단순하고, 메쉬의 폴리곤 개수도 작다는 사실을 감안하면 당연한 결과다.

CPU 제약과 GPU 제약

프로그램의 프레임 프로파일링과 프레임 레이트를 봤을 때, 특별한 성능상의 문제는 없어 보인다. 그럼에도 성능을 더 개선하려면, 셰이더를 고칠 것인지 아니면 C++ 코드를 고칠 것인지 결정을 내려야 한다. 그러려면 CPU 시간과 GPU 시간을 비교해야 한다. CPU 시간을 측정하는 방법은 앞에서 소개했다. GPU 시간을 구하려면 엔사이트를 프레임 프로파일링 모드에서 프레임 디버깅 모드로 바꿔야 한다. 이를 위해 프레임 프로파일러의 상단에 **Capture for Live Analysis**라고 적힌 버튼을 클릭한다. 프로그램이 멈추고 그림 13-7과 같은 엔사이트의 프레임 디버깅 화면이 뜬다.

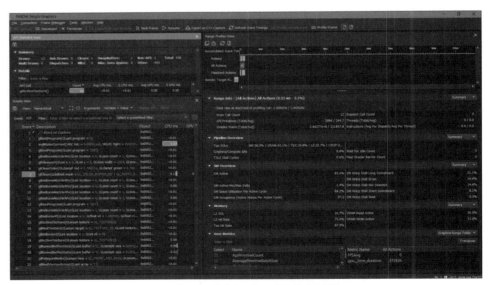

▲ 그림 13-7 엔사이트의 프레임 디버깅 화면

이 화면에는 아주 많은 내용이 들어있다. 그 중 대부분은 이 책에서 살펴볼 내용은 아니다. 우선 봐야 할 부분은 화면의 우측 상단에 있는 타임라인이다. 이 타임라인은 가장 마지막 프레임에서 GPU가 처리한 모든 명령을 보여준다. 이 명령은 상응하는 드로우콜 단위로 분류돼 타임라인 위에 정렬된다. 프레임은 렌더링이 오래 걸리지 않았기 때문에 이 뷰에서 필요한 정보를 보기 위해서는 타임라인의 시작 부분을 확대해야 한다. 수평 스크롤바의 핸들을 조정하거나 트랙패드가 있다면 두 손가락으로 타임라인을 확대할 수 있다. 그림 13-8은 레인지 프로파일러[range profiler] 뷰에서 타임라인의 첫 부분을 확대한 모습이다.

▲ 그림 13-8 레인지 프로파일러 뷰에서 이벤트를 줌인한 모습

Actions 행에 있는 각 액션은 씬에 있는 메쉬에 대한 드로우콜에 해당한다. 따라서 그림 13-8의 타임라인은 프레임이 9개의 드로우콜로 이뤄져 있음을 말해준다. 12장에서 마지막 프로젝트는 각 메쉬마다 여러 개의 드로우콜을 필요로 했다. 각 메쉬에 영향을 미치는 라이트마다 하나의 드로우콜을 만들기 때문에 물과 방패 메쉬 각각이 네 개(포인트 라이트 세 개와 디렉셔널 라이트 한 개), 스카이박스에 대해 한 개의 드로우콜을 만든다. 한편 어떤 액션이 어떤 역할을 하는지 보여주기 위해 엔사이트는 프로그램의 인스턴스를 또 하나 실행한다. 이를 엔사이트 그래픽스 리플레이[Nsight graphics replay]라고 하는데, 액션들을 스크럽하면서 각 액션이 최종적으로 화면에서 어떤 역할을 하는지 확인할 수 있다(HUD가 켜져 있어야 한다). 그림 13-9는 엔사이트 그래픽스 리플레이를 보여준다.

▲ 그림 13-9 엔사이트 그래픽스 리플레이

그러나 당장 필요한 것은 CPU 제약인지 아니면 GPU 제약인지 파악하는 것이다. 결국 알고 싶은 것은 렌더링에 필요한 모든 GPU 명령에 소요된 시간이다. 이것을 알려면 All Actions라고 이름 붙은 레인지 프로파일러 뷰의 두 번째 행을 봐야 한다. 이 행은 GPU가 이 프레임의 모든 액션을 처리하는 데 사용한 시간을 종합해서 보여준다. 그림 13-8을 보면 모든 액션을 처리하는 데 0.21ms가 걸렸다. 앞에서 측정을 통해 프레임당 CPU 시간이 약 1.2ms라는 것을 확인했다. 이 말은 우리 프로젝트는 CPU 제약이 있으며, 셰이더에 대한 어떤 최적화도 전반적인 프레임 타임에 영향을 미치지 못한다는 의미다. 셰이더 중 하나를 빨강색으로만 출력하는 단순한 셰이더로 교체하고 프로그램의 프레임 타임에 변화가 있는지 직접 확인할 수도 있다. 만약 프로그램이 정말로 CPU 제약이 있다면, 셰이더의 교체가 전체 프레임 타임에 영향을 미치지 못할 것이다.

간편 프로파일링

디버깅 과정에서 CPU 제약과 GPU 제약을 구별하려면 그래픽 디버거를 사용하는 것은 최선의 선택이다. 그러나 때로는 무거운 프로파일링 도구 없이, 런타임 상에서 벌어지고 있는 일을 빠르게 파악할 수 있는 방법이 필요하다. 성능 문제를 찾아내는 빠른 방법 중 하나는 코드 13-5처럼 프레임마다 이뤄지는 CPU 연산에 의도적으로 일정한 시간을 더하는 것이다.

코드 13-5 Insert 키를 누르면 CPU 시간에 1ms을 추가한다.

```
bool addTime = false;

void ofApp::keyPressed(int key) {
  if (key == ofKey::OF_KEY_INSERT) {
    addTime = true;}
  }

void ofApp::update(){
  if (addTime) ofSleepMillis(1);
}
```

만약 1ms 동안의 잠자기가 프레임 타임을 1ms 늘린다면, 성능의 병목이 CPU에 있음을 보여준다. 만약 매 프레임 CPU에 약간의 추가 시간을 더한 것이 프레임의 렌더링 속도를 바꾸지 않는다면, 병목은 GPU에 있다고 생각할 수 있다. 이것이 100% 무결점한 성능 테스트 방법은 아닐 것이다. 그러나 여기저기 많은 시간을 사용하기를 원치 않는 상황에서는 성능을 빠르게 확인할 수 있는 유용한 방법이다.

셰이더 추적

이제 프로파일링을 어느 정도 이해했다. 그럼 실제로 GPU 제약이 발생하는 사례를 살펴보기로 한다. 이 사례를 위해 셰이더 중 하나에 의도적으로 불필요한 연산을 추가했다. CPU 타이머를 보면 초당 CPU 시간은 여전히 1.2m 부근에 머물러 있다. 그런데 프레임 타임은 9ms가 넘게 급증했다. CPU 시간이 늘지 않았기 때문에 문제의 원인이 GPU에 있다고 확신할 수 있다. 이런 상황에서 엔사이트로 문제의 셰이더를 찾아낼 수 있는지 살펴보자.

우선 프레임 프로파일링 뷰로 가서 성능 그래프를 확인한다. 여기서 문제의 원인이 버텍스 셰이더에 있는지, 아니면 프래그먼트 셰이더에 있는지 단서를 얻을 수 있다. 그림 13-10의 그래프는 훨씬 무거워진 우리 프로그램의 상태를 보여준다.

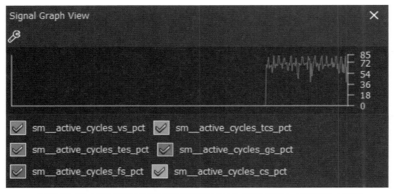

▲ 그림 13-10 프래그먼트 셰이더의 비중이 너무 높아서 버텍스 셰이더에 사용한 GPU 작업 비중을 나타내는 sm__active_cycles_vs_pct는 화면에서 잘 보이지도 않는다.

그림 13-10은 문제의 원인이 프래그먼트 셰이더에 소요되는 시간에 있음을 명백히 보여준다. 이 말은 프로젝트에 사용한 전체 셰이더 중에 절반은 용의 선상에서 제외할 수 있다는 의미다. 그러나 여전히 이 작은 프로젝트에는 다섯 개의 프래그먼트 셰이더가 있고, 그 중 어떤 것이 혼란을 야기했는지 찾아내야 한다. 그러려면 더 많은 정보가 필요하다. 예상했을지도 모르지만, 다음 단계는 프레임 디버깅 화면으로 넘어가는 것이다. Capture for Live Analysis 단추를 클릭해서 레인지 프로파일러 뷰를 확인한다. 그림 13-11에서 draw 0이 GPU 시간의 83% 가량을 차지한다는 사실을 알 수 있다.

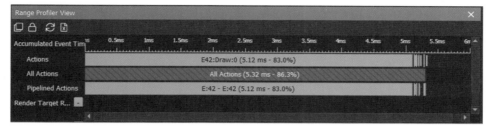

▲ 그림 13-11 레인지 프로파일러 뷰의 모습

레인지 프로파일러 뷰는 또 다른 정보를 제공하는데, 문제가 되는 드로우콜이 그 프레임에서 42번째로 발생하는 GPU 이벤트라는 정보다. 이것을 확인하고 화면 좌측 하단에 위치한 이벤트 뷰^Events View^로 간다. 메뉴바의 프레임 디버거 메뉴를 통해서도 접근할 수 있다. 그림 13-12처럼 화면을 스크롤해서 밑으로 내려가면 42번째 이벤트를 찾을 수 있다.

	Event ▲	Description	Object	CPU ms	GPU ms	Thread
	35	glBindBuffer(GLenum target = GL_ARRAY_BUFFER, GLuint buffer...	0x0002...	0.00	-	17480
	36	glBindBuffer(GLenum target = GL_ARRAY_BUFFER, GLuint buffer...	0x0002...	<0.01	-	17480
	37	glEnableVertexAttribArray(GLuint index = 3)	0x0002...	0.00	-	17480
	38	glVertexAttribPointer(GLuint index = 3, GLint size = 2, GLenu...	0x0002...	0.00	-	17480
	39	glVertexAttribDivisor(GLuint index = 3, GLuint divisor = 0)	0x0002...	0.00	-	17480
	40	glBindBuffer(GLenum target = GL_ARRAY_BUFFER, GLuint buffer...	0x0002...	0.00	-	17480
	41	glBindBuffer(GLenum target = GL_ELEMENT_ARRAY_BUFFER, GL...	0x0002...	<0.01	-	17480
	42	glDrawElements(GLenum mode = GL_TRIANGLES, GLsizei count...	0x0002...	<0.01	5.12	17480
	43	glBindVertexArray(GLuint array = 0)	0x0002...	<0.01	-	17480
	44	glBindBuffer(GLenum target = GL_ARRAY_BUFFER, GLuint buffer...	0x0002...	0.00	-	17480
	45	glBindBuffer(GLenum target = GL_ELEMENT_ARRAY_BUFFER, GL...	0x0002...	0.00	-	17480
	46	glPolygonMode(GLenum face = GL_FRONT_AND_BACK, GLenum...	0x0002...	<0.01	-	17480
	47	glUseProgram(GLuint program = 0)	0x0002...	<0.01	-	17480
	48	glUseProgram(GLuint program = '292')	0x0002...	<0.01	-	17480
	49	glUniformMatrix4fv(GLint location = 1, GLsizei count = 1, GLboo...	0x0002...	<0.01	-	17480
	50	glUniform4f(GLint location = 0, GLfloat v0 = 1.000000, GLfloat v1...	0x0002...	<0.01	-	17480

▲ 그림 13-12 엔사이트 프레임 디버거 뷰의 이벤트

이벤트 자체는 많은 정보를 주지 못한다. 그러나 그림 13-12에서 빨강색 사각형으로 표시한 이벤트 번호를 클릭하면 뜻밖의 횡재를 하게 된다. 이 번호를 누르면 API

인스펙터^{API inspector} 뷰가 나타난다. 여기에는 선택한 이벤트에서 벌어지는 일에 대한 수많은 정보가 담겨있다. 가장 중요한 것은 화면 왼쪽에서 그래픽 파이프라인의 각 단계에 따라 정보를 필터링할 수 있는 기능이다. 우리가 찾고 있는 것은 프래그먼트 셰이더에 관한 정보다. 따라서 FS 카테고리를 선택하면 그림 13-13과 같은 화면이 뜬다.

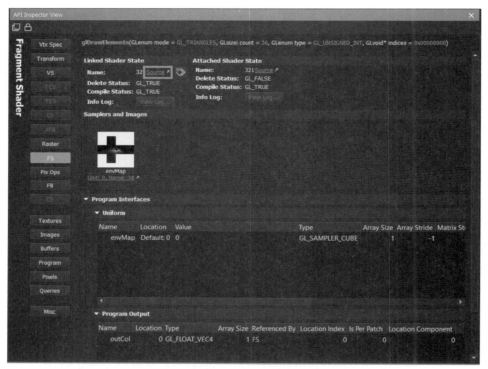

▲ 그림 13-13 API 인스펙터 뷰의 프래그먼트 셰이더 부분

이 화면도 많은 것을 말해주지만, 그 중에서 가장 중요한 것은 그림 13-13에 빨간 상자로 표시된 소스에 있다. 이 링크를 클릭하면 우리가 찾고 있는 프래그먼트 셰이더의 소스코드로 바로 연결되는데, 이를 통해 정확히 어떤 셰이더가 문제의 원인인지 파악할 수 있다. 뿐만 아니라 셰이더 소스^{shader source} 뷰에서는 문제가 되는 셰이

더를 실시간 수정할 수 있기 때문에 이런 저런 테스트를 해보고, 그것이 성능에 미치는 영향을 바로 확인할 수 있다. 이 사례에서 문제를 일으킨 셰이더는 스카이박스의 프래그먼트 셰이더다. 코드 13-6은 불필요한 연산을 추가한 스카이박스 셰이더를 보여준다. 추가된 연산을 제거하면 바로 문제가 해결된다.

코드 13-6 문제를 일으킨 스카이박스 셰이더

```
#version 410
uniform samplerCube envMap;
in vec3 fromCam;
out vec4 outCol;

void main(){
  // f의 역할은 단지 셰이더를 느리게 만드는 것이다.
  float f = 0.0;
  for (int i = 0; i < 500000; ++i){
    f = sqrt(sqrt(sqrt(sqrt(1))));
  }
  f = mod(f, 1.0);
  outCol = texture(envMap, fromCam);
}
```

이것으로 프로젝트의 프로파일링과 13장의 내용을 동시에 마쳤다. 정말로 많은 내용을 다뤘다. 그러나 충분한 실습을 거친다면 여기서 익힌 내용이 매우 익숙하고 당연한 것으로 여겨질 것이다. 더 중요한 것은 문제가 되는 셰이더를 찾아내고, 새로운 셰이더가 문제를 일으키지 않게 하는 충분한 지식을 습득했다는 사실이다. 이것은 실제 프로젝트에서 셰이더를 작성할 때 매우 중요한 역량이다. 13장에서는 성능 문제를 일으킨 셰이더를 최적화는 방법을 살펴봄으로써 여기서 배운 지식을 확장한다.

요약

- 게임의 성능은 초당 프레임의 숫자(FPS) 또는 프레임 타임으로 측정한다. 프로파일링이나 최적화를 할 때 선형적인 측정이 가능한 프레임 타임을 사용하는 것이 좋다.

- 게임의 성능은 프레임당 CPU와 GPU에서 소요된 시간에 의해 결정된다. 시간은 각각 CPU 시간과 GPU 시간이라고 한다.

- 수직동기는 모니터의 재생률에 맞춰 프레임을 보여주는 기법이다. 프로그램을 프로파일링하거나 최적화할 때는 수직동기를 비활성화해야 한다. 그렇지 못할 경우, 적어도 수직동기가 성능 측정에 영향을 미치고 있음은 알아야 한다.

- 개발 장비에 설치된 그래픽 드라이버가 프로파일링 결과에 영향을 미칠 수 있다. 드라이버가 어떤 기능을 제공하고 있고, 필요하다면 기능을 어떻게 비활성화하는지 알아야 한다.

- 엔비디아의 엔사이트 같은 그래픽 디버거는 GPU와 관련된 성능 이슈를 진단하고 디버깅할 수 있는 강력한 도구다.

14장

셰이더 최적화

렌더링 과정에서 셰이더를 얼마나 빨리 연산하는지 확인하는 방법을 배웠다. 다음 단계는 셰이더의 연산 속도를 개선하는 방법을 배운다. 셰이더 작성에서 내가 가장 좋아하는 부분이 바로 셰이더 최적화이다. 최적화는 항상 퍼즐과 같은 재미를 준다. 셰이더를 최적화하고, 결과를 측정하는 과정을 반복하는 것은 매우 즐거운 일이다.

셰이더 최적화는 매우 복잡한 주제다. 그리고 많은 경우 최적화 방식은 프로그램이 구동되는 하드웨어에 따라 달라진다. 이런 이유에서 특정 최적화가 프로젝트 전반의 성능에 어느 정도 영향을 미친다고 단정하기는 매우 어렵다. 그럼에도 불구하고 플랫폼에 상관 없이 유용하게 사용할 수 있는 일반적인 지침은 존재한다. 14장에서는 여섯 가지 일반 최적화 지침을 소개한다. 14장을 마칠 때면, 조금이라도 성능을 개선해야 하는 모든 셰이더에 적용할 수 있는 유용한 기법을 몇 가지 익히게 될 것이다.

모두 참고할 수 있는 성능에 관한 지침을 쓴다는 것은 정말 어려운 일이다. 가장 보편적이라고 할 수 있는 것들을 선별하려고 노력했다. 이 말은 특정 플랫폼 또는 특정 GPU에만 적용할 수 있는 지침은 굳이 설명하지는 않겠다는 의미다. 특정 프로젝트만을 고려해서 작성한 성능을 개선할 수 있는 방법은 여기서 소개한 것보다 훨씬 많을 것이다. 이 책의 내용을 셰이더 최적화의 절대적인 정답이 아닌, 최적화라는 긴 여정의 출발점 정도로 여겨주면 좋겠다. 이를 염두에 두고 시작해 보기로 하자.

버텍스 셰이더 활용

게임에서 어떤 프레임을 렌더링할 경우, 대부분은 처리해야 할 버텍스의 개수보다는 프래그먼트의 개수가 훨씬 많다. 그래서 버텍스 셰이더는 프래그먼트 셰이더에 비해 훨씬 낮은 빈도로 실행된다. 따라서 가능한 많은 계산들을 버텍스 셰이더로 옮겨서 처리하고, 그 결과를 프래그먼트 셰이더로 가져올 수 있다면, GPU 비용을 많이 아낄 수 있다. 특히 sin, cos, tan, asin, acos, atan와 같은 삼각법 계열 함수를 옮길 경우에는 더욱 도움이 된다. 이들 함수는 GPU에 따라서는 일반 연산에 비해 아주 많이 느릴 수 있기 때문이다. 코드 14-1은 버텍스 셰이더로 쉽게 옮길 수 있는 계산을 갖고 있는 프래그먼트 셰이더의 사례를 보여준다.

코드 14-1 문제가 있는 프래그먼트 셰이더

```
#version 410

uniform float time;
uniform sampler myTexture;

in vec2 fragUV;
out vec4 outColor;

void main()
{
  vec2 uv = fragUV + vec2(sin(time), 0); ❶
  outColor = texture(myTexture, uv);
}
```

이 셰이더는 버텍스 셰이더가 전달하는 UV에 일정한 오프셋을 준다(모든 프래그먼트에 동일한 값을 더한다). 그런데 이 부분은 버텍스 셰이더에서도 얼마든지 처리할 수 있다. 왜냐하면 UV에 일정한 값을 더하는 계산에 굳이 프래그먼트 단위로 보간된 데이터가 필요하지 않기 때문이다. 문제 해결을 위해 필요한 것은 ❶에 있는 더하기 부분을 제거하고(시간을 담는 유니폼 변수도 제거한다), 로직을 코드 14-2의 버텍스 셰이더로 옮기는 것이다.

코드 14-2 버텍스 셰이더로 계산을 옮긴 모습

```
#version 410

layout (location = 0) in vec3 pos;
layout (location = 2) in vec2 uv;

uniform mat4 mvp;
uniform float time;

out vec2 fragUV;

void main()
{
  fragUV = uv + vec2(sin(time), 0.0);
  gl_Position = mvp * vec4(pos, 1.0);
}
```

프래그먼트 셰이더에서 버텍스 셰이더로 계산을 옮길 수만 있다면 메쉬에 버텍스를 추가하는 것도 충분히 고려할 수 있다. 예전에 경험했던 프로젝트에서는 바닥 메쉬 위를 움직이는 수많은 라이트를 렌더링해야 했다. 라이트를 픽셀 단위로 렌더링하는 대신, 바닥에 충분한 버텍스를 추가하고 라이팅을 버텍스 단위로 처리했다. 결론적으로 성능은 크게 개선됐다. 물론 이런 식으로는 해결할 수 없는 문제도 많다. 그러나 알아두면 언젠가 도움이 될 수 있는 최적화 방법이다.

여기서 중요한 점은 버텍스 셰이더로 옮길 수 없는 계산도 존재한다는 사실이다. 흔

히 저지르는 실수가 성능 개선을 위해 노말 벡터의 정규화를 버텍스 셰이더에서 처리하고, 프래그먼트 셰이더에서 normalize() 함수를 삭제하는 것이다. 불행한 일이지만 이미 정규화된 벡터일지라도 프래그먼트 단위로 보간되면 더 이상 정규화가 유지되지 않을 수 있다. 그리고 그 결과는 렌더링 상의 문제로 나타날 수 있다. 어떤 로직을 버텍스 셰이더로 옮기기 전에 보간으로 계산 결과가 바뀌지 않는지 반드시 확인해야 한다.

동적 분기

자주 회자되는 셰이더 최적화 지침 중 하나는 셰이더에서 조건문을 피하라는 것이다. 이 지침이 틀린 것은 아니다. 그러나 셰이더에서 조건문을 써도 괜찮은 경우를 판단하는 것은 다소 복잡한 문제다.

드로우콜을 처리할 때 GPU는 드로우콜에 의해 그려질 모든 버텍스와 프래그먼트에서 셰이더 연산을 한다. 이 연산을 동시에 처리할 수 있는 특수한 하드웨어가 있어 신속한 처리를 할 수 있다. GPU는 버텍스 또는 프래그먼트를 각 스레드에 배정하고, 여러 스레드를 한 번에 실행한다. 스레드들은 그룹(제조사에 따라서 warp 또는 wavefront라고도 부른다)으로 묶이는데, 이 과정에서 부분적으로는 화면상의 위치에 따라서 그룹이 결정된다. 예를 들어 공간적으로 인접한 프래그먼트는 동일한 스레드 그룹으로 묶여서 처리될 가능성이 크다고 할 수 있다. 이런 스레드 그룹 설계는 모든 버텍스와 프래그먼트에서 셰이더가 동일한 계산을 수행할 때 최고의 효율을 보인다. 따라서 분기나 흐름 제어가 없어서 모든 버텍스나 프래그먼트에서 동일한 계산을 할 때 GPU는 가장 효율적으로 작업을 스케줄링한다. 그러나 if 조건문이나 while 반복문 같은 흐름 제어가 들어가면서 처리가 복잡해지고, 성능 상의 비용이 커진다.

이것은 아주 개괄적인 설명이다. 그러나 모든 분기가 똑같이 나쁜 것은 아니라고 말할 수 있는 충분한 근거를 제공한다. 예를 들어 셰이더에 if 조건문이 있지만, 스레드 그룹에 속한 모든 스레드가 코드에서 같은 경로를 따른다면(조건 분기에서 모두 실행하거나 아니면 모두 건너뛰거나), 분기에 대한 추가적인 성능 상의 비용은 없다고 할 수 있다. 언제 셰이더에서 조건 분기를 사용해도 괜찮은지 이해하려면 우선 분기를 둘로 나눠야 한다. 유니폼 분기^{uniform branching}와 동적 분기^{dynamic branching}가 바로 그것이다.

유니폼 분기는 둘 중에서 좀 더 이해하기 쉬운 것이다. 분기는 셰이더의 분기가 셰이더로 전달된 유니폼 값에 의해 결정될 때 일어난다. 코드 14-3에 사례가 있다.

코드 14-3 유니폼 조건 분기

```
uniform float controlVal;

void main(){
  if (controlVal > 0.5)
  {
    // 무언가를 한다.
  }
  // 지면상의 이유로 코드를 생략함.
```

코드 14-3에서 셰이더가 처리하는 모든 프래그먼트는 코드에서 동일한 경로를 따른다. 왜냐하면 유니폼 변수인 controlVal의 값은 셰이더가 실행되는 동안 일정하기 때문이다. 이런 종류의 분기는 그룹 안의 스레드들이 서로 다른 연산을 하도록 만들지 않는다. 그러므로 셰이더 코드에서 비교적 안전하다고 말할 수 있다.

동적 분기는 이 사례와 반대의 경우다. 동적 분기는 셰이더의 분기가 텍스처 샘플링의 결과나 프래그먼트의 월드 위치와 같이 프래그먼트 단위로 달라지는 계산에 의존할 때 일어난다. 이런 분기는 스레드 그룹을 나눠지게 한다. 셰이더 코드에서 동적 분기가 적절한가를 판단하는 것은 유니폼 분기에 비해 훨씬 미묘한 문제다. 이해를 돕기 위해 동적 분기를 사용하는 셰이더의 사례를 코드 14-4에 준비했다.

코드 14-4 동적 분기

```
void main()
{
  vec3 nrm = texture(normTex, fragUV).rgb;
  vec3 viewDir = normalize( cameraPos - fragWorldPos);

  vec3 toLight = lightPos - fragWorldPos;
  vec3 lightDir = normalize(toLight);
  float distToLight = length(toLight);
  float falloff = 1.0 - (distToLight / lightRadius);

  vec3 diffCol = vec3(0,0,0);
  vec3 specCol = vec3(0,0,0);

  if (falloff > 0.01)
  {
    float diffAmt = diffuse(lightDir, nrm) * falloff;
    float specAmt = specular(lightDir, viewDir, nrm, 4.0) * falloff;

    diffCol = texture(diffuseTex, fragUV).xyz * lightCol * diffAmt;

    float specMask = texture(specTex, fragUV).x;

    specCol = specMask * lightCol * specAmt;
    vec3 envSample = texture(envMap, reflect(-viewDir, nrm)).xyz;

    vec3 envLighting = envSample * specMask * diffAmt;

    specCol = mix(envLighting, specCol, min(1.0,specAmt));
  }
  outCol = vec4(diffCol + specCol, 1.0);
}
```

기억할지 모르겠지만 코드 14-4는 12장에서 작성했던 포인트 라이트 셰이더를 약간 수정한 것이다. 달라진 부분은 항상 라이팅 계산을 하는 대신, 광원에서 멀리 떨어진 프래그먼트는 계산하지 않는다는 조건이 추가된 것이다. 이것이 CPU 코드였다면 분명히 성능 상의 개선이 있었을 것이다. 그러나 앞에서 얘기했듯이 GPU에서는 일이 그렇게 단순하지 않다. 경험상 셰이더 코드에서 동적분기가 적합한 것인지는 두 기준의 조합으로 판단할 수 있다. 기준은 분기의 크기와 일관성이다. 동적분기가 각 기준에 더 잘 부합할수록, 셰이더 코드에서 잘 사용했다고 평가할 수 있는 가능성은 커진다.

첫 기준인 분기 크기란 조건문 안에 얼마나 많은 일이 포함돼 있는지를 가리킨다. 일반적으로 동적 분기 안에 더 많은 일이 포함될수록 좋다고 할 수 있다. 분기를 건너뜀으로써 줄일 수 있는 일의 양과는 무관하게, 일단은 분기가 있다는 이유만으로 성능상의 불이익을 받는다. 따라서 분기가 있어야 한다면, 분기에 의해서 건너뛸 수 있는 일이 많을수록 성능에 도움이 될 가능성이 커진다. 코드 14-4에서는 falloff 값이 아주 작을 경우 3개의 텍스처 샘플링을 포함한 모든 라이팅 계산을 건너뛴다. 그러나 큰 관점에서 봤을 때, 이 셰이더 역시 여전히 아주 단순한 셰이더에 속한다. 앞서이 책에서 작성한 다른 셰이더들과 비교했을 때는 분기 크기라는 기준에서 높은 점수를 줄 수 있지만, 분기로 인한 성능 상의 이득을 논하기에는 너무 단순한 셰이더라고 할 수 있다.

두 번째 기준인 일관성은 어떤 스레드 그룹 내의 모든 스레드들이 분기에서 같은 경로를 취하는가에 관한 것이다. 이 여부를 확실히 파악하기는 어렵다. 그러나 경험적으로는 (적어도 프래그먼트 셰이더에서는) 인접한 프래그먼트가 셰이더 코드에서 같은 경로를 취할 가능성이 클수록, 그 분기가 성능 측면에서 좋은 선택일 가능성도 커진다. 코드 14-4에서 분기는 월드 공간에서의 거리 계산에 따라 결정되고, 인접한 프래그먼트는 서로 비슷한 위치 값을 갖는다. 따라서 인접한 프래그먼트가 셰이더 코드에서 대부분 동일한 경로를 취할 가능성이 크다. 그 결과 분기는 일관성이란 기준에서 좋은 점수를 줄 수 있다.

두 기준을 합치면 동적분기가 성능에 미치는 영향을 추측할 수 있는 두 개의 간단한 질문을 얻을 수 있다.

1. 서로 인접한 프래그먼트가 주로 같은 코드 경로를 취하는가?
2. 분기 자체의 비용을 감수할 만큼의 충분한 일이 조건문 안에 들어있는가?

이 질문은 당연히 추측의 도구일 뿐이다. 얼마나 많은 일이 조건문 안에 포함돼야 도움이 될지는 상당 부분 그 셰이더를 구동하는 하드웨어가 결정한다. 그러나 여기서 다룬 내용은 동적분기를 언제 사용하는 것이 적합한지, 언제 분기를 피하기 위해서 셰이더 로직을 리팩토링해야 하는지 결정할 때 도움을 줄 수 있다.

MAD 연산

3장에서 MAD 연산을 간단히 언급했다. 이제 조금 더 자세히 이 연산을 살펴보기로 한다. MAD 연산은 GPU가 처리하는 곱한 다음 더하는 계산 조합을 가리킨다. MAD 연산은 GPU가 아주 빠른 속도로 처리할 수 있다. 그리고 최적화 측면에서 볼 때 셰이더 계산에서 가장 좋은 선택이라고 할 수 있다. 만약 로직을 하나 또는 그 이상의 MAD 연산으로 풀어낼 수 있다면 그렇게 하는 것이 좋다. 앞에서도 얘기했지만, MAD 연산을 통한 최적화에서 까다로운 점은 계산 순서가 중요하다는 사실이다. 달리 말해, 코드에서 괄호의 위치가 문제가 된다는 의미다. 코드 14-5를 보면 매우 유사해 보이는 두 연산이 있다.

코드 14-5 MAD 연산과 MAD가 아닌 연산

```
float X = 0.0;
float Y = 1.0;
float Z = 2.0;

float mad = (X * Y) + Z; ❶.
float not_mad = X * (Y + Z);
```

변수 이름을 통해서 이미 두 연산 중 하나만 MAD 연산(❶이 MAD 연산이다)임을 눈치 챘을 것이다. 두 연산 간의 유일한 차이는 괄호의 위치 때문에 연산의 순서가 다르다는 것이다. 곱한 다음 더하는 MAD 연산과 그렇게 효율적이지 않은 더한 다음 곱하는 연산 두 개가 있는 것이다. 한편 그 이름에도 불구하고, 코드 14-6처럼 MAD 연산에서 빼기도 사용할 수도 있다. 또한 이 예시는 MAD 연산이 실수뿐 아니라 벡터에도 적용될 수 있다는 것을 보여준다

코드 14-6 MAD 연산의 또 다른 사례

```
vec3 val = (value * 2.0) - 1.0;
vec3 val2 = (value * -2.0) - 1.0;
```

MAD 연산은 성능을 위한 매우 훌륭한 선택이다. 그러나 더한 다음 곱한다고 해서 그래픽 성능이 최악의 상황에 빠지는 것은 아니다. 여기서 소개한 팁은 사용하는 것이 타당하거나, 아니면 정말로 조금의 성능 개선이라도 필요할 때 사용한다. 지나치게 집착할 필요는 없다. MAD 연산 하나가 성능 상의 문제가 있는 셰이더를 쌩쌩하게 돌아가는 셰이더로 바꿔줄 리는 없다.

GLSL 함수

셰이더 로직의 미세한 최적화에 너무 얽매이지 말자는 얘기를 했다. 그렇지만 셰이더에서 GLSL이 제공하는 함수로 로직을 풀어낼 수 있다면, 직접 작성한 함수 대신 항상 그것을 선택하는 것이 좋다. GLSL에 내장된 함수는 하드웨어의 특성을 최대한 활용할 수 있지만, 직접 작성한 코드는 그렇지 못하다. 뿐만 아니라 내장 함수는 직접 작성한 어떤 코드보다도 많은 테스트를 거쳤고, 문서화가 잘 돼 있다. 코드 14-7은 GLSL 함수를 사용하도록 리팩토링한 사례를 보여준다(이들 중 한 함수는 아직 이 책에서 소개하지 않았다). 이 예시들을 이해했으면, 웹에서 GLSL Quick Reference로 검

색해서 GLSL 함수 목록과 각 함수의 기능을 살펴보기 바란다.

코드 14-7 직접 작성한 코드를 GLSL 내장 함수로 대체한 모습

```
// 예시 1: 벡터 크기의 제곱 구하기
// 나쁜 접근
float lengthSquared = vec.x*vec.x + vec.y*vec.y + vec.z*vec.z;

// 좋은 접근
float lengthSquared = dot(vec,vec);

// 예시 2: 최소값과 최대 값으로 값 제약하기
float x = 1.2;

// 나쁜 접근
x = x < 0.5 ? 0.5 : x;
x = x > 1.0 ? 1.0 : x;

// 좋은 접근
x = min(1.0, max(0.5, x));

// 최고의 접근
x = clamp(x, 0.5, 1.0);
```

쓰기 마스크

셰이더 코드에서 벡터나 텍스처를 다루다 보면 벡터의 일부 채널만 사용하는 경우를 종종 접한다. 예를 들어, 텍스처를 샘플링해서 rgba를 담은 vec4 값을 얻는데, 셰이더는 여기서 r과 g 채널만 필요할 수 있다. 이런 경우 뒤섞기를 등호 왼쪽에 사용한 형태인 쓰기 마스크^{write mask}를 활용해서 GPU로 하여금 일부 컴포넌트만 계산에 사용하게 할 수 있다. 코드 14-8은 적용 사례를 보여준다.

코드 14-8 쓰기 마스크의 사례

```
vec4 myVal;
myVal.wzyx = vec4(1, 2, 3, 4);
// 결과는 (4, 3, 2, 1)

myVal.zx = vec2(0, 5)
// 결과는 (5, 3, 0, 1)

// 텍스처 샘플의 R 채널만 사용하는 경우
myTex.x = texture(myTexture, fragUV);
```

쓰기 마스크는 뒤섞기와 매우 비슷해 보이지만, 한 가지 중요한 차이점이 있다. 쓰기 마스크에서는 채널을 반복할 수 없다. 뒤섞기에서는 .xxzy가 아무런 문제가 없지만, 쓰기 마스크에서는 x 채널이 두 번 반복됐기 때문에 유효하지 않다. 또한 xyzw, rgba, stpq 세 종류의 세트를 자유롭게 사용할 수 있지만 .xyba처럼 하나의 연산자 안에서 다른 세트의 컴포넌트를 섞어서 사용할 수는 없다.

오버드로우

게임에서 너무 많은 GPU 자원을 써버리는 가장 흔한 원인 중 하나는 높은 수준의 **오버드로우**overdraw다. 오버드로우란 이미 그려진 픽셀 위로 또 다시 픽셀을 그리는 것을 가리킨다. 이것은 불투명한 메쉬와 반투명한 메쉬 모두에서 벌어질 수 있다. 그러나 반투명한 메쉬에서 확인하기 쉽기 때문에 그것부터 시작하기로 한다. 그림 14-1과 같은 씬을 생각한다. 그림 우측에는 여러 개의 반투명한 육면체가 일렬로 서있다. 어렵지 않게 어떤 픽셀이 한 번 이상 그려지고 있는지 확인할 수 있다.

▲ 그림 14-1 불투명한 메쉬와 반투명한 메쉬

반투명한 오브젝트는 그 색상을 백 버퍼에 저장된 값과 블렌딩하는 방식으로 렌더링한다. 사실 반투명한 오브젝트를 그릴 때 오버드로우를 피하기 위해서 할 수 있는 일은 그리 많지 않다. 그러나 얼마나 많은 오버드로우가 발생하고 있는지 파악하는 것은 여전히 중요한 문제다. 화면을 가로질러 떠 있는 큰 뭉게구름은 그 프레임에서 그려야 할 픽셀, 처리해야 할 프래그먼트, 블렌딩 연산의 양을 두 배 가까이 늘릴 수 있다. 그 결과는 프레임 타임의 급격한 증가로 이어지기 때문에 반투명한 대상을 다룰 때는 늘 프레임 타임에 주의를 기울여야 한다.

만약 반투명한 재질을 사용하고 있다면 어느 정도의 오버드로우는 발생하기 마련이다. 그리고 그 자체로 나쁜 것도 아니다. 그러나 다른 모든 것들처럼 오버드로우 역시 적절한 선을 지킬 때 좋은 것이다. 화면에서 벌어지는 상황에 따라서 성능이 크게 요동친다면, 성능이 저하된 구간이 화면에 반투명 오브젝트가 많이 드러나는 시간 또는 장소와 일치하는지 확인한다. 만약 그렇다면 반투명한 대상을 덜 렌더링함으로써 간단히 성능을 개선할 수 있다.

실제로 접하기는 쉽지 않지만, 같은 문제가 불투명한 오브젝트에서도 발생할 수 있다. 그림 14-1에서 불투명한 육면체가 반투명한 육면체만큼의 오버드로우를 만들고 있을지도 모른다. 물론 반드시 그렇다는 얘기는 아니다. 불투명한 오브젝트는 뒤에 있는 오브젝트를 가리기 때문에 그 뒤에 있는 오브젝트는 렌더링하지 않는다. 예를 들어 씬에 벽돌벽을 그린다고 가정해 보자. 그러면 깊이 버퍼에 그 벽의 위치 정보가 저장된다. 이제 그 벽 뒤에 있는 어떤 오브젝트를 그리려 할 때마다 그 오브젝트의 프래그먼트는 깊이 버퍼의 정보를 확인해서 픽셀을 그리지 않는다. 그러나 만약 그 벽을 가장 마지막에 그렸다면 벽 뒤에 있는 모든 오브젝트를 그리는 렌더링 비용을 이미 지불한 것이 된다.

이런 문제를 완화하려면 불투명한 오브젝트는 일반적으로 앞에서부터 뒤로 그려 나간다. 이렇게 하면 사용자가 보게 될 가능성이 가장 높은 오브젝트부터 깊이 버퍼에 쓸 수 있다. 또한 많은 게임 엔진은 깊이 사전패스^{prepass}라고 불리는 방식을 채택한다. 이 방식은 실제 프래그먼트 셰이더로 오브젝트를 렌더링하기 전에 아주 간단한 프래그먼트 셰이더로 사전에 깊이 버퍼에 렌더링을 한다. 오늘날 시장에 나와 있는 주요 게임 엔진을 사용한다면 이미 이 문제는 잘 처리돼 있을 것이다. 그러나 엔사이트와 같은 툴로 프레임을 분석해서 손해볼 일은 없을 것이다.

마지막 지침

셰이더 최적화를 짧게 다뤄봤다. 이미 얘기했지만 특정 플랫폼이나 GPU 제조사에 특화된 최적화 팁은 아주 많다. 이 책에서는 다루지 않았지만 이런 팁은 프로젝트에 따라서 큰 차이를 만들 수 있다. 많은 GPU 제조사들이 자신들의 플랫폼 최적화에 도움을 주기 위해 성능 가이드 또는 모범 사례와 같은 문서를 제공한다. 이런 문서는 반드시 찾아봐야 하며, 만약 자신의 프로젝트에 해당한다면 그 지침을 최대한 따라야 한다. 셰이더 개발에 대해서도 더 구체적인 최적화 정보를 제공하는 좋은 자료를 온라인에서 구할 수 있다. 단, 그런 정보가 자신의 프로젝트에 잘 맞는지 적용 전후에 프로파일링을 통해 확인하는 것을 잊지 않는다.

요약

14장에서 다뤘던 최적화와 관련된 지침을 정리하면 다음과 같다.

- 버텍스 셰이더로 계산 옮기기
- 동적분기 피하기
- 가능하면 MAD 연산 사용하기
- 직접 작성한 함수보다는 GLSL 함수 사용하기
- 쓰기 마스크 사용하기
- 불필요한 오버드로우 피하기

정밀도

셰이더 디버깅과 최적화에 대한 논의를 마무리하면서 지금까지 실무에서 경험했던 셰이더 문제의 가장 흔한 원인 중 하나를 심층적으로 얘기하려 한다. 바로 **정밀도** precision 문제이다. 이 문제는 모든 플랫폼에서 시각적 결점으로 나타날 수 있다. 특히 모바일이나 웹 기반 프로그램의 경우는 성능상의 문제로까지 이어진다. 무슨 일이 벌어지고 있는지를 이해할 수만 있다면, 다행히 그 원인을 찾아서 고치는 것은 그렇게 어렵지 않다.

15장을 시작하면서 우선 부동 소수점 floating point 정밀도를 설명하고 그것이 셰이더 작성에 어떻게 적용되는지 살펴본다. 이론 설명이 모두 끝나면 정밀도 문제가 있는 셰이더의 사례를 살펴보고, 해결 방법을 찾는다.

부동 소수점 정밀도

부동 소수점 수 또는 실수는 프로그램에서 10진수를 저장할 때 가장 흔히 사용하는 데이터 타입이다. 부동 소수점이라는 이름은 저장하려는 값에 따라서 소수점 양쪽에 다른 자리 수의 숫자를 저장할 수 있다는 이유에서 붙여졌다. 이런 특징 때문에 부동 소수점이 어떻게 데이터를 저장하는지를 고민할 필요 없이, 하나의 데이터 타입에 0.000000000001과 100000000.0 같은 값을 동시에 저장할 수 있었다. 사정은 셰이더 개발에서도 크게 다르지 않다. 이 책에서도 그랬지만, 완전한 32비트 실수에 어떤 값을 저장할 수 있다면 그것의 작동 원리에 대해서는 걱정할 필요가 없었다.

안타깝지만 일부 GPU는 표준 32비트 실수보다 작은 데이터 타입을 훨씬 빠르게 처리한다. 15장에서 곧 설명하겠지만, 셰이더 코드의 성능을 위해 16비트 또는 그 보다 작은 타입의 변수를 사용하는 경우가 매우 흔하다. 이처럼 데이터 타입의 크기를 줄이기 시작한다면 이제 부동 소수점의 작동 원리의 이해가 매우 중요하다. 프로그래밍 경험이 있다면 아마도 부동 소수점 숫자를 자세히 정의하는 IEEE754 표준을 봤을 것이다. 그리고 부동 소수점 숫자가 작동하는 방식을 설명하는 다음 수식까지 봤을 수도 있다.

$$-1^s * 1.M * 2^{(e-127)}$$

실수 작동에 대한 표준 설명을 이해하는 독자도 있을 것이다. 그러나 나에게는 결코 와 닿지 않는 설명이기 때문에 위의 수식을 설명하는 데 시간을 쓰진 않겠다. 대신 실수의 원리를 이해하는 다른 방법을 공유하려 한다. 이 방법은 『게임 엔진 블랙 북Game Engine Black Book』이라는 훌륭한 책의 저자인 파비엔 상라드Fabien Sanglard가 처음 고안한 것으로 알고 있다.

정규 실수는 32비트이고, 그 메모리는 세 부분으로 나뉜다. 첫 비트는 부호sign 비트인데, 우리가 저장한 값이 양수인지 아니면 음수인지를 나타낸다. 그 다음 8개 비트는 보통 지수exponent 비트라고 하는데, 이 책에서는 범위range 비트라고 부른다. 그 이유는 곧 설명하겠다. 마지막 23비트는 보통 가수mantissa라고 하는데, 이 단어를 도통 이해할 수 없었다. 그래서 대신 오프셋offset 비트라고 부르려 한다. 그림 15-1은 지금까지 설명한 메모리 레이아웃을 그림으로 보여준다.

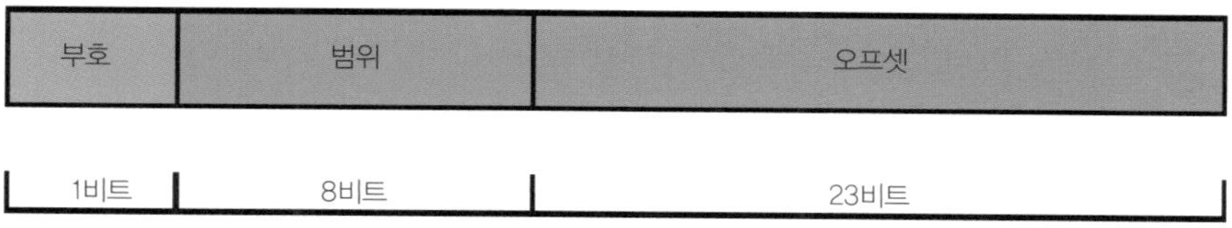

부호	범위	오프셋
1비트	8비트	23비트

▲ 그림 15-1 32비트 실수의 메모리 레이아웃

32비트로 십진수 값을 나타내는 것은 세 단계의 과정으로 생각할 수 있다. 각 단계는 부호, 범위, 오프셋 비트가 처리한다.

1. 값이 양수인지 음수인지 결정한다.
2. 나타내려는 값의 범위를 정의한다.
3. 정의된 범위 안에서 값을 선택한다.

1단계는 아주 간단하다. 부호 비트가 1이면 실수의 값이 음수, 0이면 양수를 나타낸다.

2단계는 조금 복잡하다. 그러나 그렇게 심각한 정도는 아니다. 8개의 범위 비트는 하나의 정수를 정의한다. 8비트가 있기 때문에 0부터 255 사이의 어떤 정수가 될 것이다. 그런데 우리는 음수도 나타낼 수 있기를 원한다. 0부터 255까지 범위로 -127부터 127까지를 나타내게 한다. 0이 -127, 127이 0, 255가 +127을 나타내는 셈이다. 정의하려는 정수에 127을 더해서 저장한다고 생각하면 쉽다. 만약 우리가 나타내려는 값이 1이라면, 범위 비트는 1이 아닌 128을 이진수로 바꾼 1000 0000을 저장한다.

앞에서 범위 비트라는 이름을 선호한다고 했었다. 그 이유는 범위 비트가 나타내는 정수가 실수가 나타낼 수 있는 값의 범위를 결정하기 때문이다. 범위를 결정할 때, 범위 비트가 나타내는 정수를 2의 지수로 사용한다. 예를 들어 범위 비트가 1000 0000이라고 하자. 십진수로 환산하면 128이다. 범위 비트가 나타내는 정수는 128에서 127을 뺀 1이다. 따라서 우리 실수가 나타낼 수 있는 가장 작은 값은 2^1이다. 그리고 가장 큰 값은 그 다음 거듭제곱이다. 즉 범위의 최소값은 2^1, 최대값은 2^2이 된다.

마지막 3단계에서는 2단계에서 정의한 범위에서 하나의 값을 고른다. 실수의 나머지 23비트는 여기에 사용된다. 3단계에서 실수가 23비트 대신 2비트만 사용한다고 가정하자. 좀 더 쉽게 이해할 수 있을 것이다. 2비트로 나타낼 수 있는 값은 십진수의 0, 1, 2, 3에 해당하는 00, 01, 10, 11이 전부다. 이 말은 우리 실수가 2단계에서 정의한 범위 안에 있는 네 개의 잠재적인 값 중 하나라는 의미다. 그림 15-2처럼 양끝에 최소값과 최대값이 표시된 수직선을 생각한다.

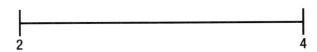

▲ 그림 15-2 수직선으로 표현한 실수의 범위

2비트의 오프셋 데이터가 나타낼 수 있는 잠재적인 네 개의 값은 그림 15-3처럼 최소값과 최대값 사이에 균등한 간격으로 표시할 수 있다. 여기서 4.0은 이 범위에 속하지 않는다는 사실에 주의한다. 4.0을 포함하려면 오프셋 비트가 아닌 범위 비트의 값이 커져야 한다.

▲ 그림 15-3 2비트의 오프셋 데이터가 나타낼 수 있는 잠재적 값들이 표시된 수직선

그림 15-3이 보여주는 내용을 조금 다르게 설명하면 이렇다. 오프셋 비트가 나타낼 수 있는 값은 최대값과 최소값의 차이를 나눈 것들이고, 이 값이 최소값에 더해진다. 그림 15-3에서 2^1과 2^2의 차이는 2다. 그리고 오프셋 비트를 이용해서 2.0, 2.5, 3.0, 3.5라는 잠재적 값을 구한 것이다. 그림 15-4에 설명된 계산 과정은 잠재적 값을 구

하는 과정을 이해하는 데 도움을 준다.

값	계산
2	$2^1 + (\frac{0}{4} * 2)$
2.5	$2^1 + (\frac{1}{4} * 2)$
3.0	$2^1 + (\frac{2}{4} * 2)$
3.5	$2^1 + (\frac{3}{4} * 2)$

▲ **그림 15-4** 네 개의 잠재적 값을 구하기 위한 계산

그림 15-4의 왼쪽 열에 있는 네 개의 값은 우리 실수가 나타낼 수 있는 값이다. 만약 코드에서 2.4 같은 값을 이 실수 타입으로 저장하려면, 그 값은 가장 가까운 값인 2.5에 맞춰진다. 범위의 최소와 최대가 2^1과 2^2인 상황에서 그렇게 만족스럽지는 못하다. 그럼에도 여전히 정확한 정수부와 쓸 만한 소수부를 얻을 수 있다. 그림 그림 15-5처럼 2^{10}과 2^{11} 같이 큰 숫자 사이의 범위를 생각해 보자.

1024	$2^{10} + (\frac{0}{4} * 1024)$
1280	$2^{10} + (\frac{1}{4} * 1024)$
1536	$2^{10} + (\frac{2}{4} * 1024)$
1792	$2^{10} + (\frac{3}{4} * 1024)$

▲ **그림 15-5** 범위 비트가 10일 경우 나타낼 수 있는 값

이제는 이 시스템에 한계가 온 것 같다. 오직 네 개의 잠재적 값만으로는 정확한 값을 나타내기 어렵다. 실수에 저장하는 값이 커질수록, 나타내는 값의 정확도가 떨어진다.

실제 실수는 오프셋 데이터에 훨씬 많은 23비트를 사용한다. 그렇다고 계산 방식이 변하는 것은 아니다. 단지 잠재적인 값들을 계산할 때 분모가 바뀔 뿐이다. 23비트의 오프셋 데이터는 잠재적인 값을 2^{23}개 나타낼 수 있다는 의미다. 2^{23}은 8,388,608이다. 2^1과 2^2 사이에서 완전한 32비트 실수가 나타낼 수 있는 첫 네 개의 값이 그림 15-6에 있다. 왼쪽 열에 있는 숫자들은 가독성을 고려해서 열 두 번째 자리에서 반올림했다.

2	$2^1 + (\frac{0}{8388008} * 2)$
2.00000023842	$2^1 + (\frac{1}{8388008} * 2)$
2.00000047684	$2^1 + (\frac{2}{8388008} * 2)$
2.00000071526	$2^1 + (\frac{3}{8388008} * 2)$

▲ 그림 15-6 23 오프셋 비트로 나타낼 수 있는 첫 네 개의 값

2비트 대신 23비트를 사용하면 훨씬 높은 수준의 정밀도로 숫자를 나타낼 수 있다는 사실은 분명하다. 그러나 완전한 32비트 실수를 사용해도 정밀도가 완벽할 수는 없다. 그림 15-6을 보면 여전히 2.0000003 같은 값은 정확히 나타낼 수 없다. 대신 이 값은 표에 있는 두 번째 줄의 값으로 대체된다. 앞서 2비트만 사용한 경우처럼 범위가 커질수록 정밀도는 떨어진다. 정규 32비트 실수의 차별점은 정밀도가 무너져서 게임에서 드러날 정도가 되려면 그 범위가 훨씬 커야 한다는 것 정도다.

정밀도 문제는 코드에서도 직접 테스트할 수 있다. 간단한 C 또는 C++ 프로젝트에서 실수 타입 변수를 만들고 2.0000003을 저장한다. 그 다음 런타임에서 디버거나 printf()를 이용해서 변수를 출력한다. 변수에 저장했던 값이 그림 15-6의 두 번째 줄에 있는 값으로 대체된 것을 볼 수 있을 것이다.

사례 연구: 애니메이션

정밀도에 대한 얘기는 그 자체로 매우 흥미롭다. 그러나 15장의 앞부분에서 밝혔듯, 정밀도는 다른 프로그래밍 분야에 비해 셰이더 작성에서 더 문제가 된다. 그 이유는 우선 작은 부동소수점 숫자(16비트 또는 더 작은 비트)를 많이 다루기 때문이다. 또 다른 이유는 설사 완전한 실수를 사용하더라도 정밀도 손상이 렌더링을 통해 시각적으로 드러나기 때문이다. 이 말을 이해하려면 코드 15-1에 있는 버텍스 셰이더의 사례를 살펴보자.

코드 15-1 애니메이션이 들어있는 버텍스 셰이더

```
#version 410
layout (location = 0) in vec3 position;
uniform mat4 mvp;
uniform float time;

void main()
{
  vec3 finalPos = position + vec3(0,sin(time),0); ❶
  gl_Position = mvp * vec4(finalPos, 1.0);
}
```

이 셰이더는 sin() 함수(❶)를 이용해서 시간이 흐름에 따라 메쉬를 위 아래로 움직인다. 셰이더에서 sin() 함수를 다룬 것은 이번이 처음이다. 작동하는 방식은 C++의 sin() 함수와 동일하다. 어떤 값을 전달하든 이 함수는 -1과 1 사이의 값을 반환한다. sin() 함수가 출력하는 결과가 사인^{sine} 곡선인데, 어떤 입력 값이 어떤 출력 값을 만드는지 그림 15-7의 그래프에서 볼 수 있다.

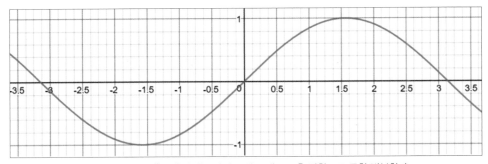

▲ 그림 15-7 sin()이 출력하는 사인 곡선 그래프. X축 방향으로 무한 반복한다.

이 함수를 테스트해보자. 먼저 간단한 프로젝트를 만들어 실행하면 정확히 앞서 설명했던 대로 동작한다. 어떤 오브젝트를 렌더링하든 그 오브젝트는 위 아래로 움직인다. 그런데 문제는 시간이 커짐에 따라 발생한다. 시간 값은 0에서 시작해 프로그램이 실행되는 동안 계속 커진다. 처음에는 아무런 문제도 없다. 그러나 시간이 131,072 (2^{17}) 같이 커지기 시작하면 이전까지 매우 부드럽게 연결되던 애니메이션이 툭툭 끊기기 시작한다. 시간 값이 어느 이상으로 커지면 정밀도가 크게 떨어져서 현재 프레임의 시간과 다음 프레임의 시간 간의 격차를 정확히 나타내지 못하는 것이다. 여기서 중요한 점은 셰이더는 모든 과정에서 정상적으로 작동하고 있다는 사실이다. 문제의 원인은 우리가 입력하는 값에 있다. 코드 15-2의 draw() 함수는 즉각적으로 문제를 일으키도록 작성됐다. 시간 변수에 매우 큰 기본 값을 사용했다는 점에 주목한다.

코드 15-2 문제를 일으키는 draw() 함수

```
void ofApp::draw(){
  using namespace glm;

  static float t = 1310729999;
  t += ofGetLastFrameTime();

  mat4 proj = perspective(radians(90.0f), 1024.0f / 768.0f, 0.01f, 10.0f);
  mat4 view = inverse(translate(vec3(0,0,10.0f)));
```

```
    mat4 mvp = proj * view;

    moveCubeShader.begin();
    moveCubeShader.setUniformMatrix4f("mvp", mvp);
    moveCubeShader.setUniform1f("time", t);
    cube.draw();
    moveCubeShader.end();
}
```

물론 이 코드는 문제를 일으키도록 고의로 만든 것이다. 그러나 이런 종류의 애니메이션 문제는 대형 프로젝트에서도 종종 발생한다. 지금까지 실무에서 물 셰이더, 점멸하는 버튼 셰이더, 바람에 흔들리는 나뭇잎 셰이더가 이런 문제를 만들었다. 일정하게 증가하는 유니폼 변수에 기반하는 셰이더를 작성할 경우, 그 값의 정밀도에 주의해야 한다. 이런 문제를 찾아내기 어려운 이유는 잠시 게임을 플레이해서는 좀처럼 발견하기 어렵기 때문이다. 테스트를 하려면 강제로 큰 값을 넣거나, 입력된 값이 충분히 커질 정도로 오랫 동안 게임을 유휴 상태로 놔둬야 한다. 마치 플레이어가 밤새 게임을 켜 뒀다가 아침에 일어나서 플레이하는 경우처럼 말이다.

이런 종류의 정밀도 문제는 종종 해결이 까다로울 수 있다. 다행히 sin() 함수처럼 시간의 흐름에 따라 스스로를 반복하는 애니메이션을 사용하고 있다면, 그 애니메이션이 반복되는 한 단위의 정확한 시간을 알아야 한다. 이 시간을 함수의 주기라고 하는데, 구글에서 sin() 함수의 주기를 찾아보면 그것이 2*PI란 사실을 알 수 있다. 애니메이션의 주기를 알았으면 fmod() 함수를 이용해서 입력되는 값을 조절한다. 코드 15-2에 애니메이션 주기를 고려해서 수정한 셰이더가 있다.

코드 15-3 개선된 draw() 함수

```
void ofApp::draw(){

    using namespace glm;

    const double two_pi = 2.0 * 3.14159;
```

```
static double t = 1310729999;  ❶
t += ofGetLastFrameTime();

mat4 proj = perspective(radians(90.0f), 1024.0f / 768.0f, 0.01f, 10.0f);
mat4 view = inverse(translate(vec3(0,0,10.0f)));
mat4 mvp = proj * view;

moveCubeShader.begin();
moveCubeShader.setUniformMatrix4f("mvp", mvp);
moveCubeShader.setUniform1f("time", fmod(t, two_pi));  ❷
cube.draw();
moveCubeShader.end();
}
```

여기서 가장 주목할 부분은 수정의 핵심이 시간 변수의 정밀도를 높이는 것이라는 점이다(❶). 이 변수의 용도를 고려할 때, 시간 값에서 어떤 값을 빼거나, 시간 값을 초기화할 수는 없다. 유일한 대안은 저장을 위한 비트 수를 늘리는 것이다. 더블^{double}은 64비트 실수이다. 우리의 목적을 고려할 때 충분한 정밀도를 갖는다. 이 더블 타입 변수를 그대로 셰이더에 전달할 수도 있다. 사실 GLSL에도 더블 데이터 타입이 있다. 그러나 많은 GLSL 함수가 더블 타입의 정밀도를 지원하지 않는다. 이런 이유에서 더블 타입은 다루기 까다롭고, 널리 사용되지 않는다.

대신 fmod() 함수와 애니메이션 주기를 이용해서 셰이더로 전달하는 값을 조절할 수는 있다(❷). fmod() 함수가 낯설지도 모른다. 이 함수는 모듈러(%) 연산자와 같은데, 첫 번째 인자를 두 번째 인자로 나눈 나머지를 반환한다. fmod()는 셰이더로 입력되는 값을 정밀도를 유지할 수 있을 정도로 작게 유지한다. 그리고 정확히 주기가 끝날 때마다 입력 값을 초기화하기 때문에 시각적인 문제도 일으키지 않는다.

정밀도 문제 가운데 더 복잡한 것을 이어서 보기로 한다. 정밀도 문제에 대한 해답은 사실 늘 비슷하다. fmod()를 이용한 사례처럼 처리하는 값의 크기를 줄이거나, 문제가 되는 값의 정밀도를 높이는 것이다.

모바일 플랫폼과 저정밀도 변수

이 책은 데스크톱 PC용 게임에 사용할 셰이더 작성에 초점을 맞춘다. 그러나 모바일 게임은 점점 저변을 넓히고 있으며, 모바일 장비를 위한 셰이더를 작성할 때 정밀도는 더 큰 중요성을 지닌다. 셰이더 작성과 관련된 정밀도 문제를 다루고 있음을 고려할 때, 잠시 데스크톱 셰이더에서 벗어나 모바일 장비에서의 정밀도 문제를 얘기했으면 한다.

각기 다른 모바일 GPU가 저정밀도 부동소수점 숫자를 구현하는 모습을 보면 모바일 폰 시장은 흡사 정글과도 같다. 모바일 GPU 생산자는 성능과는 별개로 전력 소비, 발열, 물리적 크기 등을 고려해야 한다. 이러한 요인에 영향을 미치는 것 중 하나가 GPU가 지원하는 부동소수점 정밀도이다. 정규 실수 외에도 모바일 GPU는 셰이더를 위한 새로운 두 가지 부동소수점 데이터 타입을 정의한다. 중정밀도와 저정밀도 (또는 고정) 타입이 그것이다. 이들은 완전한 정규 실수보다 훨씬 작은 비트를 사용하며, 모바일 GPU에서 월등히 빠른 속도로 처리된다. GLSL에서는 코드 15-4처럼 변수를 선언할 때 앞에 "highp", "mediump", "lowp"를 붙임으로써 원하는 실수 타입을 선택할 수 있다. 이것들은 벡터와 행렬에도 사용할 수 있는데, 이때 지정한 정밀도는 각 데이터 타입을 구성하는 실수의 정밀도를 의미한다.

코드 15-4 서로 다른 정밀도를 가진 실수의 선언

```
highp float fullPrecision;
mediump vec3 halfPrecision;
lowp mat4 lowPrecision;
```

실수 변수 앞에 붙이는 이것을 정밀도 한정자precision qualifier라고 한다. 데스크톱 GPU를 위한 셰이더를 작성하는 경우, 이 한정자는 거의 무시된다는 점을 기억한다(대표적인 예외는 웹에서 실행하는 OpenGL인 WebGL용 셰이더의 경우다). 그러나 모바일 장비와 같이 정밀도 한정자를 지원하는 플랫폼에서는 원하는 실수 데이터 타입을 선택

할 수 있다. 이들 데이터 타입이 보장하는 최소 범위와 정밀도는 OpenGL 버전에 따라 다르다. 일반적으로 정밀도 한정자를 지원하는 플랫폼은 OpenGL의 서브셋인 OpenGL ES를 사용한다. 그림 15-8은 OpenGL ES 3.0 사양에서 가져왔다. 단, API 버전에 따라 구체적인 내용은 다를 수 있다.

데이터 타입	범위 비트	오프셋 비트	범위
"고정밀도" or "full precision"	8	23	$-2^{225}, 2^{127}$
"중정밀도" or "half precision"	5	10	$-2^{14}, 2^{14}$
"저정밀도" or "fixed precision"	1	8	$-2^{1}, 2^{1}$

▲ 그림 15-8 세 가지 타입의 실수 변수

그림 15-8에 있는 범위 비트와 오프셋 비트의 숫자가 각 데이터 타입이 보장하는 비트 수이고, 마지막 열에 있는 범위는 표준에 맞추기 위해 GPU가 제공하는 최소 범위다. 이 사양은 최소로 요구되는 기준일 뿐이다. 얼마든지 그 이상을 구현할 수 있으며, 실제 많은 모바일 장비가 그렇게 하고 있다. 예를 들어 새로운 아이폰의 GPU는 저정밀도 실수를 중정밀도 실수처럼 처리하는데, 그 이유는 GPU가 중정밀도 숫자 처리에 최적화됐기 때문이다. 이런 이유에서 어떤 모바일 장비에서는 잘 나오던 셰이더가 다른 모바일 장비에서는 정밀도 문제를 일으킬 수 있다. 각 모바일 GPU는 실수를 구현하는 방식에서 조금씩 차이를 갖는다.

저정밀도 데이터 타입은 약간 이상하다고 말할 수 있다. 오직 한 개의 범위 비트만을 갖기 때문이다. 그렇게 된 이유는 저정밀도 데이터가 8개의 고정된 오프셋 비트로 −2와 2 사이의 값을 나타내도록 사양을 요구하기 때문이다. 범위 안에서 정밀도가 고정돼 있기 때문에 엄밀한 의미에서는 부동 소수점 숫자가 아니다. 이런 이유에서 고정 소수점이라고도 한다.

지금까지 살펴본 것처럼 모바일에서 정밀도 문제는 더욱 중요하고, 더욱 복잡하다. 게임에서 저정밀도 변수가 어떤 문제를 야기하는지 또 하나의 사례를 보기로 한다.

사례 연구: 포인트 라이트

여기서 살펴볼 사례는 한 개의 디렉셔널 라이트와 한 개의 포인트 라이트를 지원하는 셰이더다. 포인트 라이트는 씬의 (0, 5, 0)에 위치한다. 포인트 라이트 가까이 오브젝트를 배치할 경우에는 렌더링이 정상적으로 이뤄진다. 그러나 오브젝트를 포인트 라이트로부터 아주 멀리, 예를 들어 300 유닛 정도 떨어뜨려 배치하면 렌더링에 문제가 생기기 시작한다. 그림 15-9에서 이 두 가지 경우를 비교해 볼 수 있다.

▲ 그림 15-9 오브젝트가 포인트 라이트 근처에 있는 경우와 아주 멀리 떨어져 있는 경우

데스크톱 GPU를 사용하는 게임 엔진의 에디터에서는 셰이더가 정상적으로 작동했다. 그러나 모바일 장비로 가면서 문제가 드러났다. 모바일 장비에서만 문제를 일으키는 셰이더가 있다면 가장 먼저 의심해볼 부분이 바로 정밀도다. 이 경우 문제를 야기한 코드 15-5의 프래그먼트 셰이더는 오직 중정밀도 실수만을 사용하고 있다. 앞에서 이미 다뤘던 내용이기 때문에 지면을 고려해서 포인트 라이트와 디렉셔널 라이트의 구조체와 diffuse() 함수 부분은 생략했다.

```
#version 410
precision mediump float; ❶

uniform DirectionalLight dirLight;
uniform PointLight pointLight;
uniform vec3 cameraPos;
uniform vec3 ambientCol;
uniform vec3 meshCol;

in vec3 fragWorldPos;
in vec3 fragNrm;

out vec4 outCol;

void main()
{
  vec3 nrm = normalize(fragNrm);
  vec3 viewDir = normalize( cameraPos - fragWorldPos);

  vec3 finalColor = vec3(0,0,0);

  float dirDiffAmt = diffuse(dirLight.direction, nrm);
  finalColor += dirDiffAmt * dirLight.color * meshCol;

  vec3 toLight = pointLight.position - fragWorldPos;
  vec3 lightDir = normalize(toLight);
  float distToLight = dot(toLight, toLight); ❷
  float falloff = max(0.0,1.0 - (distToLight / pointLight.radius));
  float pointDiffAmt = diffuse(lightDir, nrm) * falloff;
  finalColor += pointDiffAmt * pointLight.color * meshCol;

  outCol = vec4(finalColor + ambientCol, 1.0);
}
```

이 셰이더에서 유일하게 새로운 부분은 ❶이다. "별도로 얘기하기 전까지는 이 셰이더에서 사용하는 모든 실수는 중정밀도를 사용한다."라는 얘기를 줄여서 표현한다.

만약 이 코드가 없다면 중정밀도로 사용할 모든 실수형 변수 앞에 mediump을 붙여 줘야 했을 것이다. 다음부터는 근본적으로 12장에서 작성한 셰이더와 같다. 정밀도 문제에 집중하기 위해 관계 없는 부분을 생략했고, 디퓨즈 라이팅만 남겨졌다.

코드 15-5의 셰이더에서 프래그먼트의 월드 위치나 라이트의 위치에 중정밀도 실수의 범위를 넘어서는 값을 담는다면 분명 문제가 발생할 것이다. 그런데 실수 범위 밖의 값을 사용하면 그 값은 무한대로 취급될 수 있고, 이는 나중에 다른 연산에서 수많은 문제를 발생시키기 때문에 위험하다. 안타깝게도 현재 모든 기본 값들은 중정밀도 실수가 나타낼 수 있는 범위 안에 들어있다. 이 문제가 정말로 정밀도 문제라면 (15장이 정밀도에 관한 것이므로 그럴 것이라는 사실은 이미 알고 있지만), 그 원인은 셰이더에 있는 어떤 계산의 결과가 너무 크거나 너무 작은 값을 만들기 때문일 것이다.

이 셰이더가 보여주는 증상에 대한 결정적인 단서는 오브젝트가 광원으로부터 멀리 떨어졌을 때 문제가 발생한다는 사실이다. 그렇다면 프래그먼트로부터 광원까지의 거리를 계산하는 곳을 주목해야 한다. 현재 광원은 포인트 라이트이고, falloff를 계산하려면 그 거리 값이 필요하다(❷). 이 셰이더는 falloff를 계산할 때 값비싼 length() 연산을 피하도록 광원과 현재 프래그먼트 간의 거리를 제곱한 값을 쓰고 있다. 성능을 위해서는 좋은 선택이다. 그러나 오브젝트가 광원으로부터 그리 멀지 않아도 제곱한 거리 값은 고정밀도 부동 소수점의 범위마저 넘어버릴 수 있다. 그림 15-8을 보면 중정밀도가 저장할 수 있는 보장된 최소값은 2^{14}이고, 2^{14}의 루트는 2^7이다. 즉 프래그먼트가 광원으로부터 2^7, 즉 128유닛보다 멀어지는 순간부터, 그 거리를 제곱한 값이 중정밀도 변수가 보장하는 값을 넘어선다. 결국 이 셰이더의 문제는 ❷에 있는 내적에서 그 원인을 찾을 수 있다.

이 결론이 정확히 128유닛의 거리에서 시각적 문제가 발생한다는 것을 의미하지는 않는다. 모바일 장비의 GPU와 드라이버의 차이 때문에 더 큰 거리에서도 문제가 없을 수 있다. 어떤 모바일 장비에서는 고정밀도의 범위를 넘어갈 만큼 먼 거리에서도 괜찮을 수 있다. 모바일 GPU가 정밀도를 처리하는 방식은 장비에 따라서 큰 차이를 보인다. 바로 이런 이유에서 모바일 게임을 만들 때는 가능한 다양한 하드웨어에서 테스트를 거치는 것이 필요하다. 하나의 장비에서 아무런 문제가 없다는 사실이 나머지 장비에서도 그렇다는 것을 의미하지는 않는다.

이 사례에서는 코드 15-6처럼 거리 변수의 정밀도를 높이면 문제를 해결할 수 있다.

코드 15-6 거리 변수의 정밀도 높이기

```
highp float distToLight = dot(toLight, toLight);
```

그러나 여기가 이야기의 끝이 아니다. 이 고정밀도 변수를 사용해서 새로운 중정밀도 값을 만드는 계산이 뒤따를 수 있다. 그런 계산에서 중정밀도 셰이더가 담을 수 없는 큰 값이 나오면 여전히 문제가 발생한다. 다행히 이 사례에서는 라이트의 falloff를 계산할 때만 distToLight 변수를 사용하기 때문에 값의 범위가 0과 1 사이로 제한된다(무한대 값을 넣으면 문제가 발생할 수도 있다). 이제는 안전한 것 같다. 그러나 많은 경우 상황은 이렇게 간단하지 않다. 어떤 값의 정밀도를 바꿀 경우, 나중에 그 값이 어떻게 사용될지 꼼꼼히 검토해야 한다. 정밀도 문제를 셰이더 코드 깊숙이 밀어 넣어 버리는 것이 될 수 있기 때문이다.

이 책이 모바일 셰이더 개발만을 다루는 것은 아니기 때문에 정밀도를 낮춘 변수에 대한 얘기는 여기서 마무리한다. 이 사례, 아니 사실상 이 장 전체가 시사하는 바는 셰이더로 전달하는 데이터를 이해하고, 그 데이터를 만지고 저장하기 위해 사용하는 데이터 타입이 충분한 정밀도를 갖추고 있는지 확인하는 것이 매우 중요하다는 것이다.

마지막 충고의 말과 함께 정밀도 얘기를 마치고, 이제부터는 지금까지 배운 내용을 실제 게임 엔진에서 사용하는 법을 살펴볼 것이다. 각 엔진이 셰이더를 다루는 방식에는 약간의 차이가 있다. 그러나 이제는 게임 그래픽에 대한 튼튼한 기초를 다졌고, 셰이더 코드를 다루는 방법도 이해하고 있다. 선택한 엔진에서 손수 무언가를 만들어 보는 것이 결코 어렵지 않을 것이다. 이 책의 마지막이기도 한 다음 세 장에서는 현재 가장 인기 있는 세 개의 게임 엔진인 유니티, 언리얼, 고도를 시작하기 위한 짧은 가이드를 제공한다. 만약 셋 중 어떤 하나의 엔진에만 관심이 있다면, 바로 그 엔진에 관한 내용으로 건너뛰어도 괜찮다. 그러나 각 엔진에는 자신만의 고유한 방식이 있다. 각각을 조금이라도 경험한다면 나중에 유용하게 활용할 수 있을 것이다. 그러므로 하나의 엔진만 사용하거나, 선택한 엔진이 더 구체적으로 다뤄지지 않는다고 해서 다른 장이 쓸모 없다고 생각하지 않았으면 하는 바람이다.

요약

- 셰이더에서는 십진수를 실수(또는 부동 소수점 숫자)로 저장한다.
- 부동 소수점 숫자는 고정된 개수의 비트를 이용해서 넓은 범위 안의 값들을 나타낸다. 그러나 구현 방식의 특성 때문에 모든 값을 정확히 나타내는 것은 아니다. 이런 정밀도 손실은 저장하려는 값이 커질수록 두드러진다.
- 아주 큰 값을 다룰 경우, 정밀도 손실이 렌더링을 통해 시각적으로 드러날 수 있다. 시간 값이 커짐에 따라서 애니메이션 문제를 일으키는 셰이더의 사례를 소개했다.
- 일부 플랫폼에서는 최적화를 고려해서 부동 소수점 값의 정밀도를 구체적으로 설정할 수 있다. 정밀도가 낮다는 것은 더 적은 비트를 필요로 하고, 더 빠른 연산이 가능하다는 의미이다.
- 작은 크기의 부동 소수점 데이터 타입을 사용할 때는 정밀도 관련 버그를 피하기 위해서 계산 결과로 얻는 값의 크기에 주의해야 한다.

16장

유니티 셰이더

첫 번째로 살펴볼 게임 엔진은 유니티다. 유니티는 놀라울 정도로 유연한 게임 개발 플랫폼이다. 셰이더와 그래픽 테크닉의 프로토타입을 만들 때 개인적으로 가장 선호하는 개발 환경이기도 하다. 그러나 유니티는 매우 복잡한 엔진이다. 그리고 16장에서는 셰이더 작성에 대한 내용을 소개할 뿐, 유니티에 대한 기초적인 튜토리얼을 제공하지는 않는다. 그러므로 유니티를 배우고 싶었지만 아직 기회가 없었다면 시작하기 전에 온라인에 있는 튜토리얼을 먼저 학습할 것을 추천한다. 그렇지 않을 경우, 다소 어려움을 느낄 수도 있다. 유니티에서 셰이더를 작성하기 위해 유니티 전문가가 될 필요는 없다. 그러나 최소한 에디터에서 필요한 메뉴를 찾고, 화면에 오브젝트를 보여줄 수는 있어야 한다.

그럼 서론은 여기까지 하고 바로 시작해 보기로 한다. 16장의 내용은 크게 세 부분으로 나뉜다. 먼저 유니티가 셰이더 애셋을 어떻게 다루는지 설명한다. 그 다음 유니티가 기본으로 제공하는 표준 셰이더에 대해 간단히 살펴본다. 마지막으로 유니티에서 셰이더를 작성하기 위해 알아야 하는 구체적인 내용을 살펴본다.

셰이더와 재질

게임 엔진의 가장 중요한 역할 중 하나는 게임 콘텐츠에 필요한 애셋의 관리 시스템이다. 각 엔진은 조금씩 다른 방식으로 이 일을 처리한다. 그러므로 자신이 선택한 엔진이 게임 애셋을 어떻게 저장하는지 파악하는 것이 중요하다. 이 책의 주제를 고려할 때, 우리는 셰이더와 재질material이라는 두 종류의 애셋에 관심을 기울여야 한다.

셰이더는 예상대로 화면에 오브젝트를 렌더링할 때 사용하는 실제 셰이더 코드를 담은 애셋이다. 이 애셋에는 렌더링을 하려면 어떻게 그래픽 파이프라인을 설정할 것인가에 대한 정보와 셰이더가 예상하는 입력에 대한 메타 정보가 들어있다. 12장의 프로젝트를 기억해 보자. 각 메쉬가 자신에게 적용될 그래픽 파이프라인을 설정하려면 자신만의 함수를 가져야 했다. 깊이 비교나 블렌딩 모드의 설정이 거기에 해당한다. 유니티에서는 이런 종류의 일들을 셰이더 애셋이 처리하는데, 16장에서 그것이 어떻게 이뤄지는지 살펴본다.

유니티는 셰이더를 직접 메쉬에 적용하지 않는다. 대신 재질이라는 애셋을 사용한다. 재질에는 셰이더와 그 셰이더의 모든 입력 정보가 들어있다. 재질은 작업의 효율을 크게 높여준다. 왜냐하면 씬에 있는 오브젝트마다 별도의 셰이더 코드를 작성할 필요 없이, 재질에서 셰이더가 사용할 모든 입력을 설정할 수 있기 때문이다. 재질은 오브젝트의 외형을 정의할 때, 실제로 그 오브젝트에 적용되는 애셋이라고 할 수 있다.

유니티에서 재질을 만드는 것은 아주 간단하다. 프로젝트 패널에 있는 Create 버튼을 클릭하고, 드롭다운 메뉴에서 Material을 선택한다. 새로 생성한 재질은 유니티 Standard 셰이더를 사용하도록 돼 있다. 유니티는 바로 사용할 수 있는 여러 셰이더를 제공한다. 따라서 셰이더를 작성하지 않아도 기본 셰이더 중에서 재질을 사용할 셰이더를 고를 수 있다. 이들 기본 셰이더의 코드는 유니티 웹사이트에서 내려받을 수 있다.

그러나 기본 셰이더를 선택할 것이라면 굳이 이 책을 보지는 않았을 것이다. 우리만의 100% 수제 셰이더를 만들어야 한다. 이를 위해 다시 Create 버튼을 클릭하고, Shader 하위 메뉴로 이동한다. 메뉴에는 다섯 개의 선택지가 있는데, 작성하려는 셰이더의 유형에 따라서 선택한다. 최대한 아무것도 없는 상태에서 시작하기 위해 Unlit Shader를 고른다. 프로젝트 패널에 새로운 셰이더 애셋이 생성된다. 이 파일을 열면 유니티가 미리 작성한 아주 긴 코드를 볼 수 있다. 백지 상태에서 시작해야 하기 때문에 이 코드의 대부분을 지울 것이다. 그러나 그전에 기본 코드를 통해서 유니티 셰이더의 구조를 파악한다.

셰이더랩

유니티의 모든 셰이더는 **셰이더랩**^{ShaderLab} 문법을 사용한다. 셰이더랩은 유니티의 맞춤 데이터 포맷이다. 그 안에는 파이프라인 설정, 셰이더 코드, 셰이더가 예상하는 유니폼 변수 관련 정보가 들어있다. 새로운 Unlit 셰이더 파일에서 실제 셰이더 코드를 모두 삭제하면, 코드 16-1처럼 셰이더 작동에 필요한 셰이더랩 데이터만 남는다. 단지 몇 줄의 코드지만, 그 안에서는 아주 많은 일이 벌어지고 있다. 셰이더를 작성하기 전에 셰이더랩의 기본 코드가 의미하는 바를 살펴본다.

코드 16-1 셰이더 로직이 제거된 유니티 셰이더의 모습

```
Shader "Unlit/SolidColor" ❶{
  Properties ❷{
    _MainTex ("Texture", 2D) = "white" {}
  }
  SubShader ❸{
    Tags { "RenderType"="Opaque" }
    LOD 100
    Pass{ ❹
      CGPROGRAM
      // 셰이더 코드가 여기에 온다.
```

```
        ENDCG
    }
  }
}
```

우선 모든 유니티 셰이더에는 이름이 있어야 한다. 재질을 만들고 드롭다운 메뉴에서 원하는 셰이더를 선택할 때, 여기서 정한 이름이 메뉴에 나타난다. 이름은 셰이더 파일의 첫 줄에서 선언한다(❶). 이름을 선언한 다음, 셰이더 데이터의 나머지는 몇 개의 중괄호 블록으로 구성된다. 보통은 속성^{Properties} 블록이 그 다음에 온다(❷). 이 블록에서는 셰이더의 유니폼 변수를 정의한다. 여기서 정의한 변수는 나중에 유니티 에디터의 GUI(그림 16-1에 그 예가 있다)에서 그 값을 바꿀 수 있다. 그리고 여기서 유니폼 변수의 기본 값도 정할 수 있는데, 매우 유용한 기능이다. 그러나 속성 블록이 실제로 유니폼 변수를 선언하는 것은 아니다. 여전히 유니폼 변수는 실제 셰이더 코드에서 선언해야 한다. 이 블록에서 한 일은 단지 변수 정보를 유니티 에디터로 전달한 것이다.

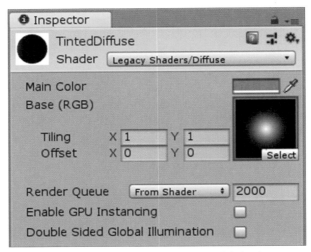

▲ 그림 16-1 수정 가능한 속성이 있는 재질의 모습

속성 블록 다음에는 한 개 또는 그 이상의 서브셰이더^{SubShader} 블록이 따른다. 각 서

브셰이더 블록에는 한 개 또는 그 이상의 완전한 셰이더 코드와 정보가 들어있다. 어떤 대상을 렌더링할 때, 유니티는 사용자의 하드웨어가 실행할 수 있는 셰이더를 가진 첫 번째 서브셰이더 블록을 사용한다. 이 책에서 작성할 셰이더는 하나의 서브셰이더 블록만 가질 것이다. 그러나 여러 플랫폼에서 실행할 수 있는 게임을 개발할 경우, 각 플랫폼에 적합한 맞춤 셰이더를 작성할 수 있다. 여러 개의 서브셰이더 블록을 지원하는 것은 유니티가 제공하는 유연성의 대표적인 사례이다.

마지막으로 모든 서브셰이더 블록에는 그 셰이더의 간단한 정보가 들어있다. 예를 들어 불투명한지 아니면 반투명한지, 셰이더를 어떤 LOD 레벨에 적용할 것인지 같은 정보들이다. 그 뒤로는 한 개 또는 그 이상의 패스^{Pass} 블록이 온다(❹). 각 패스 블록은 하나의 독립된 셰이더를 담고 있다. 어떤 서브셰이더 블록이 사용될 때, 엔진이 설정하는 사용 플래그와 일치하는 패스마다 한 번씩, 순서대로 오브젝트가 렌더링된다. 12장의 프로젝트에서는 라이트 유형에 따라서 서로 다른 셰이더가 필요했는데, 이런 멀티패스 렌더링에서 매우 유용하다. 서로 다른 유형의 라이트를 하나의 셰이더 안에서 패스로 처리할 수 있기 때문이다. 나중에 그 사례를 직접 보게 된다.

코드 16-1에서 셰이더 코드가 CGPROGRAM/ENDCG 사이에 위치해야 한다는 주석을 봤을 것이다. 그 이유는 유니티 셰이더가 GLSL이 아닌 Cg 셰이딩 언어로 작성되기 때문이다. Cg는 고급$^{high-level}$ 셰이딩 언어다. 즉 어떤 플랫폼 또는 유니티 애플리케이션이 사용할 수 있는 API 기반의 어떤 셰이딩 언어(HLSL, GLSL, Metal 같은)로도 컴파일될 수 있다. 기술적으로는 유니티에서도 GLSL 셰이더를 사용할 수 있다. 그러나 Cg가 제공하는 플랫폼 간의 이동성이라는 장점을 잃게 된다. 그러므로 유니티 프로젝트에서 순수한 GLSL을 사용하는 것은 흔히 볼 수 있는 모습은 아니다. 그럼에도 GLSL을 고집한다면 CGPROGRAM/ENDCG 태그를 GLSLPROGRAM/ENDGLSL로 바꾼다. 그러나 이것으로 끝이 아니다. 유념해야 하는 유니티만의 규칙이 많이 남아있다. 유니티 프로젝트에서 GLSL 사용을 고민한다면, 결정하기 전에 관련된 문서를 꼼꼼하게 읽어볼 것을 권한다.

우리는 관례에 따라 Cg로 셰이더를 작성할 것이다. 다행히 Cg는 GLSL과 매우 비슷하다. Cg로 언어를 바꾸는 것이 그렇게 어렵지는 않을 것이다.

단색 셰이더

셰이더랩이 작동하는 원리를 대략적으로 설명했다. 그럼 아주 간단한 셰이더가 유니티에서는 어떤 모습일지 직접 보기로 한다. 우리가 작성할 셰이더는 vec4 유니폼 값을 받아서 모든 프래그먼트에 그대로 그 색상을 쓰는 아주 단순한 셰이더다. 실제 Cg 셰이더 코드가 제거된 상태에서 셰이더랩 코드의 모습은 코드 16-2와 같다.

코드 16-2 단색 셰이더의 셰이더랩 코드

```
Shader "Unlit/SolidColor"{
  Properties{
    _Color ("Color", Color) = (1,1,1,1)
  }
  SubShader{
    Tags { "RenderType"="Opaque" }
    LOD 100
    Pass{
      CGPROGRAM
      // 셰이더 코드가 여기에 온다.
      ENDCG
    }
  }
}
```

속성 블록을 제외하고는 처음에 봤던 셰이더랩 코드와 거의 같다. 속성 블록에는 셰이더가 사용할 _Color 유니폼 변수의 정보가 들어있다. 정보의 내용은 이 유니폼 변수의 이름은 Color이고, 벡터가 아닌 색상을 나타내며, 기본 값은 흰색 (1, 1, 1, 1)이라는 것이다. 셰이더 작성이 끝나면 속성 블록의 내용은 그림 16-2와 같은 GUI를 만든다. GUI에는 Render Queue와 Double Sided Global Illumination 같은 항목이 있는데, 모든 셰이더에 자동으로 생성된다. 당장은 이 항목들을 넘어가기로 한다. Render Queue는 나중에 따로 설명할 것이다.

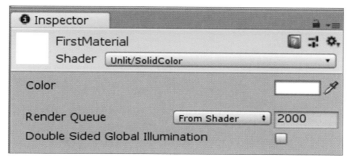

▲ 그림 16-2 새로운 셰이더의 유니티 에디터 GUI. 속성 블록에서 색상 데이터를 저장한다고 명시했기 때문에 유니폼 변수를 위한 색상 픽커가 있다.

여기까지 확인했으면, 이제 서브셰이더 패스의 CGPROGRAM/ENDCG 태그 사이에 무엇을 넣어야 할지 얘기해 보기로 한다. Cg 셰이더 코드를 보는 것은 이번이 처음이기 때문에 천천히 설명한다. 우선 코드 16-3에 있는 Cg 셰이더의 구조를 보자. GLSL과 가장 큰 차이점은 Cg는 버텍스 셰이더와 프래그먼트 셰이더를 하나의 파일에 합친다는 것이다. 이렇게 하면 유니폼 변수를 한 곳에 정의할 수 있기 때문에 코드의 중복을 줄일 수 있다. 그러나 대신 어떤 함수가 버텍스 셰이더의 main() 함수이고, 어떤 함수가 프래그먼트 셰이더의 main() 함수인지 명시하는 코드가 있어야 한다. 코드 16-3의 첫 줄이 바로 그 일을 하고 있다(❶). 이 pragma 지시어는 vert라는 함수가 버텍스 셰이더, frag라는 함수가 프래그먼트 셰이더의 main() 함수임을 선언한다. 버텍스 셰이더와 프래그먼트 셰이더가 하나의 파일 안에 있고, 그 안에서 함수로 처리된다. 그러므로 Cg 셰이더를 다루면서 버텍스 함수 또는 프래그먼트 함수라는 말을 앞으로 자주 듣게 될 것이다. 이름 때문에 헷갈릴 필요는 없다. 내부적으로는 여전히 별개의 두 셰이더가 존재한다.

코드 16-3 Cg 셰이더의 구조

```
CGPROGRAM
#pragma vertex vert ❶
#pragma fragment frag
v2f vert (appdata v) ❷ {
  // 버텍스 로직은 여기에 온다.
}
float4 frag (v2f i) : SV_Target ❸{
  // 프래그먼트 로직은 여기에 온다.
}
```

두 셰이더를 하나의 파일로 합쳤다는 얘기는 코드와 유니폼 변수를 공유할 수 있다는 의미다. 그러나 동시에 GLSL 스타일의 in, out 변수가 더 이상 의미가 없다는 뜻도 된다. 대신 Cg 셰이더는 파이프라인의 다른 단계로 전달하는 데이터를 담을 구조체를 정의한다. 코드 16-3을 보면 버텍스 함수는 appdata 타입 구조체 형태로 데이터를 받아서, v2f 타입 구조체 형태를 반환함으로써 데이터를 프래그먼트 함수로 보낸다. Cg에서는 GLSL에서처럼 out 변수에 값을 쓰는 대신 반환문^{return}을 사용한다. 새로운 문법에 어려움을 느낄 필요는 없다. 단지 표면 상의 변화일 뿐이다. 실제 셰이더 함수가 사용하는 데이터는 GLSL에서와 다르지 않다. 버텍스 함수의 입력은 버텍스 위치, 노말, UV 좌표 같은 것들이고, 버텍스 함수에서 내보내는 것들이 프래그먼트 함수의 입력이 된다. 코드 16-4는 셰이더가 사용할 두 구조체를 보여준다.

코드 16-4 셰이더 함수의 입출력 데이터 타입

```
struct appdata
{
  float4 vertex : POSITION; ❶
};

struct v2f
{
```

```
    float4 vertex : SV_POSITION; ❷
};
```

셰이더는 프래그먼트 함수에서 단색을 내보내는 것이 전부이기 때문에 주고받을 데이터가 많지 않다. 버텍스 함수 입력의 경우, 유일하게 필요한 데이터는 버텍스 위치다(❶). Cg에서 일부 변수는 목적이나 출처를 나타낼 목적으로 뒤에 시맨틱^{semantic}을 붙이고 선언된다. ❶에서 POSITION 시맨틱은 vertex라는 변수가 버텍스 위치를 받아야 한다고 표시한다. 우리는 이 위치 값을 vec4가 아닌 float4 타입 변수에 저장했다. GLSL에서는 벡터 데이터 타입의 정밀도를 지정하려면 highp나 mediump 같은 정밀도 한정자를 사용했다. 그러나 Cg의 데이터 타입은 이름 자체에서 정밀도를 표시한다. 그래서 highp vec4라고 쓰는 대신, Cg에서는 float4라고 표기한다. 같은 방식으로 mediump vec3 대신 half3, lowp vec2 대신 fixed2를 사용한다. 여기서는 편의상 모든 변수를 고정밀도로 사용한다. 그러나 유니티는 모바일 게임 개발에 널리 사용되기 때문에, 실제로 온라인이나 애셋 스토어에서 구한 셰이더를 보면 half와 fixed 데이터 타입을 사용하는 경우를 어렵지 않게 접할 수 있다.

버텍스 셰이더의 출력 구조체인 v2f의 설명이 필요하다. GLSL에서는 버텍스 위치를 gl_Position에 쓴 다음에는 더 이상 신경을 쓰지 않았다. 그러나 Cg에서는 버텍스 위치를 명시적으로 프래그먼트 셰이더에 전달해야 한다. 이를 위해 float4 타입의 멤버 변수를 만들고, SV_Position이라는 시맨틱을 통해 버텍스 위치를 저장하는 변수임을 확실하게 표시한다. 시맨틱에서 SV_는 system value를 의미하는데, 버텍스 셰이더와 프래그먼트 셰이더 외의 파이프라인 단계에서 사용할 데이터임을 표시하기 위해 사용한다. 버텍스 위치의 경우, 이 데이터는 프래그먼트 셰이더가 실행되기 이전 단계인, 형태 조립과 래스터화 단계에서 사용한다. 그림 16-3에 그래픽 파이프라인 다이어그램을 준비했다. 나중에 보겠지만, 프래그먼트 셰이더가 사용할 목적으로 버텍스 출력 구조체에 담은 데이터에는 SV_ 시맨틱이 필요하지 않다.

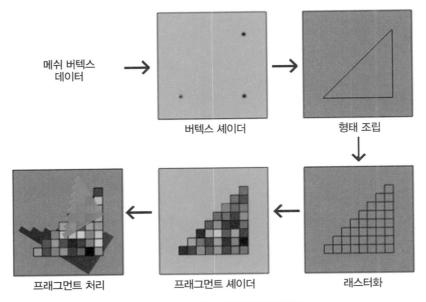

메쉬 버텍스
데이터

버텍스 셰이더

형태 조립

래스터화

프래그먼트 처리

프래그먼트 셰이더

▲ 그림 16-3 그래픽 파이프라인 다이어그램

구조체 다음에는 코드 16-5에 있는 버텍스 함수의 몸통을 살펴본다.

코드 16-5 Cg 버텍스 함수의 몸통

```
v2f vert (appdata v)
{
  v2f o;
  o.vertex = mul(UNITY_MATRIX_MVP, v.vertex); ❶
  return o;
}
```

gl_Position에 쓰는 대신 그 값을 반환하는 것을 제외하면, 이 함수의 몸통은 GLSL에
서 작성했던 버텍스 셰이더와 아주 많이 닮아 있다. 여기서 셰이더가 처리해야 하는
유일한 로직은 버텍스의 위치를 클립 공간으로 변환하는 것이다. 이전과 마찬가지로
그 변환은 버텍스 위치를 모델-뷰-투영 행렬로 곱함으로써 이뤄진다(❶). 유니티는

UNITY_MATRIX_MVP라는 이름으로 모든 오브젝트의 MVP 행렬을 자동 제공한다. 그러므로 MVP 행렬을 셰이더 코드에서 선언하거나 프로젝트에서 손수 준비할 필요는 없다.

유니티는 몇 개의 기본 셰이더 유니폼 변수를 정의해서 모든 셰이더에 제공한다. 주로 자주 사용하는 행렬이나 시간 같은 전역 데이터들이다. 내장된 유니폼 변수의 목록은 온라인에서 Unity Built-In Shader Variables로 검색하면 찾아볼 수 있다. 이들 변수 중 가장 많이 접하게 될 것이 바로 여기서 사용한 모델-뷰-투영 행렬이다. 한편 벡터를 행렬로 곱하는 문법도 살짝 다르다. GLSL에서는 곱하기 연산자로 충분했지만, 여기서는 mul()이라는 별도의 함수를 사용한다. 그러나 문법상의 차이일 뿐, 기능적으로는 GLSL에서의 행렬 곱하기와 다르지 않다.

셰이더에서 남은 마지막 코드는 코드 16-6에 있는 프래그먼트 함수다. 속성 블록에서 설명했던 _Color 유니폼 변수의 선언도 여기에 포함시켰다. 여기서 같이 설명하는 것이 가장 적절하기 때문이다.

코드 16-6 Cg 프래그먼트 함수

```
float4 _Color; ❶
float4 frag (v2f i) : SV_Target ❷
{
  return _Color;
}
```

셰이더에서 유니폼 변수를 선언하는 것은 아주 간단하다. 유니폼 키워드조차 필요하지 않다. 구조체나 함수 밖에서 변수를 선언하면 그만이다(❶). 일단 선언하면 그 다음부터는 버텍스와 프래그먼트 셰이더 모두에서 그 변수에 접근할 수 있다.

❷에 있는 프래그먼트 함수 frag()는 SV_Target 시맨틱을 갖고 있다. Cg에서 프래그먼트 셰이더는 SV_Target과 SV_Depth 시맨틱을 가질 수 있다. SV_Target은 셰이더가 렌더링하는 버퍼에 색상 데이터를 쓴다는 의미이고, SV_Depth는 깊이 버퍼에 직

접 값을 쓴다는 의미다. 유니티에서는 SV_Target에 비해 SV_Depth를 사용하는 셰이더는 매우 드물다. 따라서 정확히 무엇을 하고 있는지 확신하는 경우가 아니라면, 그냥 SV_Target을 사용하고 크게 걱정하지 않아도 된다. 마지막으로 버텍스 함수처럼 프래그먼트 함수 역시 출력되는 변수에 값을 쓰는 대신, 그것을 반환한다. 이 말은 모든 프래그먼트 함수의 반환 타입은 항상 색상이고(fixed4나 half4도 흔히 사용된다), 마지막 줄에서 색상 타입의 값을 반환한다는 의미다.

셰이더를 작성했으면, 이제 유니티 프로젝트에서 그것을 사용할 차례다. 새로운 재질을 만들고, 셰이더 선택 드롭다운 메뉴에서 Unlit/SolidColor를 선택한다. _Color 유니폼 변수에 담았던 기본 값은 흰색이기 때문에, 이 재질을 적용하면 오브젝트가 흰색으로 렌더링된다. 그런데 이 유니폼 변수는 셰이더의 속성 블록에서 정의했기 때문에 에디터 GUI에서 원하는 색상으로 그 값을 바꿀 수 있다. 예를 들어 에디터에서 색상을 밝은 녹색으로 바꾸고, 그 재질을 육면체에 적용하면 그림 16-4와 같은 모습이 된다. 이 셰이더의 소스는 온라인 소스코드 16장에 있는 SolidColor 폴더에서 찾을 수 있다.

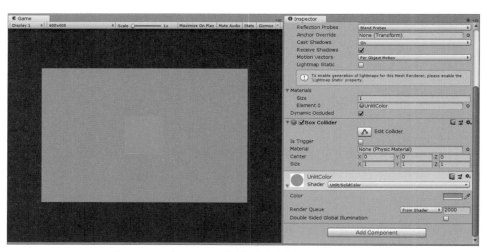

▲ 그림 16-4 Unlit/SolidColor 재질을 메쉬에 추가한 상태의 에디터 모습

블린-퐁 셰이더 포팅하기

다음 차례는 기존의 블린-퐁 셰이더를 유니티로 포팅하는 것이다. 이 과정에서 유니티 엔진에 대한 내용을 많이 다룬다. 우선 하나의 디렉셔널 라이트를 지원하는 셰이더를 만들고, 거기서부터 얘기를 시작한다. 유니티에서 새로운 셰이더를 생성한다. 완전히 아무 것도 없는 상태에서 셰이더 작성을 시작할 것이다. 셰이더 파일을 열고, 그 안에 있는 모든 텍스트를 삭제한다.

가장 먼저 셰이더에 이름을 붙이고(나는 BlinnPhong이라고 이름 붙였다), 속성 블록에서 유니폼 변수를 정의한다. 기억할지 모르겠지만, 기존 블린-퐁 셰이더는 네 개의 텍스처를 입력으로 사용했다. 디퓨즈, 스펙큘러, 노말, 큐브 맵이 그것이다. 필요한 코드를 다 작성한 후 셰이더 이름과 속성 블록의 모습은 코드 16-7과 같다.

코드 16-7 블린-퐁 셰이더의 앞부분

```
Shader "BlinnPhong"
{
  Properties
  {
    _Diffuse ("Texture", 2D) = "white" {}
    _Normal ("Normal", 2D) = "blue"{}
    _Specular ("Specular", 2D) = "black"{} ❶
    _Environment ("Environment", Cube) = "white"{} ❷
  }
```

기존 블린-퐁 셰이더에는 라이트 정보를 저장하는 몇 개의 유니폼 변수가 있었다. 다행히 유니티는 이들 변수를 기본으로 제공하기 때문에 속성 블록에서 따로 준비할 필요는 없다. 셰이더랩의 속성 블록은 이미 설명했지만, 코드 16-7에서 두 가지 새로운 내용을 추가한다. 첫째, 스펙큘러 맵의 기본 텍스처를 흰색 대신 검정색으로 정했다(❶). 스펙큘러 맵에서 검정색은 스펙큘러 라이팅을 받지 않는 영역을 나타낸다. 기본 상태에서는 완전히 광택이 없는 모습을 만들고자 하므로 검정색을 선택했다.

둘째, 속성을 큐브맵으로 지정할 때, 텍스처 타입을 3D라고 하지 않고 Cube라고 불렀다(❷). 3D 텍스처는 큐브맵과는 전혀 다른 개념의 텍스처 유형이다. 둘을 혼동하지 말아야 한다.

속성 블록은 이것으로 끝났다. 이제 서브셰이더 블록을 작성할 차례다. 한 개의 패스를 가진 서브셰이더 블록을 하나 만들 것이다. 그런데 유니티가 우리 의도대로 이 셰이더를 렌더링하려면 서브셰이더와 패스 둘 다 약간의 추가 정보가 있어야 한다.

코드 16-8 서브셰이더와 패스 블록

```
SubShader{
  Tags { "RenderType"="Opaque" "Queue"="Geometry" } ❶
  Pass{
    Tags {"LightMode" = "ForwardBase"} ❷
    CGPROGRAM
    ENDCG
  }
}
```

처음 눈에 띄는 부분은 서브셰이더 태그^{Tags} 블록에 추가된 정보다(❶). 이 블록은 엔진이 이 셰이더를 어떻게 사용할 것인지에 대한 메타데이터를 담고 있다. 코드 16-8을 보면 Queue 태그를 추가했고, 그 값을 정했다. 유니티가 메쉬를 그리는 순서는 부분적으로 그 메쉬가 할당된 큐^{queue}에 의해 결정된다. 이것이 필요한 이유는 반투명한 오브젝트를 올바로 그리려면 모든 불투명한 오브젝트를 먼저 그려야 하기 때문이다. 또한 일부 그래픽 테크닉은 메쉬를 그리는 순서를 직접 정할 수 있어야 한다. 유니티 셰이더에서는 명시적으로 큐를 지정하지 않을 경우, 기본적으로 Geometry 큐로 간주한다. 셰이더는 이것을 좀 더 명확하게 드러낸 것이다.

패스 블록도 "LightMode"라는 자신만의 태그를 갖는다(❷). 이 태그는 패스가 라이팅 시스템과 어떻게 상호작용할 것인지 유니티에게 알려주는 중요한 역할을 한다. 12장에서 멀티셰이더 라이팅을 구현했을 때처럼, 유니티로 하여금 라이트 유형에 따라서 서로 다른 셰이더 패스를 사용하게 할 수 있다. ForwardBase 라이트 모드란 이 패스가 포워드 렌더링의 베이스 패스가 된다는 것을 의미한다. 베이스 패스는 멀티셰이더 라이팅 시스템에 있는 불투명한 패스를 가리킨다. 우리가 만들었던 동적 멀티라이트에서 디렉셔널과 앰비언트 라이트를 처리하던 그 패스를 생각하면 된다.

태그가 끝나면 본격적으로 Cg 코드를 작성할 차례다. Cg 코드의 버텍스와 프래그먼트 함수를 지정하는 pragma를 설정하고, 버텍스 셰이더의 입력 구조체와 출력 구조체를 정의한다. 여기까지의 내용이 코드 16-9에 있다.

코드 16-9 블린-퐁 셰이더의 pragma와 데이터 구조체

```
CGPROGRAM
#pragma vertex vert
#pragma fragment frag
#include "UnityCG.cginc"
#pragma multi_compile_fwdbase ❶

struct vIN{
  float4 vertex : POSITION;
  float3 normal : NORMAL;
  float3 tangent : TANGENT;
  float2 uv : TEXCOORD0; ❷
};

struct vOUT{
  float4 pos : SV_POSITION;
  float3x3 tbn : TEXCOORD0;
  float2 uv : TEXCOORD3; ❸
  float3 worldPos : TEXCOORD4;
};
```

코드 16-9에는 몇 가지 새로운 내용이 들어있다. 우선 ❶에 새로운 pragma문이 등장했다. 이 pragma문은 패스에서 지정했던 FowardBase 태그에 상응하는 Cg 코드다. 유니티 셰이더 컴파일러에게 이 셰이더 코드가 ForwardBase 패스로 사용될 수

있도록 요청하는 역할을 한다. 이전의 include문은 UnityCG.cginc를 불러오는데, 유니티 고유의 셰이더 함수를 담은 헬퍼 파일이다.

그 다음 모든 코드는 버텍스 셰이더의 입출력 구조체에 관한 것이다. vIN은 버텍스 셰이더로 들어오는 데이터, vOUT은 버텍스 셰이더에서 나머지 파이프라인으로 나가는 데이터의 구조체다. vIN부터 얘기해 보기로 한다. 각 변수에 어떤 버텍스 데이터를 할당할지 지정할 목적으로 새로운 시맨틱을 사용하고 있다. 이들 시맨틱은 GLSL에서 수동으로 버텍스 속성을 변수에 담았던 것과 기능적으로 같은 일을 한다. 단지 표현되는 방식이 바뀌었을 뿐이다. 그런데 TEXCOORD0 시맨틱이 다소 생소해 보인다. 유니티 셰이더는 UV 좌표를 참조하기 위해 이 시맨틱을 사용한다. 끝에 0이 붙은 이유는 버텍스가 동시에 여러 개의 UV 좌표 세트를 가질 수 있기 때문이다. 그 중 어떤 좌표 세트를 원하는지 구체적으로 밝혀야 한다.

다음으로는 버텍스 출력 구조체를 얘기해 보자. 단색 셰이더와 마찬가지로 SV_POSITION이 있다. 그리고 TBN 행렬과 프래그먼트의 UV 좌표도 추가됐다. 이 두 데이터가 TEXCOORD 시맨틱을 사용하는데, 처음에는 잘 이해되지 않는다. 유니티 셰이더는 버텍스 출력 구조체에서 제네릭generic 고정밀도 데이터를 담을 때는 TEXCOORD 시맨틱을 사용한다. 각 TEXCOORD는 내부적으로는 float4이다. 따라서 float3x3 행렬인 tbn이 세 개의 TEXCOORD 슬롯을 차지했고, 그 결과 uv 변수는 TEXCOORD1 아닌 TEXCOORD3을 사용하게 됐다. GLSL의 out 변수처럼, 이들 값은 보간을 거쳐 프래그먼트 셰이더로 전달된다.

사용할 데이터 타입에 대해 알게 됐다. 이제 버텍스 함수를 설명한다. 앞서 노말 매핑을 구현했을 때와 매우 비슷할 것이다. 버텍스 함수가 하는 대부분의 일은 노말 맵에서 구한 노말을 변환하는 행렬을 만드는 것이다. 유일한 차이점은 약간의 문법 상의 차이와 유니티가 제공하는 함수의 이름 정도도. 코드 16-10에 버텍스 함수가 있다.

코드 16-10 블린-퐁 셰이더의 버텍스 함수

```
vOUT vert(vIN v)
{
  vOUT o;
  o.pos = UnityObjectToClipPos(v.vertex); ❶
  o.uv = v.uv;

  float3 worldNormal = UnityObjectToWorldNormal(v.normal); ❷
  float3 worldTangent = UnityObjectToWorldDir(v.tangent.xyz);
  float3 worldBitan = cross(worldNormal, worldTangent);

  o.worldPos = mul(unity_ObjectToWorld, v.vertex).xyz; ❸
  o.tbn = float3x3( worldTangent, worldBitan, worldNormal);

  return o;
}
```

계산은 GLSL에서 노말 매핑을 구현했을 때와 동일하지만, 문법은 유니티만의 문법이 곳곳에 있다. 버텍스 위치를 MVP 행렬로 곱했던 코드를 유니티가 제공하는 UnityObjectToClipPos() 함수로 교체했다(❶). 이 함수는 크로스 플랫폼 게임을 만들 때 접할 수 있는 특정 플랫폼만의 문제를 알아서 처리해 준다. 그 점을 빼면 기존 코드와 동일한 일을 한다. ❷에도 유니티 함수가 있다. 이 함수는 전에는 손수 했던 행렬 곱셈을 대신 해준다. 흥미롭게도 현재는 오브젝트 공간에서 월드 공간으로 위치를 변환하는 함수는 없다. 따라서 worldPos 변수를 위한 행렬 곱셈은 직접 해야 한다(❸). 마지막으로 T, B, N 벡터를 합쳐서 우리가 알고 있는 TBN 행렬을 만든다. 그리고 새로운 값으로 채워진 vOUT 구조체를 반환한다.

코드 16-11은 프래그먼트 함수의 모습을 보여준다. 당장은 하나의 디렉셔널 라이트만을 지원하는 블린-퐁 셰이더를 만들고 있다는 사실을 기억한다. 앞의 예시와 마찬가지로 프래그먼트 함수 앞에서 속성 블록에서 정의했던 유니폼 변수를 선언하고 있다. 변수를 선언하기에 더 적절한 곳이 없기 때문이다.

코드 16-11 블린-퐁 셰이더의 프래그먼트 함수

```
sampler2D _Normal;
sampler2D _Diffuse;
sampler2D _Specular;
samplerCUBE _Environment;
float4 _LightColor0;

float4 frag(vOUT i) : SV_TARGET
{
  // 일반 벡터
  float3 unpackNormal = UnpackNormal(tex2D(_Normal, i.uv)); ❶
  float3 nrm = normalize(mul(transpose(i.tbn), unpackNormal));
  float3 viewDir = normalize(_WorldSpaceCameraPos - i.worldPos); ❷
  float3 halfVec = normalize(viewDir + _WorldSpaceLightPos0.xyz);
  float3 env = texCUBE(_Environment, reflect(-viewDir, nrm)).rgb;
  float3 sceneLight = lerp(_LightColor0, env + _LightColor0 * 0.5, 0.5); ❸

  // 라이팅 계산
  float diffAmt = max(dot(nrm, _WorldSpaceLightPos0.xyz), 0.0);
  float specAmt = max(0.0, dot(halfVec, nrm));
  specAmt = pow(specAmt, 4.0);

  // 텍스처 샘플링
  float4 tex = tex2D(_Diffuse, i.uv);
  float4 specMask = tex2D(_Specular, i.uv);

  // 스펙큘러 색상 계산
  float3 specCol = specMask.rgb * specAmt;

  // 라이팅 결과를 합친다.
  float3 finalDiffuse = sceneLight * diffAmt * tex.rgb;
  float3 finalSpec = specCol * _ sceneLight;
  float3 finalAmbient = UNITY_LIGHTMODEL_AMBIENT.rgb * tex.rgb; ❹

  return float4( finalDiffuse + finalSpec + finalAmbient, 1.0);
}
```

한 눈에 보이는 문법 상의 차이를 제외하고도, 이 함수에는 유니티만의 것들이 아주 많이 들어있다. 우선 GLSL 블린-퐁 셰이더를 작성했던 것처럼, 노말 맵에서 노말 벡터를 구한다. GLSL에서는 이 과정을 손수 했는데, 유니티는 UnpackNormal()이라는 전용 함수를 제공한다(❶). 이 함수가 중요한 이유는 유니티가 특정 플랫폼에서 다른 방식으로 노말 벡터를 읽어오더라도 셰이더 코드를 바꿀 필요가 없기 때문이다. 노말 벡터를 다루는 방식의 또 다른 차이는 GLSL에서는 열우선 행렬을 사용하지만, Cg에서는 행우선 행렬을 사용한다는 점이다. 이 문제를 해결하려면 노말 벡터를 행렬과 곱할 때, 정규 TBN 행렬이 아닌 transpose(i.btn)을 사용한다. transpose() 함수는 원래 행렬의 열을 행으로 삼는 새로운 행렬을 반환한다. 그림 16-5는 transpose() 함수가 하는 일에 대한 간단한 예를 보여준다.

$$transpose(\begin{bmatrix} 0 & 1 & 2 \\ 3 & 4 & 5 \\ 6 & 7 & 8 \end{bmatrix}) = \begin{bmatrix} 0 & 3 & 6 \\ 1 & 4 & 7 \\ 2 & 5 & 8 \end{bmatrix}$$

▲ 그림 16-5 transpose() 함수가 하는 일

코드 16-11에서 첫 코드 단락의 나머지 부분은 새로운 두 변수인 _WorldSpace LightPos0와 _WorldSpaceCameraPos(❷)만 빼면 기존 셰이더와 매우 유사하다. 이 두 변수는 유니티가 자동으로 제공하는 변수이기 때문에 손수 셰이더에 전달할 필요는 없다. 유니티 셰이더에서 디렉셔널 라이트를 다룰 경우, _WorldSpaceLightPos0이 라이트의 방향을 나타낸다는 사실은 알아 둘 필요가 있다.

이 함수의 주된 내용은 GLSL 블린-퐁 셰이더와 거의 같다. Cg와 GLSL의 문법이 크게 다르지 않고, 블린-퐁 라이팅 계산은 셰이딩 언어와는 무관하게 동일하기 때문이다. 눈에 띄는 차이점 중 하나는 mix() 함수가 Cg에서는 lerp()라고 불린다는 것이다(❸). 이름을 제외하고는 동일한 함수라고 생각해도 된다. 이 외에도 일부 라이팅 계산에서 두 개의 유니티 변수를 사용한다. _LightColor0,과 UNITY_LIGHTMODEL_

AMBIENT가 그것이다. 각각 현재 라이트의 색상과 현재 씬의 앰비언트 라이팅을 담고 있다. 프래그먼트 함수는 최종적으로 프래그먼트 색상을 반환하면서 끝난다. 16장의 앞 부분에서 봤던 것처럼 out 변수에 값을 쓰지는 않는다.

여기까지 왔으면 이제 이 셰이더를 사용해서 오픈프레임웍스 프로그램에서 사용했던 방패 메쉬를 유니티에서 그릴 수 있다. 이전 프로젝트의 텍스처와 메쉬를 유니티로 가져오고, 씬을 준비한다. 그리고 새로운 셰이더를 적용하면 그림 16-6과 같은 결과를 얻을 수 있다. 온라인 소스코드에는 그림 16-6의 결과를 재현할 수 있는 유니티 프로젝트가 들어있다. 학습하는 과정에 문제가 있었다면 BlinnPhong 프로젝트를 참고하기 바란다.

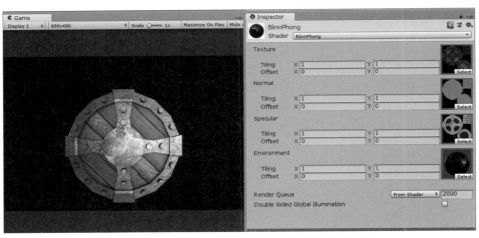

▲ 그림 16-6 유니티에서 블린-퐁 셰이더로 렌더링한 방패의 모습

현재의 셰이더가 여러 개의 포인트 라이트와 스폿 라이트를 지원하게 만들면서 16장을 마무리할 것이다. 그러나 그 전에 유니티에서 반투명한 셰이더를 만드는 법을 간단히 얘기하고 싶다. 왜냐하면 반투명한 셰이더는 우리가 작성하게 될 멀티라이트 코드를 이해하는 데 도움을 주기 때문이다.

반투명 셰이더

오픈프레임웍스에서 반투명한 오브젝트를 렌더링할 때는 C++ 코드에서 드로우콜을 보내기 전에 그 오브젝트의 블렌딩 모드를 지정해야 했다. 유니티에서는 셰이더가 필요로 하는 블렌딩 모드를 바로 셰이더 코드에서 선택할 수 있다. 이것을 하려면 서브셰이더의 큐 태그를 'Transparent'로 하고, 각 패스 안에서 블렌딩 모드를 지정하면 된다. 이 내용을 담은 셰이더랩 코드가 코드 16-12다. 오브젝트를 단색으로 렌더링하는 반투명 셰이더의 모습을 확인할 수 있다.

코드 16-12 반투명한 셰이더를 만드는 셰이더랩 코드

```
Shader "AlphaBlendColor"{
  Properties{
    _Color("Color", Color) = (1.0,1.0,1.0,1.0)
  }
  SubShader{
    Tags {"Queue" = "Transparent"}
    Pass{
      Blend SrcAlpha OneMinusSrcAlpha ❶
      CGPROGRAM
      // _Color를 출력하는 셰이더 코드
      ENDCG
    }
  }
}
```

블렌딩 공식의 형태로 블렌딩 모드를 설정하는 것은 이번이 처음이다(❶). 오픈프레임웍스에서는 우리가 사용했던 두 개의 블렌딩 모드가 OF_BLENDMODE_ALPHA와 OF_BLENDMODE_ADD라는 프리셋 형태로 제공됐다. 유니티는 이런 프리셋을 제공하지 않는다. 대신 사용하려는 블렌딩 공식을 직접 만들어야 한다. 4장에서 블렌딩 공식을 읽는 방법을 설명했었다. SrcAlpha OneMinusSrcAlpha가 무슨 의미인지 잘 모르겠다면, 잠시 시간을 내서 4장의 내용을 다시 읽어 볼 것을 권한다.

Cg 코드는 앞서 단색을 출력하는 셰이더와 같기 때문에 여기서 다시 설명하지는 않는다. 유일한 차이점은 큐와 블렌딩 공식의 설정 때문에 이제 색상의 알파 채널이 기능을 시작했다는 것이다. 유니티에서 반투명한 셰이더를 만드는 방법의 설명은 여기까지이다. 이제 블린-퐁 셰이더로 돌아가서 여러 개의 라이트에 대한 지원을 추가한다.

멀티라이트 지원

블린 퐁 셰이더가 원하는 만큼의 여러 개의 라이트를 지원하게 만들 것이다. 12장에서 했던 것처럼, 오브젝트에 영향을 미치는 라이트마다 드로우콜을 만들고, 각 드로우콜의 결과를 블렌딩해서 최종 결과를 얻는다. 이미 디렉셔널 라이트를 처리하는 베이스 패스는 준비됐다. 이제 그것을 기반으로 셰이더를 만들어 보자.

완전히 새로운 셰이더를 작성하는 대신 기존 블린-퐁 셰이더의 서브셰이더에 새로운 패스를 추가한다. 첫 패스에서는 ForwardBase 태그를 사용해서 그 패스가 하나의 디렉셔널 라이트로 오브젝트를 렌더링할 것임을 지정했다. 새로운 패스는 ForwardAdd 태그를 사용한다. 이 태그는 이 패스가 가산 라이트 패스임을 선언한다. 코드 16-13은 이 새로운 패스의 코드를 보여준다.

코드 16-13 ForwardAdd 패스

```
// 기존 패스
Pass{
  Tags { "RenderType"="Opaque" "Queue"="Geometry" }
  CGPROGRAM
  ENDCG
}

// 새로운 패스
Pass{
  Tags {"LightMode" = "ForwardAdd" "Queue"="Geometry" }
```

```
    Blend One One ❶
    CGPROGRAM
    ENDCG
}
```

12장의 내용을 기억한다면 각 라이트에 대해서 만든 추가 드로우콜은 가산 블렌딩 모드를 사용해야 한다는 사실을 알 것이다. 왜냐하면 추가된 패스는 기존의 패스가 렌더링한 결과를 밝게만 만들기 때문이다. 가산 블렌딩을 공식으로 표현하면 One One이다(❶). 이 공식은 프래그먼트 셰이더에서 나오는 색상을 100% 받아서, 이미 백 버퍼에 있는 색상과 그냥 더한다는 의미다. 여기까지 했다면 이제는 CGPROGRAM에 코드를 추가해서 블린-퐁 셰이더를 작동하게 만든다.

새로운 패스의 첫 부분은 #pragma와 #include가 차지한다. 이번에는 AutoLight. cginc라는 새로운 파일을 하나 더 불러온다. 이 파일은 여러 유형의 라이트를 다룰 때 겪게 될 지독한 두통으로부터 우리를 구해줄 것이다. 또한 fwdbase 대신 fwdadd를 사용하려면 기존 multi_compile_base도 바꿔야 한다. 코드 16-14는 지금까지 설명한 코드를 보여준다.

코드 16-14 ForwardAdd 패스의 #pragma와 #include

```
#pragma vertex vert
#pragma fragment frag
#include "UnityCG.cginc"
#include "AutoLight.cginc"
#pragma multi_compile_fwdadd
```

버텍스 함수에서 사용할 구조체는 베이스 패스에서 사용한 구조체와 거의 동일하다. 한 가지 다른 점이라면 vOUT 구조체 끝에 유니티 매크로^{macro}가 하나 있다는 것이다. 이 매크로는 유니티 라이팅 코드가 라이트 감쇠를 계산할 때 사용하는 변수를 정의한다. 이 부분을 코드에서 보면 일종의 마법처럼 보일지도 모른다. 유니티 라이팅 시스템을 정말로 깊이 파고들 생각이 아니라면, 이 마법은 현재 처리하는 라이트 유형이 무엇이든, 그것의 감쇠를 계산하는 최선의 방법이다. 코드 16-15는 ForwardAdd 패스가 사용할 두 구조체를 보여준다.

코드 16-15 ForwardAdd 패스가 사용할 vIN과 vOUT 구조체

```
struct vIN{
  float4 vertex : POSITION;
  float3 normal : NORMAL;
  float3 tangent : TANGENT;
  float2 uv : TEXCOORD0;
};

struct vOUT{
  float4 pos : SV_POSITION;
  float3x3 tbn : TEXCOORD0;
  float2 uv : TEXCOORD3;
  float3 worldPos : TEXCOORD4;
  LIGHTING_COORDS(5,6) ❶
}
```

LIGHTING_COORDS 매크로가 작동하려면 그것이 정의하는 두 변수를 담을 두 개의 TEXCOORD 슬롯을 제공해야 한다. 코드 16-15에서 매크로가 TEXCOORD5와 TEXCOORD6, 두 슬롯을 사용한 것을 볼 수 있다(❶).

버텍스 함수 역시 베이스 패스의 버텍스 함수와 거의 동일하다. 한 가지 다른 점은 함수 끝에 추가된 라이팅 매크로다. TRANSFER_VERTEX_TO_FRAGMENT 매크로는 현재 라이트의 계산 결과를 LIGHTING_COORDS 매크로가 정의한 변수에 쓰는 역할을 담당한다(❶). 여기까지의 코드가 코드 16-16에 있다.

코드 16-16 버텍스 함수에 새로 추가된 코드

```
vOUT vert(vIN v){
  vOUT o;
```

```
// 이 부분은 베이스 패스의 vert() 함수와 동일하다.
// 아래가 ForwardAdd 패스에서 추가된 코드다.
TRANSFER_VERTEX_TO_FRAGMENT(o); ❶
return o;
}
```

TRANSFER_VERTEX_TO_FRAGMENT 매크로로 건네는 인자는 버텍스 함수에서 반환하게 될 구조체의 이름이다. 코드 16-16을 보면 버텍스 함수가 반환하는 구조체의 이름은 output을 의미하는 o이다. 따라서 o가 매크로로 전달하는 인자가 된다. 나 역시 이들 매크로가 얼마나 이상한지 잘 알고 있다. 조금만 인내하길 바란다. 결국에는 보상을 받을 것이다.

ForwardAdd 패스의 마지막 부분은 프래그먼트 함수다. 여기서 지금까지의 모든 것을 합친다. 이들 매크로에 대한 보상은 별도의 패스를 만들 필요 없이 포인트 라이트와 스포트 라이트를 동일한 코드로 처리할 수 있다는 것이다. 12장에서는 시간 관계상 스포트 라이트를 지원하는 부분을 생략했다. 따라서 여기서 작성할 셰이더가 진짜 멀티라이트 셰이더라고 할 수 있다. 코드 16-17은 프래그먼트 함수의 모습을 보여준다. 지면 관계상 베이스 패스와 동일한 유니폼 변수의 선언은 생략했다.

코드 16-17 ForwardAdd 패스의 프래그먼트 함수

```
float4 frag(vOUT i) : SV_TARGET{
  // 일반 벡터
  float3 unpackNormal = UnpackNormal(tex2D(_Normal, i.uv));
  float3 nrm = normalize(mul(unpackNormal, i.tbn));
  float3 viewDir = normalize(_WorldSpaceCameraPos - i.worldPos);
  float3 toLight = (_WorldSpaceLightPos0.xyz - i.worldPos.xyz);
  float3 halfVec = normalize(viewDir + toLight);
  float3 env = texCUBE(_Environment, reflect(-viewDir, nrm)).rgb;
  float3 sceneLight = lerp(_LightColor0, env + _LightColor0 * 0.5, 0.5);

  float falloff = LIGHT_ATTENUATION(i); ❶
```

```
// 라이팅 계산
float diffAmt = max(dot(nrm, toLight), 0.0) * falloff;
float specAmt = max(0.0, dot(halfVec, nrm));
specAmt = pow(specAmt, 4.0) * falloff;

// 여기서부터 마지막 줄까지는 베이스 패스와 같다.
// ForwardAdd 패스에서는 앰비언트 라이팅을 더하지 않는다.
return float4( finalDiffuse + finalSpec, 1.0);
}
```

이제 라이팅 감쇠 계산은 LIGHT_ATTENUATION 매크로가 담당한다(❶). 우리 코드에 몇몇 블랙박스 같은 매크로를 들여 놓기는 했지만, 그 결과 우리 삶은 엄청나게 편안해졌다. 만약 이들 매크로가 무엇을 하는지 정말로 궁금하다면, 유니티 기본 셰이더와 cginc 파일를 유니티 웹사이트에서 내려받아서 살펴볼 수 있다(또는 unity built-in shader 라고 검색한다). 유니티 기본 셰이더를 본격적으로 설명하는 것은 이 책의 범위를 벗어난 것이다.

유니티에서 멀티라이트 셰이더를 직접 작성하는 것은, 특히 그것이 처음이라면, 다소 아슬아슬한 경험일 수 있다. 모든 것들이 어떻게 돌아가는지 직접 확인하려면 온라인 소스코드 16장의 MultiLightBlinnPhong 프로젝트를 참고하기 바란다.

코드에서 데이터 전달

마지막으로 설명할 부분은 C# 코드에서 셰이더 변수의 값을 전달하는 방법에 관한 것이다. 유니티 내장 변수 덕분에 유니폼 변수를 직접 선언하고 다루는 수고를 크게 덜 수 있었다. 그러나 커스텀 데이터가 필요한 시각 효과는 얼마든지 있을 수 있다. C#에서 셰이더로 데이터를 전달할 수 있는 두 가지 방법이 있다. 하나는 특정 재질의 유니폼 변수의 값을 정하는 것이다. 또 다른 하나는 프로젝트 안의 모든 셰이더가 볼 수 있는 전역 유니폼 변수의 값을 정하는 것이다. 각자는 상황에 맞춰 유용하게 활용된다. 코드 16-18은 두 방법을 보여준다.

코드 16-18 C#에서 셰이더 유니폼 변수의 값 지정하기

```
public class SettingUniforms : MonoBehaviour {

  public Material mat;
  public Texture2D myTexture;

  void Start() {
    mat.SetFloat("_FloatName", 1.0f); ❶
    mat.SetVector("_VectorName", Vector4.zero);
    mat.SetTexture("_TextureName", myTexture);

    Shader.SetGlobalFloat("_GlobalFloat", 1.0f); ❷
    Shader.SetGlobalVector("_GlobalVector", Vector4.one);
    Shader.SetGlobalTexture("_GlobalTexture", myTexture);
  }
}
```

유니티 Material 클래스는 유니폼 변수의 값을 지정할 수 있는 함수를 제공하는데, 코드 16-18은 이들 중 세 개를 소개한다. Material 클래스 함수의 전체 목록은 유니티 API 문서에서 확인할 수 있다. 여기서 한 가지 알아야 할 것은 코드를 통해서 값을 지정하는 유니폼 변수는 셰이더 코드의 속성 블록에서 정의할 필요가 없다는 사실이다. 속성 블록은 유니티 에디터의 GUI를 통해서 값을 바꿀 수 있는 유니폼 변수를 위한 곳이다. 코드에서만 값을 지정하는 유니폼 변수는 그냥 Cg 파일 안에서 선언하면 된다.

Shader 클래스 역시 몇몇 정적 함수를 갖고 있다(❷). 이 함수들은 프로젝트에 있는 모든 셰이더가 볼 수 있는 유니폼 변수의 값을 지정한다. 씬에 있는 모든 메쉬에 공통적으로 적용해야 하는 색상 값이나 광택이 있는 모든 오브젝트가 읽어들여야 하는 큐브맵 텍스처를 지정할 경우, 아주 유용하게 사용할 수 있다. 프로젝트의 다른 셰이더가 이미 쓰고 있는 변수 이름을 선택하지 않도록 주의한다.

셰이더그래프

셰이더가 어떻게 작동하는지에 대한 탄탄한 이해가 있었지만, 그 지식을 유니티에 적용하려면 많은 새로운 내용을 배워야 했다. 16장에서는 유니티에서 사용할 수 있는 다양한 셰이더 테크닉을 수박 겉 핥기식으로 살펴봤다. 유니티가 가진 가장 큰 장점 중 하나는 유연성이다. 셰이더와 그래픽 개발에 대해 깊이 알고 싶다면, 디퍼드 렌더링이나 스크립터블 렌더 파이프라인을 볼지도 모른다. 그러나 이런 것들은 비교적 단순한 셰이더가 필요한 상황에서는 너무 복잡한 것일 수 있다. 이런 이유에서 유니티팀은 코드를 작성할 필요가 전혀 없는 셰이더그래프^{ShaderGraph}라는 툴을 개발하고 있다.

셰이더그래프는 사용자가 셰이더 코드를 작성하지 않고 노드 기반의 비주얼 에디터에서 셰이더를 만들 수 있게 해준다. 17장에서 언리얼 엔진을 다루면서 비슷한 시스템을 보게 될 것이다. 지금 이 책을 쓴 시점에 셰이더그래프는 여전히 프리뷰 단계고 상업용 프로젝트에 사용하기에는 조금 덜 다듬어진 상태다. 그러나 이 책을 읽는 시점에는 완전히 다듬어지고, 유니티 사용자들 사이에서 셰이더를 만드는 가장 인기 있는 방법이 될 가능성이 크다. 이런 비주얼 툴을 사용할 때 꼭 명심해야 할 점은 그것의 내부에는 여전히 셰이더 코드가 있다는 사실이다. GLSL이든, Cg이든, 비쥬얼 셰이더 에디터에서 노드를 만지든, 핵심이 되는 원리는 변하지 않는다.

언리얼 엔진은 셰이더를 만들 때 거의 전적으로 비주얼 에디터에 의존한다. 그러므로 주요 엔진에서 비주얼 셰이더 에디터가 사용되는 모습을 보고 싶다면 페이지를 넘겨 17장으로 넘어가면 된다.

요약

16장에서 다뤘던 내용을 정리하면 다음과 같다.

- 유니티는 셰이더 코드를 셰이더 애셋 파일에 저장한다. 이 셰이더로 메쉬를 렌더링하려면 사용할 셰이더와 입력 정보를 담은 재질 애셋이 필요하다.

- 유니티 셰이더 애셋은 셰이더랩 포맷으로 작성한다. 셰이더랩은 유니티 맞춤 포맷인데, 셰이더 코드와 그 코드를 적절하게 사용하기 위한 그래픽 파이프라인 설정 정보를 담고 있다.

- 유니티에서 셰이더 코드는 일반적으로 Cg 셰이딩 언어를 사용한다. 16장에서 몇몇 예시를 살펴봤다.

- 반투명한 대상을 위한 셰이더를 작성할 때, 유니티에서는 손수 블렌딩 공식을 지정해야 한다. 16장에서는 간단한 알파 블렌딩 셰이더를 작성했다.

- 유니티는 ForwardBase와 ForwardAdd 태그를 통해 멀티패스 라이팅 셰이더 작성을 지원한다. 12장에서 만든 셰이더를 유니티로 포팅하는 사례를 살펴봤다.

- 코드에서 재질로 데이터를 전달하려면 특정 재질 또는 전역적으로 모든 재질의 유니폼 변수의 값을 정할 수 있다. C#에서 구현하는 사례를 살펴봤다.

17장

언리얼 엔진 셰이더

지금까지 배운 내용을 어떻게 언리얼 엔진(UE4) 프로젝트에 적용할 수 있는지 살펴보기로 한다. UE4의 가장 큰 장점 중 하나는 엔진 내에서 필요한 콘텐츠를 만들기 위해 제공되는 툴의 완성도이다. 이 특징이 가장 잘 드러나는 곳이 UE4의 재질 편집기Material Editor이다. 이것은 오늘날 시장에 나와 있는 최고의 비주얼 재질 편집기 중 하나라고 할 수 있다. 17장에서는 바로 이 툴을 사용할 것이다. 유니티와 마찬가지로, UE4에서도 오브젝트를 화면에 배치하고, 재질을 적용하는 법 정도는 이미 알고 있다고 가정할 것이다. 만약 그렇지 못하다면, 온라인에 훌륭한 학습 자료가 많이 있다. 시작하기 전에 몇 개 정도는 살펴볼 것을 추천한다.

유니티와 마찬가지로, 17장은 크게 세 부분으로 나뉜다. 첫 부분은 언리얼 엔진이 어떻게 셰이더와 재질 애셋을 다루는지 설명한다. 유니티와는 달리 UE4에서 셰이더를 만드는 주된 방법은 재질 편집기를 이용하는 것이다. 그러므로 코드를 작성하는 대신 비주얼 프로그래밍 언어를 사용해서 셰이더 로직을 만든다. 따라서 17장에서는 UE4에서의 셰이더 코드 작성법 대신, 재질 편집기를 이용해서 셰이더를 만드는 방법을 소개한다. 그 다음 재질 편집기에서 만든 셰이더가 내부에서 엔진으로 어떻게 셰이더 코드로 해석되는지 살펴본다.

마지막으로 한 가지만 더 얘기한다. 이 책을 쓸 시점에 최신 UE4 버전은 4.20이었다. 이 책을 읽을 시점이면 더 최신 버전이 나와 있을 것이다. 그러므로 조금 다른 부분이 있어도 당황하지 않기를 바란다. 중심 개념은 여전히 바뀌지 않았을 것이다.

재질과 재질 인스턴스

UE4는 지금까지 살펴봤던 그 어떤 것과도 다른 방식으로 셰이더를 다룬다. 메쉬를 그리는 실제 셰이더 코드는 HLSL 셰이딩 언어로 작성한 코드와 비주얼 프로그래밍 언어로 만든 셰이더 로직으로 구성된다. 이런 조합을 선택한 이유는 게임은 다양한 대상을 렌더링하려고 여러 셰이더를 사용하지만, 이것들이 사용하는 라이팅 연산은 대부분 동일하기 때문이다. 우리가 경험했던 방패와 물 셰이더에서도 실제 달랐던 부분은 라이팅 함수로 입력하는 값들의 계산이었다. 실제 라이팅 계산 자체는 동일했다.

UE4는 이 아이디어를 한 단계 더 끌고 나가서 라이팅 코드에 값을 전달하는 로직과 라이팅 코드 자체를 물리적으로 분리했다. UE4는 라이팅 코드를 HLSL로 작성해서 엔진 소스코드와 같은 곳에 .usf 파일로 저장한다. 이 파일에는 완성된 셰이더가 들어있지 않다. 대신 이 파일은 UE4가 셰이딩 모델^{Shading Model}이라고 부르는 것을 정의한다. 셰이딩 모델은 렌더링에 필요한 모든 라이팅 함수를 갖고 있지만, 이들 함수로 들어가는 입력은 제거된 상태다. 마치 셰이더의 뼈대와 같다. UE4에서 이들 라이팅 함수의 입력을 채우는 것은 재질^{Material}이라는 애셋이다. UE4의 재질은 셰이딩 참조와 그 셰이딩 모델에 있는 함수들의 입력을 채우려고 사용할 로직을 담은 노드 그래프로 구성된다. 그림 17-1에서 노드 그래프의 예를 볼 수 있다. 또한 재질은 재질 인스턴스에서 그 값을 정할 수 있는 유니폼 변수인 파라미터^{parameter}를 정의한다.

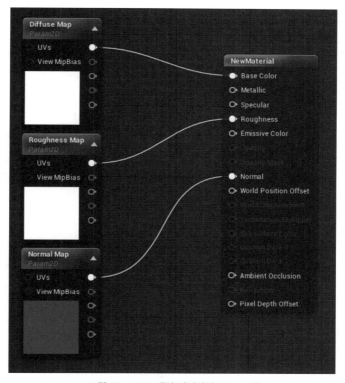

▲ 그림 17-1 UE4 재질 편집기의 노드 그래프

재질 인스턴스^{Material Instance}는 재질을 참조하고, 부모 재질이 파라미터로 노출시킨 유니폼 변수에 새로운 값을 지정할 수 있다. 중요한 것은 재질 인스턴스가 새로운 셰이더 로직을 만들지는 못한다는 사실이다(재질 인스턴스는 노드 그래프를 갖고 있지 않다). 보통의 UE4 프로젝트는 재질보다는 훨씬 많은 개수의 재질 인스턴스를 갖는다. 왜냐하면 많은 오브젝트들이 서로 다른 텍스처와 유니폼 변수 값을 갖지만, 동일한 재질 로직을 공유하기 때문이다. 예를 들어 그림 17-1에 있는 재질은 세 개의 텍스처를 사용해서 오브젝트를 렌더링하는 기본적인 로직을 구현한다. 그런데 모든 텍스처는 임시 텍스처를 사용하도록 설정돼 있다. 이 재질에서 방패 메쉬에 사용했던 텍스처를 사용하려면, 우선 이 재질의 인스턴스를 만든다. 그 다음 그림 17-2처럼 임시

텍스처 대신 실제로 사용할 텍스처를 전달한다.

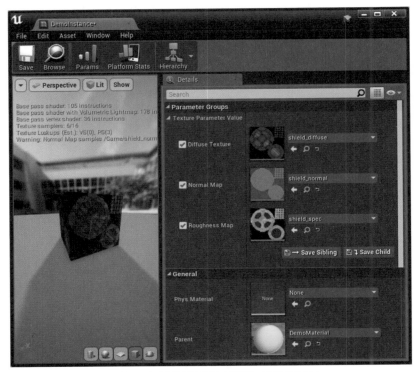

▲ 그림 17-2 방패 텍스처를 사용하는 재질 인스턴스

요약하면 이렇다. UE4의 재질은 셰이딩 모델을 선택함으로써 사용하려는 셰이더 코드를 선택한다. 이 재질은 재질 편집기의 노드 그래프를 이용해 선택한 셰이딩 모델에 자신만의 셰이더 로직을 추가한다. 마지막으로 재질 인스턴스는 이 재질을 참조해서 셰이더 로직을 재사용한다. 이 과정에서 재질에 있는 기본값을 대체하는 새로운 유니폼 변수 값을 정할 수 있다. 이 모든 내용이 머리를 어지럽게 만들어도 당장 걱정할 필요는 없다. UE4 재질은 지금까지 우리가 경험한 것들과는 많은 차이가 있다. 그러나 직접 만들어보면 훨씬 수월하게 이해할 수 있을 것이다.

실제 UE4 프로젝트를 보면 최종적으로는 재질 인스턴스가 가장 많고, 재질은 그것보다 적고, 커스텀 라이팅 모델은 매우 드물다. UE4에서 자신만의 라이팅 모델을 만드는 것은 초보자에게 추천하지 않는다. 그리고 대부분의 프로젝트에서는 전혀 필요하지 않다. 이런 이유에서 17장에서는 UE4 셰이딩 모델과 재질 편집기를 사용해서 다양한 재질을 만드는 방법에 집중하기로 한다.

단색 셰이더

UE4 재질 편집기를 다루는 것은 지금까지 이 책에서 경험했던 다른 것들과는 많은 차이가 있다. 코드를 작성하는 것이 아니라 노드들을 연결하기 때문이다. 처음에는 많이 생소하게 느껴질 수 있다. 첫 재질부터 모든 것을 한 번에 이해하겠다고 조급해할 필요는 없다. 재질 편집기의 작동 원리는 뒤에 차근차근 설명할 것이다. 우선 간단한 재질을 하나 만들면서 그 과정을 보기로 한다. 노드 그래프에 대한 구체적인 내용을 다루기 전에 전체적인 맥락을 제공할 것이다. 첫 예시에서는 세세한 내용에 집중하기보다는 재질 편집기와 친숙해지는 데 의미를 두기로 한다.

오브젝트의 모든 프래그먼트에 빨강색을 보내는 재질을 만든다. 유니티에서 만든 재질과는 달리, UE4에서 만들 첫 재질은 엔진에 있는 모든 라이트 유형을 지원한다. 그렇게 하는 것이 라이트의 영향을 받지 않는 재질을 만드는 것보다 쉽기 때문이다. 콘텐츠 브라우저^{Contents Browser}에서 **Add New** 버튼을 클릭한다. 애셋 타입 목록이 열리면 Material을 선택한다. 재질이 생성되면 원하는 이름을 붙이고, 콘텐츠 브라우저에서 더블 클릭한다. 그림 17-3과 같은 재질 편집기가 열린다.

▲ 그림 17-3 UE4 재질 편집기

UE4의 모든 재질은 우리가 데이터를 제공해야 하는 몇몇의 입력과 함께 만들어진다. 어떤 입력이 제공될지는 선택한 셰이딩 모델이 결정한다. 그림 17-3은 불투명한 오브젝트를 그릴 때 일반적으로 사용하는 Default Lit 라이팅 모델과 관련된 입력을 보여준다. 앞서 얘기했지만, 라이팅 계산은 전적으로 재질이 사용하는 셰이딩 모델 내부에 들어있다. 우리가 해야 할 일은 오브젝트 표면이 원하는 모습이 되도록 관련된 입력을 값으로 채우는 것이다. 셰이딩 모델의 모든 계산은 보이지 않는 내부에서 이뤄진다. 프리뷰 창을 보면 우리 재질은 이미 완벽하게 라이팅된, 약간의 광택이 있는 검정색 구를 만들고 있다. 아직 아무 것도 하지 않았음에도 이것이 가능한 이유는 Default Lit 셰이딩 모델이 자동으로 라이팅을 처리하기 때문이다.

우리의 첫 재질은 이 상태에서 구의 색상만 빨강색으로 바꾼다. 이 말은 재질의 Base Color 입력에 빨강색을 넣어야 한다는 의미다. 이를 위해 재질 편집기의 노드 그래프를 우클릭한다(격자 패턴이 있는 배경 영역을 우클릭한다). 현재 생성할 수 있는 모든 노드를 보여주는 컨텍스트 메뉴가 열린다. 검색란에 constant를 입력한다. 걸러진 노드 중에서 **Constant3Vector**를 선택한다. 재질 편집기에 그림 17-4와 같은 새로운 노드가 생성된다.

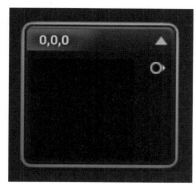

▲ 그림 17-4 Constant3Vector 재질 노드

새로운 노드에서 가장 먼저 할 일은 그 값을 검정색에서 빨강색으로 바꾸는 것이다. 노드를 클릭하면 재질 편집기에 있는 상세^{Details} 패널의 내용이 재질 관련 내용에서 선택된 노드의 세부 정보로 바뀐다. 이 노드에서 신경 써야 할 것은 Constant 값이다. Constant 앞에 있는 작은 삼각형을 클릭하면 상세 패널에 세 개의 텍스트 박스가 나타나는데, 여기서 Constant 값을 지정한다. (1, 0, 0)으로 값을 넣으면 완전한 빨강색을 만들 수 있다. 이 부분을 따라하기 어렵다면 이 노드의 상세 패널을 보여주는 그림 17-5를 참고하기 바란다.

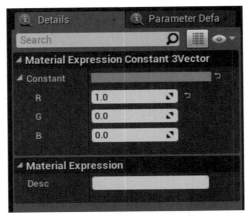

▲ 그림 17-5 Constant3Vector 노드의 상세 패널

노드 값을 정했으면 남은 일은 빨강색으로 바꾸려는 재질의 입력으로 이 노드를 연결하는 것이다. 노드의 우측 상단에 있는 동그라미를 클릭한 후, 재질의 Base Color 입력 옆의 동그라미로 드래그한다. 이렇게 하면 두 동그라미 사이를 연결하는 선이 생긴다. 그리고 즉각적으로 프리뷰 창에 있는 구의 색상이 빨강색으로 변한다. 여기까지 확인했으면 재질 편집기 좌측 상단에 있는 **저장** 버튼을 클릭해서 지금까지의 작업을 저장한다. 이것으로 첫번째 UE4 재질을 성공적으로 만들었다.

UE4 노드 그래프

정신 없이 재질 편집기를 소개했다. 잠시 시간을 내서 숨을 고르고, 노드 구조부터 시작해서 재질 편집기의 기본적인 내용을 살펴보기로 한다. 그림 17-6은 Dot과 Multiply, 두 노드를 보여준다.

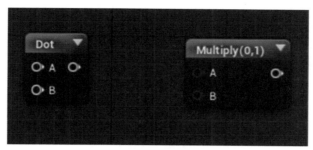

▲ 그림 17-6 Dot와 Multiply 재질 노드

노드에서 볼 수 있는 동그라미는 입력과 출력 슬롯이다. 입력 슬롯은 노드의 왼쪽, 출력 슬롯은 노드의 오른쪽에 위치한다. 예를 들어, 두 벡터의 내적을 다른 값으로 곱하려면, Dot 노드의 출력 슬롯을 Multiply 노드의 입력 슬롯 중 하나로 연결한다. 두 슬롯을 연결하려면 동그라미를 클릭한 후 연결하려는 동그라미로 드래그하면 된다. 연결이 이뤄지면 연결을 보여주는 선이 재질 편집기에 표시된다.

Multiply 노드의 상단을 보면 숫자가 써 있다. 일부 노드, 특히 스칼라 입력을 가진 노드들은 입력 슬롯을 통하지 않고도 그 값을 정할 수 있다. 순전히 시간을 아끼려면 노드를 선택하고 상세 패널에서 기본 값을 고친다. 아니면 그냥 Constant 노드를 연결해서 값을 정할 수도 있다. 그림 17-7에서 두 접근 방식을 비교할 수 있다.

▲ 그림 17-7 Multiply 노드를 사용하는 두 가지 사례. 왼쪽에서 두 번째 입력은 Constant 노드가 값을 제공한다. 오른쪽에서는 두 번째 입력은 노드 자체에서 정한다.

Multiply 같은 일부 노드는 스칼라와 벡터 같이 서로 다른 데이터 타입을 입력으로 받을 수 있다. 노드 그래프는 입력 타입에 기반해서 사용자가 무엇을 원하는지 파악하고, 같이 사용할 수 없는 입력은 자동으로 연결을 막는다. UE4 재질에는 아주 다양한 노드가 있는데, 여기서 그 모두를 설명할 수는 없다. 그러나 그 중 많은 노드가 내적, 외적, 곱하기와 같이 이 책에서 이미 다뤘던 연산이다.

재질 편집기에 대한 기초적인 설명을 마치면서, 조금 더 관심을 가져야 하는 노드가 하나 있다. 바로 Texture Sample 노드다. 그림 17-8에서 보는 것처럼 이 노드는 여러 개의 입력과 출력 슬롯을 갖고 있는데, UE4에서 일상적으로 접하는 노드 중에서 가장 복잡한 노드에 속한다. 시간을 내서 이 노드를 설명하는 것이 좋을 것 같다.

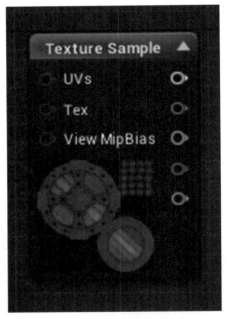

▲ 그림 17-8 Texture Sample 노드

이 노드의 입력 슬롯부터 설명하기로 한다. UVs는 텍스처를 샘플링하려는 UV 좌표를 전달받는 슬롯이다. 이 슬롯은 float2 타입을 받는다. 메쉬의 첫 UV 좌표 세트를 사용할 생각이라면 아무것도 연결하지 않고 그냥 남겨둬도 된다. 텍스처를 스크롤하는 재질의 경우처럼 메쉬 UV 좌표에 접근해서 그것을 제어하기를 원할 수 있다. 이런 경우 Texture Coordinate 노드를 이용해 접근할 수 있다. 그림 17-9는 메쉬의 두 번째 UV 세트에 접근하고, 시간이 경과함에 따라 좌표를 오른쪽으로 스크롤하는 노드 그래프를 보여준다.

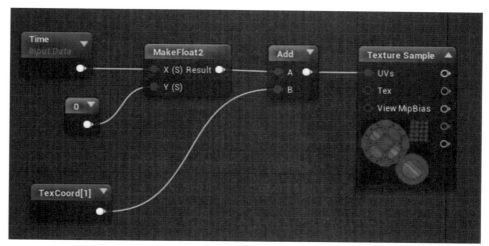

▲ 그림 17-9 UV 좌표를 오른쪽으로 스크롤하는 노드 그래프

그 다음 입력은 Tex이다. Texture Sample 노드가 필요로 하는 텍스처를 제공하는 곳이다. 이 슬롯에 Texture Object 노드로 텍스처를 지정할 수 있고, 아니면 Texture Sample 노드를 선택한 후 상세 패널에서 텍스처를 지정할 수도 있다. 마지막은 View MipBias 입력 슬롯이다. 이것은 밉맵^{mip map}에 관련된 것인데, 이 책에서는 다루지 않는 내용이다. 대부분의 재질은 이 입력을 사용하지 않는다. 당장은 크게 신경 쓰지 않아도 괜찮다.

Texture Sample 노드의 출력 슬롯은 개수는 많지만 이해하기는 한결 수월하다. 흰색으로 표시된 맨 위의 출력 슬롯은 텍스처 샘플의 색상 값 전체인 vec4를 한 번에 내보낼 경우 사용한다. 그 아래 있는 각 슬롯은 텍스처 개별 채널에 해당한다. 텍스처 샘플의 R 채널만 사용하기를 원한다면 빨강색 출력 슬롯을 사용하면 된다.

림 라이트 재질

재질 편집기에 대한 개괄적인 내용을 살펴봤다. 이제 노드를 연결하고, 노드의 값을 정하는 방법을 이해하게 됐다. 그럼 여기서 한 단계 더 나아가, 림 라이트 효과를 가진 재질을 만들어 보자. 림 라이트가 무엇인지 기억나지 않는다면 8장으로 돌아가 기억을 되살려 본다. 우리가 할 일은 각 프래그먼트의 노말 벡터와 카메라 시선 방향 벡터 간의 내적을 구하는 것이다. 그리고 그 결과를 바탕으로 얼마나 많은 빨강색을 오브젝트에 더할지 결정한다. 의도대로 된다면 우리의 구는 어느 각도에서 바라보든 외곽에 빨강색 테두리를 갖게 된다. 이 얘기는 빨강색 테두리가 스스로 빛을 낼 수 있게 Base Color 대신 Emissive 입력 슬롯을 사용한다는 의미다.

UE4 노드 그래프에서 Base Color 입력과 빨강색 Constant3Vec 노드 간의 연결을 끊는다. 연결을 끊으려면 연결선 끝에 있는 동그라미를 우클릭하고 메뉴에서 Break Link(s)를 선택한다. 노드와 재질 간의 연결선이 사라지고 프리뷰 창의 구는 다시 검정색으로 변한다.

이제 내적 계산에 필요한 두 벡터를 준비해야 한다. 이 두 벡터는 PixelNormalWS와 CameraVectorWS라는 특수한 노드를 제공한다. 이 두 노드를 내적을 계산하는 Dot 노드와 함께 재질에 추가한다. 모든 노드가 준비되면 두 벡터 노드를 내적 노드로 연결한다. 그리고 이 내적의 결과를 재질의 Emissive Color 슬롯으로 연결한다. 프리뷰 창에서 검정색 테두리를 가진 하얀 구를 볼 수 있다. 최종적으로는 1에서 두 벡터의 내적을 뺀 값을 Emissive Color에 입력할 것이다. 다행히 이런 연산을 처리해 주는 OneMinus라는 노드가 있다. OneMinus 노드를 하나 만들고 내적 노드를 연결한다. 그 다음 OneMinus 출력을 Emissive Color에 연결한다. 연결이 끝난 노드 그래프는 그림 17-10과 같다.

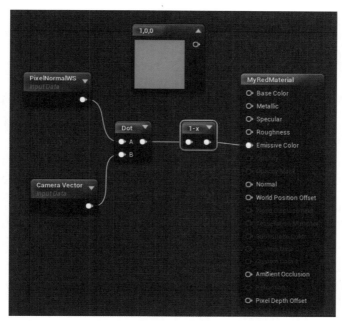

▲ 그림 17-10 지금까지의 림 라이트 재질

빨강색 노드는 아직까지 어디에도 연결되지 않았다. 그리고 구에는 하얀색 림 라이트가 적용돼 있다. 우리 목표는 빨강색 림 라이트를 만드는 것이다. 지금 Emissive Color 입력으로 전달하는 값에 빨강색 노드를 곱한다. 예상대로 이런 연산을 위한 Multiply 노드가 있다. Multiply 노드를 하나 만든다. Emissive Color로 연결하기 전 단계에서 OneMinus의 출력을 빨강색으로 곱하도록 노드를 연결한다. 이 노드 그래프는 코드 17-1의 셰이더 코드와 같은 내용이다.

코드 17-1 GLSL로 대략적으로 나타낸 Emissive Color에 연결된 노드 그래프

```
emissiveColor = vec3(1,0,0) * (1.0 - dot(PixelNormalWS, CameraVector));
```

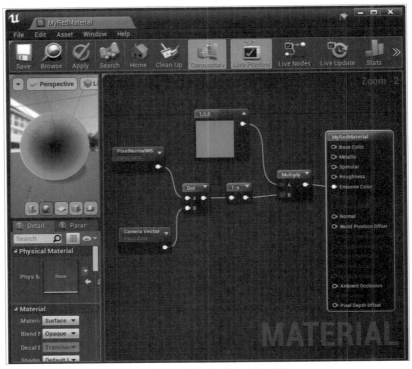

▲ 그림 17-11 완성된 림 라이트 재질

Default Lit 재질의 입력

UE4 재질에서 셰이더 로직을 만드는 방법의 기본적인 이해를 갖췄을 것이다. 그러나 노드를 연결했던 재질의 입력은 여전히 수수께끼처럼 남아있다. 그 이유는 지금까지 코드를 작성하면서 셰이더 코드의 각 부분들을 재질의 입력 슬롯으로 생각할 필요가 없었기 때문일 것이다. 또 다른 이유는 지금까지 사용한 블린-퐁 라이팅과는 달리, UE4에서 접하게 된 입력은 물리 기반 셰이딩을 고려한 것이기 때문이다. 물리 기반 셰이딩의 자세한 설명은 이 책의 범위를 넘어서는 내용이다. 그러나 자신만의 셰이딩 모델을 만들지 않는다면, UE4에서는 지금 있는 입력을 사용해야 한다. 지금까지 봤던 입력을 간단히 설명하고 넘어가는 것이 좋을 것 같다.

- Base Color(RGB): 대략적으로 블린-퐁 셰이더의 디퓨즈 색상에 해당한다. 그러나 이 재질은 물리 기반 셰이더이기 때문에 정확히는 알베도^{albedo}라고 하는 것이 맞다. 디퓨즈와 알베도 텍스처 사이의 가장 큰 차이점은 알베도 텍스처에는 그림자 같은 라이팅 정보가 없어야 한다는 점이다.

- Metallic(float): 프래그먼트가 금속인지 여부를 결정한다. 물리 기반 셰이딩에서는 금속을 비금속과는 다른 방식으로 처리한다. 대부분의 경우 이 입력은 0(비금속) 또는 1(완전 금속)의 값을 받는다.

- Specular(float): 비금속 재질에서는 표면이 빛을 반사하는 정도를 조정한다.

- Roughness(float): 오브젝트 표면의 거친 정도를 나타낸다. 이 값이 작으면 프래그먼트는 주변 환경을 더 많이 반사하고, 더 작고 단단하게 맺힌 스펙큘러 하이라이트를 만든다.

- Emissive Color(RGB): 표면에서 발산하는 빛의 색상이다. 프래그먼트를 비추는 라이트가 없더라도 여기 연결된 색상을 볼 수 있다. 1.0 이상의 값, 예를 들어 (5.0, 5.0, 5.0)을 사용하면 표면이 환하게 빛나는 효과를 만들 수 있다.

- Normal(RGB): 프래그먼트의 노말 벡터를 가리킨다. 노말 맵이 있다면 이곳에 연결한다. 만약 아무것도 연결하지 않는다면 기본적으로 버텍스 노말을 사용한다.

- World Position Offset(XYZ): 오브젝트의 버텍스 애니메이션을 위한 커스텀 로직을 연결할 수 있다. 예를 들어 사인 함수를 이용해서 버텍스가 흔들거리는 효과를 만들 수 있다.

- Ambient Occlusion(float): 오브젝트 표면에 생성되는 자기 그림자$^{self-shadow}$를 재현한다. 보통은 무채색 텍스처를 통해 데이터를 전달한다.

- Pixel Depth Offset(float): 깊이 버퍼에 쓰는 특정 프래그먼트의 깊이 값을 조정할 때 사용한다.

재질의 입력의 활용법을 설명하는 많은 온라인 자료가 있다. 우리의 관심은 지금까지 배운 내용이 어떻게 UE4에 적용될 수 있는가에 집중돼 있다. 입력에 대한 설명은 여기서 멈추고 다음으로 넘어간다.

버텍스 셰이더와 프래그먼트 셰이더

재질 편집기는 내부에서 작동하는 셰이더의 구체적이고 복잡한 내용을 최대한 간결한 형태로 보여주려고 노력한다. 그 결과, 콘텐츠 제작자는 군이 셰이더 코드의 작동 방식을 이해하지 않고도, 비교적 손쉽게 원하는 재질을 만들 수 있다. 그러나 셰이더가 이해됐다면 때로는 이런 간결함이 원하는 셰이더 코드를 만드는 데 어려움이 되기도 한다. 이런 문제가 특별히 두드러지는 곳은 프래그먼트 셰이더가 아닌 버텍스 셰이더에 어떤 로직을 추가하려는 때다.

재질 편집기에는 버텍스 셰이더와 프래그먼트 셰이더라는 개념이 따로 없다. 그러나 거기서 만든 셰이더 코드를 보면, 재질 편집기에서 만든 모든 로직이 프래그먼트 셰이더에 들어있는 경우가 대부분이다. 어떤 로직을 버텍스 셰이더로 옮기려면 재질이 Customized UV를 사용하도록 설정해야 한다. 이 설정은 그 재질의 상세 패널에서 하는데, 이 옵션은 기본적으로 감춰져 있다. 이 옵션에 접근하려면 그림 17-12처럼 상세 패널의 Material 섹션으로 간다. 섹션 하단에는 밑을 향하고 있는 작은 삼각형 버튼이 있다. 이 버튼을 클릭하면 섹션이 확장되면서 고급 옵션이 드러난다. 여기서 Customized UV의 개수를 정하는 옵션이 바로 그것이다.

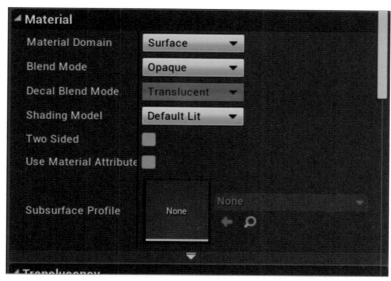

▲ 그림 17-12 상세 패널의 Material 섹션

Customized UV의 개수에 0이 아닌 숫자를 입력하면, 재질 노드에 새로운 입력 슬롯이 생긴다. 이 입력으로 재질의 텍스처 좌표로 사용할 2-컴포넌트 벡터를 제공한다. 그런데 여기서 잘 알려지지 않은 한 가지 사실이 있다. Customized UV 입력으로 연결된 모든 로직은 버텍스 셰이더에서 처리된다는 것이다. 따라서 어떤 로직을 버텍스 셰이더로 가져가기를 원한다면, Customized UV를 생성하고 거기에 그 로직을 연결하면 된다. UV라는 이름이 붙었다고 해서 다른 데이터를 넣을 수 없는 것은 아니다. 데이터를 Vec2 형태로 묶을 수만 있으면 된다.

어떻게 작동하는지 확인하려면 그림 17-13에 있는 재질 그래프를 본다. 미리 세 개의 Texture Sample 노드와 함께 세 개의 Customized UV 입력을 만들었다. Texture Sample 노드에는 텍스처를 샘플링할 때 사용할 UV 좌표를 받을 수 있는 Uv 입력이 있다. 이 입력에 데이터를 제공하지 않을 경우, Texture Sample 노드는 기본적으로 첫 번째 UV 좌표 세트를 사용한다. 재질 편집기에서는 첫 번째 UV 좌표 세트를 TexCoord[0]이라고 표시한다. 이는 그림 17-13에 있는 BaseColorMap과 SpecMap 노드는 텍스처를 샘플링할 때 TexCoord[0]을 사용하고 있다는 의미다.

BaseColorMap에서는 좌표를 조절하려면 약간의 계산이 추가됐지만, 기본적으로는 여전히 TexCoord[0]을 사용한다.

여기서 알아야 할 중요한 점은 Customized UV0으로 어떤 데이터를 제공하면, 입력된 값이 TexCoord[0]의 기본 값을 덮어쓴다는 사실이다. 그림 17-13의 재질은 TexCoord[1]을 사용하는 텍스처도 있다. 따라서 우리가 어떤 계산을 버텍스 셰이더로 옮겨야 한다면, 가장 안전한 입력은 아직까지 사용되지 않은 Customized UV2가 된다. Customized UV를 그대로 비워 뒀을 때, 재질은 기본적으로 메쉬의 UV 좌표를 사용한다. 따라서 Customized UV0 입력을 만들기만 하고 아무런 연결을 하지 않아도 문제되지 않는다.

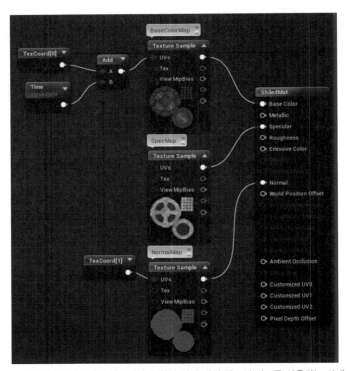

▲ 그림 17-13 텍스처를 샘플링하기 위해 여러 개의 텍스처 좌표를 사용하는 사례

그럼 이 재질의 Metallic에 넣을 값을 계산하는데, 그것을 버텍스 셰이더에서 처리하

기를 원하는 상황을 가정해 보자. 나머지에 영향을 미치지 않을 안전한 Customized UV는 이미 확인했다. 이제 할 일은 계산하는 노드를 Customized UV2로 연결하고, 다른 곳에서 TexCoord 노드로 그 값을 참조하는 것이다. 이때 계산이 Customized UV2에 연결돼 있기 때문에 TexCoord 노드에서 Coordinate Index를 2로 지정해야 한다. 그림 17-14에서 이 내용이 반영된 재질 그래프를 볼 수 있다. 공간이 부족해서 노말 맵 텍스처는 삭제했다.

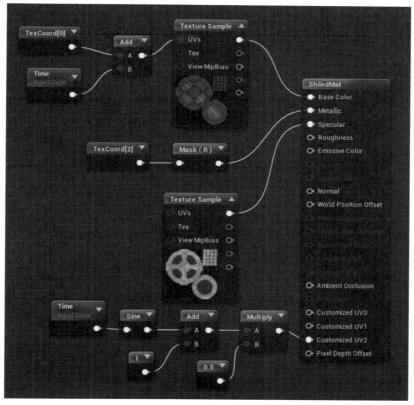

▲ 그림 17-14 로직의 일부를 버텍스 셰이더로 옮기려고 Customized UV를 사용한 모습

다른 셰이딩 모델

이미 몇 차례 얘기했지만, 재질의 입력을 라이트 영향까지 계산된 최종 프래그먼트 색상으로 바꾸는 셰이딩 코드 역할을 UE4에서는 셰이딩 모델이 담당한다. 지금까지는 UE4의 기본 셰이딩 모델인 Default Lit만을 사용했다. UE4는 훨씬 다양한 셰이딩 모델을 제공한다. 이 책에서는 시간 관계상 기본 셰이딩 모델들을 하나하나 살펴볼 수는 없다. 그러나 언리얼 엔진을 사용한다면 시간을 내서 각 셰이딩 모델의 문서를 읽어보고, 직접 테스트도 해보기를 권장한다. 그 중 특별히 유용한 셰이딩 모델이 하나 있다. 바로 Unlit 셰이딩 모델이다. 이 모델은 하나의 재질 입력을 제공하며, 재질의 로직을 처리한 다음에는 라이팅 연산을 비활성화한다. 그림 17-15에서 상세 패널에 있는 셰이딩 모델 드롭다운 메뉴를 볼 수 있다. 셰이딩 모델을 바꾸면 그에 따라서 일부 재질 입력이 활성화되거나 비활성화된다.

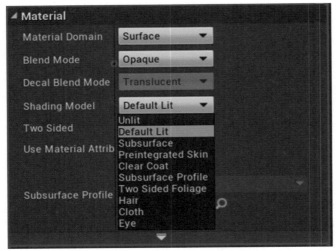

▲ 그림 17-15 UE4가 기본으로 제공하는 다양한 셰이딩 모델

블렌드 모드

UE4에서는 셰이딩 모델 외에도 재질의 블렌드 모드^{Blend Mode}를 선택할 수 있다. 오픈프레임웍스에는 여러 블렌딩 프리셋이 있고, ofEnableBlenMode() 함수를 호출함으로써 그것을 사용할 수 있다. UE4도 직접 블렌딩 공식을 작성하지 않고, 재질에서 바로 선택할 수 있는 여러 블렌드 모드 프리셋을 제공한다. 그림 17-16처럼 재질의 상세 패널에 Blend Mode 드롭다운 메뉴가 있는데, 거기서 재질에서 사용할 블렌드 모드를 선택한다.

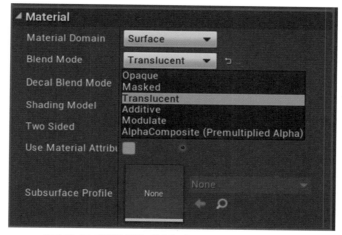

▲ 그림 17-16 재질의 상세 패널에 있는 블렌드 모드 드롭다운 메뉴

이 책에서는 지금까지 알파 테스팅, 알파 블렌딩, 가산 블렌딩, 이렇게 세 개의 블렌딩을 경험했다. UE4에서는 이들 모드를 Masked, Translucent, Additive라는 이름으로 제공한다. 그림 17-16에서 볼 수 있는 것처럼 그 외에 다른 블렌드 모드도 제공한다. 이들 모두를 설명하는 것은 이 책의 범위를 넘어선다. UE4 프로젝트에서 무엇을 할 수 있는지 확인하려면 직접 하나하나 테스트 해보기를 강력히 추천한다.

블렌드 모드 또는 셰이딩 모델을 바꿀 때마다 일부 또는 전체 재질 입력이 바뀌는 것을 확인할 수 있다. 예를 들어, 블렌드 모드를 Translucent로 바꾸면 이전까지 없던 두 개의 재질 입력 슬롯인 Opacity와 Refraction이 생긴다. Opacity는 표면의 알파 채널 값을 제공하는 입력이다. Refraction은 이 책에서 다루지 않는다. 그러나 설명 하자면 이 입력은 빛이 반투명한 표면을 통과할 때 어떻게 굴절할 것인지에 대한 정 보를 제공한다.

코드에서 데이터 전달

재질 편집기 같은 환경에도 단점은 있다. 셰이더 작성을 코드 없이 할 수 있다는 얘 기는 코드에서는 쉬운 일이 반대로 복잡해질 수도 있다는 의미다. 그런 사례 중 하나 가 유니폼 데이터를 UE4 재질로 전달하는 것이다.

UE4에서 재질에 조정할 수 있는 파라미터를 추가하려면, 재질을 만들 때 파라미터 계열 노드를 사용해야 한다. 이 계열에는 스칼라, 벡터, 텍스처 샘플과 같은 노드가 있는데, 파라미터 계열이 아닌 노드와 기능은 동일하다. 차이점이라면 노드의 값이 노출돼 있어서 재질 인스턴스에서 그 값을 바꿀 수 있다는 것이다.

파라미터 노드가 준비되면, 재질의 인스턴스를 생성한다. 앞서 얘기했지만 재질 인 스턴스는 재질의 노드 그래프를 사용하지만, 파라미터에 자신만의 값을 담을 수 있 는 애셋이다. 재질 인스턴스는 이들 파라미터로 들어오는 텍스처나 값을 바꿀 수 있 는 로직을 제공하는데, C++나 블루프린트에서 그것에 접근할 수 있다.

언리얼 셰이더 코드

이 책에서는 지금까지 코드 작성, 디버깅, 코드 최적화를 얘기했다. 그런데 갑자기 비 주얼 도구에 대해 얘기한다는 것이 다소 이상하게 느껴진다. 그러나 다시 한 번 강조 하지만, 엔진은 재질의 노드 그래프를 셰이더 코드로 바꾼다. 마치 우리가 직접 손으로 코드를 작성했던 것처럼 말이다. 보이지 않는 이면에서 UE4 셰이더 컴파일러는 각 라이팅 모델의 셰이더 코드와 우리가 노드 그래프로 만든 로직을 합쳐서 완전한 셰이더 파일을 만든다. 이런 방식으로 셰이더 코드를 쓸 줄 모르는 개발자도 셰이더 프로그래머의 도움 없이 프로젝트가 필요로 하는 시각 효과를 만들 수 있다.

그렇다고 UE4에서 셰이더 코드를 작성할 수 없다는 얘기는 아니다. 단지 좀 더 복잡할 뿐이다. UE4의 셰이더 코드는 가독성을 고려한 것이 아니다. 대신 효율과 재질 편집기와의 호환성을 고려해서 전문 프로그래머가 작성한 것이다. 더욱이 UE4의 렌더러는 매우 복잡하고, 셰이더 코드를 쉽게 작성할 수 있게 디자인되지 않았다. 그래서 대부분의 경우 재질 편집기를 사용하는 것이 최선의 선택이다.

UE4 셰이더가 어떤 모습인지 그 내부를 들여다보고 싶다면, 깃허브에서 엔진 소스코드를 받는다. UE4 사용자라면 누구나 무료로 받을 수 있다. 그 다음 Engine/Shaders 폴더로 간다. 분석해야 할 셰이더 코드가 아주 많지만, 처음 시작하기 가장 좋은 곳은 BasePassPixelShaders.usf 파일이다. 이 파일에는 재질 편집기에서 선택할 수 있는 모든 셰이딩 모델의 프래그먼트 셰이더 코드가 들어있다. MaterialTemplate.usf 파일은 셰이더가 컴파일될 때, 재질 편집기에 의해 생성된 코드가 더해지는 곳이다.

UE4에는 아직 살펴봐야 할 내용이 많이 남아있지만, 안타깝게도 대강 훑어볼 시간밖에 없었다. UE4에서 재질을 만드는 것을 좀 더 깊이 있게 공부하고 싶다면, 언리얼 엔진 웹사이트가 제공하는 훌륭한 문서 외에도 온라인에 있는 다양한 튜토리얼을 활용하기 바란다.

요약

17장에서 다뤘던 내용을 정리하면 다음과 같다.

- UE4 셰이더는 HLSL 셰이더 코드와 재질 편집기에서 정의한 로직의 조합이다.
- UE4에는 사전에 정의된 셰이딩 모델이 들어있다. 이들 셰이딩 모델은 다양한 프로젝트의 요구에 대응할 수 있는 라이팅 함수를 제공한다.
- 재질 편집기의 노드 그래프 시스템을 이용해 이들 라이팅 함수에 원하는 값을 전달한다. 이 시스템을 이용해서 새로운 라이팅 모델을 만들지 않고 서로 다른 유형의 재질을 만드는 사례를 살펴봤다.
- 재질 편집기에서 원하는 블렌드 모드를 선택할 수 있다.
- 코드에서 유니폼 변수 값을 정하려면 파라미터와 재질 인스턴스가 필요하다. UE4의 재질 인스턴스 API를 이용해서 코드나 블루프린트에서 그 파라미터로 데이터를 전달할 수 있다.

18장

고도 셰이더

마지막으로 살펴볼 엔진은 고도 엔진이다. 고도는 2014년 처음으로 대중에게 공개됐는데, 게임 엔진 시장에 비교적 새롭게 등장했다.

고도에서 셰이더를 작성하는 것은 직접 셰이더 코드를 작성하는 유니티와 내장된 라이팅 코드를 기반으로 재질 입력 로직을 만드는 언리얼 엔진, 이 둘을 섞은 듯한 모습이다. 18장에서는 비주얼 에디터 대신 코딩을 하게 될 것이다. 그러나 우리가 작성하게 될 코드는 다양한 라이팅 계산을 포함해서 엔진으로부터 많은 도움을 받는다. 이런 의미에서 고도는 지금까지 이 책에서 배운 내용을 두루 활용하기에 좋은 선택이라고 할 수 있다.

지난 두 엔진처럼, 18장에서도 고도 엔진에 대한 기초적인 지식을 갖췄다고 전제할 것이다. 오브젝트를 씬에 꺼내고 재질을 적용하는 정도는 알고 있어야 한다. 고도는 문서화가 매우 잘 돼 있다. 만약 고도 엔진을 처음 접한다면 다음으로 넘어가기 전에 첫 튜토리얼 몇 개 정도는 읽어 볼 것을 추천한다.

18장은 두 개의 내용으로 구성된다. 우선 고도 엔진이 셰이더와 재질 애셋을 다루는 방법을 설명하고, 그 다음 셰이더를 작성하는 법을 살펴본다. 16장, 17장과 달리 고도가 메쉬 렌더링에 제공하는 기본 셰이더를 설명하지 않는다. 고도 엔진의 문서가 이미 훌륭한 설명을 제공하기 때문이다. 기본 셰이더를 알고 싶다면 고도 엔진 웹사이트에 있는 Spatial Material 튜토리얼을 참고하기 바란다.

마지막으로 알아 둬야 할 것이 있다. 각 셰이더 파일을 별개의 프로젝트로 나누는 대신, 18장의 모든 예시 코드를 ExampleShaders라는 하나의 프로젝트에 담았다. 온라인 소스코드 18장 폴더에서 확인할 수 있다.

셰이더와 재질

대부분의 엔진과 마찬가지로, 고도 역시 셰이더 코드와 그 셰이더 코드의 유니폼 변수를 채우는 데이터를 별개의 애셋으로 관리한다. 고도에서는 이들 애셋을 각각 셰이더와 재질^{Material}이라고 한다. 셰이더는 오브젝트를 렌더링할 때 사용하는 셰이더 코드를 담은 애셋이다. 셰이더를 씬에 있는 오브젝트에 적용하려면 재질 애셋이 필요하다. 재질은 자신이 사용할 셰이더와 그 셰이더의 유니폼 변수에 제공할 데이터를 지정하는 역할을 한다.

고도는 이 책에서 살펴본 다른 엔진과 달리 네 가지 유형의 기본 재질을 제공한다. 각 재질에서는 셰이더로 전달하는 데이터를 바꿀 수 있다. 그러나 이들 재질이 참조하는 셰이더는 기본적으로 겉으로 드러나지 않는다. 파티클 재질^{Particle Material}, 공간 재질^{Spatial Material}, 캔버스아이템 재질^{CanvasItem Material} 모두는 우리가 작성한 셰이더가 아닌 엔진 코드가 지정한 셰이더를 참조한다. 예를 들어 공간 재질 유형은 고도 프로젝트에서 메쉬를 렌더링할 때 주로 사용하는데, 엔진에 있는 기본 물리 기반 셰이더를 참조한다.

고도에서 커스텀 셰이더를 사용하려면 셰이더 재질^{Shader Material}을 사용해야 한다. 다행히 버튼 한 번 만 누르면 기본 재질을 셰이더 재질로 변환할 수 있다. 따라서 기본 셰이더 로직은 유지하면서 한 두 가지 작은 부분만 바꾸고 싶을 경우, 모든 것을 새롭게 구현하지 않고도 그렇게 할 수 있다. 셰이더 재질로 변환하려면, 우선 그 재질을 사용하는 오브젝트의 인스펙터^{Inspector} 패널로 간다. 그런 후 그림 18-1처럼 재질의 드롭다운 메뉴에서 Convert to ShaderMaterial을 선택한다.

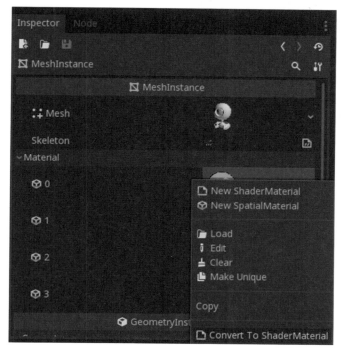

▲ 그림 18-1 고도에서 셰이더 재질 만들기

아무 것도 없는 상태에서 셰이더 작성을 시작하려면(우리가 그렇게 할 것이다), 직접 셰이더 재질을 만들 수도 있다. 그럴 경우 그 재질이 사용할 셰이더도 같이 만들어야 한다. 고도에서 셰이더와 재질 애셋을 만드는 것은 간단한다. 인스펙터 패널의 좌측 상단에 있는 Create 버튼을 찾아서 누르면 된다. 그림 18-2는 인스펙터 패널에 있는 Create 버튼을 보여준다.

▲ 그림 18-2 인스펙터 패널의 상단. Inspector 바로 밑, 가장 왼쪽에 있는 것이 Create 버튼이다.

Create 버튼을 클릭하면 생성할 수 있는 애셋 유형들이 열거된 창이 뜬다. 먼저 Shader 애셋을 생성하고, 그것을 프로젝트에 저장한다. 그 다음 Shader Material 애셋을 생성하고, 생성된 재질의 인스펙터 패널에서 바로 앞에서 만든 셰이더를 참조하게 한다. 이렇게 셰이더 참조를 마쳤으면, 이제 Shader 항목 옆에 있는 셰이더 이름을 클릭한다. 화면 중앙 아랫 부분에 고도의 셰이더 편집 창이 열린다. 이 창은 셰이더를 편집할 때 매우 유용하다. 우선 비주얼 스튜디오 같은 별도의 에디터가 필요하지 않다. 그리고 코드를 작성하는 동안 자동으로 오류를 체크해 주기 때문에, 실수를 즉각적으로 확인할 수 있다. 그러나 다른 에디터를 선호한다면 얼마든지 원하는 에디터에서 셰이더 애셋을 열어서 편집할 수 있다.

고도 셰이딩 언어

새로운 셰이더 파일을 생성하는 방법을 배웠다. 이제 고도 엔진이 사용하는 셰이딩 언어에 대해 얘기해 볼 차례다. 고도 프로젝트에서 셰이더는 GLSL의 서브셋에 기반한 간략화된 셰이딩 언어를 사용한다. 우리에게는 좋은 소식이다. 일단 고도 셰이더가 어떻게 만들어지는지 이해하면, 문법은 오픈프레임웍스에서 경험했던 것과 비슷하기 때문이다.

정규 GLSL과 고도 셰이딩 언어의 가장 큰 차이점은 고도 셰이더의 모든 라이팅 코드는 엔진이 제공한다는 것이다. 우리가 할 일은 사용하려는 라이팅 모델을 지정하고, 몇몇 중요 정보를 출력 변수에 담아서 내보내기 위한 셰이더 코드를 작성하는 것이다. 이런 이유에서 고도에서 커스텀 라이팅 모델을 만들기는 쉽지 않다. 대신 엔진이 제공하는 다양한 옵션 중의 하나에 만족한다면 작성해야 하는 코드는 비교적 간단하다. 코드 18-1에 있는 셰이더의 사례를 보기로 한다. 이 셰이더는 라이팅의 영향을 받는 블린-퐁 셰이더인데, 광택이 있는 빨강색 표면을 만든다.

코드 18-1 정상적으로 작동하는 블린-퐁 셰이더

```
shader_type spatial; ❶
render_mode specular_blinn; ❷

void fragment() ❸
{
  ALBEDO = vec3(1,0,0); ❹
  ROUGHNESS = 0.5;
}
```

라이팅, 알베도 텍스처, 표면의 금속 여부, 노말 맵 같은 것들을 사용해서 어떤 오브젝트를 렌더링하려면, 사실상 셰이더 코드를 작성할 필요가 없다. 고도의 공간 재질을 이용하면 인스펙터 패널에서의 버튼 클릭 몇 번으로 그런 재질을 만들 수 있다. 이 얘기는 무언가 독특한 것을 원하는 경우가 아니라면 굳이 셰이더를 작성할 필요가 없다는 의미다. 특별한 것이 필요하다면 앞서 했던 방법으로 재질 편집창에서 셰이더를 작성하면 된다. 그럼에도 불구하고 우리의 목적은 셰이더 코드를 작성하는 법을 배우는 것이다. 광택이 있는 빨강색 셰이더에서 무슨 일이 벌어졌는지 하나하나 살펴보기로 한다.

먼저 고도의 모든 셰이더는 어떤 셰이더 타입이 될 것인지를 선언하면서 시작한다. 우리의 경우 메쉬에 적용할 셰이더를 작성하기 때문에 spatial 셰이더가 필요하다. ❶에서 그것을 선언한다. 그 외 shader_type에 올 수 있는 셰이더 타입으로는 particle과 canvas_item이 있다. 이들은 고도가 제공하는 파티클 재질과 캔버스아이템 재질을 위한 셰이더이다. 18장에서는 spatial 셰이더만을 사용할 것이다.

다음 줄에서는 렌더링할 때 사용할 라이팅 연산을 정의한다. 디퓨즈 또는 스펙큘러 연산에서 엔진이 기본으로 사용하지 않는 라이팅 모델을 사용할 경우에만 그것을 지정하면 된다. 우리는 엔진이 기본으로 사용하지 않는 블린-퐁 스펙큘러 모델을 사용하기 때문에 그 내용을 선언했다(❷). render_mode 선언은 블렌딩 공식이나 깊이 버퍼와의 상호작용 방식 같은 것을 정의하는 곳이기도 하다. 18장에서 또 다른 몇 개의 render_mode 플래그를 사용할 것이다. 그러나 사용 가능한 모든 플래그를 설명하지는 않을 것이다. 고도 문서에는 render_mode의 완전한 목록이 있다. 18장을 마친 다음에 한 번 훑어볼 것을 추천한다.

render_mode 선언이 끝나면 셰이더 코드의 본론으로 들어간다. 고도 셰이더는 버텍스와 프래그먼트 셰이더를 하나의 파일에 저장한다. 버텍스 셰이더는 vertex() 함수, 프래그먼트 셰이더는 fragment()라는 함수가 대신한다. 둘 중 어떤 하나를 작성하지 않을 경우, 엔진이 기본 함수를 제공한다. 우리의 빨강 셰이더는 버텍스 셰이더에서 특별히 해야 할 일이 없다. 그래서 코드 18-1에는 fragment() 함수만 있다(❸). 고도의 프래그먼트 셰이더는 최종 색상을 반환하는 대신, 출력 변수에 값을 쓴다. 이 값은 엔진이 최종 셰이더를 만들기 위해 라이팅 연산을 할 때 사용된다. 출력 변수에 값을 쓰지 않은 경우, 기본 값이 사용된다. 코드 18-1에서 기본 값을 덮어쓴 변수는 표면의 색상과 거칠기 관련 내용이다(❹).

여기 있는 출력 변수 ALBEDO와 ROUGHNESS는 우리의 기존 블린-퐁 셰이더에서는 보지 못했던 것이다. 그때는 표면 색상은 디퓨즈 색상, 광택은 스펙큘러 색상이라고 불렀다. 그러나 고도의 렌더러는 물리 기반 계산을 하기 때문에 라이팅 계산에 필요한 항목이 조금 다르다. 이 책의 목적을 감안할 때, 이전에는 프래그먼트가 얼마나 광택을 가졌는지를 얘기했다면, 고도에서는 프래그먼트가 얼마나 거친지를 얘기한다는 정도로 이해하면 된다. 프래그먼트가 매끄러울수록 더 많은 빛을 반사하고, 더 많은 광택을 보인다. 물리 기반 렌더링과의 미묘한 차이를 적당히 무시하고, 알베도를 디퓨즈 색상처럼 다룰 수도 있다. 현실은 그것보다는 좀 더 복잡하지만, 물리 기반 렌더링의 미묘한 차이는 이 책의 범위를 벗어난다. 18장에서는 고도에서 셰이더가 만들어지는 구체적인 방법에 집중하기로 한다. 이들 변수가 내부에서 어떻게 작동하는지 이해가 조금 부족해도 큰 문제가 되지는 않을 것이다.

프래그먼트 셰이더 출력 변수

우리의 첫 고도 셰이더는 엔진이 제공하는 두 개의 출력 변수인 ALBEDO와 ROUGHNESS에 값을 썼다. 고도에서 프래그먼트 셰이더는 렌더링하는 오브젝트의 외형을 제어하기 위해 다양한 출력 변수를 사용할 수 있다. 다음은 이들 중 가장 많이 사용하는 변수와 그것이 하는 일에 대한 목록이다. 18장에서 알아야 하는 것들은 이 목록 안에 들어있다. 완전한 목록은 고도 웹사이트에서 확인할 수 있다.

- ALBEDO(RGB): 대략적으로 블린-퐁 셰이더의 디퓨즈 색상에 해당한다고 할 수 있다. 디퓨즈와 알베도 텍스처 사이의 가장 큰 차이점은 알베도 텍스처에는 그림자 같은 라이팅 정보가 없어야 한다는 점이다. 기본 값은 흰색이다.
- METALLIC(float): 프래그먼트가 금속인지 여부를 결정한다. 대부분의 경우 0(비금속) 또는 1(완전 금속), 둘 중 하나의 값을 받는다. 기본 값은 0이다.
- ROUGHNESS(float): 오브젝트 표면의 거친 정도를 나타낸다. 이 값이 작으면 프래그먼트는 주변 환경을 더 많이 반사하고, 더 작고 단단하게 맺힌 스펙큘러 하이라이트를 만든다. 기본 값은 0이다.
- EMISSIVE(RGB): 표면에서 발산하는 빛의 색상이다. 프래그먼트를 비추는 라이트가 없더라도 여기 입력된 색상을 볼 수 있기 때문에 빛나는 대상을 재현할 때 유용하다. 기본 값은 검정색이다.
- NORMALMAP(RGB): 이 값은 현재 프래그먼트에 대한 노말 맵의 RGB 값을 담는다. 여기에 값을 쓰지 않을 경우, 메쉬가 제공하는 노말을 사용한다.
- RIM(float): 현재 프래그먼트가 받아야 할 림 라이트의 양을 0과 1 사이의 값

으로 나타낸다. 림 라이트는 기본적으로 흰색이다. 그러나 다음에 설명하는 RIM_TINT 변수를 사용해서 색상을 바꿀 수 있다. 림 라이트 효과는 프래그먼트의 거친 정도에 영향을 받는다. 그러므로 예상하는 결과가 나오지 않는다면, ROUGHNESS를 조정해 본다. 기본 값은 0이다.

- RIM_TINT(float): 이 값은 RIM 변수가 제공하는 림 라이트 색상을 완전한 흰색과 프래그먼트 색상 사이에서 보간한다. 0은 흰색이고(흰색이 기본 값이다), 1은 ALBEDO 색상이다.
- ALPHA_SCISSOR(float): 값을 쓸 경우, 그 값은 프래그먼트의 최소 알파 값이 된다. 프래그먼트의 알파가 ALPHA_SCISSOR의 값보다 작을 경우, 그 프래그먼트는 버려진다. 4장에서 봤던 알파 테스트와 같은 것이다.
- ALPHA(float): 프래그먼트의 알파 값이다. 기본은 1.0이다. 반투명한 오브젝트를 렌더링할 경우 이 값을 바꾼다.

우리가 선택할 수 있는 옵션을 더 많이 알게 됐다. 이제 이들 출력 변수를 이용해서 광택이 있는 빨강색 셰이더보다는 좀 더 흥미로운 것을 만들어 보자.

림 라이트 셰이더

앞에서 RIM 변수를 사용하면 엔진이 제공하는 림 라이트 효과를 셰이더에 더할 수 있다는 사실을 얘기했다. 그러나 이 효과에는 제약이 따른다. 우선 림 라이트의 색상을 완전히 제어할 수 없다. 예를 들어 빨강색 오브젝트에 파란색 림 라이트를 만들 수 없다. 또한 림 라이트 효과는 표면의 거친 정도에 의존한다. 물리에 기반한 효과를 만들어야 한다면 좋겠지만, 명확하게 드러나는 효과를 원한다면 그렇지 않을 수 있다. 그래서 우리만의 간단한 커스텀 림 라이트 셰이더를 만들어 보기로 한다.

▲ 그림 18-3 기본 림 라이트 효과

커스텀 림 라이트 셰이더는 RIM 출력 변수를 사용하지 않는다. 따라서 새로운 벡터가 몇 개 필요하다. 프래그먼트의 월드 위치, 월드 공간에서의 프래그먼트의 노말 벡터, 월드 공간에서의 카메라 위치가 그것이다. 이들 벡터를 구하려면 약간의 행렬 계산이 필요하고, 이들 행렬은 버텍스 셰이더에서 접근할 수 있다. 이 말은 커스텀 림 라이트 셰이더를 시작하려면 고도에서 첫 버텍스 셰이더를 작성해야 한다는 의미다. 이 버텍스 셰이더가 필요한 값들을 계산해서 프래그먼트 셰이더로 전달할 것이다. 코드 18-2에 코드가 있다.

코드 18-2 첫 번째 커스텀 버텍스 함수

```
shader_type spatial;

varying vec3 world_position; ❶
varying vec3 world_normal;
varying vec3 world_camera;

void vertex()
```

```
{
  world_position = (WORLD_MATRIX * vec4(VERTEX, 1.0)).xyz;
  world_normal = (WORLD_MATRIX * vec4(NORMAL, 0.0)).xyz;
  world_camera = (CAMERA_MATRIX * vec4(0,0,0,1)).xyz; ❷
}
```

새로운 내용이 많이 등장했다. 다행스럽게도 오픈프레임웍스 프로젝트에서 비슷한 것들을 많이 경험했기 때문에 그렇게 낯설어 보이지는 않는다. 먼저 프래그먼트 셰이더로 전달할 변수를 선언한다. 고도 셰이더에서는 이 변수를 out 변수 대신 varying 변수라고 부른다. 왜냐하면 이 변수는 프래그먼트 단위로 다른^{vary}, 보간된 데이터를 담기 때문이다. 개념 자체는 in, out 변수와 다르지 않고, 오픈프레임웍스에서 out 변수를 만들었던 것과 동일한 방식으로 만든다(❶). 이들 변수가 선언되면 거기에 데이터를 담기 위해 버텍스 셰이더를 만들어야 한다. 간단하게 vertex라는 이름의 함수를 하나 만들면 된다.

버텍스 셰이더를 보면 다소 어리둥절해진다. 무언가를 해서가 아니라, 하지 않고 남겨둔 것들 때문이다. 고도에서 버텍스 셰이더를 작성할 때, 특별한 계산을 할 것이 아니라면 메쉬 버텍스를 클립 공간으로 손수 변환할 필요가 없다. 우리의 경우 버텍스 셰이더에서 메쉬를 변형하지 않는다. 따라서 VERTEX 변수를 다루는 부분은 통째로 생략할 수 있다. 나머지는 고도가 알아서 처리해 준다.

고도 셰이더와 관련해서 더 헷갈리는 부분이 있다. 버텍스와 프래그먼트 셰이더가 한 파일 안에 있지만, 두 셰이더 중 하나만 접근할 수 있는 유니폼 변수들이 존재하고, 마찬가지로 하나만 값을 쓸 수 있는 출력 변수가 있다는 점이다. 앞서 봤던 WORLD_MATRIX와 CAMERA_MATRIX가 그런 경우에 속한다. 하나의 셰이더 파일이 내부적으로 여러 개의 셰이더로 바뀐다는 점을 감안하면, 논리적으로 이해할 수 있는 부분이다. 그러나 셰이더를 처음 작성하는 입장에서는 어떤 변수가 어떤 함수에 속하는지 기억한다는 것은 쉬운 일이 아니다. 내가 추천하는 방법은 고도 문서의 셰이딩 언어 페이지를 열어 두는 것이다. 그 페이지에는 모든 고유한 입출력 변수들의 목록이 들어있다. 자연스럽게 그 내용을 기억할 때까지, 셰이더를 작성하면서 계속 이 페이지를 참고한다.

마지막으로 짚고 넘어가야 할 것은 카메라의 위치를 계산하는 부분이다. 고도는 직접적으로 카메라 위치를 제공하지는 않는다. 대신 카메라의 현재 위치와 회전을 담은 변환 행렬, 즉 카메라의 모델 행렬을 제공한다. 이 행렬은 카메라를 월드에 배치할 때 사용한다. 그러므로 (0, 0, 0) 벡터를 이 행렬로 곱하면, 원점에 있는 대상에게 카메라에 적용된 위치와 회전을 동일하게 적용한 셈이 된다. 이렇게 하면 월드 공간에서의 카메라의 위치를 구할 수 있다(❷).

여기까지 봤으면 이제는 림 라이트 셰이더의 프래그먼트 함수로 넘어갈 차례다. 나중에 값을 바꿀 수 있는 셰이더를 만들려면 입력된 값을 담을 유니폼 변수가 필요하다. 변수를 선언하면, 고도는 자동적으로 이 셰이더를 사용하는 재질의 인스펙터 패널에 선언된 유니폼 변수를 반영한다. 이제 에디터에서 직접 유니폼 변수의 값을 바꿀 수 있다. 먼저 림 라이트의 색상을 담을 변수를 선언한다. 그 다음 림 라이트 효과를 얼마나 집중해서 보여줄 것인지 제어하는 변수를 선언한다. 코드 18-3에서 현재까지의 프래그먼트 함수를 볼 수 있다.

코드 18-3 림 라이트 프래그먼트 함수의 첫 부분

```
uniform vec3 rim_color;
uniform float rim_tightness;

void fragment()
{
  vec3 toCam = normalize(world_camera - world_position);
  float rim = 1.0-dot(normalize(world_normal), toCam);
  EMISSION = rim_color * pow(rim, rim_tightness);
}
```

EMISSION 출력 변수를 사용해서 림 라이트의 최종 색상을 저장하고 있다는 점에

주목한다. 이제 어떤 라이팅을 사용하든 림 라이트를 볼 수 있다. 그림 18-4처럼 어두운 씬에서는 림 라이트가 빛나는 모습이 될 것이다. 그림 18-4는 두 유니폼 변수의 항목이 추가된 에디터 GUI의 모습도 보여준다. 기본 RIM 효과와는 달리 원하는 어떠한 색상도 사용할 수 있다는 점을 보여주기 위해 림 라이트 색상으로 완전한 빨강색을 골랐다.

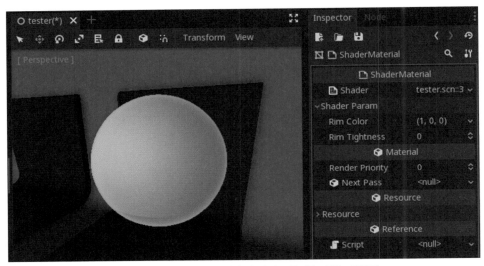

▲ 그림 18-4 흰색 구에 빨강색 림 라이트 효과를 더하는 셰이더

다음 셰이더로 넘어가기 전에 마지막으로 할 것은 셰이더가 디퓨즈(또는 알베도) 텍스처를 사용하도록 만드는 것이다. 단조로운 흰색 대신 원하는 텍스처를 메쉬 표면에 입힐 것이다. 또한 림 라이트의 색상을 텍스처로부터 가져오려고 rim_color 유니폼 변수를 두 번째 텍스처로 바꾼다. 이렇게 하면 기본 RIM 효과와 더욱 차별화된 림 라이트 효과를 만들 수 있다.

고도 셰이더에서 텍스처를 사용하는 방법은 오픈프레임웍스에서와 동일하다. 유니폼 sampler2D 타입 유니폼 변수를 두 개 선언해서 텍스처를 저장하게 한다. 이제 에디터 GUI에서 이들 변수의 값을 정할 수 있다. 그리고 코드 18-4처럼 프래그먼트 셰이더에서 texture() 함수로 그 텍스처를 샘플링한다.

코드 18-4 림 라이트 셰이더에서 텍스처 사용

```
uniform float rim_tightness;
uniform sampler2D albedo_color;
uniform sampler2D rim_color;

void fragment()
{
  vec3 toCam = normalize(world_camera - world_position);
  float rim = 1.0-dot(normalize(world_normal), toCam);

  EMISSION = texture(rim_color, UV).rgb * pow(rim, rim_tightness); ❶
  ALBEDO = texture(albedo_color, UV).rgb;
}
```

프래그먼트 셰이더로 어떤 텍스처 좌표를 명시적으로 전달하지 않았다는 사실을 볼수 있다. 대신, 고도가 제공하는 UV라는 변수를 사용했다. UV 변수는 메쉬의 UV 좌표를 버텍스에서 프래그먼트 셰이더로 전달하는 역할을 한다. 나중에 보겠지만, UV 좌표를 조정할 경우, 버텍스 셰이더에서 이 변수의 값을 만지게 된다. 그러나 현재는 버텍스 셰이더가 이 변수에 어떤 값도 쓰지 않았기 때문에, 엔진이 여기에 메쉬의 UV 좌표를 저장했다.

여기까지 코드를 작성했으면, 메쉬의 표면과 림 라이트의 색상에 텍스처를 지정할수 있다. 그림 18-5에서 메쉬 표면에는 대리석 텍스처를, 림 라이트 색상에는 나뭇결 텍스처를 사용한 재질의 모습을 볼 수 있다.

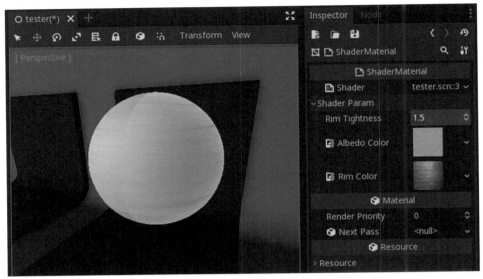

▲ 그림 18-5 림 라이트 셰이더의 최종 결과

버텍스 애니메이션 셰이더

지금까지는 버텍스 위치나 UV 좌표를 적절한 파이프라인 단계로 보내는 일을 엔진에게 맡길 수도 있어서 너무나 행복했다. 그러나 손수 처리해야 하는 경우도 얼마든지 많다. 예를 들어 림 라이트 셰이더에 15장에서 봤던 버텍스 애니메이션을 더한다고 생각해 보자. 그것을 하려면 우리가 손수 버텍스 위치 변환을 처리할 것임을 엔진에게 알려주고, 필요한 계산을 추가해야 한다.

버텍스 변환을 우리가 직접 처리한다는 사실을 알려주려면 셰이더 앞부분 render_mode문에 새로운 플래그를 추가한다. 추가할 플래그는 skip_vertex_transform인데, 코드 18-5에 있는 예처럼 다른 render_mode 플래그와 붙여서 사용할 수도 있다.

코드 18-5 render_mode 플래그의 예

```
render_mode skip_vertex_transform;
```

```
render_mode diffuse_lambert, skip_vertex_transform;
render_mode diffuse_burley,specular_blinn,skip_vertex_transform;
```

skip_vertex_transform을 사용하는 셰이더에서는 버텍스 위치와 노말의 변환을 직접 처리해야 한다. 그러나 skip_vertex_transform을 사용해도, 투영 행렬은 여전히 고도가 알아서 처리한다. 따라서 우리는 모델 행렬과 뷰 행렬이 조합된 행렬로 행렬 곱셈을 하면 된다. 고도는 MODELVIEW_MATRIX란 이름으로 이 행렬을 제공한다. 15장의 버텍스 애니메이션이 적용된 셰이더의 모습을 코드 18-6에서 볼 수 있다.

코드 18-6 버텍스 애니메이션 셰이더

```
shader_type spatial;
render_mode skip_vertex_transform;

void vertex(){
  vec3 finalPos = VERTEX + vec3(0,sin(TIME),0);

  VERTEX = (MODELVIEW_MATRIX * vec4(finalPos, 1.0)).xyz;
  NORMAL = (MODELVIEW_MATRIX * vec4(NORMAL, 0.0)).xyz;
}
```

UV 애니메이션

UV 애니메이션은 버텍스 애니메이션에 비해 훨씬 쉽다. UV만 고치는 것이라면 버텍스 변환을 직접 처리할 필요는 없기 때문이다. 코드 18-7은 텍스처를 UV 좌표의 U 방향으로 스크롤링하는 셰이더를 보여준다.

코드 18-7 고도 셰이더의 UV 애니메이션

```
shader_type spatial;
uniform sampler2D albedo;
```

```
void vertex()
{
  UV += vec2(TIME * 0.1, 0.0);
}

void fragment()
{
  ALBEDO = texture(albedo, UV).rgb;
}
```

반투명 셰이더와 블렌드 모드

고도에서 반투명 재질을 만드는 것은 지금까지 작성했던 셰이더와 크게 다르지 않다. 기본적으로 모든 프래그먼트 셰이더는 ALPHA 출력 변수에 값을 쓰면 알파 블렌딩을 사용하는 셰이더가 된다. 다른 블렌드 모드를 사용하려면 셰이더 render_mode에 새로운 플래그를 추가하면 된다. 고도는 네 개의 블렌드 모드를 제공하는데, 요약하면 다음과 같다.

- **Blend_Mix**: 블렌드 모드를 지정하지 않을 경우 사용하는 기본 값이다. 앞에서 봤던 일반적인 알파 블렌딩이다. 다음 블렌딩 공식에 해당한다.

```
vec4 finalColor = src * src.a + (1.0 - src.a) * dst;
```

- **Blend_Add**: 이 책에서 몇 차례 봤던 가산 블렌딩에 사용하는 블렌드 모드다. 다음 블렌딩 공식에 해당한다.

```
vec4 finalColor = src + dst;
```

- **Blend_Sub**: 감산 블렌딩(subtractive blending)이라고 하는데, 이 책에서는 아직 사용한 적이 없다. 다음 블렌딩 공식에 해당한다.

```
vec4 finalColor = dst - src;
```

- **Blend_Mul**: 승산 블렌딩(multiplicative blending)이라고 하는데, 이 책에서는 아직 사용한 적이 없다. 다음 블렌딩 공식에 해당한다.

```
vec4 finalColor = dst * src;
```

특정 블렌드 모드를 사용하려면 render_mode에서 원하는 블렌드 모드를 지정하고, 프래그먼트 함수에서 ALPHA 출력 변수에 값을 쓰기만 하면 된다. 코드 18-8은 승산 블렌딩을 사용하는 셰이더의 예를 보여준다. Blend_Mix 이외의 블렌드 모드를 사용할 경우, ALPHA 출력 변수에 따로 값을 쓸 필요가 없다. 아무 값도 쓰지 않으면 고도가 알아서 ALPHA의 값을 1.0으로 정해준다.

코드 18-8 승산 블렌딩 셰이더

```
shader_type spatial;
render_mode blend_mul, unshaded;

void fragment()
{
  ALBEDO = vec3(5,0,1);
}
```

이 셰이더가 적용된 반투명한 오브젝트는 그것을 통해 보이는 것들의 색상에서 빨강색을 증폭하고, 녹색을 걸러낸다. 승산 블렌딩을 사용하기 때문에 오브젝트 뒤에 있는 프래그먼트에 이미 들어있는 R 값의 크기에 비례해서 R 채널의 값이 커진다. 녹색의 경우는 그 채널을 0으로 곱하기 때문에 완전히 제거된다. 그림 18-6에서 이 셰이더가 적용된 결과를 볼 수 있다.

▲ 그림 18-6 승산 블렌딩 셰이더가 적용된 결과

코드에서 데이터 전달

고도 에디터에서 유니폼 변수의 값을 지정하는 방식 외에도, 코드를 통해 런타임 상에서 유니폼 변수의 값을 지정하거나 바꿀 수 있다. 재질 애셋 유형을 갖고 있는 대부분의 엔진처럼, 재질에 있는 속성의 값을 정하는 코드를 작성해서 유니폼 데이터를 재질로 전달한다. 이를 위해서는 데이터를 전달하려는 재질에서 set_shader_param() 함수를 호출해야 한다. 이 함수는 두 개의 인자를 받는다. 첫 번째는 값을 쓰려는 유니폼 변수의 이름이고, 두 번째는 쓰려는 값이다. 코드 18-9는 고도의 스크립트 언어인 GDScript의 사례를 보여준다.

코드 18-9 고도 스크립트에서 유니폼 변수의 값 지정하기

```
extends MeshInstance
```

```
func _ready():
  var mat = get_surface_material(0);
  mat.set_shader_param("albedo_color", Vector3(5,0,1));

  pass
```

고도 프로젝트에서는 다양한 언어로 코드를 작성할 수 있다. 따라서 고도가 지원하는 다른 언어를 사용할 경우, 구체적인 문법은 조금 다를 수 있다. 그러나 어떤 언어를 사용하든, 코드를 통해 재질의 특정 파라미터 값을 바꿀 수 있다는 기본 개념은 바뀌지 않는다.

비주얼 셰이더 편집기?

18장에서 마지막으로 얘기해 봤으면 하는 내용이 있다. 셰이더 코드 작성을 선호하지 않거나, 셰이더 코드를 모르는 팀 멤버들이 각자의 재질을 만들 수 있게 해주고 싶다면, 여기 희소식이 있다. 고도의 개발자들은 UE4의 재질 편집기와 매우 닮은 비주얼 셰이더 편집기를 개발하고 있다. 이 책을 쓰는 시점의 버전에는 그 기능이 없었다. 그러나 앞으로 나올 버전에 곧 추가될 것으로 보인다. 아마도 이 책을 읽는 시점에는 또 하나의 유용한 도구가 돼 있을 것이다.

당장은 어쩔 수 없이 재미있는 방식, 즉 손으로 직접 코드를 작성해야 한다. 그리고 이 말은 고도 엔진을 다뤘던 13장의 내용을 마무리한다는 의미다. 세 개의 엔진을 살펴봤는데, 그 중 고도의 셰이딩 언어가 오픈프레임웍스에서 사용했던 것과 가장 유사했다. 오픈프레임웍스 다음을 고민하고 있다면, 고도는 이 책에서 배운 모든 내용을 활용할 수 있는 매력적인 대안일 수 있다.

요약

드디어 이 책의 끝에 도착했다. 축하한다! 18장에서 다뤘던 내용을 간략히 정리하면 다음과 같다.

- 고도 셰이더는 GLSL 서브셋에 기반한 커스텀 셰이딩 언어로 작성된다.
- 고도는 몇 개의 기본 라이팅 모델을 제공한다. 셰이더 코드의 render_mode 문을 통해서 원하는 라이팅 모델을 선택할 수 있다.
- 프래그먼트 셰이더에서 엔진이 제공하는 출력 변수에 값을 씀으로써 대상의 모습을 제어할 수 있다. 18장에서는 기본 출력 변수를 일부 소개했고, 이들 중 일부를 활용해서 커스텀 림 라이트 셰이더를 만들었다.
- 버텍스 셰이더 또한 선택적으로 출력 변수에 값을 쓸 수 있다. 버텍스 애니메이션이 들어있는 셰이더를 만들면서 출력 변수를 사용했다.
- render_mode문은 블렌드 모드를 지정할 때도 사용한다. 반투명한 셰이더를 만들면서 이것을 사용했다. 또한 승산 블렌딩을 사용하는 셰이더도 소개했다.
- set_shader_param() 함수를 이용해서 코드에서 셰이더로 데이터를 전달할 수 있다. GDScript에서 데이터를 전달하는 사례를 소개했다.

이 책에서 설명하는 예시를 직접 구현하려면 반드시 필요한 두 개의 코드 스니펫이 있다. 온라인 접속이 안 되는 환경에서 학습하는 경우를 대비해서 여기에 코드 스니펫을 수록한다.

메쉬 탄젠트 계산

코드 A-1은 메쉬의 탄젠트를 계산하고, 그 결과를 메쉬의 버텍스 색상에 저장하는 데 필요한 코드이다.

코드 A-1 calcTangents( ) 함수

```
void calcTangents(ofMesh& mesh)
{
  using namespace glm;
  std::vector<vec4> tangents;
  tangents.resize(mesh.getNumVertices());

  uint indexCount = mesh.getNumIndices();

  const vec3* vertices = mesh.getVerticesPointer();
  const vec2* uvs = mesh.getTexCoordsPointer();
  const uint* indices = mesh.getIndexPointer();

  for (uint i = 0; i < indexCount - 2; i += 3)
  {
```

```cpp
    const vec3& v0 = vertices[indices[i]];
    const vec3& v1 = vertices[indices[i + 1]];
    const vec3& v2 = vertices[indices[i + 2]];
    const vec2& uv0 = uvs[indices[i]];
    const vec2& uv1 = uvs[indices[i + 1]];
    const vec2& uv2 = uvs[indices[i + 2]];

    vec3 edge1 = v1 - v0;
    vec3 edge2 = v2 - v0;
    vec2 dUV1 = uv1 - uv0;
    vec2 dUV2 = uv2 - uv0;

    float f = 1.0f / (dUV1.x * dUV2.y - dUV2.x * dUV1.y);

    vec4 tan;
    tan.x = f * (dUV2.y * edge1.x - dUV1.y * edge2.x);
    tan.y = f * (dUV2.y * edge1.y - dUV1.y * edge2.y);
    tan.z = f * (dUV2.y * edge1.z - dUV1.y * edge2.z);
    tan.w = 0;
    tan = normalize(tan);

    tangents[indices[i]] += (tan);
    tangents[indices[i + 1]] += (tan);
    tangents[indices[i + 2]] += (tan);
  }

  int numColors = mesh.getNumColors();

  for (int i = 0; i < tangents.size(); ++i)
  {
    vec3 t = normalize(tangents[i]);
    if (i >= numColors)
    {
      mesh.addColor(ofFloatColor(t.x, t.y, t.z, 0.0));
    }
    else
    {
      mesh.setColor(i, ofFloatColor(t.x, t.y, t.z, 0.0));
```

```
    }
  }
}
```

ofxEasyCubemap 클래스

코드 A-2와 코드 A-3은 ofxEasyCubemap 클래스의 코드를 담고 있다. 이 코드는
OpenGL 코드 없이, 예시에서 필요한 큐브맵을 생성하기 위해 작성됐다.

코드 A-2 ofxEasyCubemap.h

```
#pragma once

#include "ofURLFileLoader.h"
#include "uriparser/Uri.h"
#include "ofTexture.h"
#include "ofImage.h"

class ofxEasyCubemap
{
public:
  ofxEasyCubemap();
  ~ofxEasyCubemap();
  ofxEasyCubemap(const ofxEasyCubemap& other) = delete;
  ofxEasyCubemap& operator=(const ofxEasyCubemap& other) = delete;

  bool load(const std::filesystem::path& front,
    const std::filesystem::path& back,
    const std::filesystem::path& right,
    const std::filesystem::path& left,
    const std::filesystem::path& top,
    const std::filesystem::path& bottom);

  ofTexture& getTexture();
  const ofTexture& getTexture() const;
```

```
private:
  ofTexture textureData;
  unsigned int glTexId;
  ofImage images[6];

};
```

```
#include "ofxEasyCubemap.h"
#include "ofGLUtils.h"

ofxEasyCubemap::ofxEasyCubemap()
{
  glEnable(GL_TEXTURE_CUBE_MAP);
  textureData.texData.bAllocated = false;
  textureData.texData.glInternalFormat = GL_RGB;
  textureData.texData.textureID = 0;
  textureData.texData.textureTarget = GL_TEXTURE_CUBE_MAP;

}

ofxEasyCubemap::~ofxEasyCubemap()
{
  glDeleteTextures(1, &glTexId);
}

bool ofxEasyCubemap::load(const std::filesystem::path& front,
  const std::filesystem::path& back, const std::filesystem::path& right,
  const std::filesystem::path& left,  const std::filesystem::path& top,
  const std::filesystem::path& bottom)
{

  bool success = images[0].load(right);
  success |= images[1].load(left);
  success |= images[2].load(top);
  success |= images[3].load(bottom);
```

```
success |= images[4].load(front);
success |= images[5].load(back);

if (!success)
{
  fprintf(stderr, "ERROR: EasyCubemap failed to load an image");
  return false;
}

unsigned int faceWidth = images[0].getWidth();
unsigned int faceHeight = images[0].getHeight();

glGenTextures(1, &glTexId);
glBindTexture(GL_TEXTURE_CUBE_MAP, glTexId);

glTexParameteri(GL_TEXTURE_CUBE_MAP,
  GL_TEXTURE_WRAP_S,
  GL_CLAMP_TO_EDGE);
glTexParameteri(GL_TEXTURE_CUBE_MAP,
  GL_TEXTURE_WRAP_T,
  GL_CLAMP_TO_EDGE);
glTexParameteri(GL_TEXTURE_CUBE_MAP,
  GL_TEXTURE_WRAP_R,
  GL_CLAMP_TO_EDGE);
glTexParameteri(GL_TEXTURE_CUBE_MAP,
  GL_TEXTURE_MAG_FILTER,
  GL_LINEAR);
glTexParameteri(GL_TEXTURE_CUBE_MAP,
  GL_TEXTURE_MIN_FILTER,
  GL_LINEAR_MIPMAP_LINEAR);

unsigned char* faceData[6];

for (int i = 0; i < 6; ++i)
{
  if (images[i].getWidth() != faceWidth ||
    images[i].getHeight() != faceHeight) {
    fprintf(stderr, "ERROR: EasyCubemap couldn't load because not all source
```

```
        textures are the same size\n");
      return false;
}

   faceData[i] = images[i].getPixels().getData();

   glTexImage2D(GL_TEXTURE_CUBE_MAP_POSITIVE_X+i,
      0,
      images[i].getTexture().texData.glInternalFormat,
      faceWidth,
      faceHeight,
      0,
      ofGetGLFormat(images[i].getPixels()), GL_UNSIGNED_BYTE, faceData[i]);
   }

  glGenerateMipmap(GL_TEXTURE_CUBE_MAP);

  textureData.texData.textureID = glTexId;
  textureData.texData.bAllocated = true;

    return true;
}

const ofTexture& ofxEasyCubemap::getTexture() const
{
  return textureData;
}

ofTexture& ofxEasyCubemap::getTexture()
{
  return textureData;
}
```

셰이더 코딩 입문

셰이더 코딩의 기초에서 유니티와 언리얼 셰이더까지

발 행 | 2020년 1월 2일

지은이 | 카일 할러데이
옮긴이 | 조 형 재

펴낸이 | 권 성 준
편집장 | 황 영 주
편 집 | 이 지 은
디자인 | 박 주 란

에이콘출판주식회사
서울특별시 양천구 국회대로 287 (목동)
전화 02-2653-7600, 팩스 02-2653-0433
www.acornpub.co.kr / editor@acornpub.co.kr

한국어판 ⓒ 에이콘출판주식회사, 2020, Printed in Korea.
ISBN 979-11-6175-372-0
http://www.acornpub.co.kr/book/practical-shader-develop

이 도서의 국립중앙도서관 출판시도서목록(CIP)은 서지정보유통지원시스템 홈페이지(http://seoji.nl.go.kr)와
국가자료공동목록시스템(http://www.nl.go.kr/kolisnet)에서 이용하실 수 있습니다.(CIP제어번호: CIP2019046901)

책값은 뒤표지에 있습니다.